POLÍTICA EXTERNA e JORNALISMO

Conselho Acadêmico
Ataliba Teixeira de Castilho
Carlos Eduardo Lins da Silva
Carlos Fico
Jaime Cordeiro
José Luiz Fiorin
Tania Regina de Luca

Proibida a reprodução total ou parcial em qualquer mídia
sem a autorização escrita da editora.
Os infratores estão sujeitos às penas da lei.

A Editora não é responsável pelo conteúdo deste livro.
A Autora conhece os fatos narrados, pelos quais é responsável,
assim como se responsabiliza pelos juízos emitidos.

Consulte nosso catálogo completo e últimos lançamentos em **www.editoracontexto.com.br**.

POLÍTICA EXTERNA e JORNALISMO

MARIA HELENA TACHINARDI

Copyright © 2024 da Autora

Todos os direitos desta edição reservados à
Editora Contexto (Editora Pinsky Ltda.)

Montagem de capa e diagramação
Gustavo S. Vilas Boas

Preparação de textos
Ana Paula Luccisano

Revisão
Bia Mendes

Dados Internacionais de Catalogação na Publicação (CIP)

Tachinardi, Maria Helena
Política externa e jornalismo / Maria Helena Tachinardi. –
São Paulo : Contexto, 2024.
512 p. : il.

Bibliografia
ISBN 978-65-5541-436-3

1. Jornalismo – História – Brasil
2. Relações internacionais I. Título

24-2908   CDD 070.4

Angélica Ilacqua – Bibliotecária – CRB-8/7057

Índice para catálogo sistemático:
1. Jornalismo – História – Brasil

2024

Editora Contexto
Diretor editorial: *Jaime Pinsky*

Rua Dr. José Elias, 520 – Alto da Lapa
05083-030 – São Paulo – SP
PABX: (11) 3832 5838
contato@editoracontexto.com.br
www.editoracontexto.com.br

Sumário

PREFÁCIO 17

PRÓLOGO
O TREM E O MUNDO (TRIBUTO À FERROVIA) 21

INTRODUÇÃO 25

PRINCÍPIOS DA POLÍTICA EXTERNA EM REPORTAGENS 33
    Ênfases na política externa 50
    Definições da política externa brasileira 50
    Política externa no governo Médici: Gibson Barboza 55

PARTE I
DÉCADA DE 1970

PAMPLONA, NAVARRA, BASCOS.
FRANQUISMO E A SITUAÇÃO DA MULHER 59

1974: HIPPIES, MAGIC BUS 65

PARIS: ESTUDOS E IDEOLOGIA. UMA NOVA ORDEM MUNDIAL
DA INFORMAÇÃO E DA COMUNICAÇÃO 67
    Imprensa alternativa no Brasil no final dos anos 1970 70
    Ditadura e censura 71
    Guerra Fria e a nova ordem mundial da informação 72
    O debate no século XXI é sobre plataformas digitais e *fake news* ... 74
    Libération, jornal libertário francês: de maoista a capitalista 80

Um verão agitado na Itália...85
    O "furo" de reportagem no sepultamento de Paulo VI............87

Paris, 1978: política e feminismo..91
    Feminismo de "segunda onda". Círculo de Mulheres Brasileiras...92

Afeto pelos animais. A França em destaque................................95

A descolonização na África e o Brasil.....................................101
    Jânio Quadros e a política de braços abertos para a África........103
    Grupo dos 77 e o SGP..105
    O protagonismo de José Aparecido de Oliveira...................107
    Década de 1970, relançamento da política africana..............109

África (dos anos 1970 à década de 2020)..............................111
    Descolonização e o Brasil..111
    Década de 1990: grandes conflitos internos........................112
    No governo Lula, a afroeuforia. Papel do movimento negro......113
    Década de 2020: otimismo e excitação com a África............114
    A necessidade de priorizar a África novamente. Visão de especialistas. 115

PARTE II

DÉCADA DE 1980

Década perdida e fim das ditaduras
na américa latina. Chile, exceção..121
    Resultados de políticas econômicas....................................123
    Mudanças na ordem econômica e na política internacional......124
    "O fascínio de Reagan sobre o eleitorado"..........................126
    Estágio no *The Wall Street Journal*: preparação para ser editora...128

Governo Figueiredo: recessão da economia mundial..................131
    Multilateralismo e bilateralismo...133
    Mais da metade das vendas externas era de manufaturados......135

Países desenvolvidos absorviam 54%
    das exportações brasileiras 136
A Ásia mostrou o que podia render ao Brasil 136
O começo da relação comercial com a China 140
Malabarismos para exportar mais 141
Reserva de mercado para informática 144
Estados Unidos queriam informações detalhadas sobre o Befiex .. 145
CIP, Cacex 146
Countertrade 148
Clearing 150
"Documento dos 8". Fórum de Líderes Empresariais 151
Legados do regime militar 152

GOVERNO SARNEY: DIPLOMACIA DA REDEMOCRATIZAÇÃO 153
De devedor a credor 154
Protecionismo, uma guerra nada fria 155
Sarney: dossiê sobre protecionismo dos Estados Unidos
    antes da visita a Reagan 155
Os alemães e Angra I.
    Como seria o acordo nuclear com Tancredo Neves? 156
União Soviética também queria microcomputadores brasileiros .. 158
Sarney queria prioridade para a Ásia
    e uma política externa universalista 159
Sarney valorizou a ONU na redemocratização do país 160
Exposição na China 161
Substituição de importações
    na estação brasileira na Antártida 161
Serviços no Gatt: o temor do Brasil 163
A reunião do Gatt em Punta del Este, desenvolvidos
    versus em desenvolvimento. Novos temas:
    serviços, agricultura, subsídios, propriedade intelectual 164
Working Paper 47 e *Working Paper 10* 165

Dante Caputo responde a Clayton Yeutter 166
Depois de Punta del Este, Brasil entra em novo patamar 167
Comércio entre países em desenvolvimento 168
Negociação política da dívida 169
Desmilitarização do Atlântico Sul 170
A nova relação com Cuba 171
Dificuldades para oferecer créditos a projetos em Cuba 172
Primeira visita oficial a Cuba 174
Cuba e o papel dos militares no Brasil 175
Fidel e o capital estrangeiro em Cuba 176
Jantar com Fidel em Havana:
    sem gravadores, filmadoras e máquinas fotográficas 177
Posições semelhantes de Cuba e do Brasil na ONU 178
Defesa dos Estados Unidos: interesse por armamento do Brasil . . . 179
Cobertura de política externa:
    mais *background* e *off the record* do que *on the record* 179
"O embaixador da dívida" 181
Dívida, frustração e miséria 183
As peripécias para adquirir supercomputadores dos Estados Unidos . . 184
OEA: revigoramento político e pior crise financeira 185
Nacionalismo defensivo 188
Legados ambientais do regime militar: desmatamento e queimadas . . 190
Assassinato de Chico Mendes. Piora a imagem do Brasil 190
Os contenciosos: informática e patentes farmacêuticas 191
Governo Reagan: "bateu, levou" 193
O que ensinaram os contenciosos? 195
Alemanha, entre o Brasil e o Pacífico 197
O secretário-geral da ONU 198
A Rodada Uruguai e as limitações internas:
    Brasil era uma economia autárquica 199

1989, último ano do governo Sarney:
acordo aéreo com os Estados Unidos e acordo sobre
gasoduto com a Bolívia 201

Nuclear e o jeitinho brasileiro 202

Meio ambiente no topo da agenda 205

Itamaraty: livro branco sobre meio ambiente 206

Incidentes diplomáticos 207

Crítica do cônsul dos Estados Unidos e a nota do Itamaraty 209

Itamaraty contesta críticas sobre política nuclear
e de comércio exterior. Satélites com a China 210

Balanço da integração Brasil-Argentina 211

Primeiros passos para a Rio-92 212

Acesso a tecnologias sensíveis 213

Indústria de supercomputadores dos Estados Unidos
temia concorrência europeia e do Japão 214

Têxteis e siderúrgicos 215

Cinco intensos anos na política externa 216

PARTE III

DÉCADA DE 1990

**Governo Collor de Mello. integração competitiva.
Terceiro mundo: noção obsoleta** 221

Prioridade para os países europeus 222

Uma nova ordem internacional
e a necessidade de reposicionar o Brasil 224

Rio-92 e o desenvolvimento sustentável 225

Collor assinou o Tratado de Assunção, que criou o Mercosul 226

Estados Unidos e a energia nuclear:
Constituição do Brasil não era suficiente 227

As ênfases de Collor para as relações exteriores 228

Fidel Castro na posse de Collor: "socialismo ou morte" 230
Confisco da poupança 231
A OEA sem Guerra Fria 232
Abertura da economia: música aos ouvidos norte-americanos.
   Mas continuava o toma lá dá cá 233
Guerra no Golfo. Ofensiva do Itamaraty
   para trazer reféns brasileiros 235
Investimentos brasileiros cresceram nos Estados Unidos 236
Empresas americanas e a conscientização
   sobre importância da propriedade intelectual 237
Nos anos 1990, foco em política de comércio dos Estados Unidos.
   "A Guerra das Patentes". "The Power Game" em Washington . . 238
Propostas para a reforma da Carta da OEA:
   evitar retrocessos na democracia 240
Boas e más notícias de Washington 242
A lógica por trás da Iniciativa para as Américas (Plano Bush) 243
Década de 1990 e os movimentos de integração 245
Viagens à África Austral 246
Pistache e negociação: Irã jogou concorrentes uns contra os outros . . 248
Collor e as ondas gigantes das mudanças globais 249
Itamar: programa de governo com sustentação no Congresso 251

Governo Itamar Franco: Plano Real, Protocolo de Ouro Preto, tarifa externa comum, Alcsa x Alca 253

Acusação de protecionismo 255
Desencontro de visões: Brasil/Estados Unidos 255
"Brasil apoia o Nafta, mas está preocupado" 258
Os jornalistas e as cúpulas do Mercosul 259
Estados Unidos ou União Europeia:
   quem traria mais vantagens à América Latina? 262
Alcsa 263
Brasil, potência global 265

Itamar e crises diplomáticas..................................265
Plano Real (o grande feito do governo Itamar),
  o Mercosul e o comércio exterior........................268
Entrevista com Michel Camdessus, do FMI,
  sobre o Plano Real e a reeleição de FHC..................270
ONU e o fim da Guerra Fria: da segurança às grandes
  conferências sobre a problemática social.................270
"O tamanho do mundo, segundo os candidatos"................272
Relações com a Ásia..278
"Itamaraty, o palácio das grandes festas"..................279
Mudança de governo em curso................................281
Propostas em debate..282

GOVERNO FERNANDO HENRIQUE:
PROTAGONISTA NA CONDUÇÃO DA DIPLOMACIA....................285

O primeiro ano do novo governo – 1995......................286
Fernando Henrique e as tendências globais..................288
Mercosul como união aduaneira..............................288
A crise no México..289
Reforma dos organismos multilaterais.......................291
Brasil-Estados Unidos: uma história de avanços e recuos....291
O idealista prático..295
A pauta dos direitos humanos...............................297
O pensamento latino-americano..............................298
Combate a capitais voláteis................................299
Venezuela em patamar alto..................................299
Conflito Equador-Peru......................................301
Revista *Foreign Affairs* na *Gazeta Mercantil*............301
Propriedade intelectual....................................303
Kissinger pediu mais atenção ao Mercosul...................304
A perspectiva de correspondente em Washington, 1996........305
O social sensibiliza Chicago...............................306

Minha entrevista com Lester Thurow 307
Media Lab do MIT 309
Concentração de renda nos Estados Unidos 310
Nova rodada da OMC 311
Criação do Cebri: contexto era de alta visibilidade
    do Brasil nos Estados Unidos 311
Governo Clinton e o poderio econômico dos Estados Unidos 314
Crises internacionais em mercados globalizados 315
Globalização, regionalismo e multilateralismo 316
Relações com o México 316
Negociações da Alca 317
Estados Unidos: dificuldade com o *fast-track* 318
Bhagwati e o *spaghetti bowl* 318
Reuniões anuais do FMI/Banco Mundial 319
Escândalo no governo Clinton: *affair* Monica Lewinsky 321
Washington, a capital do poder 324
Clubes exclusivos do poder 325
Retorno ao Brasil, 1998: cobertura de negócios no Mercosul 326
No início, a União Europeia não falava de interesses agrícolas,
    mas apenas da indústria exportadora 327
União Europeia não podia aplicar sanções contra o Brasil
    na área de informática 329
Desvalorização do real e impacto no Mercosul 329
"Rumo ao terceiro milênio, 1999" 330
Dificuldade para negociar com a União Europeia 331
O começo das discussões sobre cooperação econômica
    e comercial com a União Europeia 333
Paralelismos nas negociações para diversificar as dependências 334
Brasil estava num jogo de xadrez em quatro planos 335
Bons resultados do Mercosul 336
"Grande jantar no melhor estilo do Mercosul" 338
O peso da cultura no marketing 339

Hábitos mudam no Mercosul... 341
"Conexão Argentina, EUA, Brasil".................................. 342
OMC e a "Batalha de Seattle" 343
Como fica o pós-Seattle?.. 347

PARTE IV
DÉCADA DE 2000

PRIVATIZAÇÕES.
NEGOCIAÇÕES DA ALCA. MAIS CRISES NO MERCOSUL........................ 351
"Alca desafia velocidade do Mercosul"........................... 353
China: Brasil tenta recuperar o tempo perdido................. 356
Os subsídios agrícolas da União Europeia........................ 360
Fernando Henrique, Hugo Chávez e 300 empresários:
   os bons negócios com a Venezuela............................ 362
Estados Unidos queriam Brasil influente na região, segundo FHC... 364
México, o predileto dos Estados Unidos e da União Europeia..... 367
Crises no Mercosul preocupavam investidores.................. 369
Ano 2000: seminários e discussões sobre acordos comerciais.
   Participação da sociedade civil.................................. 371
Discriminação na ascensão de mulheres
   aos postos mais elevados do Itamaraty..................... 374
Em 2001, política externa se atualizou
   para acompanhar a globalização............................... 376
Travessia do Mercosul na globalização............................ 380
Os novos "diplomatas do mercado" 382
Brasil colhe os frutos da lenta caminhada nos negócios com a Ásia... 384

ATENTADOS TERRORISTAS NOS ESTADOS UNIDOS EM 2001................. 387
Críticas ao FBI e à CIA 388
Negociações comerciais pós-atentados.......................... 389
Quem desafiará Washington?... 391
A União Europeia queria um Mercosul à sua imagem e semelhança . 394

2002: crise argentina. Respostas de Pedro Malan 396
Assembleia do BID:
 como estabilizar economias dos países emergentes 397
Crise argentina: ensinamentos para a América Latina 399
2002: o BID e as preocupações com pobreza e poupança interna . 400
O mundo em pé de guerra contra os Estados Unidos 401
Clima pesado em Washington depois do 11 de setembro 402
Jovens filhos da globalização, revoltados com a nova ordem 402
2003: o Brasil nas manchetes internacionais
 no primeiro mandato de Lula 404

GOVERNO LULA DA SILVA 407

As ênfases na política externa
 do presidente Luiz Inácio Lula da Silva 407
Colômbia e Venezuela 408
Não só o governo Lula estava reticente em relação à Alca.
 Os Estados Unidos também davam sinais de desinteresse . . . 411
No Brasil e nos Estados Unidos, preocupação com o desemprego . . 412
Empresários americanos temiam a concorrência
 do Brasil em aço, têxteis, calçados e soja 413
Celso Amorim: "Há um anseio por liderança no mundo.
 Lula corresponde um pouco a uma imagem
 de algo que está faltando" 415
Depois de 11 de setembro de 2001
 e antes da invasão americana no Iraque em 2003 416
Brasil contra a guerra no Iraque.
 Governo Lula seguiu Rússia, Alemanha e França 419
Invasão do Iraque e as exportações brasileiras de frango 422
Lula, Alca e a sociedade civil 422
Alca "abriu a cabeça" do empresariado 424
A nova arquitetura internacional
 e o Conselho de Segurança da ONU 426

A luta dos Estados Unidos contra o "eixo do mal" 427
O fator guerra no Iraque e as negociações comerciais 428
Celso Amorim, Marco Aurélio Garcia
   e Samuel Pinheiro Guimarães:
      quem conduzia a política externa? 429
Ainda a questão das mulheres no Itamaraty 431
Pragmatismo com os Estados Unidos 434
Relação entre geopolítica e comércio 436
Da estratégia de dissuasão à doutrina de segurança preventiva 437
Lula e o Conselho de Segurança da ONU 437
Casa Branca, centro de *lobbying* no governo George W. Bush 439
Multilateralismo e regionalismo 440
Antes do Brics, a Trilateral do Sul 443
Doutrina Bush e riscos à liderança do Brasil na América do Sul . . 444
Itamaraty queria a ONU dialogando com as Farc no Brasil 445
Brasil e o papel de mediador 446
Relacionamento com os países árabes 447
"Aliança Sul-Sul para não perder" 448
Empresários pediam avanços nas negociações internacionais 451
O agronegócio, competitivo, queria a Alca 451
Setor industrial também queria a Alca 452
Fiesp apoiava negociação em três trilhos 452
Legislativo brasileiro e as negociações internacionais 453
Amorim e as opções diferenciadas para a integração 453
Depois de críticas, Itamaraty acelerou explicação
   sobre "modelo" na Alca 455
Cancun foi um marco na OMC:
   mil ONGs participaram da reunião 456
Agricultura, o nó nas negociações do Gatt e da OMC,
   nas décadas de 1990 e 2000 457
Serviços financeiros exigiam cautela na OMC e na Alca 458
"Alca light" 459

Antiamericanismo nos países árabes
    e maior demanda por produtos brasileiros 462
Mercosul, longe dos anos dourados 465
2003: Instituto Rio Branco atualiza formação de diplomatas 466
Bioterrorismo pressionou exportações para os Estados Unidos 467
América do Sul convulsionada:
    desafio para a política externa de Lula 468
Estratégia de liberalização comercial dos Estados Unidos:
    global, regional e bilateral 470
Tendência de proliferação de acordos bilaterais 471
Livros sobre a Alca e o acordo Mercosul-União Europeia 472
Aladi foi mais flexível que a Alalc 474
Regionalismo na Ásia 475
Meu último ano na *Gazeta Mercantil*:
    cobertura da Cúpula de Negócios da China 478
Importância da China para as exportações de soja 480
"Grande muralha e obstinação chinesa" 481

Conclusões 485
Índice de reportagens citadas 489
Notas 505
A autora 511

Prefácio

Maria Helena Tachinardi é uma importante referência no jornalismo econômico brasileiro, tendo feito, durante os muitos anos em que trabalhou na *Gazeta Mercantil*, (1980 a 2003), uma significativa contribuição.

De sólida formação acadêmica, passou pela Universidade de Navarra, na Espanha, pelo Centre de Formation et Perfectionnement des Journalistes e pelo Institut des Hautes Études de L'Amérique Latine, na França, e pela Universidade de Maryland, nos Estados Unidos, com estudos sobre Jornalismo e Relações Internacionais entre 1974 e 1991.

Trabalhou na *Gazeta Mercantil* como repórter, editora de energia e de assuntos internacionais, e foi correspondente em Washington de 1996 a 1998. Além de matérias precisas e técnicas sobre política externa, economia, comércio exterior, Maria Helena realizou importantes entrevistas com personalidades nacionais e internacionais.

Teve tempo ainda de publicar o livro *A guerra das patentes: o conflito Brasil X EUA sobre propriedade intelectual*.

Depois de deixar o jornal, continuou a mostrar seu talento como editora da revista *Interesse Nacional* (2009 a 2020).

Em suas inúmeras reportagens, retratou a atuação da diplomacia brasileira e do setor empresarial na década final da Guerra Fria e na globalização, períodos em que o mundo passou por grandes transformações.

A publicação deste livro deixa registro de seu trabalho na cobertura dos principais temas de política econômica e política externa, passando pelas ações desenvolvidas pelos governos Figueiredo, Sarney, Collor, Itamar, FHC e Lula. O conjunto de matérias que escreveu nesse período representa uma valiosa contribuição para a história política e econômica do Brasil.

Os artigos publicados e que foram incluídos no livro levam em conta quatro diferentes aspectos: a reafirmação de princípios ou valores de soberania, não intervenção, não hegemonia e autonomia da política externa brasileira; o impacto da Guerra Fria no Brasil, com referência aos anos 1980 a 1989, em que o presidente Ronald Reagan adotou uma diplomacia voltada à defesa da hegemonia norte-americana e às políticas neoliberais, que se chocavam com posições nacionalistas do Brasil, por exemplo, as da reserva de mercado para a informática; a globalização, que estava no centro dos debates sobre economia, tecnologia e sociedade em 1996, quando Maria Helena chegou a Washington como correspondente da *Gazeta Mercantil*, e as intensas negociações para estabelecer a Alca e avançar o acordo Mercosul-União Europeia. A quarta abordagem refere-se ao jornalismo e à comunicação, refletindo o debate sobre a chamada nova ordem mundial da informação nos anos 1970, objeto de dissertação que Maria Helena apresentou no Institut des Hautes Études de l'Amérique Latine, em Paris. Agências internacionais de notícias do mundo capitalista eram criticadas pelos países em desenvolvimento por divulgarem informação considerada preconceituosa sobre eles. Hoje, elas não são as detentoras única e exclusivamente do fluxo de informações no planeta, mas também as *big techs* – Google, Meta (Facebook e Instagram), X (antigo Twitter), Apple, Amazon e Microsoft –, com suas plataformas digitais e redes sociais, por onde circulam fake news ou notícias fraudulentas.

Prefácio

Cronologicamente, o livro passa pelos anos 1980 dos governos Figueiredo e Sarney: crise da dívida externa, missões comerciais e o papel do Itamaraty na abertura de mercados, escassez de divisas e mecanismos comerciais, como o *countertrade*, acordos comerciais com a Argentina, construção do Mercosul, entre outros temas.

Percorre a década de 1990: o fim da Guerra Fria e o impacto na ONU e na OEA; abertura da economia brasileira; plano Bush; Plano Real; união aduaneira no Mercosul; crises mexicana, asiática, russa e brasileira; Alcsa x Alca; globalização, regionalismo aberto e multilateralismo; revisão do Consenso de Washington; meio ambiente e direitos humanos.

E, no início da década de 2000, focaliza os efeitos dos atentados terroristas nos Estados Unidos na política externa e nas relações internacionais; as ênfases diplomáticas do governo Lula no relacionamento com a América Latina e no pragmatismo adotado com a Casa Branca; os debates sobre a Doutrina Bush; e a intensa negociação e discussão na sociedade sobre a Alca. Maria Helena, igualmente, trata da dificuldade para as mulheres diplomatas ascenderem aos cargos mais elevados no Itamaraty.

Conheci Maria Helena quando voltei do exterior para chefiar o Departamento de Integração e a Secretaria-Geral Adjunta de Integração e Economia, em 1991. Mercosul, OMC, Rodada Doha de negociações comercial, Alca eram alguns dos temas de responsabilidade do Departamento e depois da Subsecretaria-Geral de Assuntos de Integração, Econômico e de Comércio Exterior (SGIE), de forte interesse jornalístico sobre os quais a *Gazeta Mercantil* sempre deu grande cobertura.

Como coordenador nacional do Mercosul no período 1991 a 1994, posso afirmar que a divulgação do trabalho do Itamaraty, no tocante às negociações comerciais no recém-criado grupo regional, foi muito importante para tornar a nova organização conhecida. Vou mais longe, acho que a projeção que o Mercosul passou a ter foi em grande parte devido aos artigos de Maria Helena na *Gazeta Mercantil*. Não era (e ainda não é) parte da cultura do Itamaraty comentar frequentemente temas tratados *interna corporis*, mas minha percepção era de que seria importante transmitir passo a passo os entendimentos para a consolidação do Mercosul, uma instituição política e comercial recém-criada na época, a fim de chamar atenção do setor privado para as oportunidades econômicas e comerciais que estavam surgindo.

O livro de Maria Helena Tachinardi mostra um Itamaraty que exercia plenamente suas atribuições como coordenador das negociações e das ações diplomáticas no exterior. Retrata uma instituição num tempo em que não havia improvisação e no qual a política externa era política de Estado, na defesa do interesse nacional, e não influenciada por considerações partidárias ou ideológicas.

Rubens Barbosa
Ex-embaixador na Aladi, em Londres e em Washington.
Presidente do Instituto de Relações Internacionais e Comércio Exterior.
Editor responsável pela revista *Interesse Nacional*.

PRÓLOGO
O trem e o mundo
(tributo à ferrovia)

Na década de 1950, por volta dos meus 7 anos, eu olhava para a janela da sala como se estivesse olhando através da janela do trem, como se estivesse dentro de um trem. Era uma fantasia inspirada na estação de Itaici, em frente à casa onde morávamos. Apesar de ser um bairro rural de Indaiatuba, Itaici tinha uma importância estratégica na malha da Estrada de Ferro Sorocabana: interligava dois ramais diferentes que percorriam as maiores regiões do estado de São Paulo – Sorocaba, Piracicaba, Campinas e Jundiaí.[1] Doze trens diários de passageiros e carga paravam na estação, com destino a São Paulo, Santos e cidades do interior.

Na infância, ouvia muitas histórias sobre a estação e os ferroviários, entre eles meu pai, que, nos anos 1930, aprendeu o código Morse para ser telegrafista, seu primeiro emprego. Cresci à beira dos trilhos, presenciando embarques e desembarques, ouvindo apitos, descarrilamentos, manobras no pátio da estação. O trem passou a ter uma dimensão afetiva para mim: proporcionava viagens a passeio e me trazia de volta da Escola Normal Ave Maria, em Campinas, nos anos 1960. Até Itaici, a distância era de apenas 30 quilômetros, mas o trajeto durava uma hora e meia. Uma rotina que só não era mais monótona porque os irmãos Akaboshi, minha irmã Vera e eu cantávamos, ao som de um violão, sucessos da época. "Era um garoto que como eu amava os Beatles e os Rolling Stones", gravada pela banda Os Incríveis, ecoava no vagão quase vazio: "Não tem amigos, não vê garotas, só gente morta caindo ao chão. Ao seu país não voltará, pois está morto no Vietnã. Stop! Com Rolling Stones. Stop! Com Beatles songs. No peito um coração não há, mas duas medalhas sim. Ratá-tá-tá-tá, tá, tá..."

A Guerra do Vietnã incitava protestos em todo o mundo, o movimento *hippie* pregava "paz e amor".

Chegaram os anos 1970 e as viagens no Trem da Morte até Santa Cruz de La Sierra, na Bolívia, rota de mochileiros para Machu Picchu, nos Andes peruanos. Do outro lado do Atlântico, trens velozes partiam de estações imponentes da Europa, atravessavam os Alpes e cruzavam fronteiras em poucas horas.

Pamplona, no Norte da Espanha, foi um desses destinos. Em 1974, como muitos latino-americanos, participei de um curso para jornalistas na Universidade de Navarra. O ditador espanhol Francisco Franco ainda estava vivo – sua morte aconteceria um ano depois – e grupos separatistas praticavam atentados. A Revolução dos Cravos, em 25 de abril, derrubou a ditadura salazarista no vizinho Portugal, a mais longa da Europa (de 1933 a 1974), e levou Guiné-Bissau à independência no mesmo dia.

Cinco anos depois estive em Bissau, uma das cidades que conheci nos 40 dias de andanças por Senegal, Mali, Costa do Marfim, Alto Volta (Burkina Faso), Gâmbia e Guiné-Bissau. A viagem pelo Oeste começou no lendário trem "Dakar-Bamako", uma expedição de 36 horas compatível com o espírito de aventuras da década de 1970. Além da população local, o comboio levava mochileiros que seguiam para Mopti e ao país dos dogons, povo isolado que resistiu a invasões imperiais e ao islamismo.

Prólogo

A rota atravessava florestas e savanas, paisagens que enchiam os olhos de quem buscava novidade e histórias para contar, como a do vagão superlotado que não se recusava a receber passageiros e bagagens pelas janelas em cada parada do caminho. Era um comboio diferente do trem de minha infância e adolescência, que parecia suave como o do poema "Trem de ferro" de Manuel Bandeira, que recitávamos na escola.

O trem, que me fez sonhar com viagens, levou-me para o mundo. Nas próximas páginas, escrevo sobre estudos de Jornalismo e Relações Internacionais na Espanha, na França e nos Estados Unidos (décadas de 1970, 1980 e 1990), e a respeito da cobertura da política externa brasileira de 1980 a 2003, na *Gazeta Mercantil*.

Introdução

O escritor colombiano Gabriel García Márquez, Prêmio Nobel de Literatura, definiu a profissão de jornalista, que também foi a dele, como a "melhor do mundo". Ao falar sobre o ofício de apurar e redigir informações, não economizou na emoção:

> É uma paixão insaciável que só pode ser digerida e humanizada por sua confrontação visceral com a realidade [...]. Ninguém que não tenha nascido para isso e esteja disposto a viver só para isso poderia persistir em uma profissão tão incompreensível e voraz, cuja obra acaba depois de cada notícia, como se fosse para sempre, mas que não garante um instante de paz até que recomece com mais ardor que nunca no minuto seguinte.[2]

Com esse espírito de "paixão insaciável", colecionei milhares de reportagens que escrevi para a *Gazeta Mercantil*. Imaginava que, um dia, seriam úteis para retratar em um livro a atuação da diplomacia brasileira e do setor empresarial na década final da Guerra Fria e na globalização, períodos de grandes transformações internas e externas. Reli e selecionei matérias escritas entre 1980 e 2003, recortadas e coladas em laudas do jornal, ainda em bom estado de conservação.

> ### Credibilidade, influência, prestígio
>
> A *Gazeta Mercantil* foi uma das publicações mais importantes do país. No prefácio do livro *Roberto Müller Filho: intuição, política e jornalismo*,[3] sobre a história do jornalista que tornou o jornal leitura obrigatória de empresários e representantes do poder público, Matias Molina, que foi editor-chefe e correspondente em Londres, escreveu:
>
> > "Müller transformou a *Gazeta*, referência nas áreas de economia, negócios, política, diplomacia e da academia, no primeiro jornal em circulação nacional. Era a primeira vez na imprensa brasileira que uma publicação especializada – e que pela sua natureza deveria ter apenas um apelo limitado – rivalizava com os grandes jornais em influência e credibilidade. Seu prestígio chegou rapidamente ao exterior. Entidades como o Departamento de Estado, o Fundo Monetário Internacional e o Banco Mundial recebiam de manhã cedo, então por telex, as principais informações e análises do jornal." Infelizmente, a *Gazeta Mercantil* desapareceu, assim como outras publicações que marcaram época.
>
> Em dezembro de 2003, na pior crise financeira da empresa desde os anos 1980, deixei o jornal. À medida que o tempo passa, revendo a trajetória do país pelas páginas da *Gazeta Mercantil*, cresce o meu orgulho profissional pela estatura do jornal em que trabalhei. Afloram também boas lembranças dos tempos de redação. O jornal sempre foi considerado um dos melhores locais para trabalhar, com um clima agradável e amistoso.

O livro está organizado por décadas e governos, e tem quatro enfoques.

Em primeiro lugar, destaca reportagens em que presidentes da República e diplomatas, em diferentes períodos, reafirmam princípios ou valores de soberania, não intervenção, não hegemonia e autonomia da política externa brasileira, reconhecida por sua eficiência e continuidade. A soberania consta do artigo 1º da Constituição de 1988 e está sempre presente nos discursos diplomáticos, porém, como diz o embaixador Fernando de Mello Barreto, profundo conhecedor da história da diplomacia brasileira: "Houve ênfases muito distintas durante o regime militar e, sobretudo, após a redemocratização. A visão westfaliana deixou de existir à medida que os direitos humanos e a problemática do meio ambiente avançaram no mundo todo".

Acompanhei o tema desde a Assembleia Nacional Constituinte, em 1987. Naquele ano, no dia 12 de maio, a *Gazeta Mercantil* publicou minha reportagem: "As teses da soberania e relações internacionais", com base no anteprojeto de Constituição redigido na Subcomissão de Nacionalidade, Soberania e Relações Internacionais. Os demais princípios constam do artigo 4º: independência nacional, prevalência dos direitos humanos, autodeterminação dos povos, não intervenção, igualdade entre os Estados, defesa da paz, solução pacífica dos conflitos, repúdio ao terrorismo e ao racismo, cooperação entre os povos para o progresso da humanidade, concessão de asilo político.

O segundo enfoque do livro é o impacto da Guerra Fria. O conflito ideológico entre o capitalismo e o socialismo, que se estendeu de 1947 à queda do muro de Berlim em 1989, interferiu nas relações internacionais do país. Faço referência à fase conhecida como coexistência pacífica entre os dois polos do poder mundial (1963 a 1979) e à fase final, de 1980 a 1989. Mostro como a Guerra Fria afetou o Brasil nos anos 1980, quando o presidente Ronald Reagan adotou uma diplomacia voltada à defesa da hegemonia norte-americana, às intervenções militares na América Central e ao combate ferrenho ao comunismo. Suas políticas neoliberais se chocavam com posições nacionalistas do Brasil, como a reserva de mercado para a informática. Nas negociações no Gatt (General Agreement on Tariffs and Trade; em português: Acordo Geral de Tarifas e Comércio), para regulamentar o comércio de serviços e para preparar o lançamento da Rodada Uruguai, em Punta del Este, notava-se a ofensiva dos Estados Unidos contra as políticas comerciais brasileiras.

O terceiro aspecto é a globalização. Em meados de 1996, a globalização estava no centro dos debates sobre economia, tecnologia e sociedade. Naquele ano, cheguei a Washington como correspondente da *Gazeta*

Mercantil. A capital dos Estados Unidos era um dos centros mais importantes para cobrir as crises financeiras na Ásia (1997-1999), na Rússia (1998) e no Brasil (1998-1999), e os efeitos da globalização nas economias emergentes. Coletivas de imprensa do Fundo Monetário Internacional (FMI), do Banco Mundial e do Banco Interamericano de Desenvolvimento (BID), entrevistas na embaixada brasileira, *hearings* no Congresso, cafés da manhã de *think tanks*... A década pós-Guerra Fria exigiu dos diplomatas intensas negociações para estabelecer a Área de Livre-Comércio das Américas (Alca) e o acordo entre o Mercado Comum do Sul (Mercosul) e a União Europeia.

O livro retrata essa fase da globalização, e traz reportagens sobre os primeiros protestos mundiais antiglobalização, cobertura em dezembro de 1999 com o colega da *Gazeta Mercantil* Assis Moreira, em Seattle, onde acontecia a terceira reunião ministerial da Organização Mundial do Comércio (OMC) que iria lançar a Rodada do Milênio. Acabamos por cobrir, também, as manifestações nas ruas contra a entidade OMC e a globalização. A "batalha de Seattle" não representou o fim da OMC, pois ainda haveria a 4ª reunião ministerial em Doha, em novembro de 2001, e a quinta conferência em Cancún, em setembro de 2003. Mas, sem dúvida, foi o início do fim da organização. Tempos sombrios marcaram a chegada de 2000. Os atentados terroristas de setembro de 2001, nos Estados Unidos, começavam o século XXI.

A quarta abordagem refere-se ao jornalismo e à comunicação. Trato do debate sobre a chamada nova ordem mundial da informação nos anos 1970, tema de dissertação que apresentei no Institut des Hautes Études de l'Amérique Latine, em Paris. De acordo com a pesquisa, as agências internacionais de notícias do mundo capitalista, criticadas à época pelos países em desenvolvimento por divulgarem informação considerada preconceituosa sobre eles, hoje não são mais percebidas dessa forma negativa, como acontecia no contexto ideológico do período. Elas não são as detentoras única e exclusivamente do fluxo de informações no planeta, mas também as *big techs* – Google, Meta (Facebook e Instagram), Apple, Amazon e Microsoft – com suas plataformas digitais e redes sociais, pelas quais circulam *fake news* ou notícias fraudulentas. Um contexto muito diferente daquele dos anos 1970, quando se discutia uma nova ordem mundial da informação e da comunicação na Guerra Fria. Podem-se questionar as agências internacionais de notícias sobre o que elas não escreveram, ou sobre o que elas não cobriram, ou o viés utilizado, mas o que elas publicam observa certos métodos, critérios, parâmetros técnicos e éticos, analisa o jornalista, professor e autor de livros sobre ética e comunicação Eugênio Bucci, um dos meus entrevistados no livro.

Incluo nas memórias duas experiências no exterior: a visita ao jornal *Libération* em 1978, para uma pesquisa sobre o modelo editorial desse ícone da imprensa francesa que nasceu maoísta e se tornou capitalista (Parte I); e o estágio no principal jornal de economia dos Estados Unidos, *The Wall Street Journal*, em Nova York, na década de 1980, quando já trabalhava na *Gazeta Mercantil* (Parte II).

* * *

Passagens do livro evidenciam o foco diplomático e empresarial na abertura de mercados, esforço que contribuiu para o Brasil chegar a 2023 com um comércio exterior de quase US$ 600 bilhões, cifra que o inclui entre os grandes atores do comércio internacional. Note-se a ascensão da China como parceiro comercial do Brasil. Em 2023, pela primeira vez, o Brasil ultrapassou a marca de US$ 100 bilhões em vendas para os chineses. Como dizia Mao Tsé-tung, "o futuro é radiante, mas a estrada é sinuosa". Os empresários e a diplomacia que o digam, pois o relacionamento comercial com o gigante asiático enfrentou dificuldades e lentidão nos anos 1970 e 1980, como menciono nas próximas páginas. Destaco também que, apesar de muitos anos voltados a grandes negociações comerciais, a diplomacia viu fracassar a Alca, enquanto o acordo Mercosul-União Europeia parece sem chance de sucesso.

O fato é que o Brasil atravessou décadas de intensa atuação diplomática que chamaram a atenção do ex-secretário de Estado norte-americano Henry Kissinger. No último volume de suas memórias, escreveu: os diplomatas brasileiros defendem os interesses do país com charme, ardor e uma obstinação sem limites.

O comentário consta da reportagem "OMC recruta negociador brasileiro", que assinei em 15 de junho de 2002.

Dedico o livro a estudantes e pesquisadores de Jornalismo e Relações Internacionais, aos interessados em diplomacia, política externa e comércio internacional, às fontes que entrevistei, aos colegas jornalistas, em especial os que trabalharam comigo na Gazeta Mercantil.

* * *

Na Parte I, sobre a década de 1970, trago memórias de uma jovem jornalista na Europa: a viagem de carona entre Siena e Roma para a cobertura da morte de Paulo VI publicada no *Jornal da Tarde*; uma viagem *hippie* no *Magic Bus*; cursos de jornalismo na Espanha e na França; tese sobre a Nova Ordem Mundial da Informação e da Comunicação, em que se debatiam os conceitos de socialismo, capitalismo e terceiro-mundismo aplicados à imprensa, e o controle da informação pelas agências internacionais, criticadas pelos países em desenvolvimento pelo viés preconceituoso das notícias que transmitiam. Faço o contraponto com o atual controle da informação, por meio dos conglomerados monopolísticos, as *big techs*, que dominam a informação digital. Trago também memórias sobre o movimento feminista em Paris; dissertação sobre a política africana do Brasil; e visão de especialistas sobre como conduzir o relacionamento com o continente africano na atualidade. Por fim, escrevo sobre o afeto dos franceses por bichos de estimação, um texto inspirado no cemitério de animais de Asnières.

A Parte II alude à "década perdida", os anos 1980 dos governos Figueiredo e Sarney: crise da dívida externa, missões comerciais e o papel do Itamaraty na abertura de mercados, escassez de divisas e mecanismos comerciais, como o *countertrade*, acordos comerciais com a Argentina, construção do Mercosul, terceiro-mundismo revisionista, Guerra das Malvinas, protecionismo no governo Reagan, Rodada Uruguai do Gatt, pressão internacional contra queimadas e desmatamento na Amazônia, relações do Brasil com os países industrializados e com os da antiga

União Soviética, com a África e Ásia, com Cuba, China e os árabes. Foi o período marcado pelos contenciosos comerciais com os Estados Unidos em informática e patentes farmacêuticas, combate ao protecionismo, Diálogo Norte-Sul, embates relacionados a tecnologias sensíveis e energia nuclear.

A Parte III refere-se à década de 1990, de grandes acontecimentos: o fim da Guerra Fria e o impacto na Organização da Nações Unidas (ONU) e na (Organização dos Estados Americanos (OEA); abertura da economia brasileira; Plano Bush; Plano Real; união aduaneira no Mercosul; crises mexicana, asiática, russa e brasileira; Área de Livre-Comércio Sul-Americana (Alcsa) *versus* Alca; globalização, regionalismo aberto e multilateralismo; revisão do Consenso de Washington; contencioso em propriedade intelectual e o caso das patentes farmacêuticas; meio ambiente e direitos humanos.

A Parte IV focaliza os efeitos dos atentados terroristas nos Estados Unidos na política externa e nas relações internacionais, e as ênfases diplomáticas do governo Lula no relacionamento com a América Latina e no pragmatismo adotado com a Casa Branca. O primeiro ano do período Lula foi marcado por debates sobre a Doutrina Bush, após os atentados terroristas nos Estados Unidos, e pela intensa negociação e discussão na sociedade sobre a Alca. Escrevo também sobre a proliferação de cursos de Relações Internacionais na esteira das privatizações, da chegada de novos investimentos estrangeiros e da intensificação das negociações comerciais nos anos 1990 e início do ano 2000. Outro tema do livro trata das dificuldades para as mulheres diplomatas ascenderem aos cargos mais elevados no Itamaraty.

Princípios da política externa em reportagens

Quando reli as matérias da *Gazeta Mercantil*, chamaram-me a atenção declarações oficiais, em diferentes governos, relacionadas aos princípios da política externa brasileira: soberania, autodeterminação, realismo, pragmatismo, autonomia, não intervenção.

Antes de mostrar com exemplos a evocação desses princípios por presidentes da República e diplomatas ao longo do tempo, cito um trecho do artigo "A diplomacia e a continuidade na política externa brasileira", de Marcelo Passini Mariano,[4] que aprofunda academicamente o tema da continuidade. O autor menciona que existem "elementos norteadores das decisões" diplomáticas, como tradições que acompanham a história da política externa brasileira, capazes de sobreviver às mudanças de governo e às próprias alterações organizacionais do Estado, sendo representadas pela *orientação pacifista, a juridicista e a pragmática*. Os leitores saberão distinguir qual é a orientação nas declarações sobre princípios tradicionais mencionadas nas reportagens.

O *pacifismo*, afirma Mariano, "refere-se à posição defendida pela diplomacia brasileira de buscar solucionar os conflitos por meio de negociações. Isto é, a política externa brasileira tradicionalmente resiste à ideia de usar a força para resolver as controvérsias no plano internacional".

Já o *juridicismo* relaciona-se com a postura de respeito a tratados, acordos e convenções internacionais, aceitando-os como instrumentos ordenadores da interação entre os atores estatais e do próprio sistema de Estados.

Sobre o *pragmatismo*, ele diz:

> [...] também entendido como realismo na política externa brasileira, essa tradição baseia-se na análise sobre o sistema internacional, a posição do Brasil neste sistema, as relações com as potências e a capacidade de defesa dos interesses nacionais para, a partir destes condicionantes, orientar a ação externa. Essas tradições fundamentam-se no princípio da não confrontação, que se traduz no discurso e na ação marcada pelo respeito da autodeterminação dos povos e na defesa da política de não intervenção. Podemos verificar que tanto o primeiro elemento quanto o segundo estão intimamente interligados.

As reportagens que seguem mostram a aplicação dos princípios tradicionais da política externa brasileira em documentos e declarações.

A matéria de 22 de setembro de 1980, "Brasil abre Assembleia Geral das Nações Unidas", relata que o Brasil se manifestou favorável à independência da Namíbia (dominada pela África do Sul) e de Timor-Leste (ocupado pela Indonésia), e apoiou a *autodeterminação* dos palestinos. O discurso diplomático evocou, assim, os *princípios de não intervenção e de pragmatismo*.

Outro exemplo é o da posição do Itamaraty na Guerra das Malvinas. A reportagem de 18 de junho de 1982, "Itamaraty vê mudanças na OEA", revela como a diplomacia seguia orientações e valores da política externa desde o início do século XX.

O Barão do Rio Branco ensinou que deveria prevalecer a cordialidade no trato com os países da América do Sul. No caso da Guerra das Malvinas, a que se refere a reportagem, o Brasil apoiou politicamente a Argentina, mas não a invasão militar (defendeu a solução pacífica de litígios), pois condenava a intervenção estrangeira e defendia a soberania do país (aliás, desde o século XIX). Foi o equilíbrio encontrado pelo chanceler Saraiva Guerreiro (governo Figueiredo) para manter boas relações com Londres, comenta o embaixador Fernando de Mello Barreto.

Selecionei essa reportagem porque indica como ficaram as relações hemisféricas após o conflito no Atlântico Sul (de 2 de abril a 14 de junho de 1982) entre a Argentina e o Reino Unido. O presidente dos Estados Unidos, Ronald Reagan, apoiou o governo da primeira-ministra britânica, Margaret Thatcher, episódio que causou mal-estar entre os países latino-americanos e a Casa Branca. Seguem alguns trechos sobre a repercussão no Itamaraty:

> O crédito do Brasil junto a Buenos Aires durante o conflito, diz uma alta fonte diplomática, dá ao governo brasileiro a percepção de que sua política está sendo feita acertadamente. A Argentina é um pouco o termômetro para medir a temperatura dos vínculos sentimentais entre o Brasil e os países latino-americanos.

Quanto ao Brasil, tudo foi feito para evitar que a Argentina registrasse, em sua longa memória histórica, mais uma queixa, como a que surgiu a propósito do aproveitamento hidrelétrico do rio Paraná.

Por razões que remontam à rivalidade entre os dois países no período colonial, desconfianças mútuas existiram até a redemocratização de ambos, em meados dos anos 1980, o que tornou possível um programa robusto de integração. A diplomacia brasileira sempre cuidou para o Brasil não despertar desconfiança nos vizinhos, para não ser visto como potência hegemônica na América do Sul.

Sobre isso, escrevi:

> No início do governo Figueiredo, foi preciso muito esforço para diluir as tensões entre Buenos Aires e Brasília. Já no período Geisel, se gastaram muito tempo, pessoas, recursos para desfazer a imagem de "Brasil potência", criada a partir da célebre frase de Nixon: "Para onde vai o Brasil segue o resto da América Latina".

O presidente norte-americano apoiava o general Emílio Garrastazu Médici (1969-1974), em cujo governo aconteceram o "milagre econômico" (crescimento entre 7% e 13% ao ano) e a repressão aos opositores. A doutrina de Nixon defendia as ditaduras na América Latina e pregava que a estabilidade na região dependia de manter no poder os regimes autoritários.

Na década de 1970, ficou célebre no governo do general Ernesto Geisel (1974-1979) a política externa formulada e executada pelo chanceler Antônio Azeredo da Silveira. Era o *"pragmatismo responsável"*, uma diplomacia que buscava resultados econômicos e comerciais sem discriminar países em função das ideologias de seus governantes.

Geisel definiu a sua política externa em março de 1974; estaria "a serviço, em particular, dos interesses do nosso comércio exterior, da garantia do suprimento adequado de matérias-primas e produtos essenciais e do acesso à tecnologia mais atualizada. Com prudência e tato, mas com firmeza, as opções e realinhamentos necessários".[5]

Trago outras explicações, do professor e pesquisador de Relações Internacionais Matias Spektor, que ajudam a entender essa doutrina:

> [...] a tônica do pragmatismo, e seu elemento mais distintivo, foi a aproximação da política externa ao projeto normativo de tradições realistas de política internacional. Assim, a diplomacia dos anos Geisel valeu-se, mais ou menos explicitamente, de conceitos e valores típicos do realismo político. A lista de exemplos é extensa: a noção de que o país movia-se em um sistema cujas partes estão estrategicamente interconectadas (por exemplo, a decisão brasileira de utilizar o programa de visitas de Estado de Geisel à Europa Ocidental como instrumento de barganha nas negociações com os Estados Unidos); a crença, refletida em atitudes políticas concretas, de que o país podia, efetivamente, transcender suas circunstâncias históricas, melhorar seu posicionamento relativo na estrutura internacional de poder e, assim, ganhar mais responsabilidade e autoridade no cenário internacional (por exemplo, as decisões de Brasília em relação à África Negra); a adoção, ao menos retórica, da ética da prudência e da autocontenção (por exemplo, a decisão de acrescentar os qualificativos "ecumênico" e "responsável" à noção de pragmatismo); o abandono de posturas absolutas em relação à potência hegemônica (nesse período, abandona-se, conscientemente, a oposição retórica típica do Brasil do pós-Segunda Guerra mundial entre a completa abdicação e a total rejeição aos desígnios de Washington. Nas palavras do chanceler, o Brasil e os Estados Unidos passavam a ter uma relação mais "madura" à medida que o Brasil se transformava em um país de "calças compridas"). Entretanto, a explícita utilização de elementos do projeto realista conviveu com a tradicional ideologia brasileira de política externa.[6]

Mostrei exemplos de como o pragmatismo responsável era aplicado na política externa brasileira na dissertação *A política africana do Brasil*, apresentada em 1979 no curso de Relações Internacionais da Universidade Paris I – Panthéon-Sorbonne.[7]

No dia 11 de novembro de 1975, Angola deixou de ser colônia portuguesa. O Brasil foi o primeiro país a reconhecer a independência angolana. As razões que levaram o Itamaraty a esse gesto se deveram, em primeiro lugar, ao fato de o Brasil não estar tão isolado entre os países ou entre as correntes de pensamento do campo ocidental como se acreditava: a social-democracia sueca de Olof Palme e o Conselho Mundial das Igrejas também reconheceram o governo de Agostinho Neto. Depois, de acordo com Brasília, era muito importante não cortar definitivamente todas as pontes entre Luanda e os países do Ocidente. O Movimento Popular de Libertação de Angola (MPLA) não era um partido monolítico como certos observadores afirmavam, havia tendências no interior da agremiação desejosas de se diferenciarem de Moscou ou de Cuba. Abandoná-los seria um grande erro, pontuei na dissertação.

> Enfim, como fizeram a França e a Inglaterra, que estabeleceram com suas ex-colônias uma comunidade francófona e anglófona, o Brasil também aspirava a ter relações privilegiadas com os países lusófonos da África. Tal posição parecia seduzir os líderes revolucionários mais duros do novo regime.
>
> Nos primeiros meses de 1976, se definiu a cooperação econômica entre o Brasil e Angola: o Brasil não somente negociou a compra de café angolano para reforçar a alta dos preços, como o diretor da Cacex anunciou a abertura de uma linha de crédito de US$ 50 milhões para a República Popular de Angola importar do Brasil manufaturados, máquinas e produtos duráveis de consumo.

O chanceler Azeredo da Silveira recebeu, em 1975, os chanceleres do Quênia, da Guiné-Bissau, do Lesoto e de Zâmbia. Mas quem fez sucesso entre os visitantes africanos foi o presidente do Gabão, Albert Bongo, que em entrevista coletiva em 14 de outubro daquele ano disse:

> A economia mundial é tributária da transformação econômica e política da África. Nós não aceitaremos que os países do Terceiro Mundo, assim chamados por geopolíticos mal orientados, sejam o problema na luta entre o Leste e o Oeste. Unamos nossos dois continentes em uma espécie de confederação que nos dará força para tratarmos de igual para igual com os grandes blocos.

O presidente gabonês veio ao Brasil, principalmente, para intensificar as vendas de petróleo, oferecer urânio e cooperação na prospecção de petróleo. A cooperação entre o Brasil e o Gabão mostra, mais uma vez, o papel central do petróleo no relacionamento econômico com a África. Depois do petróleo da Nigéria e de Madagascar, o do Gabão interessava ao Brasil.

O reconhecimento do governo do MPLA, de tendência marxista, em 1975, é um exemplo de pragmatismo responsável. Segundo o embaixador Fernando de Mello Barreto,

> [...] o pragmatismo de Geisel/Silveira consistia em diferenciar a política externa do início do regime militar com Castello Branco/Roberto Campos, em que havia aproximação dos EUA e distanciamento de mercados de países comunistas. Em outras palavras, para Geisel, era preciso ser pragmático, mas com responsabilidade. Uma expressão de efeito para acalmar alas mais à direita dos militares.

Outros exemplos dessa postura: na década de 1970, a assinatura do acordo de cooperação nuclear com a República Federal da Alemanha e a participação em alianças estratégicas com grupos de países em desenvolvimento na ONU, como o Grupo dos 77 na Unctad (Conferência das Nações Unidas sobre Comércio e Desenvolvimento).

No discurso de sua posse, em fevereiro de 1986, o chanceler Roberto de Abreu Sodré reafirmou princípios da política externa brasileira. Ao referir-se à América Latina, disse: "O Brasil, por não ter pretensões hegemônicas, é uma nação aberta à integração regional."

Ele lembrou, também, o apoio do Brasil ao Grupo de Contadora (voltado à paz na América Central) e a participação no Consenso de Cartagena, criado em 1984 para buscar uma negociação política da dívida externa na América Latina.

Na década de 1980, a diplomacia brasileira evocou, provavelmente mais do que antes, o princípio da não intervenção, em discursos e entrevistas. Foram anos de Ronald Reagan no poder (1981-1989). O intervencionismo dos Estados Unidos na América Central incomodou os países latino-americanos. Em consequência, em 1983, foi criado o Grupo de Contadora por México, Panamá, Colômbia e Venezuela, após a invasão norte-americana em Granada. Em 1985, surgiu o Grupo de Apoio a Contadora, também chamado de Grupo de Lima, com a participação de Peru, Brasil, Uruguai e Argentina. O objetivo era evitar uma escalada armamentista na região e buscar um acordo de paz na América Central, caminho oposto ao pregado por Reagan, que combatia ferozmente o comunismo e os movimentos guerrilheiros nos países centro-americanos e caribenhos.

Estava em discussão a Ata de Contadora pelos oito países de Contadora e do Grupo de Apoio. Um dos assuntos do documento foi mencionado na reportagem "Latinos não pensam em criar uma força de paz", de 27 de agosto de 1985. O então chanceler, Olavo Setúbal, lembrou: "Assuntos como envio de uma força de paz à região centro-americana, formação de grupos de inspeção militar, político e de verificação de fronteira não foram debatidos, pois, dentro da ótica de não intervenção, essas medidas só podem ser implementadas quando as partes o desejam".

Outro exemplo de reafirmação de princípios da política externa brasileira consta da matéria "Sarney vê atuação da Argélia como moderada", de 14 de outubro de 1986. Nela, relatei o encontro de Sarney com o presidente argelino, Chadli Bendjedid, elogiado pela atuação da Argélia como fator de equilíbrio e moderação no contexto internacional. Sarney explicitou a posição da política externa brasileira:

> Não aceitamos hegemonias nem práticas ostensivas ou veladas de dominação. Estamos convencidos de que somente o contínuo fortalecimento do clima de concórdia e entendimento entre os povos pode propiciar o verdadeiro progresso econômico e social, em bases mais justas e equitativas.

Sarney foi prolífico ao falar sobre "não hegemonia". Durante a fase de assinatura dos protocolos de integração entre Brasil e Argentina, em dezembro de 1986, ele afirmou: "A economia moderna é cada vez mais uma economia de conjunto. Temos de procurar a melhor forma de nos integrarmos num sistema em que os interesses sejam recíprocos e não haja hegemonias ou benefícios unilaterais".

Uma demonstração de que o Brasil não desejava ser visto como líder, que queria ser um bom vizinho não hegemônico, partiu do presidente Fernando Henrique Cardoso. Ele foi aclamado como "um grande líder" da América Latina por Rafael Caldera, na viagem que fez a Caracas em julho de 1995. Perguntado por uma jornalista sobre a eventual necessidade de um líder na região e a possibilidade de se desincumbir dessa tarefa, respondeu: "Já tenho o governo do Brasil e isso me basta. [...] Eu quero estar junto com os presidentes de outros países da América Latina para que encaminhemos o continente".

Diplomaticamente, para não ferir suscetibilidades, e como convém a um bom político, ressalvou, em espanhol: "Mas, por Deus, nada de liderança. Isso seria uma pretensão que nunca teve asilo no Brasil, que nunca teve realmente uma motivação no Brasil. Não é isso o que motiva suas relações de igualdade com os países da América Latina e com os demais países do mundo".

O presidente Caldera não só o aclamou líder, como também salientou que o Brasil tem que assumir uma liderança natural na região. "Trata-se de uma liderança diferente, através da cooperação e de integração", acrescentou o embaixador brasileiro em Caracas, Clodoaldo Hugueney Filho.

> O Brasil, de fato, quer ter mais influência na América do Sul, um espaço diferente do Caribe e da América Central. Até na conformação de uma zona hemisférica de livre-comércio, juntando os vários sistemas de integração, o governo Fernando Henrique vem assumindo a liderança. Isso ficou claro em Denver, quando o chanceler Luiz Felipe Lampreia defendeu que é preciso "ir devagar com o andor" no projeto do presidente Bill Clinton.

Analisou o embaixador:

> O peso dos EUA é de tal ordem que é necessário ir mais lentamente para se ter um equilíbrio maior. O Brasil não aceita um ritmo acelerado, e mesmo países como o Chile e a Argentina apoiaram a posição brasileira. Isso mostrou que o Brasil tem uma capacidade de liderança, que não é de confrontação.

Outra passagem da diplomacia brasileira ilustra a reiteração de princípios tradicionais. O episódio da intervenção dos Estados Unidos no Panamá, em 1989, para capturar o ditador Manuel Noriega, que era comandante em chefe das Forças de Defesa e foi acusado de tráfico de drogas, recebeu a condenação do Brasil. Em 20 de dezembro de 1989, o governo brasileiro distribuiu nota à imprensa de 10 linhas, considerada "forte" para o padrão das reações diplomáticas brasileiras. A mensagem dizia: "O Brasil, que condena o uso da força nas controvérsias internacionais, deplora os acontecimentos no Panamá e faz um veemente apelo para que seja encontrada uma solução pacífica e imediata para a crise, com base no respeito aos princípios de autodeterminação e não intervenção".

Na reportagem "O tamanho do mundo, segundo os candidatos", de 22 de julho de 1994, mostro a opinião de alguns dos principais candidatos à eleição presidencial sobre temas de política externa. Luiz Inácio Lula da Silva afirmou:

> O Brasil deverá mandar tropas em missão de paz. Ele já o fez em El Salvador e agora envia soldados para Moçambique. Estas missões têm de ser criteriosamente decididas para que não se produzam violações de soberania nacional, como ocorreu na Somália. Felizmente o Brasil não participou dessa aventura.

Lula, que perdeu aquela eleição, referia-se aos princípios de não intervenção e de autodeterminação.

Sobre respeito ao princípio da soberania, cito a matéria "Supercomputadores poderão ser fornecidos pelo Japão", de 31 de julho de 1987. O assunto era a proibição de exportação para o Brasil de supercomputadores. Escrevi:

> O ministro Renato Archer, de Ciência e Tecnologia, admite que o Japão é hoje uma alternativa para o suprimento de supercomputadores que o Brasil necessita comprar para a Petrobras e para o Centro de Previsão de Tempo e Estudos Climáticos (CPTEC). Segundo Archer, o governo brasileiro tem um documento oficial do Japão garantindo o acesso do Brasil a esse equipamento sofisticado sem exigências que violem a soberania nacional, como as apresentadas pela IBM norte-americana no ano passado: proibição de reexportação, necessidade de clearance (liberação) do

Departamento de Comércio norte-americano à pessoa que operar o computador e proibição de seu uso para cálculos em energia nuclear, criptografia (arte de escrever em cifras ou em códigos) e projetos relacionados à fabricação de mísseis.

O tema Amazônia e desmatamento provocava forte reação do Itamaraty na defesa da soberania do país. Em abril de 1989, quatro senadores dos Estados Unidos vieram ao Brasil para conhecer a realidade amazônica e constataram grandes áreas devastadas. Eles revelaram curiosidade sobre a posição brasileira de repelir o esquema de conversão da dívida por investimentos em proteção ambiental. "Flecha de Lima explicou que esse assunto deveria ser entendido sob o prisma da soberania nacional", escrevi em 3 de abril de 1989. Segundo o diplomata, o Brasil queria outro tipo de solução para a dívida, porque naquelas condições não poderia controlar o crescimento de seus débitos, pois os juros aumentavam nos Estados Unidos, o principal credor, em decorrência de sua política monetária interna.

Em fevereiro de 1989, último ano do governo Sarney, em reportagem sobre os contatos do secretário-geral do Itamaraty, embaixador Paulo Tarso Flecha de Lima, com o governo norte-americano para discutir pendências sobre patentes farmacêuticas e informática, relatei que desde 1988 se intensificara o debate em torno da vinculação entre a dívida externa do Brasil e a proteção do meio ambiente, porque os credores do país diziam estar preocupados com a devastação da floresta amazônica e com o efeito estufa, responsável pela redução da camada de ozônio: "Apesar das crescentes pressões sobre o governo para que aceite a cooperação internacional com vistas à proteção ecológica, o Itamaraty tem firmado a posição de que o assunto, no Brasil, 'deve se subordinar à jurisdição do Estado brasileiro'".

Essa é uma alusão à defesa do princípio da não ingerência externa nos assuntos internos do país.

Na década de 1990, cresceu o debate sobre conceitos de soberania, assunto muito caro à diplomacia brasileira em função da Amazônia. Na reportagem de 4 de outubro de 1993, "O Brasil e a questão da soberania", informei:

"O governo brasileiro está preocupado com novos conceitos, alguns 'sob a capa humanitária ou de moralidade', como o suposto 'dever de ingerência' e a 'boa governança', do lado de velhas práticas, como o eco protecionismo", disse o chanceler Celso Amorim em seu discurso na abertura da Assembleia Geral da ONU.

"A preocupação maior do governo é com os conceitos que visam à relativização do princípio da soberania 'nunca arguida em relação aos países poderosos'", comentou o ministro.

O tema está presente em fatos diários da vida nacional. As recentes manobras militares norte-americanas na Guiana, a chacina dos yanomamis, os problemas de garimpeiros na fronteira com a Venezuela, o projeto de declaração que está sendo debatido na comissão de minorias e direitos humanos das Nações Unidas, defendendo a ideia de autodeterminação dos povos indígenas. Esses assuntos, que estiveram na agenda das duas reuniões do Conselho de Defesa Nacional e resultaram na decisão do governo de apressar a implementação do Sistema de Vigilância da Amazônia (Sivam), colocaram em evidência a preocupação com a soberania brasileira sobre seu território.

Recentemente, têm surgido expressões como soberania limitada, restrita, compartilhada, dever de ingerência e intervenção humanitária. A complexidade da agenda internacional tem mostrado, no entanto, que existem limites ao dever de ingerência – conceito inventado em 1989 durante a gestão do presidente François Mitterrand, na época da queda do governo romeno de Ceausescu, quando houve resistência da polícia política Securitate.

O outro conceito – de soberania limitada – caso do Iraque, que depois da Guerra do Golfo teve de se submeter às decisões do Conselho de Segurança da ONU, como o impedimento de voltar a explorar e vender petróleo – foi evocado, no Brasil, quando a comunidade internacional começou a pressionar o governo brasileiro a preservar a Amazônia e livrá-la de queimadas, prejudiciais ao equilíbrio ecológico.

Uma fonte diplomática comentou: "Do ponto de vista político, seriam necessários mais de 20 anos de erros, como matança de índios, queimadas, desordem total e falta de controle da situação para que viesse a ser criado um tipo de intervenção externa".

O coronel Manoel Soriano Neto, assessor do Estado Maior do Exército, em trabalho sobre atentados à soberania, menciona alguns exemplos, como a decisão da Suprema Corte de Justiça dos EUA, de 15 de junho de 1992, que ficou conhecida como "doutrina Thornburg", autorizando o Poder Executivo, a Polícia e as Forças Armadas dos Estados Unidos a prender qualquer cidadão, em qualquer parte do mundo, para julgá-lo nos tribunais dos EUA. Com isso, ficou "legalizado o sequestro internacional", diz o autor.

Um outro exemplo é a sugestão do ex-secretário de Defesa dos EUA, Dick Cheney, debatida na XIX Conferência dos Exércitos Americanos, para que as Forças Armadas da América Latina se engajem no combate ao tráfico de drogas, reduzam os seus efetivos, limitem seus armamentos às necessidades de autodefesa, obedeçam aos mecanismos de controle de tecnologia para a fabricação de mísseis balísticos, e renunciem a toda tecnologia para a fabricação de artefatos nucleares.

Quando novas formas de integração mais profundas vierem a ser negociadas no contexto do Mercosul, a preocupação com a soberania limitada também se colocará. Será um problema de delegação de competência, observa o embaixador Rubens Barbosa, subsecretário-geral de integração, assuntos econômicos e de comércio exterior do Itamaraty.

"O Brasil perderá algo se se autolimitar em política econômica, financeira, monetária ou qualquer outro tipo de política discutida entre os quatro países do Mercosul", salienta o embaixador. A delegação de competência a instituições supranacionais ou intergovernamentais no Mercosul e a questão da soberania serão debatidos numa conferência diplomática no final do próximo ano.

No início do governo Lula, em 2003, havia indícios de que o presidente conseguiria uma aproximação genuína com os Estados Unidos, à semelhança daquela que Richard Nixon teve com a China, o que motivou a expressão *síndrome de Nixon na China*, ou seja, um relacionamento profícuo apesar de grandes diferenças ideológicas. O assessor especial de Lula para a América Latina, Marco Aurélio Garcia, indagado se isso implicaria perda de soberania brasileira, disse que não.

"Eu acho que nós seremos muito enfáticos nessa questão de soberania." Então, é preciso encontrar um tom que se encaixe na retórica norte-americana? Respondendo, o assessor de Lula diz que

> "até agora não ouvimos a retórica norte-americana em relação ao Brasil, a retórica fundamentalista, conservadora. Isso não apareceu na relação com o Brasil. Pelo contrário. O que tem aparecido é uma atitude de respeito com um grande país. O problema é que nossos governantes muitas vezes não se dão conta disso".[8]

Na década de 1990, o tema "*dever de ingerência*" era usualmente mencionado e criticado em discursos presidenciais e diplomáticos. Selecionei a reportagem "Propriedade intelectual precisa ser reavaliada", de 14 de março de 1990, para mostrar o contexto à época:

> Na véspera da posse do presidente Fernando Collor de Mello, o embaixador Paulo Tarso Flecha de Lima, que assumiria em poucos dias a embaixada em Londres, falou sobre a necessidade de a política externa avaliar e rever a posição relacionada à propriedade intelectual, para ser coerente com os compromissos que o País estava assumindo na Rodada Uruguai do Gatt, na qual os países estavam trocando concessões em diversas áreas. Indicando os desafios para a política externa de Fernando Collor, alertou para "uma outra tendência, que está sendo espalhada por alguns desenvolvidos, de ingerência em assuntos de outros países. É o chamado 'dever de ingerência', um conceito ameaçador, principalmente em assuntos transnacionais, como narcotráfico e ecologia". Com base nesse princípio, que defende a intervenção quando estiverem em jogo os valores fundamentais da população, o presidente norte-americano, George Bush, ordenou a invasão do Panamá e tentou um bloqueio nas costas da Colômbia. "O princípio de intervenção é uma relíquia do passado", diz Flecha de Lima. Segundo ele, o Brasil deve defender o princípio do "estado nacional", que "não está superado", e não o da supranacionalidade, no caso da Amazônia. Se prevalecer a ideia da supranacionalidade, os EUA, por exemplo, terão argumentos para intervir na Amazônia por causa das queimadas. "Temos de mostrar que somos adultos, que temos fichas à disposição para evidenciar o nosso senso de responsabilidade."

Em discurso na cerimônia de formatura da turma de 1989, do curso de preparação à carreira de diplomata do Instituto Rio Branco, Collor afirmou, segundo reportagem de 28 de maio de 1990, "Rumos para a política externa":

> Uma política externa lúcida deve ancorar-se na realidade e nas aspirações do povo brasileiro, buscando, no plano externo, espaço próprio para projetar e guardar os interesses nacionais, a partir de uma tradição diplomática – em nosso caso felizmente rica e modelar – de respeito aos princípios básicos da melhor convivência internacional. [...] Nosso projeto de fuga da periferia das grandes decisões internacionais não reflete uma ambição de poder alimentada pelo desígnio do protagonismo. Isso não faz parte do perfil clássico do brasileiro, nem consta de nossa tradição diplomática. Nosso projeto inspira-se, antes, na ideia de que, em meio às várias e profundas mudanças que no mundo de hoje universalizam as relações internacionais, temos de buscar e proteger soluções nacionais.

Extraí de uma entrevista em Nova York com o embaixador Paulo Nogueira Batista, representante do Brasil nas Nações Unidas, em 1988, aspectos do pensamento realista na política externa brasileira. Na reportagem "Brasil quer ampliar influência", de 28 de setembro daquele ano, quando se celebrava a participação do país no Conselho de Segurança (como membro não permanente), após 20 anos de ausência, escrevi que o desafio do Itamaraty era discutir os grandes temas internacionais, além de ter uma influência compatível com a sua base territorial, sua população e seu peso econômico. Disse Nogueira Batista:

> [...] o Brasil não pode pretender ter na ONU ou no Conselho de Segurança uma posição de primeiro plano porque é incompatível com o seu poder real. Mas não pode cair no oposto de aceitar resignadamente o que lhe seja proposto. O Brasil tem interesse em fazer sentir a sua presença dentro de certos limites. No Conselho de Segurança não podemos fazer coro com todas as questões. Em algumas devemos ter um papel coadjuvante, em outras, a pretensão de ter um papel principal.

Continua a reportagem:

> Para influir nas questões internacionais, o País precisava também conhecer os objetivos de seus parceiros. O mundo está se fechando: há uma nova lei de comércio norte-americana, uma legislação que poderá ser aprovada se o presidente Reagan não vetar, contingenciando as importações de têxteis e calçados, uma reserva de mercado para a TV de alta definição, um acordo de livre-comércio dos EUA com o Canadá.

Cabia ao Brasil, portanto, dizia Nogueira Batista, analisar esse novo jogo de forças nos foros multilaterais e ter uma diplomacia atuante, capaz de influir.

No governo Itamar Franco, o Brasil se absteve de apoiar a resolução da ONU que aprovou uma intervenção militar no Haiti. A principal justificativa foi que a Constituição brasileira, em seu artigo 4º, diz que a atuação externa do Brasil se pauta pela autodeterminação dos povos e pela não intervenção, de acordo com a reportagem "As cinco razões do Brasil para se abster na ONU", de 2 de agosto de 1994. As outras justificativas indicadas pelo Itamaraty foram: a carta da OEA, que também declara o respeito ao princípio da não intervenção; e o capítulo VII da carta da ONU, que fala em intervenção desde que o país em questão esteja ameaçando a paz e a segurança internacionais, o que, na visão do governo brasileiro, não era o caso do Haiti.

> Se apoiasse a resolução, o Brasil teria de apoiar outras intervenções armadas para derrubar vários governos no mundo [...]. Um dia depois da declaração de voto, feita pelo embaixador do Brasil na ONU, Ronaldo Sardenberg, a diplomacia brasileira considera que seu gesto, mesmo contrariando os EUA, o que deverá trazer-lhe constrangimentos, representa "uma afirmação internacional excelente para o Brasil". Segundo uma fonte do Itamaraty, o Brasil recebeu cumprimentos até dos membros do Conselho que votaram a favor da resolução.[9]

Na reunião do Grupo do Rio, em 1993, Itamar Franco rechaçou o envio de uma carta em nome desse fórum ao Congresso dos Estados Unidos, pedindo apoio ao Nafta (North American Free Trade Agreement; em português: Acordo de Livre-Comércio da América do Norte). O presidente alegou que se tratava de uma ingerência nos assuntos internos do Legislativo norte-americano. Venceu a opção pelo apoio, mas em nível simétrico. Em vez de a carta ser dirigida aos congressistas, foi endereçada ao presidente Clinton.

Escrevi sobre isso na reportagem "Para o Brasil a prioridade é estimular a integração regional e não hemisférica", de 19 de outubro de 1993, assinada de Santiago do Chile. Relembro o contexto:

> O encontro presidencial do Grupo do Rio revelou pela primeira vez em sua história de sete anos uma opção preferencial pela integração com os países ricos. À exceção do Brasil, todos os países, em maior ou menor grau, estão interessados em aderir ao Acordo de Livre-Comércio da América do Norte (Nafta).
>
> No final da reunião [...], ficou decidido que o anfitrião da cúpula, o presidente chileno, Patricio Aylwin, enviará uma carta ao colega norte-americano Bill Clinton, apoiando-o às vésperas da difícil votação do Congresso dos EUA, que ratificará ou não o tratado ao qual também pertencem o México e o Canadá.

Minha matéria contou que o Nafta, segundo interpretação das delegações presentes à cúpula, estava na alça de mira dos países latino-americanos, que iriam procurar "se ajustar ao modelo exigido para uma associação ao pacto comercial norte-americano: economias estáveis, inflação baixa, desregulamentação, abertura aos investimentos estrangeiros, proteção à propriedade intelectual e mercado receptivo às importações".

Para entender como o Brasil via o Nafta, no contexto da reafirmação dos princípios de autonomia, desenvolvimento nacional e realismo, menciono outros trechos da reportagem:

> Os diplomatas brasileiros não escondem que lamentam a atitude "imediatista" dos países do Grupo do Rio. "O Nafta é uma miragem, não é um acordo democrático. Foi um pacote fechado à revelia do que pensava o povo mexicano. É um acordo feito sob medida para os países que o integram. É difícil aderir a um acordo que tem cláusulas específicas para o petróleo, tema de grande relevância para o México, mas não para outros da região. É um tratado que tem regras sob medida para o setor automobilístico, de interesse dos EUA, México e Canadá. As cláusulas de adesão ao Nafta são rígidas, nem todos os países têm um perfil que corresponda às suas exigências" (princípios de autonomia/ desenvolvimento nacional).
>
> Esses foram alguns dos comentários feitos no final da sétima reunião do Grupo do Rio por membros do governo brasileiro. O Itamaraty considera que a opção do Brasil passa antes pelo fortalecimento das iniciativas sub-regionais, como o Mercosul, o Pacto Andino e um conjunto de acordos de complementação econômica com os países amazônicos, denominado Iniciativa

Amazônica. A proposta, lançada pelo presidente Itamar Franco em Santiago, de uma zona de livre-comércio na América do Sul no prazo de dez anos, processo lógico que resultará na soma desses três movimentos integracionistas, não é algo imediatista. Para aderir ao Nafta, no futuro, o Brasil quer ter mais peso político e econômico e aumentar o seu poder de barganha.

O Brasil está sendo desafiado. Tem um grande mercado a oferecer a seus vizinhos, que crescem quando a economia brasileira cresce, mas disputa a preferência com os vizinhos do Norte. Corre o risco de ficar isolado. Os próximos meses dirão se a proposta brasileira é palatável. Apoiaram a sugestão a Bolívia, o Paraguai e o Equador. O argumento mais vocalizado pela diplomacia brasileira é o de que o Brasil é um "global trader". Tem um comércio bem distribuído em todas as regiões do mundo e não é dependente do mercado norte-americano. O Chile também é um "global trader", sendo seu comércio equilibrado em termos de regiões geográficas, mas lhe interessa atrair investimentos do Nafta e eliminar as barreiras não tarifárias, sobretudo as fitossanitárias que encontra nos EUA. A própria Comissão Econômica para a América Latina e o Caribe (Cepal), nas décadas passadas conhecida por sua teoria da dependência, curva-se agora aos atrativos do Nafta. O seu secretário-geral, Gert Rosenthal, advertiu em Santiago que se não se chegar a ratificar o Nafta, o efeito para a América Latina, não só para o México, será equivalente ao fracasso da Rodada Uruguai.

Houve nuances na demonstração de apoio ao Nafta. A Venezuela e o Equador foram menos enfáticos. A Colômbia, que sugeriu a carta ao Congresso norte-americano, depois de um apelo de Clinton, pretende ficar com um pé nas duas canoas, mas não convenceu muito os diplomatas brasileiros. Acenam ao Nafta, mas ainda não se pode dizer como receberão a proposta brasileira de uma zona de livre-comércio, que significará para os colombianos começar a negociar um acordo de complementação econômica com o Brasil.

A realidade é que o comércio intrarregional cresceu significativamente nos últimos anos, passando de 12,7% das exportações totais em 1990 para 16,5% em 1992. Esse é um dos argumentos brasileiros para sustentar que se deve dar prioridade à integração regional antes da hemisférica.

Tratava-se de uma visão realista, de avaliação do *soft power* do Brasil no seu entorno e de reafirmação dos princípios defendidos por Rio Branco de valorização dos laços com os países vizinhos.

ÊNFASES NA POLÍTICA EXTERNA

Na política externa, existem ênfases ou nuances, porque se trata de uma política pública, influenciada pelo contexto político e social interno. Escrevi sobre esse assunto na reportagem "Brasil quer ampliar a influência", de 28 de setembro de 1988, em que o embaixador Paulo Nogueira Batista diz que a política externa deve espelhar a interna.

Um exemplo de ênfase na aplicação de princípios extraí da reportagem "Os pilares ideológicos em xeque", de 14 de setembro de 1990. Nela mostro que o governo do presidente Fernando Collor de Mello quis se mostrar ao mundo como modernizante e cumpridor de suas obrigações, portanto, um parceiro que merecia ganhar mais espaço para participar construtivamente das grandes decisões internacionais. A forma de atuação diplomática mudou no sentido de uma aproximação maior com os países industrializados. Essa foi a ênfase. A tática, que era defensiva no governo Sarney, passou a ser ofensiva:

> No fundo, as grandes linhas da política externa não mudam. [...] Notava-se uma preocupação maior em sintonizar o discurso com as reformas internas. O Itamaraty buscou transmitir a imagem do Brasil como um país que estava à altura de demandar mais abertura de mercados, acesso às tecnologias sensíveis e compreensão em relação à dívida externa.

DEFINIÇÕES DA POLÍTICA EXTERNA BRASILEIRA

Um breve histórico consta da matéria enviada de Brasília, "As mudanças na política externa brasileira", de 14 de setembro de 1990. Reproduzo-a na íntegra:

Nos seus últimos setenta anos, a política externa brasileira passou por várias definições: desde a consagrada pelo Barão do Rio Branco – uma visão realista, segundo a qual o que contava era a "esfera das grandes amizades internacionais" – até a "equidistância diplomática" do Estado Novo de Getúlio Vargas, a "política externa independente" de Jânio Quadros e João Goulart, a dos três últimos governos militares ("não alinhamento automático", "pragmatismo responsável" e "ecumenismo"), a do governo Sarney, que seguiu a linha do confronto com os EUA e da integração regional, e a do atual governo (Collor) com uma inclinação para a "diplomacia operacional", isto é, a diplomacia de resultados práticos que abandona a retórica terceiro-mundista.

Na década de 20, no pós-guerra, o Brasil teve dois problemas principais para resolver: o recebimento do dinheiro que se encontrava depositado na casa alemã S. Bleichroeder, relativo à venda de café do Estado de São Paulo, e os recursos referentes à apreensão de navios alemães feita pelo governo brasileiro. As duas questões foram acertadas no Tratado de Versalhes, conforme relatam os historiadores Amado Luiz Cervo e Clodoaldo Bueno, em *A política externa brasileira – 1822-1985*, Editora Ática, 1986.

Os anos 20, em matéria de política externa, foram obscurecidos pela atuação do Barão do Rio Branco (1902-1912), que causou um verdadeiro ponto de inflexão na história das relações internacionais do País.

Rio Branco, historiador e geógrafo, não só foi o responsável pela resolução dos problemas de fronteiras, o que dá hoje ao Brasil uma posição invejável nas relações com seus vizinhos, como, devido ao seu prestígio pessoal, conseguiu conduzir com autonomia a Pasta das Relações Exteriores. Serviu a quatro presidentes – Rodrigues Alves, Afonso Pena, Nilo Peçanha e Hermes da Fonseca. Com sua própria política, Rio Branco procurou uma aproximação com os Estados Unidos, não por meio de um "alinhamento automático", mas entendendo essa relação como uma maneira de "jogar a influência dos EUA a favor do País". O Brasil não se tornou caudatário da política exterior norte-americana, mas aproveitou a "Doutrina Monroe" ("A América para os americanos") para defender o País do imperialismo europeu.

Após Rio Branco, a amizade com Washington se transformou em "alinhamento automático". Outro fato marcante do período é que o Brasil participou da Liga das Nações, em 1920, como membro temporário. Não conseguindo ter um assento permanente, o País acabou retirando-se da Liga em 1928, na gestão de Otávio Mangabeira, ministro das Relações Exteriores de Washington Luís. A Liga fracassou porque não conseguiu impedir a Segunda Guerra Mundial.

A diplomacia dos anos 20 ficou conhecida como "ornamental e aristocrática", na definição do politólogo Hélio Jaguaribe. Como já não havia problemas de fronteiras a resolver, a maior preocupação dos governos daquela época era assegurar e ampliar mercados para a exportação de produtos primários, sobretudo o café, para os Estados Unidos.

A década de 30 foi a da depressão, de dificuldades gravíssimas para o comércio internacional, após a crise do capitalismo em 1929. A recuperação se deu através de armamento e da competição internacional. No Brasil, Vargas representou a ruptura com a República Velha. A diplomacia voltou-se mais para a defesa dos interesses nacionais e não a um segmento nacional, como a aristocracia rural. O início da Era Vargas foi ainda pobre em matéria de política externa, com "continuidade" e "ausência de imaginação", descreve Ricardo Seitenfus no livro *O Brasil de Getúlio Vargas e a formação dos blocos: 1930-1942*. O fomento das exportações foi a principal preocupação da Chancelaria.

As relações comerciais com a Alemanha passaram a ser preferenciais porque o governo assinou um acordo de comércio compensado, uma espécie de *barter*, com as transações implicando apenas trocas de mercadorias sem o uso de moeda forte. "A presença norte-americana no Brasil declina", salienta Amado Cervo.

Vargas também se preocupa com a modernização das Forças Armadas e com a industrialização do Brasil. Com esse objetivo, o presidente entendeu, a partir de 1934, que era preciso ganhar novamente espaço na política externa norte-americana, pois o País estava carente de capital e de tecnologia, que poderiam ser supridos pela Alemanha e pelos EUA. "Vargas manipulou os antagonismos do quadro internacional atendendo aos dois lados. Introduziu uma política de êxitos e explorou as oportunidades. Os EUA pressionavam o Brasil para acabar com seu acordo de comércio compensado com os alemães. Vargas dizia que era apenas uma exceção e contemporizava", diz o historiador.

Em 1939, o chanceler Oswaldo Aranha, braço direito de Vargas para as relações com os EUA, conseguiu bons acordos bilaterais com Washington, entre eles o que permitiu a construção da usina siderúrgica de Volta Redonda.

Vargas elogiava os sistemas totalitários de poder, procurando justificar a existência do Estado Novo, mas ao mesmo tempo permanecia solidário aos princípios do pan-americanismo.

Em 1942, o Brasil rompeu relações com o Eixo, atendendo à recomendação da III Reunião de Consulta dos Ministros das Relações Exteriores das Repúblicas Americanas. Começou então um intenso programa de cooperação econômica e militar com os Estados Unidos, que receberam autorização do governo brasileiro para utilizar as bases situadas no Nordeste, em Fernando de Noronha. O Brasil ainda chegou a um acordo sobre coparticipação do mercado canadense de algodão para o escoamento da produção brasileira, e a entendimentos de natureza bancária, comercial e para coibir as atividades de espionagem. A Alemanha e a Itália, insatisfeitas com o Brasil, afundaram navios mercantes e de passageiros. Foi o que bastou para o Brasil declarar guerra às potências do Eixo, em 1942.

Terminada a guerra, o País continuou na órbita de influência dos aliados. No segundo governo Vargas foi instalada a Comissão Mista Brasil-EUA para o desenvolvimento econômico, em 1951, e, no ano seguinte, foi firmado um acordo militar entre os dois países. O alinhamento passivo durou até a gestão de Juscelino Kubitschek, conforme escrevem Amado Cervo e Clodoaldo Bueno.

JK, com sua Operação Pan-Americana (OPA), em 1958, questionou a forma de cooperação dos EUA com a América Latina. Em resposta à OPA, foram criados o Banco Interamericano de Desenvolvimento (BID), a Associação Latino-Americana de Livre-Comércio (Alalc) e a Aliança para o Progresso, do presidente John Kennedy, um programa de ajuda aos países subdesenvolvidos da América Latina.

A "política externa independente", na gestão Jânio Quadros, procurou "mundializar" as relações internacionais do País. A nova ordem internacional, para o governo, deixou de ser vista como um conflito Leste-Oeste, mas sim entre o Norte e o Sul. Um dos fundamentos da política externa da época foi a defesa da autodeterminação dos povos. Foram fatos marcantes do período o envio de uma missão comercial à República Popular da China, em 1961, e a condecoração a Ernesto "Che" Guevara. Além disso, o País abriu-se para a África, o que afastou as posições brasileiras na ONU da política colonial salazarista.

Com o marechal Castello Branco, em 1964, o Brasil inaugura uma política de "alinhamento automático" com os EUA. O princípio da segurança coletiva se sobrepõe ao da segurança nacional. O Brasil abandonou seu projeto de potência e fez uma opção básica pelo Ocidente, com a eliminação de áreas de atrito com os EUA, conforme relata L. A. Moniz Bandeira no livro *Brasil-EUA: a rivalidade emergente (1950-1988)*. Castello Branco, aliado incondicional do presidente Lyndon Johnson, enviou 1.110 soldados para integrar a Força Interamericana de Paz, que ajudou os EUA a intervir na República Dominicana.

Os demais governos militares – Costa e Silva, Garrastazu Médici, Ernesto Geisel e João Figueiredo – apresentaram certas características que os aproximaram da política externa independente do início da década de 1960. Na gestão Médici, o chanceler Gibson Barboza fez uma histórica viagem à África, mercado interessante para os produtos e serviços brasileiros, e estendeu para 200 milhas o mar territorial do País, numa decisão unilateral [leia a seguir sobre outras ações do Itamaraty à época de Gibson Barboza].

No período Geisel, os fatos mais marcantes foram o rompimento do Acordo de Cooperação Militar com os EUA, em 1977, e a assinatura do Acordo Nuclear com a República Federal da Alemanha (RFA). Geisel também abriu o País ao Japão e estabeleceu relações diplomáticas com a China. Foi o "pragmatismo responsável", que teve continuidade com o chanceler Ramiro Saraiva Guerreiro, com a política de "ecumenismo". Figueiredo e Saraiva Guerreiro foram os responsáveis por uma melhora nas relações com a Argentina e por uma política que situou o Brasil como País em desenvolvimento, e não como uma potência média, uma forma de tirar proveito da cooperação internacional.

No governo Sarney (1985-1990), nas gestões de Olavo Setúbal e Abreu Sodré, assistiu-se a um sério confronto com os EUA e a comunidade financeira internacional, porque o Brasil decretou moratória dos juros, manteve firme sua posição de não extinguir a reserva de mercado na área de informática nem de conceder patentes para produtos farmacêuticos. O Itamaraty bateu duro naqueles que criticaram a política indigenista e ambiental do governo. O contencioso com os EUA chegou a seu ponto mais inflamado, situação que começou a mudar radicalmente já no início do governo Collor de Mello, com o fim das restrições comerciais ao Brasil e a promessa de que o governo encaminhará ao Congresso, até março de 1991, projeto de lei para o reconhecimento de patentes farmacêuticas.

O principal fato de política externa da gestão Sarney foi sem dúvida a assinatura de um Tratado de Integração com a Argentina e o fortalecimento dos vínculos com os países latino-americanos.

POLÍTICA EXTERNA NO GOVERNO MÉDICI: GIBSON BARBOZA

"Itamaraty precisa ser criativo e se antecipar aos acontecimentos." Selecionei essa reportagem, de 1º de dezembro de 1992, porque nela menciono momentos de inflexão que alçaram o Brasil ao primeiro plano no cenário internacional, em pleno governo do general Médici, entre 1969 e 1974, fase conhecida como a mais dura do período militar. O ministro das Relações Exteriores à época, Mario Gibson Barboza, afirmou: "O Itamaraty não pode limitar-se a ser apenas um órgão do governo que congrega pessoas habilitadas a moverem-se no cenário internacional, mas, sim, deve ser um instrumento criativo e de alerta."

Gibson citou como exemplo as negociações com a Argentina e o Paraguai para a construção da hidrelétrica de Itaipu, a adoção do mar territorial de 200 milhas, a abertura do Brasil para a África e a rejeição da política de alinhamento automático aos Estados Unidos do governo de Castello Branco.

O país enfrentou oposição acirrada da Argentina, que não queria a construção da usina de Itaipu com o Paraguai. O auge da frieza no relacionamento bilateral aconteceu quando o general Lanusse, presidente argentino, visitou o Brasil em 1972. No jantar em sua homenagem, em Brasília, provocou um grande constrangimento para a diplomacia brasileira e para Médici, pois acrescentou em seu discurso, sem o conhecimento prévio do Itamaraty, um parágrafo em que atacava o Brasil, queixando-se dos prejuízos que a Argentina teria com a construção de Itaipu, sem "consulta prévia". Essa foi a tese contra o Brasil que a Argentina levou aos foros internacionais.

Outra das principais formulações no período Gibson foi a aproximação com o continente africano, o que valeu à chancelaria a crítica dos grandes jornais brasileiros e de membros do governo, como o ministro da Fazenda, Delfim Netto, que queria a demissão do chanceler por considerar que a política externa do Brasil caminhava para o "terceiro-mundismo".

Reproduzo trechos da reportagem:

> O ex-chanceler disse a este jornal que, na época, fazia sentido uma política africanista porque a África era o único continente com o qual o Brasil não mantinha relações e que era preciso um contato direto com os africanos, o que significava "separar o Portugal metropolitano e o das colônias.

Trato desse assunto na *Parte I*, "Década de 1970", no capítulo "A descolonização na África e o Brasil". Outras posições polêmicas marcaram nossa diplomacia, como no relacionamento com Washington na ditadura:

> O discurso de inauguração do Itamaraty em Brasília, em 20 de abril de 1970, escrito por Gibson e lido por Médici, foi um divisor de águas entre a política de alinhamento automático (aos EUA) de Castello Branco e uma política independente, o que valeu ao Brasil pressões externas, sobretudo norte-americanas, para que o governo assinasse o Tratado de Não Proliferação de Armas Nucleares (TNP), considerado discriminatório, e para que deixasse de adotar o mar territorial de 200 milhas.

PARTE I
Década de 1970

PAMPLONA, NAVARRA, BASCOS. FRANQUISMO E A SITUAÇÃO DA MULHER

Quatrocentos profissionais da área de comunicação foram bolsistas do Programa para Graduados Latino-Americanos (PGLA) da Universidade de Navarra, em Pamplona. Oferecido por 17 anos, de 1972 a 1989, o PGLA era patrocinado por bispos católicos alemães por meio da Fundação Aktion Adveniat e organizado pela Faculdade de Ciências da Informação de Navarra.

Participei da terceira edição do PGLA, em 1974. Era recém-formada e tinha trabalhado um ano como repórter no *Diário do Povo*, em Campinas. Naquele início de profissão, aos 22 anos, a bolsa de estudos na Espanha foi uma oportunidade única para aprender sobre o que havia de mais atual no jornalismo europeu. Ao mesmo tempo, convivemos com a questão do separatismo no país basco, liderado pelo grupo armado ETA, iniciais de *Euskadi Ta Askatasuna* (Pátria Basca e Liberdade), criado nos anos 1970 e extinto em 2017.

O entusiasmo com a causa basca notava-se em conversas com os moradores de Pamplona, como a amiga Anabel Diez, que dizia: "*Chica, yo no soy española, yo soy basca*!". A língua foi proibida na ditadura de Francisco Franco, entre 1939 e 1975, período em que o espanhol era padrão.[10] Atualmente, estima-se que perto de 700 mil bascos da comunidade autônoma falem o idioma (*euskera*). Quatro palavras bascas vieram comigo em um anel de prata, no qual se lê: "*amodio bat biots bi*" (dois corações em um).

Pamplona foi imortalizada no filme *The Sun also Rises* (*O sol também se levanta*), rodado no Café Iruña, na Plaza del Castillo. Era frequentado pelo escritor norte-americano Ernest Hemingway, Prêmio Nobel de Literatura, que ganhou enorme estátua no local. A cidade foi cenário do romance, tal era a paixão de Hemingway por Pamplona, pelas touradas e pelas festas de Sanfermines, de 7 a 14 de julho. São dias em que a população se entrega ao vinho, à alegria e canta o hino: "*Uno de enero, dos de febrero, tres de marzo, cuatro de abril, cinco de mayo, seis de junio, siete de julio, San Fermin, a Pamplona hemos de ir...*". O momento mais esperado é o do "*encierro*", quando moradores e turistas correm de touros miúras furiosos em ruas estreitas da parte antiga, o "*casco viejo*".

A relação de Hemingway com a capital de Navarra era de absoluto prazer:

> Voltamos agora de Pamplona, onde tivemos a melhor semana de nossas vidas... foram três dias intensos, com corrida de touros, danças dia e noite, música de tambores, flautas e pífaros. Nas ruas, homens com lenços vermelhos e rostos como os bêbados de Velázquez, Goya e El Greco.... Pamplona era um pacote de encantamentos esperando para ser desembrulhado.[11]

O PGLA nos ofereceu uma formação equilibrada: 355 horas dedicadas ao humanismo e 404 horas para técnicas jornalísticas, durante 6 meses. No total, as 759 horas de trabalho abrangiam as disciplinas Filosofia e Pensamento Atual, "para tornar eficaz o hábito de reflexão"; Deontologia Profissional, "um dos aspectos mais importantes da formação jornalística, pois só se pode compreender plenamente a responsabilidade ética de cada profissional quando são conhecidos com rigor os direitos da pessoa e da sociedade"; Literatura e Estilística, "aprender a valorizar obras literárias e suas contribuições e destacar a influência que exercem na sociedade; sensibilização para tudo o que seja expressividade da linguagem". Esses requisitos pautavam o conteúdo humanístico das disciplinas. As matérias técnicas eram Economia da Empresa Informativa e Direito da Informação, Análise de Conteúdo, Jornalismo Comparado, Rádio, Cinema e Televisão.

A Universidade de Navarra, uma das mais importantes da Espanha, foi fundada em 1952 pelo sacerdote espanhol Josemaría Escrivá de Balaguer, que também criou a Opus Dei, em 1928. Em 2002, canonizado pelo papa João Paulo II, tornou-se São Josemaría Escrivá.

Nas áreas de Economia, Direito, Artes e Humanidades e Saúde, Navarra posiciona-se entre as 250 melhores universidades do mundo, segundo o ranking Times Higher Education.[12]

Os professores do PGLA exibiam sólido conhecimento dos assuntos e tinham boa oratória. Alguns eram filosoficamente alinhados à Opus Dei. Os que mais empolgavam a classe eram os que tinham formação e prática em jornalismo. O mais admirado, por suas aulas dinâmicas e conteúdo atualizado em relação ao que acontecia na imprensa europeia, era Don Miguel Urabayen.

A maior parte dos jornalistas selecionados pelo PGLA não era vinculada à Opus Dei. Quanto a mim, fui apresentada à bolsa pelo professor de Jornalismo da Pontifícia Universidade Católica (PUC) de Campinas Mario Erbolato, autor de livros e diretor da sucursal do *Estadão*. Erbolato contribuiu para meu crescimento profissional, apostou no meu potencial de jornalista iniciante. Durante os estudos em Paris (1977-1979), enviou-me semanalmente jornais e revistas que foram úteis para a pesquisa sobre a Nova Ordem Mundial da Informação e da Comunicação – estudos de caso do Chile e do Brasil, em que analisei o período da imprensa sob censura e a proliferação de jornais alternativos, conforme detalho na seção "Imprensa alternativa no Brasil no final dos anos 1970".

Em outubro de 2022, o *Diário de Navarra* noticiou a comemoração dos 50 anos do nascimento do PGLA, que contou com a presença de ex-alunos em Pamplona. Cito um trecho da reportagem que valoriza o caráter pioneiro do curso:

> Quinze anos antes do nascimento do programa Erasmus, encarregado de transferir internacionalmente mais de cinco milhões de estudantes universitários europeus, a Universidade de Navarra lançou seu próprio programa de intercâmbio. E não olhou para a Europa, mas para a América Latina. Em 1972, 15 jornalistas

chegaram a Pamplona para completar sua formação e contribuir para a consolidação das democracias incipientes em seus países de origem. O espírito da ONU foi soprado no coração de cerca de 400 profissionais de comunicação.

A matéria do *Diário de Navarra* "PGLA: 50 anos do Erasmus Latino-Americano na Universidade de Navarra"[13] lembra que "muitos (ex-alunos) são hoje referências autênticas da comunicação em seus países: diretores de jornais e rádios, fundadores de canais de televisão, ex-presidentes de universidades ou estrelas do marketing internacional".

O CIEX DO ITAMARATY

Quando terminou a ditadura em Portugal, em 1974, o general Ernesto Geisel iniciava seu mandato. O Brasil já tinha atravessado 10 anos de governos militares.

Os "subversivos", como os opositores eram chamados pelo governo, deixaram o exílio no Chile após o golpe de 1973 e se exilaram na Argentina até a chegada de uma junta militar, em 1976. Depois, muitos foram para Lisboa e outras cidades europeias.

Os passos da esquerda na Europa eram vigiados pelo Ciex – Centro de Informações do Exterior –, criado em 1966 e operado pelo Ministério das Relações Exteriores.

Eu não era exilada. Fui bolsista em Pamplona, em 1974, e em Paris, de 1977 a 1979. Neste último período, às vezes ia a manifestações políticas e feministas e a reuniões da esquerda, em que se falava da conjuntura no Brasil. Por esse motivo, havia sempre o temor de estar sendo vigiada, um sentimento de perseguição que influiu no cuidado que tive ao arrancar algumas capas de livros que seriam despachados para o porto de Santos, pois temia que meu pai e minha irmã tivessem problema na aduana.

O "Generalíssimo", como Franco era conhecido, chegou ao poder em abril de 1939 após vencer a guerra civil espanhola. Apoiado por militares e pela extrema direita, o Movimento Nacional, franquista, combatia a Frente Popular, que reunia comunistas e socialistas de várias partes do mundo e tinha o respaldo de Moscou. Franco derrotou o governo democrático e republicano legalmente instituído e governou a Espanha por 36 anos, até sua morte, em novembro de 1975. As bases do franquismo eram definidas pelo catolicismo e pelo anticomunismo. O ditador controlava os poderes Executivo, Legislativo e Judiciário.

Passados 35 anos desde que Franco assumiu o poder, comentava-se, em 1974, sobre a situação humilhante da mulher naquele regime extremamente conservador e nacionalista. Perdeu os direitos civis, não podia receber a herança do marido em caso de viuvez (quem recebia eram os filhos), o casamento civil e o divórcio foram anulados e o aborto legal proibido. As escolas preparavam as mulheres para serem donas de casa com disciplinas como religião, culinária, conhecimentos práticos, corte e costura, floricultura, puericultura, canto e economia doméstica.

Os reflexos desse modelo de educação para as mulheres eram notados nas ruas de Pamplona. Enviei para o *Diário do Povo* a reportagem "Do bebê espanhol à curiosidade pelo Carnaval brasileiro", de 24 de fevereiro de 1974. Retratava o que se via nas ruas: mães bastante zelosas, bebês muito bem cuidados, cenas que remetiam ao significado de décadas da educação da mulher para ser mãe e dona de casa:

> A criança espanhola é privilegiada, pois passa o dia todo recebendo atenção da mãe, que raramente vai às compras se não leva um ou outro filho, quase nunca ao colo, e sim nos carrinhos que a uma certa hora do dia colorem as calçadas e ruas e, por si sós, impõem respeito aos motoristas.

Na reportagem "A mulher espanhola quer ser mais valorizada", de 1974, escrevi que as casadas, para irem de uma cidade a outra, precisavam de permissão por escrito de seus maridos. Relatei o que a presidente da Associação de Mulheres Juristas defendia: se a mulher trabalhava fora de casa, deveria ser a dona legítima do seu dinheiro. A questão é que mesmo essa situação não era muito cômoda, porque continuava a ser dona de casa:

> O marido continua o mesmo ou melhor, porque além de desfrutar outro ordenado, o da sua mulher, encontra, quando chega em casa, a mesa posta. Por isto, enquanto a mulher segue buscando sua emancipação, o homem continua fumando seus cigarros depois das refeições e a ler como de costume seus jornais de esportes.

Prossegui:

> No fundo, o problema da mulher espanhola é revolucionar um pouco seu lar, ter mais conforto dentro dele, um pouco mais de tempo para cuidar de si e de sua cultura, que raramente ultrapassa as conversas com vizinhas, os diálogos com o marido que quase nunca discute com ela assuntos de política, economia e sociedade, apenas temas relacionados com os filhos, sua educação etc.

Nas últimas cinco décadas, muitos costumes mudaram na Espanha e a situação da mulher evoluiu da água para o vinho. Uma das etapas na ascensão das mulheres aconteceu em 2004, 30 anos depois que morei em Pamplona. Houve a aprovação da Lei de Violência de Gênero. As mulheres espanholas exigiram que não fossem mortas ou agredidas por serem mulheres.

A sociedade espanhola foi das que mais avançaram em direção à paridade entre os sexos, segundo o Instituto Europeu de Igualdade de Gênero. Em 2020, o governo espanhol aprovou um decreto que proíbe a desigualdade salarial entre gêneros. As empresas precisam manter registros de salários por gêneros e dar transparência a esses documentos.

O aborto foi legalizado em 1985 pelo governo de Felipe González, do Partido Socialista Operário Espanhol (PSOE), com algumas condições.[14] Em 24 de fevereiro de 2010, o Senado da Espanha, no governo socialista de José Luis Rodríguez Zapatero (também do PSOE), aprovou o aborto em definitivo e com possibilidades ampliadas. A lei permitia, inclusive, que as adolescentes com idade entre 16 e 18 anos pudessem interromper a gravidez, mesmo sem o consentimento dos pais.

Em junho de 2022, mais um avanço: o Senado espanhol aprovou mudança do Código Penal para punir militantes antiaborto, em caso de assédio e intimidação de mulheres que vão a clínicas para interromper voluntariamente a gestação.

1974:
HIPPIES, MAGIC BUS

Tão perto da Espanha franquista, ao mesmo tempo, tão *hippie* e revolucionária em novos modos de convivência social. No clima de paz e amor, jovens fumavam maconha em praças e parques, sem repressão policial. Essa era a Amsterdã de 1974, o paraíso dos *hippies* europeus. A capital da Holanda era a mais livre da Europa, de onde saíam as viagens do *Magic Bus* para a *hippie trail*, famosa entre 1967 e 1979 pelos seus 11 mil quilômetros ligando a Europa Ocidental ao Oriente. O escritor Paulo Coelho se inspirou nessa rota mística para escrever *Hippie*, romance que narra histórias no *Magic Bus* até o Nepal.[15]

Comprei uma passagem do *Magic Bus* com destino à Grécia via Amsterdã. A agência de reservas do *Magic Bus* anunciava passagens baratas, e usava pequenas companhias de ônibus para buscar passageiros em Londres e Amsterdã, com destino a pontos remotos do planeta: antiga Iugoslávia, Bulgária, Istambul, Irã, Índia, Paquistão, Nepal e

Afeganistão, roteiros para quem desejava experiências locais, espiritualismo, drogas e amor livre.

Eu não me enquadrava nas tribos da contracultura, nem pretendia chegar a lugares extremos. Era estudante em férias e queria desfrutar a estadia na Europa do jeito mais econômico.

Na volta de Atenas para Barcelona, o *Magic Bus* foi retido na aduana. A polícia buscava drogas e outros materiais suspeitos, até revistas pornográficas, que eram proibidas pela ditadura espanhola e contrabandeadas. Recolheram nossos documentos e demoraram a devolvê-los. Passaportes eram cobiçados para falsificações, havia ditadura no Brasil e em países vizinhos, exilados latino-americanos na Europa, interconexão entre as polícias, um contexto complicado. Tudo o que eu não queria era confusão na fronteira.

A tradicional rota terrestre percorrida pelo *Magic Bus* foi interrompida com a invasão soviética no Afeganistão, a Revolução Iraniana em 1979, a guerra civil no Líbano, e tensões na região da Caxemira entre Índia e Paquistão.

* * *

De 1977 a 1979, estudei Jornalismo e Relações Internacionais, América Latina e África, em Paris.

PARIS:
ESTUDOS E IDEOLOGIA. UMA NOVA ORDEM MUNDIAL DA INFORMAÇÃO E DA COMUNICAÇÃO

Desde a década de 1960, quando estudava na Aliança Francesa, em Campinas, e ouvia Françoise Hardy cantar "Comment te dire adieu" e "La Question", imaginava como seria morar em Paris, a cidade dos cartões-postais de lugares eternizados: Quartier Latin, Montparnasse, Monmartre, Sacre Coeur, Les Champs Elysées, Madeleine, Torre Eiffel, Notre Dame, Louvre, livrarias, cafés de celebridades...

Em outubro de 1977, 10 anos depois, fui selecionada pelo consulado francês em São Paulo para uma bolsa de estudos em Paris. A cidade cantada em prosa e verso estaria ao meu alcance: bela, chique, aristocrática, intelectual, poética, literária, elegante, famosa por seus bistrôs e cafés, universidades e museus, pela arquitetura que reúne o antigo e o moderno harmoniosamente.

Aos poucos, fui descobrindo seus *quartiers* e *arrondissements*. Morei por pouco tempo na rue de Rennes, no 6º *arrondissement*. Aluguei um quarto no último andar, *chambre de bonne*, como os franceses chamam esse cômodo para empregados. Depois me instalei num quarto e sala da rue Corvisart, no 13º, não muito longe da Place d'Italie. Por fim, cheguei ao meu último endereço, rue de la Roquette, no 11º, o que mais me amarrou à vida de *quartier*.

Gostava de morar naquela rua de comércio vibrante, *fromageries, charcuteries* e *boulangeries*, tudo o que se precisava para uma típica refeição francesa – queijos, embutidos e pães. Os vinhos eram vendidos em pequenas mercearias (*épiceries*), as frutas e os legumes da estação coloriam as bancas que eu via da janela do apartamento adaptado: o banheiro era separado da cozinha por uma cortina. Era uma forma de ter instalações sanitárias internas e não precisar do WC no corredor, comum em prédios antigos de Paris.

Havia no ar uma profusão de cheiros e vozes – "*bonjour Monsieur, bonjour Madame, merci Monsieur Dames, au revoir Monsieur, au revoir Madame*". Saudações repetitivas que me marcaram afetivamente pelo aspecto musical da língua, que aprendi antes do inglês. Também me agradavam os aromas de especiarias que vinham da loja, globalizada já naquela época, Aux Cinq Continents, ao lado do velho edifício onde morei.

A rue de la Roquette tem arredores históricos, ícones da Paris revolucionária e literária. Era um convite para passeios no Marais, na Place des Vosges, Place de la Bastille, Place de la République e no cemitério Père-Lachaise, conhecido pelos túmulos de celebridades. O entorno também tinha boemia, como o Bataclan, casa de espetáculos que sofreu um atentado terrorista em 2015. Estive algumas vezes no Bataclan e em outra discoteca próxima de casa, Balajo, onde se apresentava a modelo e cantora jamaicana Grace Jones, que viveu sua fase de maior sucesso nos anos 1980, depois da aplaudidíssima interpretação de "La vie en rose", em 1977.

A cidade fervilhava, impregnada de ideologias de esquerda, do movimento feminista e de outros grupos que contestavam, entre eles, sindicatos de trabalhadores. A Paris que eu conheci era também a anfitriã de exilados políticos da América do Sul, da esquerda maoista e trotskista que panfletava nos restaurantes universitários, do movimento feminista que liderava *manifs* contra o estupro e a função política de reprodução, e incentivava as mulheres a saírem à noite sem medo, *slogan* usado na passeata noturna *Femmes, prenons la nuit*.

Tudo era intenso: aulas, seminários, leituras, reuniões com colegas em cafés, manifestações políticas, discussões intermináveis. Estávamos, os que não éramos das metrópoles europeias, impregnados de terceiro-mundismo. Pertenciam ao *tiers monde* latino-americanos, africanos, asiáticos. Era a década de 1970 revolucionária, com emancipação política e econômica de nações da Ásia e da África, a década que comemorou o fim da guerra do Vietnã, a mudança de regime na Espanha, com a morte de Franco, e a queda da ditadura salazarista em Portugal. A Revolução Iraniana também foi outro acontecimento naqueles anos da crise do petróleo, da recessão mundial, da onda *punk* e do escândalo Watergate.

* * *

O Centre de Formation et Perfectionnement des Journalistes (CFPJ), na rue du Louvre, criado pelo fundador do *Le Monde*, Hubert Beuve-Méry, foi a primeira escola que frequentei em Paris em 1977. Meu orientador era o jornalista José de Broucker, diretor de estudos e do jornal *La Vie*. Também colaborava com o *Le Monde* e escreveu a biografia de Dom Hélder Câmara. De Broucker supervisionou meu estágio de observação em publicações de viés opinativo: *Le Matin*, socialista; *La Vie Ouvrière*, órgão da CGT (Confederação Geral do Trabalho); *La Croix*, diário católico; *Libération*, jornal libertário de esquerda; e *L'Humanité*, órgão oficial do Partido Comunista. Eu escrevia os relatórios com minhas impressões, após entrevistar os colegas dessas redações, e De Broucker revisava meus textos. No livro, menciono a visita ao *Libération* (ver seção "*Libération*, jornal libertário francês: de maoísta a capitalista).

Concluí o curso no CFPJ e renovei a bolsa até 1979, para fazer um "*Desup*" (Diplôme d'Études Supérieures de l'Université de Paris) em Relações Internacionais, na Universidade Paris I – Panthéon-Sorbonne, e para estudar no Institut des Hautes Études de l'Amérique Latine (IHEAL – Paris III).

Na Paris I, escrevi sobre *A política africana do Brasil*, dissertação dirigida pelo professor Christian Purtschet, do Departamento de Ciências Políticas. No IHEAL fui orientanda do sociólogo Alain Rouquié, especialista em regimes militares, autor do *best-seller O Estado militar na América Latina*,[16] e ex-embaixador da França em Brasília. Defendi o tema "O controle da informação na América Latina: estudo dos casos chileno e brasileiro". A pesquisa cobriu o debate, bastante forte à época, relacionado a uma nova ordem mundial da informação sob as óticas liberal e capitalista, socialista e do Terceiro Mundo.

IMPRENSA ALTERNATIVA NO BRASIL NO FINAL DOS ANOS 1970

Mencionei o relacionamento conflituoso entre o governo militar brasileiro e a imprensa. Jornais foram censurados e processados, jornalistas condenados e presos. Um capítulo da pesquisa tratou do fenômeno da imprensa alternativa ou nanica. Citei que havia jornais considerados nacionais, como *Movimento*, *Pasquim*, *CooJornal*, *Em Tempo*, *Versus* e *Repórter*. Outros eram regionais: *Resistência* (Belém – Pará), *Varadouro* (Rio Branco – Acre), *Posição* (Vitória – Espírito Santo), *Bagaço* (Rio de Janeiro – Rio de Janeiro), *Mutirão* (Fortaleza – Ceará), *De Fato* (Belo Horizonte – Minas Gerais). Também havia jornais da Igreja, como *O São Paulo*, da Arquidiocese de São Paulo.

A expressão "imprensa alternativa" foi cunhada pelo jornalista Alberto Dines na coluna "Jornal dos Jornais", publicada na *Folha de S.Paulo*. "Imprensa nanica" foi o termo usado por João Antonio em artigo no *Pasquim*. Havia também quem adotasse o neologismo "alternanica".

Em algum momento dos anos 1970, a tiragem dos jornais alternativos nacionais atingiu 230 mil exemplares por semana. Porém, os editores viviam um dilema: por que essa imprensa não era considerada popular? Em primeiro lugar, pelo preço elevado (que variava entre 20 e 30 cruzeiros, quase um dólar e meio à época), e depois porque a linguagem tinha sido elitista no período da censura. Em 1979, os alternativos já escreviam de forma mais próxima da linguagem falada, e quem melhor soube expressar-se como o povo foi um jornal que verdadeiramente revolucionou: o *Pasquim*, nascido em junho de 1969, pioneiro da imprensa alternativa, pontuei na dissertação.

Ziraldo Alves, o editor, afirmou: "O *Pasquim* inaugurou a descontração na linguagem jornalística. Nós começamos a escrever da mesma forma que falamos, como nossos leitores."

Raimundo Pereira, editor de *Movimento*, concorda que a linguagem é um dos fatores que impedem uma grande tiragem: "As tiragens são pequenas porque não existe um laço efetivo entre o jornal e o povo. A linguagem popular é o produto de um esforço, do contato do jornalista com o povo."

No final da dissertação, anexei recortes das primeiras páginas de várias publicações alternativas e do jornal *O Estado de S. Paulo*, que publicava poemas e receitas culinárias nos espaços das matérias censuradas pelo governo.

DITADURA E CENSURA

Na página 14 de *O Estado de S. Paulo*, de 18 de abril de 1979, os títulos eram: "Um plano contra a imprensa 'alternativa'"; "Jornalista condenado a 8 meses de prisão"; "Auditoria qualifica repórter". O Superior Tribunal Militar tinha condenado o jornalista Lourenço Carlos Diaféria a 8 meses de prisão. Diaféria foi enquadrado no artigo 219 do Código Penal Militar pela autoria de uma crônica publicada no jornal *Folha de S.Paulo*, no dia 1º de setembro de 1977, "Herói morto. Nós", considerada ofensiva às Forças Armadas.

A censura à liberdade de expressão, informação e opinião teve início com a ditadura militar em 1964 e vigorou até a redemocratização, em 1985. O processo de abertura política, no final dos anos 1970, levou os jornais a escreverem com mais liberdade, mas o fim oficial da censura só aconteceu com a Constituição de 1988.

Jornais e jornalistas tiveram de aprender a conviver com o relaxamento da censura. Eles testavam até onde podiam ir com críticas ao regime. Por exemplo: a manchete "Geisel num mar de lama", em uma das edições de 1978 de *Movimento*, foi recebida com reação enérgica. O jornalista Evandro Paranaguá, da sucursal do *Estadão* em Brasília, teve cassada a sua credencial para ingresso no Palácio do Planalto por ter escrito o artigo "Aqueles que nos julgam", no qual acusava os órgãos de segurança de abuso de poder.

GUERRA FRIA E A NOVA ORDEM MUNDIAL DA INFORMAÇÃO

A tese também tratou da relação entre "informação e dependência".[17] O objetivo era mostrar as discussões sobre o controle da informação pelos países industrializados, a chamada "colonização" do Terceiro Mundo por meio de notícias das agências internacionais com sede nos Estados Unidos e na Europa. A pesquisa focalizou a concentração e o monopólio dos veículos de comunicação, bem como as diversas concepções da informação: a socialista ou comunista, que conferia à imprensa um papel na construção do Estado socialista; a terceiro-mundista, para promover o desenvolvimento, fosse o país governado por partido único, por uma ditadura militar ou por um regime democrático; e a concepção ocidental ou do livre fluxo de informação, em que a função da imprensa era ser crítica, um "contrapoder".

A informação era parte das guerras culturais na Guerra Fria, fomentadas pelos dois polos de poder:

> O Terceiro Mundo percebia que a informação, como um poder político e tecnológico, era distribuída de forma desigual e causava dependência dos países industrializados, criticados por apresentarem os países em desenvolvimento de uma maneira folclórica, caricatural, por meio de notícias sobre catástrofes e golpes de Estado. A realidade socioeconômica e cultural do Terceiro Mundo, pela lente dos ricos, era tratada apenas de forma marginal, diziam os terceiro-mundistas.

Esse debate foi impulsionado pelo Movimento dos Países não Alinhados,[18] com apoio da Organização das Nações Unidas para a

Educação, a Ciência e a Cultura (Unesco). Os temas eram como garantir melhor comunicação entre os membros (cooperação Sul-Sul); e como haver uma circulação equilibrada da informação no sentido Norte-Sul e vice-versa.

Fazia-se a seguinte leitura: como o modelo era "colonialista", necessitava-se de uma Nova Ordem Mundial da Informação e da Comunicação (Nomic), que embutisse ideais de certas correntes do Terceiro Mundo, como libertação, independência, aspiração a um desenvolvimento autocentrado, diante da superioridade esmagadora dos Estados Unidos na indústria cinematográfica, em programas de TV e na circulação de notícias.

Em 1977, houve um momento marcante das discussões, quando a Unesco constituiu uma Comissão Internacional para o Estudo dos Problemas da Comunicação, presidida pelo jornalista, jurista, ex-ministro das Relações Exteriores da Irlanda e Prêmio Nobel da Paz, Seán MacBride. A comissão era integrada por 16 personalidades das áreas de cultura e comunicação. Em parte desse período (1978-1979), eu estava realizando minha pesquisa sobre o tema no IHEAL.

Em 1980, o relatório da Unesco, também conhecido como *Um mundo e muitas vozes*, identificou como problemas a concentração da mídia, o acesso desigual à informação e à comunicação, e o desequilíbrio dos fluxos de informação entre o Primeiro Mundo e os países em desenvolvimento. O documento propôs maior democratização da comunicação e o fortalecimento das mídias nacionais para evitar a dependência de fontes externas.

Apesar de ter recebido forte apoio internacional, o relatório foi rechaçado pelos Estados Unidos e pelo Reino Unido, como um ataque à liberdade de imprensa e à doutrina do livre fluxo de informações. Em protesto, os dois países se retiraram da Unesco em 1984 e 1985, respectivamente, e retornaram em 2003 e 1997.[19]

A Unesco praticamente substituiu a Nomic, em sua agenda política, pelos temas contemporâneos: além de democratização da comunicação, acrescentou sociedade da informação e inclusão digital. A internet democratizou o acesso à informação, mas agora temos de lidar com o controle da tecnologia e do capital por monopólios.

O DEBATE NO SÉCULO XXI
É SOBRE PLATAFORMAS DIGITAIS E *FAKE NEWS*

O ponto positivo da Nova Ordem Mundial da Informação e da Comunicação, nesta terceira década do século XXI, é que a internet, que avançou velozmente a partir dos anos 1990, democratizou o acesso à informação.

Diz Eugênio Bucci, professor na Escola de Comunicação e Artes (ECA) da Universidade de São Paulo (USP), analista conceituado e autor de temas contemporâneos nas áreas de informação e plataformas digitais:

> O número de emissores com acesso público aumentou muito. Qualquer pessoa pode jogar nas plataformas um conteúdo para consumo público que, em horas, será visto por milhões de pessoas. Nunca o acesso à informação foi tão franqueado ao público, nunca a condição de emissor esteve tão acessível a tanta gente.

Analisa Bucci:

> A questão é que, além do plano horizontal, em que todos podem ter acesso à informação, existe um eixo vertical, uma hierarquização imperceptível, que é o controle da tecnologia e do capital por quatro ou cinco conglomerados monopolistas globais – Facebook, Google, Twitter [hoje X], Instagram e WhatsApp (Facebook e Instagram formam um só grupo empresarial). Esse eixo vertical nunca foi tão centralizado e tão reduzido como agora, porque a barreira de entrada nesses negócios ficou muito alta. É preciso ter muito mais dinheiro para desenvolver essas plataformas do que para fazer jornal impresso
>
> Essas redes ou plataformas recobrem o que chamávamos espaço público ou esfera pública, só que as regras que emanam desses conglomerados monopolistas são privadas. Elas determinam quem fala e quem não fala nesses ambientes.[20]

O caso de Donald Trump foi explícito. O ex-presidente dos Estados Unidos foi vítima desses regramentos e teve sua conta no X (antigo Twitter) suspensa em janeiro de 2021.[21]

Explica Bucci:

> Na nova ordem mundial do controle da informação, o fluxo das informações é regulado pelos algoritmos, códigos que regem a comunicação e incorporam preferências ou prioridades dos conglomerados globais. O problema é a falta de transparência. Ninguém sabe como os algoritmos funcionam, eles não são visíveis para o cidadão nem para a ordem pública. Mas os algoritmos sabem como funcionam a vida pública e a privada.

Para ele, isso, sim, tem potencial de dano muito superior àquele que se identificava na década de 1970 em matéria de controle da informação e de críticas às agências internacionais de notícias.

Tal assimetria no controle da informação aumentou muito em comparação àquela época. Hoje, as organizações de imprensa, criticadas no passado pelos países em desenvolvimento, são vítimas dessa nova ordem mundial.

Bucci afirma:

> Basta ver a tensão entre elas e as plataformas. Na Austrália, após ameaças de sair do país, a Google fechou acordo para ter acesso pago a conteúdos produzidos por veículos locais. Porém, isso é insuficiente para restaurar o equilíbrio necessário a uma comunicação democrática, porque o controle do fluxo não é um controle democrático, é monopolista, privado.
>
> Atualmente, podem-se questionar as agências internacionais de notícias sobre o que elas não escreveram, ou sobre o que elas não cobriram, ou o viés utilizado, mas sabe-se que o que elas publicam observa certos métodos, critérios, parâmetros técnicos e éticos. Hoje, uma agência internacional de notícias é uma garantia democrática.

Isso é muito diferente daquele discurso dos anos 1970, em que correntes de países em desenvolvimento criticavam o papel das agências de notícias, alegando que filtravam as informações de acordo com interesses capitalistas dos Estados Unidos e de países europeus.

Hoje, a pauta relevante é como valorizar o jornalismo profissional e os jornalistas comprometidos com a ética e a responsabilidade de informar corretamente, a fim de "neutralizar" *fake news* e a desinformação disseminada em redes sociais.[22]

Complexidades: China e Rússia

O mundo das plataformas ganha outras complexidades. Assim prevê Eugênio Bucci:

> Da China estão vindo competidores desse mercado, que são ao mesmo tempo organizações capitalistas e prolongamento de interesses estatais. Lá existe um mix muito original, porque não há tensão entre a sociedade civil e o Estado, entre a política e o capital. De sorte que a alavancagem dessas organizações pode ser muito maior na China, e isso pode distorcer ainda mais o que se vem verificando como essa assimetria. Porque nos EUA e na Europa, falamos de um conflito clássico entre mercado e democracia, entre capital e Estado. É uma tensão definidora do que é a ordem pública. Mas, na China, como não há tensão entre mercado e política, o Estado é o próprio mercado, e muitas vezes a sociedade é administrada pelo modelo autoritário ou semitotalitário, como se fosse uma grande empresa. Isso acentua a possibilidade de controle assimétrico da informação. Quando tivermos esses competidores chineses mais presentes, haverá um dilema ainda mais grave, porque eles representam uma superpotência na qual não há democracia.

O outro entrante nesse mercado das plataformas é a Rússia, que foi mais longe. "Numa variante que não pode ser desprezada, estatizou a produção do conteúdo informativo. O governo russo espalhou pelo mundo agências e organizações, como a Sputnik, que dizem ser redações jornalísticas, mas, na verdade, são máquinas de propaganda", analisa Bucci.

Fake news

Uma das enfermidades da esfera pública, dominada pelos conglomerados monopolistas globais, é a difusão das *fake news*. A Rússia levou muito mais longe o que era feito pela Voz da América, por organizações que usavam ondas curtas para a propaganda das suas causas. A Rússia produz redações fraudulentas. "Tudo isso torna mais complexo o quadro de assimetrias", comenta Eugênio Bucci. De fato, hoje há uma enorme dificuldade para se reconhecer o que é informação e o que é desinformação. Existe uma guerra de narrativas – a "notícia-verdade" e a informação falsa ou desinformação. "O mais perturbador é verificar que a indústria clandestina das *fake news* prospera num ambiente de forte monopolização das comunicações globais por empresas ditas de 'tecnologia' ou de 'inovação'", diz.

A tecnologia tem sido a chave das transformações. As ferramentas digitais são capazes de manipulações que nunca tinham sido possíveis, como se verificou no caso da Cambridge Analytica.[23] Acrescenta Bucci:

> Mesmo assim, o que faz as notícias falsas serem mais rápidas e mais populares do que as notícias verdadeiras são pessoas de verdade. Elas agem por impulso e por sentimentos baixos: carência afetiva (replicam falsidades atraentes para ficarem "populares" em seus círculos digitais), ódio (mandam adiante uma fraude informativa sabendo que se trata de algo mentiroso, mas que, acreditam, ajudará a destruir a reputação de alguém que repudiam), inveja.[24]

Para entender a complexidade das *fake news*, é preciso lembrar do alcance da Inteligência Artificial com a evolução dos algoritmos. É muito forte o impacto da automação na mediação da comunicação. E isso vai desde a radicalização de opiniões, por meio de "bolhas", até a produção automatizada de *fake news*. Quem escreve sobre esse assunto é Dora Kaufman,[25] doutora em redes digitais pela ECA-USP. Diz:

> A recente explosão de dados, contudo, mudou a forma como a informação flui: em vez de um livre acesso, a automação entrega uma informação personalizada por filtragens de conteúdo. Em suma, deslocamos o *gatekeeper* (porteiro) humano para o *gatekeeper* algoritmo, que capta, organiza e dá acesso à informação digitalizada.

Agências de checagem de fatos para desconstruir *fake news*

Mais de quatro décadas após minha dissertação sobre o controle da informação na América Latina, estão em evidência as agências – não as de notícias, internacionais, mas as de checagem de fatos (*fact-checking*) –, criadas para descontruir *fake news*.

De acordo com Gilberto Scofield Jr., diretor de Estratégia e Negócios da Agência Lupa:[26]

> O movimento jornalístico de checagem de fatos cresce num ambiente em que a imprensa perdeu a exclusividade como mediadora do debate público e, com a emergência das redes sociais, perdeu até mesmo a autoridade para definir o que é notícia.[27]

A internet proporcionou ao mundo da comunicação as redes sociais de diferentes tendências políticas, entre elas, o movimento conhecido como QAnon, que nasceu no lado obscuro da rede e foi classificado como ameaça terrorista pelo Departamento Federal de Investigação norte-americano (FBI). De extrema direita, o QAnon se opôs a medidas de isolamento social e à vacinação contra a covid-19. As manifestações do QAnon são alavancadas por teorias conspiratórias absurdas, que avançam apoiadas em uma poderosa máquina de desinformação nas mídias sociais.

O QAnon nasceu entre partidários do ex-presidente dos Estados Unidos Donald Trump e fundamenta sua ideologia nos Protocolos de Sião, que inspiraram o nazismo. Segundo o jornal espanhol *El País*:

> O QAnon não tem nenhum líder conhecido ou ideologia oficial para além das mentiras e das conspirações das quais se alimenta. Seu nome é a soma de duas ideias. O Q é a letra que designa o nível mais alto de acesso a informações confidenciais do Departamento de Energia dos EUA. Mas ninguém sabe qual pessoa na realidade seria Q. E, como seus seguidores operam na sombra e agem covardemente atrás do anonimato, ao Q acrescentaram "Anon", abreviação de anônimo. O grupo nasceu no final de 2017, quando começou a ser usado pela extrema direita.[28]

Inclusão digital

A Agenda da Unesco sobre uma nova ordem internacional mais justa da informação engloba um tema que precisa ser debatido, por sua relação com a democratização da informação: a inclusão digital. Nos países pobres ou nos segmentos pobres das populações, nas periferias das cidades, o acesso à internet é precário. Pesquisa da Fundação Seade (Sistema Estadual de Análise de Dados) mostra que 7,5 milhões de paulistas não acessaram a internet em 2019, o que corresponde a 20% dos moradores do estado em áreas de alta vulnerabilidade social. Com relação ao acesso à banda larga em casa, cerca de 1 milhão e 600 mil residências no estado de São Paulo não tinham esse tipo de conexão, o que representava 37% das que estão em áreas mais periféricas. Essa exclusão digital se agravou na pandemia. Além da desigualdade social e econômica crônica do Brasil, produziu-se a desigualdade tecnológica.[29]

Anos 1970, a era dos computadores

Quando morei em Paris, o contexto da comunicação na Guerra Fria era apenas uma parte da realidade mundial. Enquanto se respiravam política, terceiro-mundismo e ideologias de esquerda, começava a revolucionária era dos computadores, sobretudo na Califórnia, na década de 1970.

Grandes invenções na informática são daqueles anos: o microprocessador, em 1971, e o microcomputador, em 1975. A Agência para Projetos de Pesquisa Avançada (Arpa), do Departamento de Defesa norte-americano, instalou uma nova rede eletrônica de comunicação, que se desenvolveu nos anos 1970 e se transformou na internet, de acordo com o sociólogo espanhol Manuel Castells, um dos mais notáveis estudiosos da contemporaneidade e especialista em redes de informação.[30]

Tecnologia é poder? Sim, na guerra cibernética, os adversários são superpotências econômicas e tecnológicas, como os Estados Unidos e a China. Esse enfrentamento chegou à tecnologia 5G, a quinta geração das redes móveis. A rede 5G[31] foi desenvolvida para comportar o crescente volume de informações trocado diariamente por bilhões de dispositivos sem fio espalhados mundialmente.

O governo de Donald Trump pressionou os países a não adquirirem a tecnologia da gigante chinesa Huawei. Essa é uma típica luta pela hegemonia global no século XXI.

* * *

LIBÉRATION, JORNAL LIBERTÁRIO FRANCÊS: DE MAOISTA A CAPITALISTA

Como era feito um ícone da imprensa francesa criado em 1973

Libération foi uma das cinco publicações francesas, de caráter fortemente opinativo, nas quais fiz estágio de observação em 1978 sob a orientação do jornalista José de Broucker, do Centre de Formation et Perfectionnement des Journalistes.

O início do jornal diz muito sobre o espírito libertário de esquerda dos anos 1970. O filósofo Jean-Paul Sartre foi cofundador de *Libération* e seu primeiro diretor, juntamente a Jean-Claude Vernier. Sartre chegou a pedir dinheiro para o jornal em porta de estação de metrô, em Paris.

"*T'as pas cent balles?*" (Você não tem cem francos?). Essa frase emblemática se somou ao bordão "*souscrivez, faites souscrire*" (assine, consiga assinaturas).

O tabloide irreverente e rebelde, que pretendia ser um jornal sem publicidade nem acionistas capitalistas, foi criado em fevereiro de 1973 com o apoio de jovens maoistas, como Serge July, que sucedeu a Sartre e ficou na direção até 2006.

No começo foram 35 milhões de francos, dos quais 20 milhões arrecadados de militantes e assinantes, e o restante foi doado por franceses por meio de várias campanhas.

O pedido de contribuições financeiras, em geral, aparecia na primeira página. Assim, no dia 15 de dezembro de 1973, o anúncio dizia: "Iniciativas por todos os lados para que *Libé* viva"; em 17 de dezembro: "A existência de *Libé* nas mãos dos seus leitores"; no dia seguinte: "Você acaba de salvar *Libération*. Mas estaremos perdidos se vocês não continuarem a se mobilizar"; 19 de dezembro: "33 milhões em cinco dias, a esperança de ganharmos juntos"; 20 de dezembro: "Seja realista, peça o impossível (como se dizia em maio de 1968). É verdade, aquilo que achávamos impossível está quase realizado"; 21 de dezembro: "*Libé* está salvo!"; 23 de dezembro: "Objetivo 100 milhões, garantir o futuro de *Libé*".

Afundado em dívidas, o jornal teve uma gestão negativa para pagá-las durante um ano. Em 1975, *Libé*, sob nova direção, após ser criada a

Sarl – Société à Responsabilité Limitée –, quitou seus débitos. O capital fornecido por bancos somava 2 milhões de francos. Em 1978, ano em que apresentei o relatório de estágio ao CFPJ, a tiragem era aproximadamente de 50 mil exemplares, vendidos, sobretudo, em bancas de jornal. Em seu início, *Libé* tinha 8 páginas, número que dobrou em 1978.

De acordo com Serge July, que era o "diretor político" do jornal, houve duas etapas: antes e depois de 1974.

> No começo, *Libération* foi marcado por movimentos de militantes, principalmente maoístas. A equipe era inexperiente, apenas alguns tinham trabalhado antes em outros jornais. Depois de diversas crises, no jornal permaneceram apenas cinco pessoas dos primeiros tempos. Com nova equipe e, apesar da predominância de opiniões dos homens em relação às mulheres, houve fatos positivos do ponto de vista da gestão de RH: todos ganhavam o mesmo salário, 2.500 francos mensais, independentemente do papel de cada um no jornal.[32]

July definiu *Libération*:

> [...] nascido da extrema esquerda em crise, em quatro anos se tornou um jornal totalmente independente. Independente da extrema esquerda organizada, da união da esquerda e de todas as direitas. Independente de todas as forças políticas, de todas as instituições, é, pois, um caso único na imprensa. Posição preciosa para o futuro: a independência efetiva será mais rara do que geralmente se crê. Essa conquista foi preservada pela recusa à adoção de uma linha ou de um ponto de vista. *Libération* não é um, mas múltiplo. E múltiplo pode, felizmente, se ligar a experiências, a pesquisas que frequentemente nada tinham a ver entre elas.[33]

Por ser um jornal diário, era obrigado a falar da atualidade, mas o que marcava a diferença com os demais era justamente o lado marginal. "É a França bizarra que nos atrai, com algumas claraboias da realidade: uma reportagem lá, pequenos anúncios aqui. A vida, ao menos", afirmou July, conforme meu relatório de estágio.

E acrescentou: "Libertária, a equipe de *Libé* parece unida contra o fortalecimento do aparelho de Estado, contra toda forma de opressão, contra o estupro, a repressão sexual."

As seções do jornal eram: social (greves, sindicalismo); política, justiça (talvez a mais importante); sociedade (drogas, mulheres, sexualidade, urbanismo, imóveis, saúde); escola e Forças Armadas (defesa dos jovens rebeldes, as pessoas que se recusavam a servir o exército, informações sobre as Forças Armadas, defesa de um movimento de contestação no interior da "*armée*" – comitê de soldados que reivindicavam outro estilo de vida, que contestavam o autoritarismo dos militares); cultura; internacional.

As fontes de informação

Libération recebia as informações da Agência France-Presse (AFP) e de seus correspondentes, no país e no exterior (Espanha, Itália, Suécia e Portugal). Contava com especialistas em Portugal e América Latina, Pierre Benoît e José Garçon; no Oriente Médio, Marc Kravetz; na África, Helio Camarin; no Sudeste Asiático e na China, Patrick Ruel.

Carta dos leitores tornou-se uma instituição no jornal desde o final de 1975. Junto a "pequenos anúncios", a seção abriu o debate sobre ideias colocadas pelos fãs de *Libé*.

A respeito dos pequenos anúncios ou "classificados": o trabalho político do jornal se concentrava nos classificados, que mostravam realidades diferentes, desejos e contradições. "Sobretudo para encontrar uma presença amiga, calorosa, quebrar o silêncio, a solidão. A verdade é que os classificados participaram de todas as rupturas, de todas as interrogações que, timidamente, perpassaram o jornal, os leitores e os redatores", escrevi, após entrevistar quem fazia *Libération*.

Porém, logo os *petites annonces* sobre encontros sexuais passaram a perturbar a bela página de geladeiras baratas, Paris-Istambul por 300 francos ou teares à venda.

Existia um caso de censura nos *petites annonces* para evitar convite à prostituição. Por isso, um anúncio como "eu faço amor por 30 francos" era rejeitado.

Um operador de telex e de máquinas de escrever (*claviste*) me disse: "As pessoas no jornal eram sensíveis a todas as iniciativas comunitárias, à criação de cooperativas, aos modos de vida fora dos circuitos padronizados".

A página Taulards (Condenados), publicada aos sábados, foi elogiada por Pierre Viansson-Ponté, do *Le Monde*: "Toda a necessidade de ternura de uma época os leitores encontram lá e na seção Carta aos Leitores, pontos fortes de *Libération*, um lugar para se comunicar".

Os leitores de *Libération*

Depois do *Le Monde*, *Libération* era o diário mais lido por estudantes. Eles tinham entre 25 e 40 anos, e 65% eram de Paris e da região metropolitana. Os demais viviam em cidades com mais de 30 mil habitantes. O leitor que vivia na zona rural era uma espécie rara.

O jornal era proibido nos quartéis, nas prisões e no Maghreb (nesse caso, por razões morais).

Em 1976, *Libération* publicou documentos confidenciais de órgãos de inteligência, revelando que personalidades de esquerda, fichados pela Direção para a Vigilância do Território (DST, da sigla de Direction de la Surveillance du Territoire em francês), deveriam ser enviados a estádios de futebol, como ocorreu na ditadura de Pinochet no Chile.

O jornal advertiu: "Se queremos que na França não surja o submundo do fascismo, é preciso quebrar, desde agora, o segredo dos seus escritórios. É para isso que se usa o *Libération*. A luta contra o segredo é uma luta capital para a democracia direta".

Em janeiro daquele ano, o jornal publicou os nomes de 32 agentes da Agência Central de Inteligência norte-americana (CIA) identificados em Paris.

Libération passou por processos de capitalização em 1990, 1993 e 1996, em 2001, 2005 e 2016. O de 2005 foi o mais polêmico e a razão da saída de Serge July em 2006, depois de 33 anos como diretor de redação.

O aporte de recursos foi feito pelo financista Édouard de Rothschild, com quem July se desentendeu sobre a melhor maneira de dirigir o jornal. O aristocrata adquiriu 37% das cotas dos funcionários.

Em sua última edição, em 30 de junho de 2006, July escreveu: "Deixo *Libération* porque é a última coisa que posso fazer para que vivam a empresa e a equipe que, durante anos a fio, criaram e editaram um dos mais bonitos jornais cotidianos, tanto no que se refere aos textos quantos às imagens. Em certos dias, era o jornal mais belo de todos."

Em 2016, houve nova capitalização pelo grupo Altice France, de Patrick Drahi, magnata das telecomunicações.

A queda na circulação e, como consequência, menor receita da publicidade, nos últimos anos, exigiram novos aportes de recursos. Porém, interesses e posições políticas divergentes têm causado conflitos entre os acionistas e os jornalistas.

A tiragem de *Libération* girava em torno de 96,5 mil exemplares[34] em 2022, mas já foi bem mais elevada, como em 2002, quando o candidato da direita, Jean-Marie Le Pen, venceu o primeiro turno das eleições presidenciais. A capa de *Libé* chocou pelo enorme "Não" que cobria a foto de Le Pen. Vendeu 700 mil exemplares naquele dia.

UM VERÃO AGITADO NA ITÁLIA

No verão de 1978, fui selecionada para um curso de italiano de dois meses na Scuola d'Italiano per Stranieri di Siena. De Paris, viajei de trem para a belíssima cidade da Toscana, com uma das praças europeias mais acolhedoras, a Piazza del Campo. Nessa arena medieval em formato da letra "D", espécie de anfiteatro com vários palácios, a Torre del Mangia e a monumental Fonte Gaia, de 1342, um lugar central de convívio, estudantes do mundo todo selecionados pela bolsa se reuniam para conversar, tomar sorvete e descobrir vielas estreitas que pareciam labirintos.

Ficamos íntimos daquelas belezas, expostas e ocultas. Para fechar os dois meses de estudos e passeios, assistimos em agosto à festa do Palio na Piazza del Campo, uma corrida de cavalos com as cores dos 17 bairros ou paróquias da cidade, as *contradas*.

Vida de bolsista no verão italiano era agitada. As aulas preenchiam as manhãs e as tardes eram livres para passeios. Depois do almoço na *mensa* (cantina), saíamos em grupos para conhecer Siena, San Gimignano, Montepulciano e cidades mais distantes.

Algumas vezes, às sextas-feiras, pedíamos carona na estrada, sempre em companhia de colegas. Era uma época em que a polícia fazia caçada a integrantes das Brigadas Vermelhas, que sequestraram, em março de 1978, o ex-primeiro-ministro Aldo Moro, presidente da Democracia Cristã italiana. Moro foi encontrado morto no porta-malas de um carro em Roma, em maio daquele ano. De início, certos motoristas desconfiavam das nossas identidades, enquanto nós temíamos ser confundidos com terroristas. Outro perigo para as mulheres era o assédio sexual. Por sorte, não houve situações tensas. Tenho lembranças positivas de caronas na Itália.

Uma dessas viagens me emocionou, porque encontrei uma parente de minha avó paterna no *Anagrafe* da prefeitura de Verona, livro de registros civis dos moradores. Soube que Iole estava internada e fui vê-la no hospital, com seu filho Walter. Quando me apresentei e disse o que estava fazendo ali, ela exclamou: *Sangue del mio sangue!* Mas o momento mais comovente foi quando sacou de sua bolsa preta um maço de fotos de Itaici, da avó Emma, de pessoas conhecidas, tiradas havia uns 50 anos daquele encontro em Verona. Iole não sabia da minha existência, muito menos que iria visitá-la no hospital num dia de agosto de 1978. Ficou claro o seu envolvimento afetivo com familiares e amigos que partiram para a América no fim dos anos 1800.

O final de semana na cenográfica Verona foi agitado. Tudo o que vivi parecia ter sido programado para muitos dias. Walter me fez provar *amaro* (licor de ervas) em bares da cidade, tocou acordeão e mostrou mais de seu talento em pinturas espalhadas pela sua casa. A esposa, Maria Pia, preparou *gnocchi* e apresentou seus molhos em conserva, como os de cogumelos colhidos por Walter nos bosques do Norte da Itália e da Áustria. Era o *hobby* dele.

A Itália é o país dos cogumelos. Centenas de tipos são usadas em uma variedade de receitas. Walter explicou que a colheita era permitida no outono e que o governo italiano estipulou regras, limitando a cata a três quilos por pessoa. De todos os tipos, provavelmente os mais clássicos são os *funghi porcini*, que se destacam pelo aroma, pelo sabor e pela consistência carnuda. Os melhores *porcini* são colhidos no Norte da Itália, em regiões como Piemonte, Lombardia, Umbria, Veneto, Liguria e Emiglia-Romagna.

O *gnocchi* delicioso de Maria Pia tinha um sabor familiar. Como explicar a semelhança? Como explicar as fotos de Itaici, guardadas por Iole em sua bolsa no hospital? Minha conclusão é que o tempo, as milhas marítimas ou aéreas que separam o Brasil da Itália não são capazes de romper laços familiares profundos e a sua influência na culinária.

O "FURO" DE REPORTAGEM NO SEPULTAMENTO DE PAULO VI

Graças a algumas caronas, em 10 de agosto de 1978, quatro dias após a morte de Giovanni Battista Montini, o papa Paulo VI, desembarquei em Roma com um colega mexicano do curso de italiano. Meu objetivo era participar da cobertura daquele evento de comoção mundial.

A morte do pontífice aconteceu dias antes do Ferragosto,[35] feriado de uma semana muito aguardado pelos italianos. A cidade eterna recebia turistas e cardeais do mundo todo para acompanhar os funerais e escolher o sucessor de Paulo VI, autor da célebre Encíclica *Populorum Progressio*. Nos anos 1960, o documento papal denunciou o agravamento do desequilíbrio entre países ricos e pobres, criticou o neocolonialismo, o imperialismo e os regimes que privavam os povos de liberdade e dos direitos fundamentais da pessoa.

No dia seguinte à minha chegada, fui de ônibus circular ao Pontifício Colégio Pio Brasileiro, na via Aurelia, administrado por jesuítas. Lá residia o "irmão leigo" Manoel, do mosteiro de Itaici, que me ajudou num "furo" de reportagem ao contar que o arcebispo da Bahia, Dom Avelar Brandão Vilela; o do Rio de Janeiro, Dom Eugênio Sales; e o de São Paulo, Dom Paulo Evaristo Arns, tinham chegado naquela manhã a Roma e que eu poderia entrevistá-los. Falei com Dom Avelar e Dom Eugênio antes do retiro preparatório dos bispos para o conclave que elegeria o novo papa.

Depois da exclusiva, tentei sair às pressas. Era um dia ensolarado e muito quente em Roma. Nas férias de verão, havia poucos padres no colégio, que àquela hora da tarde faziam a sesta. Para meu desespero, vi-me sozinha com o portão da rua trancado. Tinha conseguido o "furo" e não podia sair.

O "furo" acontece quando o jornalista apura uma notícia que é publicada antes de os veículos concorrentes terem tido acesso a ela. Naquela época, os "furos" podiam durar muitas horas sem que a concorrência descobrisse, bem diferente da informação on-line de hoje.

De tanto apelar por socorro, alguém na calçada me ajudou a transpor a grade em ponta de lança. Finalmente, na Associazione della Stampa Estera (Associação da Imprensa Estrangeira), escrevi e transmiti a reportagem para o *Jornal da Tarde* (*JT*).

O correspondente do *Estadão* e do *JT,* Rocco Morabito, intermediou minha colaboração para o jornal da família Mesquita. No sepultamento de Paulo VI, em 12 de agosto, com a credencial da Santa Sé, circulei pelos locais reservados à imprensa ao lado de correspondentes tarimbados: Ricardo Kotscho, Albino Castro, Hermano Henning e Rocco Morabito.

Eu não podia imaginar que, saindo de Paris para as férias de verão em Siena, a fim de estudar italiano, fosse me envolver num trabalho que é a essência do jornalismo – garimpar notícias. A cobertura foi inusitada, mais ainda graças às caronas, juntou paixão pelo jornalismo e gosto pela aventura.

Era como se a reportagem do *Jornal da Tarde*, de 14 de agosto de 1978, "Dom Avelar e Dom Eugênio em retiro. Para pensar no novo papa", representasse um prêmio pela façanha. Na mesma página 16, o título: "Funerais simples, como queria. E todo o mundo reza", encabeçou o texto de Rocco Morabito. Foi um enorme incentivo profissional ter dividido o espaço com um correspondente veterano.

O *Jornal da Tarde*, vespertino do grupo *O Estado de S. Paulo*, fazia um jornalismo moderno, com títulos e capas criativos. Os textos eram leves, o estilo, vibrante e irreverente. Os jornalistas do *JT* se inspiravam no novo jornalismo de Gay Talese.

Escrevi sobre o pensamento de Dom Avelar. Cada conclave:

> [...] tem a sua missão histórica, dentro do contexto universal e de acordo com as características de seu tempo. Por isso, cada papa que nasce de um conclave tem uma missão especial a cumprir. João XXIII convocou o Concílio Ecumênico, Paulo VI deu-lhe continuidade. Ambos tiveram uma missão distinta.

Segundo o arcebispo da Bahia, Paulo VI foi acusado por alguns de ter sido um tímido, por outros, de excessivo em concessões. "Para mim, ele foi coerente, harmonioso. Teve alguns motivos de vacilação, como o próprio Cristo no Gethsemani, mas cumpriu sua missão – a de aprofundar o diálogo entre os homens."

Dom Avelar disse que cada papa é eleito em meio ao sentimento da Igreja, no contexto universal e de acordo com as características do seu tempo. Em 1963, quando Paulo VI foi eleito, o mundo tomava conhecimento dos movimentos que marcaram o início do processo de descolonização dos países africanos.

O papa recebeu no Vaticano os líderes que levaram à libertação das colônias portuguesas: Amílcar Cabral, da Guiné-Bissau, Agostinho Neto, de Angola, e Marcelino dos Santos, de Moçambique. O pontificado de Paulo VI ficou marcado, também, pela Encíclica *Humanae Vitae*, sobre a regulação da natalidade e a moral sexual. Por esses gestos, passou para a história como o papa "polêmico".

Albino Luciani, o papa João Paulo I, foi escolhido sucessor de Paulo VI, mas morreu 33 dias depois de assumir o papado. Uma curiosidade: oriundo de família humilde e de postura igualmente modesta, ele não aceitava ser carregado em liteira como os outros papas.

Se João Paulo I foi o "efêmero", João Paulo II foi o papa que mais esteve à frente da Santa Sé, 26 anos, e o que mais escreveu encíclicas, 14. Foi também o que mais viajou, para 133 países, e se aprofundou na denúncia dos desequilíbrios sociais e das injustiças.

Quando Bento XVI foi eleito em 2005, já se questionava a necessidade de um papa da África e da América Latina, pois todos, até então, haviam nascido na Europa. Um latino-americano somente chegou ao pontificado com a eleição do argentino Jorge Bergoglio, papa Francisco, em 2013.

Bento XVI foi muito criticado por reagir timidamente aos abusos sexuais de menores, praticados por padres e bispos ao longo da história. Em 2019, como papa emérito, publicou o documento *A Igreja e os abusos sexuais*, no qual atribuiu esses costumes à revolução sexual dos anos 1960. Bento XVI disse que mudanças históricas e culturais levaram à dissolução da moralidade no catolicismo. Segundo ele, foi aquela revolução que provocou a homossexualidade e a pedofilia.

Francisco, o primeiro papa jesuíta, afirmou, em carta publicada em 2018, que a Igreja "não agiu rapidamente" em reação ao problema dos abusos e "não cuidou dos pequenos". Chegou a dizer: "Nós os abandonamos."

O jornalista irlandês Gerard O'Connell, que há muitos anos cobre o Vaticano e conhecia Jorge Bergoglio antes de se tornar pontífice, perguntado sobre críticas de que o papa Francisco não estaria fazendo o suficiente para acabar com o flagelo dos abusos sexuais, respondeu em entrevista à *BBC News Mundo*:

> Acho importante entender que o problema do abuso infantil por padres existia na Igreja Católica muito antes de Francisco ser papa. Como vários estudos mostram, a maioria dos abusos ocorreu entre os anos 1950 e 1990, especialmente nos anos 1970 e 1980, durante o pontificado de João Paulo II. O número de novos casos diminuiu significativamente durante o pontificado de Bento XVI e, desde que Francisco foi eleito, a maioria das ocorrências que vieram à luz são antigas, de décadas atrás.[36]

PARIS, 1978:
POLÍTICA E FEMINISMO

Em 1978,[37] um ano depois de chegar a Paris, houve eleições legislativas que marcaram a política da França: o Partido Socialista de François Mitterrand derrotou o Partido Comunista de Georges Marchais. Mitterrand tentou se eleger presidente duas vezes. Na terceira, venceu (1981). Reeleito, ficou no poder 14 anos. Foi o primeiro presidente socialista da França.

Nas ruas, passeatas de trabalhadores, estudantes e feministas. As tendências da esquerda expressavam suas posições. Para quem chegava do Brasil, com o general Ernesto Geisel no poder, participar livremente de protestos com 10 mil pessoas significava arejamento, liberdade de expressão e de pensamento, e a possibilidade de estar em espaços públicos sem repressão para acompanhar o que estava em pauta naquele final dos anos 1970.

Recordo a enorme manifestação, em novembro de 1977, contra a extradição de Klaus Croissant, advogado da Facção Exército Vermelho.

A organização guerrilheira alemã, também conhecida como Baader-Meinhof, fundada em 1970 na antiga Alemanha Ocidental, foi dissolvida em 1998. Croissant foi preso em Paris em 30 de setembro de 1977, acusado de cumplicidade com o grupo extremista que representava legalmente.

Em protesto contra a sua prisão, os filósofos Félix Guattari, Jean-Paul Sartre, Michel Foucault e Gilles Deleuze organizaram uma campanha. Memorizei a sonoridade do *slogan* irônico e ritmado nas ruas de Paris: "*Marchais/Mitterrand/merci pour Klaus/Croissant*", clamado pelos manifestantes, que criticavam os dois políticos por não evitarem a extradição de Klaus Croissant.

FEMINISMO DE "SEGUNDA ONDA". CÍRCULO DE MULHERES BRASILEIRAS

O período também foi histórico para quem militava no Círculo de Mulheres Brasileiras. Algumas eram exiladas e pertenciam às várias correntes da esquerda, outras estudavam e trabalhavam. Falava-se à época sobre o feminismo de "segunda onda", que priorizava as lutas pelo direito ao corpo e ao prazer, e contra o patriarcado.

Minha amiga Mirian Faury, colega no Institut des Hautes Études de L'Amérique Latine, frequentava o Círculo de Mulheres e me introduziu como convidada, o que me permitiu participar de reuniões em várias casas de países na Cidade Universitária, entre elas a do Brasil (*Maison du Brésil*).

Havia quatro anos da criação do Círculo (1975-1979), quando ocorreu a manifestação com cerca de 5 mil mulheres para celebrar o 8 de março de 1978. Novamente, como na cobertura da morte de Paulo VI, eu pretendia atuar como repórter *freelancer* para um jornal brasileiro, no caso, a *Folha de S.Paulo*, que publicou minha colaboração: "Em Paris, política e feminismo", no dia 9, na "Ilustrada", com fotos de Tereza Cristina Collier.

Mostrei na reportagem o contexto político da revolução feminista na França, em que o discurso das mulheres incluía declarações filosóficas e políticas: "Não existe socialismo sem a liberação das mulheres. Não existe liberação das mulheres sem socialismo".

Elas também cobravam direitos à livre disposição do próprio corpo, ao aborto e à contracepção (livres e gratuitos), à maternidade livre, ao repúdio à esterilização forçada e à invenção da própria sexualidade.

Cerca de cem brasileiras divulgaram o manifesto:

> As mulheres (como os escravos) parecem coisas inanimadas, que não sabem o que fazem, como o fogo que queima sem o saber (segundo dizia Aristóteles). Hoje nós festejamos nossa luta, a tomada de consciência de milhões de mulheres que não aceitam mais queimar como o fogo sem o saber. Em todas as sociedades de classe, nós, mulheres, temos sempre desempenhado o segundo papel, nas funções de mãe, esposa e empregada. Ignorando nosso corpo, nossa sexualidade, nossa própria vontade, temos vivido para realizar a felicidade dos outros em detrimento da nossa própria. Chega de ser o segundo sexo. Chega de ser fonte de prazer. Nós, do Círculo de Mulheres Brasileiras em Paris, nos reunimos há três anos para lutar contra nossa opressão comum e levar nossa solidariedade ao movimento feminista brasileiro. Apelamos ao movimento feminista francês e internacional que apoie as mulheres do Brasil.[38]

A indústria editorial sobre mulheres e feminismo era importante na França. Havia centenas de publicações em todo o país, como *Histoire D'Elles*, diário político que circulou entre março de 1977 e março de 1980; *Les Cahiers du Féminisme*, da Liga Comunista Revolucionária, publicado entre 1977 e 1980; e o semanário *Des Femmes en Mouvements*, entre outubro de 1979 e fevereiro de 1980.

No Brasil, publicações que marcaram a época foram *Brasil Mulher* e *Nós Mulheres*. O *Brasil Mulher*, criado em dezembro de 1975, circulou até março de 1979. Dedicou-se mais à defesa da anistia e de presos e perseguidos políticos do que propriamente às questões feministas. Era constituído por mulheres militantes do Partido Comunista do Brasil (PCdoB), da Ação Popular Marxista-Leninista (APML) e do Movimento Revolucionário 8 de Outubro (MR8).[39]

O *Nós Mulheres* durou cerca de três anos, de 1976 a 1978. Era editado por ex-exiladas, muitas pertencentes ao Círculo de Mulheres de Paris, ligadas à vertente Debate, dissidência política que nasceu no exílio e incluía ex-militantes da Vanguarda Popular Revolucionária (VPR), da Vanguarda Armada Revolucionária Palmares (VAR-Palmares), do Partido Comunista Brasileiro (PCB) e mulheres autônomas.

> O *Nós Mulheres* foi mais direcionado ao feminismo, ao passo que o *Brasil Mulher* defendia as lutas consideradas gerais. Por seu lado, o *Nós Mulheres* era acusado de "dividir a luta dos trabalhadores", de ser uma luta burguesa, porque somente a burguesia se interessava "pela luta da mulher". Perguntavam, ainda: "De que maneira a mulher vai se libertar se é o capitalismo que oprime?". Era preciso primeiro lutar pelo fim da ditadura, para depois buscar os direitos da mulher. Evidentemente, essa disputa discursiva promoveu respostas de parte a parte. O jornal *Brasil Mulher* incorporou, progressivamente, temáticas específicas do feminismo e, desse modo, o *Nós Mulheres*, em vários momentos, reforçou seu comprometimento com a luta pela democracia.[40]

AFETO PELOS ANIMAIS.
A FRANÇA EM DESTAQUE

Num fim de semana de 1978, visitei o cemitério de cachorros e outros animais em Asnières, perto de Paris, passeio que reforçou minha percepção do apego francês aos bichos de estimação. Passaram-se quatro décadas e a França é reconhecida até hoje como a capital europeia de animais de companhia.

Chamou-me a atenção o envolvimento dos franceses com os bichinhos. Até porque na infância eu não convivi com *pets*.

Muitas décadas depois, descobri o afeto por gatos. Primeiro foi o Ugo, depois, a Chiara (Kiki). Tornei-me consumidora do mercado para animais de estimação, um segmento que cresce exponencialmente.

O Brasil é o terceiro, atrás dos Estados Unidos e da China, com um faturamento de R$ 60 bilhões em 2022, ano em que a população de *pets* somou 168 milhões, de acordo com a Euromonitor, empresa global de pesquisa e consultoria. O aumento foi significativo, pois em

2013 o Brasil contava 132 milhões e, em 2021, 150 milhões de animais de companhia.

Se em 2020 existiam no Brasil mais de 130 cemitérios e crematórios de *pets*, há 40 anos pouco se falava no assunto, muito menos sobre o cemitério de Asnières, o mais antigo do mundo. Hoje não só aumenta a quantidade de animais de estimação em lares brasileiros, como cresce a consciência de que não devem sofrer maus-tratos. Dos cuidados aos negócios, as transformações em quase 50 anos têm sido notáveis, entre elas a onda mundial de campanhas de produtos *cruelty-free* – não testados em animais.

Entre os "frilas" que fiz para jornais quando eu morava na França, guardei essa reportagem em papel datilografado: "Os franceses choram num cemitério para cães e outros animais". Reproduzo o texto pelo interesse que o tema desperta hoje no mundo.

Paris, 1978:

> Os franceses choram num cemitério para cães e outros animais
>
> Domingo à tarde. A primavera parisiense confirma que esse dia nublado e frio é normal na vida da cidade. Tudo ali parece um rotineiro exercício de recordação. Das velhas e escuras paredes aos velhos túmulos, simples lápides com inscrições carinhosas ou monumentos suntuosos, tudo conforme o meio em que viveu o animal ali enterrado: cachorro, gato, galinha, porco, coelho, macaco ou tartaruga. No cemitério de Asnières, a poucos minutos de Paris, o visitante pode ter uma ideia do significado de um bicho na vida do povo francês.
>
> Às margens do Sena, pequenos túmulos se enfileiram sob a guarda imponente do túmulo maior, onde estão os restos do cão Barry, a quem foi dedicado o cemitério. Na lápide, a inscrição: "Ele salvou a vida de 40 pessoas e foi morto pela 41ª". Barry, que pertencia aos religiosos do monte São Bernardo, nos Alpes suíços, salvou a vida de várias pessoas perdidas na neve, indicando-lhes o caminho de volta. No entanto, durante uma tempestade teve seu próprio corpo coberto pela neve, o que o tornou parecido com um urso. Um dos viajantes perdidos na montanha, vendo esse enorme animal, não hesitou em matá-lo. A ausência de Barry, porém, levou os religiosos a sua procura

e, pelos rastros de sangue, conseguiram chegar até o viajante perdido, que de medo matou o lendário cachorro.

Fatos como esse, que evidenciam a lealdade, a coragem e o companheirismo dos cães, se repetem nas histórias contadas aos pés dos túmulos. Os olhos cheios de lágrimas, o balde com água, a pá para remexer a terra que vai receber novas flores: esse quadro indica um ritual que os visitantes já estão acostumados a ver todos os domingos em Asnières, quando é maior a afluência dos franceses, solidários a seus animais mortos.

Por cinco francos o turista tem direito a tirar fotos, ainda que formalmente isso seja proibido, e visitar túmulos dos companheiros de algumas personalidades, como Henry Bataille, Edmond Rostand, Sacha Guitry, Saint-Saënz. A cachorra preferida de Sully Prudhomme não está longe do gato marroquino do publicitário Henri Rochefort.

O cemitério de cachorros e outros animais de Asnières, fundado em 1889 pela atriz de teatro Marguerite Durand e pelo escritor Alexandre Dumas, além de ser uma obra sentimental, é considerado pelos franceses como de interesse à saúde pública. É que ali, sobre a humilde pedra ou o luxuoso mármore, estão gravados inúmeros testemunhos de afeição e reconhecimento, como esses:

"Ao nosso recordado fiel companheiro Belgrano. Março 1894-Setembro 1906";

"A nossa Lisette querida, 1950-63. Jamais nós te esqueceremos";

"1914-1928. Pequena Pomme adorada de seus senhores. Agradecimentos a sua fidelidade e bondade";

"À memória da minha querida Emma. Abril de 1889 a agosto de 1900. Fiel companheira e única amiga de minha vida errante e solitária";

"A minha Riquette, companheira fiel de meus dias de tristeza e de solidão".

Como La Fontaine, que dizia "eu me sirvo dos animais para instruir os homens", ou Pascal, "mais eu vejo os homens mais eu amo meu cão", os frequentadores do cemitério de Asnières demonstram esse mesmo espírito. Em geral, são casais de velhos que um dia adotaram um cachorro para diminuir as horas de solidão. Com ele passaram 10 ou 15 anos de vida, já o estimando como a um filho. Depois, a morte do animal, geralmente por velhice, jamais por falta de cuidados. O enterro, a escolha do túmulo, as visitas frequentes e a promessa de nunca mais adotar um cachorro, pois já basta o sofrimento causado pela perda do bicho de estimação.

No entanto, criar cachorros não é um *hobby* só de velhos. Os jovens também ajudam a povoar as ruas com seus animais de companhia. Velhos, jovens, crianças, o fato é que o francês está cada vez mais inclinado a adotar um animal.

Mas, afinal, o que explicaria o apego extremo dos franceses pelos animais? E o que dizer dos (trinta) cachorros, gatos e papagaio que acompanham o presidente Giscard d'Estaing e seus ministros todos os dias ao Palácio dos Champs Elysées?

Seja qual for a explicação, para os franceses ela vem sempre ligada ao significado do animal no mundo agressivo de hoje, onde imperam o individualismo e a deslealdade. É aí, então, que o animal desempenha um papel importante, pois o seu mundo é de simplicidade, de sentimentos verdadeiros, onde não há interesses mesquinhos. Mas, por outro lado, o sentir-se bem ao lado dos animais é também sintoma de necessidade de companhia para preencher o vazio, para amenizar a solidão.

Na França, onde há tantos lares sem crianças – a taxa de natalidade é extremamente baixa (segundo estimativas, até o ano 2000 a população francesa aumentará em apenas 4 milhões de pessoas), o carinho e a dedicação são transferidos para os animais. Até mesmo para as cobras. Como as duas jiboias que fazem companhia a uma senhora francesa, que vive no aristocrático bairro de Champs Elysées. Ali, num requintado apartamento, ela mantém os seus exóticos e quilométricos bichinhos dentro de uma caixa aquecida à temperatura ideal para esses seres que, ao contrário dos cachorros, não conhecem as delícias de um passeio ao sol pelas margens do Sena, mesmo que presos a uma corrente. Mas, sem dúvida, elas conhecem as carícias de sua velha protetora e, a pedido desta, de seus hóspedes.

Na verdade, na pátria da liberdade, igualdade e fraternidade, os animais, sobretudo os cachorros, têm um *status* especial. Talvez não se possa dizer que os cachorros franceses sejam tão livres quanto os nossos vira-latas. Mas, o que é certo, é que a sociedade francesa dos cães é mais ou menos igualitária. Eles pertencem a uma classe que não conhece as dificuldades do dia a dia de um animal faminto à procura de seu osso, de porta em porta, de lixo em lixo. Quanto à fraternidade, eles são os verdadeiros irmãos dos franceses. Considerados mais fiéis que os homens, mais amigos, mais leais, substituem até as pessoas queridas que já morreram.

De preferência pequeno, "mignon", que possa ser carregado numa sacola no ônibus ou metrô. Isso, até que a situação mude. Os franceses estão confiantes e acham que logo vão poder transportar seus cachorros livremente, sem usar o expediente da sacola, graças à solidariedade dos que fazem as leis do país e às campanhas que vêm sendo feitas por publicações especiais. Quanto a cachorro frequentar restaurantes, no momento não há qualquer sinal de que a proibição será suspensa, mas isso não quer dizer que eles não acompanhem seus donos aos cafés. Na verdade, esses pequenos lordes, que usufruem de cuidados especiais (roupas, cabeleireiro, adornos, comidas compradas em açougues próprios), estão em toda parte: nos cafés, nas ruas, nos parques, acompanhando o caminhante solitário ou, simplesmente, indo às compras.

O privilégio de que os cachorros gozam na França é notado por todo estrangeiro. Dona Maria Augusta, uma brasileira que está há dois meses em Paris, durante seus passeios resolveu fazer literatura de cordel. No seu folheto "Uma nordestina em Paris" dedica alguns versos aos cachorros:

"Cachorro pra todo lado,

São os donos da cidade.

O chão é todo 'marcado'

É uma calamidade.

Por onde eles vão passando, impõem autoridade.

Compareçam aos restaurantes

E às grandes festividades,

São fortes e elegantes

E muitos são sumidades,

Quem lhes faltar com o respeito

Será destinado às grades".

Essa observação, de fato, tem procedência, pois o código penal francês prevê multas de 500 a 6.000 francos e prisão de 15 dias a seis meses aos que cometerem sevícias ou atos de crueldade com um animal doméstico.

Concluo, relendo o que escrevi, que na França da década de 1970 existiram legislações e normas que não "pegaram" no quesito animais de estimação. No cemitério de Asnières, apesar da regra impedindo fotos, por cinco francos o visitante podia clicar os túmulos. Da mesma forma, apesar de legislação proibindo a entrada de cachorros em cafés, eles os frequentavam com seus tutores. Atualmente, na maioria dos bares e dos restaurantes franceses, os cães são bem-vindos.

A DESCOLONIZAÇÃO NA ÁFRICA E O BRASIL

Minha pesquisa na Paris I cobriu a política africana do Brasil no período de 1960 a 1976, marcado por forte atuação de movimentos de libertação e por maior conscientização sobre o que a África representava, em termos políticos e econômicos, para os interesses brasileiros.

As independências africanas constituíam um importante acontecimento mundial, e o presidente Juscelino Kubitschek (1956-1961) percebeu os sinais do tempo: a emergência da África, o princípio da autodeterminação, a crítica ao apartheid na África do Sul e à discriminação racial. Porém, foi inequívoco o apoio que deu a Portugal na manutenção das colônias africanas. Essa é uma contradição na história do estadista JK que merece ser lembrada. Ele ofereceu apoio ao ditador português António de Oliveira Salazar, que na década de 1950 temia perder as colônias africanas.

Juscelino "não hesitava em interceder a favor do 'irmão' se o assunto era a manutenção das colônias",[41] escreve o historiador Pietro Sant'Anna. Segundo ele, "essa parceria se expressava em reuniões da ONU e mesmo em desavenças internas. JK se incomodou quando Álvaro Lins, embaixador brasileiro em Lisboa, prestigiou opositores do salazarismo".

Em janeiro de 1963, após uma viagem a Portugal, Juscelino declarou: "Nossa independência não exigiu de nós nenhum sacrifício. Foi um presente da Coroa Portuguesa. Foi o elo da cadeia mais poderoso que uniu as duas nações."

Definitivamente, JK foi infiel à história do Brasil, pois se esqueceu de todos os patriotas, os mártires que tombaram pela independência do país, pontuei na dissertação.

Jânio Quadros (janeiro-agosto de 1961) e João Goulart (setembro de 1961-1º de abril de 1964) também fizeram gestos importantes de reconhecimento da descolonização africana.

Nos anos 1970, o regime militar brasileiro estava à frente de relevante aproximação com o continente negro após as independências na África portuguesa. "De uma maneira geral, pode-se dizer que até a independência de Angola (novembro de 1975), o Brasil oscilou entre a vontade de se impor como uma nação independente, anticolonialista e importante no contexto do Terceiro Mundo, e suas ligações com as potências colonizadoras da Europa", escrevi em 1979.[42]

Depois de concluir o curso de Relações Internacionais em Paris, em 1979, decidi conhecer seis países africanos: Senegal, Costa do Marfim, Alto Volta (Burkina Faso), Mali, Guiné-Bissau e Gâmbia. A viagem de 40 dias foi motivada pela dissertação *A política africana do Brasil* e pela curiosidade sobre aquela parte do continente de onde procediam meus colegas. A elite africana francófona estudava em Paris e se preparava para assumir cargos de prestígio em seus países. O ministro das Comunicações do Alto Volta, atual Burkina Faso, que me apresentou a um país ainda animista, estudou no *campus* da rue des Écoles, no Quartier Latin.

Em um mês e dez dias, estive em países que falam três línguas oficiais – francês, inglês e português –, recortes da colonização europeia no continente. De lá e de outras regiões, partiram grupos étnicos com suas línguas tribais para servirem de mão de obra escrava em plantações e minas do Brasil. Muitos embarcaram em navios negreiros na ilha de Gorée, em frente a Dakar, um dos maiores centros de comércio de escravos.

Apesar da descolonização, a África Ocidental ainda apresentava fortes laços com a França, que aderiu a um acordo de partilha do continente celebrado na Conferência de Berlim em 1885, e do qual participaram Inglaterra, Bélgica, Alemanha, Itália, Portugal e Espanha. A divisão da África não levou em conta as características regionais, étnicas e culturais dos povos que ali já habitavam havia séculos. Como consequência, houve longos e sangrentos conflitos civis.

Embora pertencentes a etnias com suas raízes, línguas, costumes e tradições, os africanos mantinham vínculos fortes com a língua francesa e com escolas superiores em Paris. No campo comercial, havia uma relação de dependência: troca de matérias-primas por produtos industrializados.

Escrevi inúmeras reportagens sobre as relações Brasil-África. Em 1980, já morando em São Paulo, fui cobrir pela *Gazeta Mercantil* a feira Brasil Export, no Parque Anhembi. Uma delegação de 90 empresários africanos chamava a atenção. Madame Sanvee Patience, grande atacadista de tecidos de Lomé, capital do Togo, percorreu os estandes e logo se tornou uma atração com seu *boubou* vistoso, parecido com o que eu tinha comprado em Dakar. Mencionei na reportagem: "Negócios com os africanos", de 15 a 17 de novembro de 1980, que a África negra consome quantidades enormes de tecidos. Cada traje requer, em média, cinco metros. Os tecidos são bastante coloridos e de boa qualidade. O wax holandês é o preferido dos importadores da África Ocidental.

JÂNIO QUADROS E A POLÍTICA
DE BRAÇOS ABERTOS PARA A ÁFRICA

Na história das relações Brasil-África, Jânio Quadros, que ocupou a presidência apenas entre janeiro e agosto de 1961, teve um papel político notável ao defender a descolonização do continente africano.

Quando Jânio assumiu o governo, muitos países da África negra se tornaram independentes, entre eles: Guiné, Camarões, Senegal, Costa do Marfim, Burkina Faso (antigo Alto Volta), Togo, Benim e Congo. No calor das independências, ainda candidato à presidência da República, fez uma longa viagem à África e ao Extremo Oriente.

Quando venceu as eleições em outubro de 1960, declarou:

> [...] nós atravessamos os momentos mais conturbados da humanidade. O colonialismo agoniza, com vergonha de si mesmo, incapaz de salvar os dramas e as contradições que ele gerou. Nós abrimos nossos braços a todos os países do continente africano. Nossos portos se abrirão a todos aqueles que queiram fazer comércio conosco.[43]

Jânio determinou ao Itamaraty providências:

> [...] para a constituição de um grupo de trabalho com a finalidade de preparar a representação diplomática brasileira nos novos Estados africanos; a elaboração de uma política africana que fosse reexaminada em todos os seus aspectos – político, econômico e cultural; a criação de um programa de bolsas de estudos para os africanos: 20 bolsas em 1962, 40 em 1963 e 100 em 1965, inicialmente limitadas aos estudantes de medicina, farmácia, odontologia, arquitetura, agronomia e veterinária. O presidente também queria criar um serviço de navegação brasileiro entre o Brasil e a Indonésia, passando pela África.[44]

Política Externa Independente

Nos anos 1960, o Brasil não podia mais ignorar a África. Do ponto de vista político, porque houve o ingresso massivo no cenário internacional dos novos países independentes. Do ponto de vista econômico, um enorme mercado estava se constituindo.

Havia essa percepção de oportunidades, contudo, o papel principal de Jânio em relação à África derivou do seu grande interesse nas relações internacionais, nas extraordinárias transformações à vista. Jânio tinha personalidade histriônica, foi visionário e expandiu os horizontes da política externa brasileira. Com ele, inaugurou-se a "política externa independente" na gestão do chanceler San Tiago Dantas, que promoveu o reatamento de relações com a União Soviética e discordou dos Estados Unidos na reunião de chanceleres dos países americanos, em Punta del Este, em 1962. Washington pretendia expulsar Cuba da Organização dos Estados Americanos (OEA). Outra atitude que marcou a política externa independente foi a definição do Brasil como "potência não alinhada" na Conferência de Desarmamento em Genebra, com San Tiago Dantas na chefia da delegação brasileira.

> O sucessor de Jânio, João Goulart (1961-1964), deu continuidade a essa diplomacia caracterizada pela independência frente à bipolaridade, afirmação do Brasil no cenário internacional e universalização das relações externas. Escrevo no capítulo "Governo Figueiredo: recessão da economia mundial" sobre as raízes dessa doutrina autonomista dos anos 1950.
>
> A política externa independente quebrou o paradigma de escolha pelos Estados Unidos como aliado preferencial, que havia sido a marca do Brasil desde os tempos do Barão do Rio Branco. "Essa política não perde a validade e sugere caminhos para o Brasil se projetar no mundo", disse o diplomata Gelson Fonseca. "A cada conjuntura histórica é preciso refazer os caminhos sugeridos pela política externa independente", enfatiza.

No início da década de 1960, criou-se uma alternativa ao comportamento alinhado. O mundo assistia à descolonização da África e à entrada dos novos países independentes na ONU, que fundaram o movimento dos não alinhados, ao qual o Brasil não se associou, apenas participou como observador, pois não comungava das posições políticas do grupo. Como observador, o Brasil esteve na Conferência Ministerial dos Países não Alinhados em Luanda, em setembro de 1985. Os temas principais foram os conflitos na África Austral, a crise econômica, a seca e a fome na África, conforme informei em reportagem na *Gazeta Mercantil*.

O país viu espaço na coexistência pacífica para afirmar a sua ocidentalidade, porém, sem se alinhar a qualquer bloco.

A lógica política era outra, mais dirigida a abraçar alianças ou coalizões com países de características semelhantes, no comércio internacional de produtos de base, por exemplo.

GRUPO DOS 77 E O SGP

O Brasil buscava uma aproximação com países similares no campo econômico, e contribuiu para a criação, em 1964, da Conferência das Nações Unidas sobre Comércio e Desenvolvimento (UNCTAD), órgão das Nações Unidas voltado ao tratamento integrado entre comércio e desenvolvimento, bem como a assuntos relacionados às áreas de finanças, tecnologia, investimento e desenvolvimento sustentável.

Em 1964, também nasceu o Grupo dos 77 (G-77) no âmbito da UNCTAD, com o Brasil entre os principais membros fundadores – 77 países em desenvolvimento. Hoje o grupo soma mais de 130 nações. A visão predominante entre eles era que o tratamento recebido no sistema internacional de comércio não lhes convinha, pois havia uma deterioração dos termos de intercâmbio. Como consequência, para compensar esse desequilíbrio, a UNCTAD criou tarifas diferenciadas – mais baixas para os países em desenvolvimento.

Assim, surgiu um dos principais instrumentos da UNCTAD, o Sistema Geral de Preferências (SGP), de 1971. Os países desenvolvidos, que outorgam as concessões, reduzem parcial ou totalmente o imposto de importação sobre produtos originários ou procedentes de países em desenvolvimento. O SGP está vigente até hoje.

Na UNCTAD, também foi criado o Sistema Global de Preferências Comerciais entre Países em Desenvolvimento (SGPC), um benefício da isenção parcial ou total de impostos sobre importações, concedido pelos países em desenvolvimento àqueles em condições menos favorecidas. A aproximação com a África e a Ásia destacou-se na agenda do curto mandato de Jânio Quadros. No artigo "Nova política externa do Brasil", na revista *Foreign Affairs* de outubro de 1961, o ex-presidente escreveu:

> Creio que é precisamente na África que o Brasil pode prestar melhor serviço aos conceitos de vida e métodos políticos ocidentais. Nosso país deveria tornar-se o elo, a ponte entre a África e o Ocidente, desde que estamos tão intimamente ligados a ambos os povos. Enquanto pudermos dar, às nações do Continente Negro, um exemplo de completa ausência de preconceito racial, juntamente com provas cabais de progresso sem solapar os princípios da liberdade, estaremos contribuindo decisivamente para a integração efetiva de todo o continente num sistema ao qual estamos presos por nossa filosofia e tradição histórica.[45]

Jânio Quadros renunciou e não pôde executar a sua política para a África. O vice, João Goulart, assumiu o poder e, entre a fase parlamentarista e presidencialista, governou até ser deposto pelo golpe militar em abril de 1964. Com Jango, o Brasil reconheceu a independência da Argélia, de Ruanda e de Burundi, e estabeleceu a ligação marítima com a África, idealizada por Jânio.

O PROTAGONISMO DE JOSÉ APARECIDO DE OLIVEIRA

A amizade de Jânio com outro personagem da cena política brasileira foi benéfica para as relações Brasil-África. Na presidência da República, o ex-presidente teve como chefe de gabinete o mineiro de Conceição do Mato Dentro, José Aparecido de Oliveira, que em 1988, no governo do presidente José Sarney, chefiou o Ministério da Cultura.

Uma das iniciativas de José Aparecido foi a criação do Instituto Internacional da Língua Portuguesa (IILP), em novembro de 1989, em São Luís do Maranhão, com a participação dos chefes de Estado de Portugal e dos países africanos de língua oficial portuguesa, com exceção do presidente de Angola, que se fez representar. Foi o primeiro passo para a constituição da Comunidade dos Países de Língua Portuguesa (CPLP) em julho de 1996, no governo do presidente Fernando Henrique Cardoso, quando José Aparecido era embaixador do Brasil em Portugal.

Nos estudos de política externa, ainda não foi analisado o papel de José Aparecido, diz a embaixadora Irene Vida Gala,[46] com mais de 35 anos de experiência africana e autora do livro *Política externa como ação afirmativa: projeto e ação do governo Lula na África (2003-2006)*, editado pela Editora UFABC. "Ele foi chefe de gabinete de Jânio Quadros, amigo do presidente Sarney, criador do Instituto Internacional de Língua Portuguesa e, no governo Itamar Franco (dezembro de 1992 a janeiro de 1995), após ter recusado convite para ser chanceler, serviu como embaixador em Lisboa, onde negociou a formação da CPLP", explica, ao destacar o fio condutor da atuação de José Aparecido no fortalecimento da política africana do Brasil voltada para os países lusófonos. "É o único momento com um componente ideológico associado a uma visão de mundo. José Aparecido recuperou essa visão de Jânio Quadros".[47]

Como estudiosa da política externa para a África, a diplomata propõe uma mudança de paradigma ao se analisar esse relacionamento: "É preciso um novo enfoque, tirar a perspectiva da análise do interesse brasileiro e pensar mais na posição que a África tem no cenário internacional. Com isso, se alteram os termos da análise que é geralmente feita, pensando num protagonismo sempre do Brasil", diz Gala.

Constrangimento nos negócios com a África

Pela análise de Irene Vida Gala, os militares brasileiros no poder, após o golpe de 1964, voltaram-se para a África porque, com a descolonização em curso, o continente ganhava notoriedade internacional e o Brasil não podia ignorar essa mudança de *status*: "Sempre reagimos ao fenômeno que está acontecendo na África. O governo militar acompanhou a dinâmica da Guerra Fria no continente africano dos anos 60 e 70 e reagiu a esse contexto."

Desde a década de 1970, a presença diplomática brasileira nas nações africanas busca beneficiar-se de um componente simbólico: o fato de o Brasil ser um país com cerca de metade de sua população originária da África e, portanto, ter uma "vocação natural" para se relacionar e fazer negócios com os africanos. Mas, segundo a embaixadora, "este é um discurso vazio, pois, ao analisarmos a história da política externa Brasil-África, o que vemos é o olhar de uma elite branca, política e econômica sobre o continente africano".

Ao reler a reportagem "Constrangimento nos negócios com a África", de 30 de julho de 1980, notei certo mal-estar dos nigerianos, em sintonia com o que diz Irene Gala. O *soft power* do Brasil era ser um "parceiro não hegemônico" e, por isso, merecedor da confiança dos africanos. Porém, havia limitações a essa confiança. Em parte, isso tinha a ver com racismo. Os temas colonialismo e defesa do Atlântico Sul foram abordados pela primeira vez entre o Brasil e a Nigéria, o maior país africano, em encontro que cobri em julho de 1980, promovido pelo Nigerian Institute of International Affairs (NIIA) e pela Universidade de São Paulo, e do qual participaram professores, pesquisadores e empresários dos dois países.

Na ocasião, os brasileiros ouviram comentários críticos dos nigerianos.

> O diretor do NIIA, A. Bolaji Akinyemi, ressaltou que a Nigéria não desejava ser apenas um mercado para o Brasil, e que os nigerianos esperavam também uma cooperação cultural com os brasileiros. Eles citaram a participação do Brasil no Grupo dos 77 como ambígua, ora assumindo posições favoráveis aos países em desenvolvimento, ora defendendo os interesses de nações industrializadas. Outro embaraço era "o desapontamento da Nigéria em relação à possível cooperação estratégica do Brasil com a África do Sul (do apartheid) para a defesa do Atlântico Sul". Os laços diplomáticos e econômicos da ditadura militar brasileira com Pretória causavam incômodo aos países sul-africanos, como a Nigéria.

DÉCADA DE 1970, RELANÇAMENTO DA POLÍTICA AFRICANA

A partir de 1970, houve o relançamento da política africana do Brasil com o terceiro general da ditadura, Emílio Garrastazu Médici.

> A estratégia era o Brasil estar presente na África portuguesa pela via econômica. Em outubro de 1972, o ministro das Relações Exteriores, Mario Gibson Barboza, visitou nove países da África Ocidental (Senegal, Costa do Marfim, Gana, Togo, Daomé, Nigéria, Camarões, Zaire e Libéria). Depois, de 28 de janeiro a 4 de fevereiro de 1973, esteve na África Oriental (Quênia e Egito). Essas viagens marcaram efetivamente o restabelecimento de relações cordiais com essas jovens nações africanas.

Os gestos de aproximação com a África foram notáveis, uma vez que uma profunda simpatia ligava os militares brasileiros a Portugal e seu "império africano de além-mar", também à África do Sul do apartheid.

> Até a independência de Angola, em novembro de 1975, reconhecida no governo do general Ernesto Geisel (1974-1979) antes mesmo de Portugal, o Brasil oscilou entre a vontade de se impor como uma nação independente, anticolonialista e importante no âmbito do Terceiro Mundo, e suas ligações com as potências colonizadoras europeias.

O gesto da ditadura brasileira foi arrojado, pois o novo governo socialista angolano recebia armas da URSS e tropas de Cuba.

Na dissertação sobre a política africana do Brasil, prossegui:

> [...] a partir de 1974, desenvolveu-se uma política para a África ainda mais radical – o Brasil reconheceu a independência da Guiné-Bissau em 18 de julho daquele ano, dois meses antes de Portugal, admitiu a representatividade do MPLA (Movimento Popular de Libertação de Angola, de orientação marxista-leninista), e se associou na ONU à moção que condenava o sionismo, equiparado ao racismo. Era a política conhecida como "pragmatismo responsável e ecumênico", executada pelo ministro das Relações Exteriores, Antônio Azeredo da Silveira, que também fez inúmeras viagens à África. No governo Geisel, os anos 1974 a 1976 foram marcados por visitas de vários chefes de Estado e ministros africanos ao Brasil.
>
> Um período bastante rico, porque o Brasil reativou sua política para os países francófonos, a fim de não dar a impressão de que se interessava exclusivamente pelas questões da libertação dos territórios portugueses da África Austral, Angola e Moçambique.
>
> A política do Brasil para a África no período militar, sobretudo no início dos anos 70, nasceu ao mesmo tempo da participação, com outros países do Terceiro Mundo, em reuniões e encontros internacionais da ONU, do Grupo dos 77 e de associações de produtores de matérias-primas. A estratégia brasileira na África distinguia três esferas de ação: a África dos países ao Norte do Saara, a do continente negro, principalmente a parte mais próxima do Atlântico, e a África austral 'branca', com a qual o Brasil demonstrava a agressividade do "milagre brasileiro".[48]

Em suma, a aproximação do Brasil com a África nos regimes militares se deu sob uma política de substituição da ideologia pelo pragmatismo, enquanto ocorria, internamente, repressão aos movimentos de esquerda.

ÁFRICA (DOS ANOS 1970 À DÉCADA DE 2020)

DESCOLONIZAÇÃO E O BRASIL

Em meados dos anos 1980, o Brasil iniciou seu processo de redemocratização, ao mesmo tempo que o continente negro entrou em declínio econômico. Foi o período do afropessimismo, após uma fase de crescimento nos anos 1970, quando os países implementaram planos de desenvolvimento.

Quando completei três meses na *Gazeta Mercantil*, escrevi a reportagem "Os caminhos para vender na África", de 26, 27 e 28 de julho de 1980, ilustrada pela cartunista e chargista Laerte.

> Quando os primeiros empresários brasileiros começaram a desembarcar na África, por volta de 1975, um novo capítulo da história de negócios com o exterior começou a ser escrito. Enfrentando dificuldades, como a concorrência de supridores tradicionais, vivendo peripécias com muita imaginação, os exportadores brasileiros conseguiram fixar posições na chamada

África Negra ou, como querem os geopolíticos, na "região do Subsaara".

Alguns, como o diretor da Paranapanema S.A. Mineração, Indústria e Construção, Octávio Cavalcanti Lacombe, tiveram surpresas emocionantes: Lacombe foi declarado chief honorário de uma tribo yoruba, de Owo, na Nigéria. Vestido com trajes típicos, o colar simbólico e a espada numa das mãos, apesar de não ter entendido uma só palavra do ritual de três horas, sentiu "o peso da responsabilidade do cargo".

Outros tiveram presença de espírito e improvisações eloquentes, como o deputado federal Adalberto Camargo (PDS-SP) e diretor da Panafrica Ltda., que, chefiando uma missão de 40 empresários da Câmara de Comércio Afro-Brasileira, respondeu à pergunta dos jornalistas senegaleses se era a primeira vez que os brasileiros chegavam à África: "Estamos retornando", disse Camargo, "mas pelo aeroporto de Dakar, e não pela Ilha de Gorée". Essa ilha, a três quilômetros de Dakar, foi porto de embarque de escravos para o Brasil, no século XVII.

Prossegui:

A formação étnica do povo brasileiro permite aproximações como estas, embora não constitua regra. Os brasileiros que se radicaram na África frequentam os clubes ingleses e franceses, que na época da colonização separavam os nativos dos europeus e que até hoje ainda funcionam com a mesma seletividade, embora admitindo homens de negócios não europeus e, também, empresários locais.

Década de 1990: grandes conflitos internos

Depois da Guerra Fria, na década de 1990 a África viveu grandes conflitos internos, confrontos nacionalistas semelhantes aos ocorridos no Leste Europeu, e o Brasil reagiu a esse cenário.

Nos idos de 1994-1995, o Brasil tinha uma diplomacia muito impregnada de vocação africana num único tema que lhe dava protagonismo multilateral – as forças de paz, primeiro em Moçambique, depois em Angola –, além de forte atuação na ONU em favor do governo de José Eduardo dos Santos, do MPLA, que disputava poder com o líder do movimento de oposição, a União Nacional para a Independência Total de

Angola (Unita), de Jonas Savimbi, apoiado pelos Estados Unidos e pela África do Sul. Viu-se, nessa fase, a atuação multilateral e militar do Brasil, e uma relação especial com Angola, onde estava a Petrobras.

No governo Lula, a afroeuforia. Papel do movimento negro

Quando o governo do presidente Luiz Inácio Lula da Silva (2003-2010) começou, havia o afro-otimismo ou a afroeuforia, o que levou a uma nova onda de empresas brasileiras naquele continente, diz a diplomata Irene Vida Gala.

Interessante notar que, ao contrário de direcionamentos anteriores na política externa, que priorizaram os interesses militares na África, influenciados também por interesses econômicos, no período do presidente Lula quem pautou inicialmente as relações com o continente foi o movimento negro. Isso aconteceu pela primeira vez no Brasil. "Lula só pôs a África na agenda do governo pela perspectiva do movimento social e numa luta interna dentro do PT, entre um grupo de esquerda, que não admitia a questão de raça, e o pessoal identitário do movimento negro, ao qual Lula se filiou", explica a diplomata.

A prova disso é que o programa de governo de Lula, que menciona a aproximação com a África, é idêntico ao texto sobre a política de promoção da igualdade racial, compara a embaixadora. Porém, rapidamente, na hora de a política ser implementada pelo Itamaraty, ela se converteu numa agenda clássica econômica e multilateral.

O movimento negro não tinha capacidade de se estruturar para pautar a política externa, e o seu objetivo na relação com a África era empoderar o negro no Brasil. "O que eu digo, em termos muitos duros, é que a aproximação com a África no governo Lula foi sequestrada pelos setores clássicos da política externa. Então, falava-se numa aproximação com a África por causa do Conselho de Segurança, que é uma agenda do Itamaraty", explica a diplomata.

O movimento negro não conversava com o Itamaraty, o que só ocorreu no período pré-Lula, para a Conferência de Durban (3ª Conferência contra o Racismo, Discriminação Racial, Xenofobia e Formas Correlatas de Intolerância, promovida pela ONU), em 2001.

O governo Lula abriu muitos postos diplomáticos na África. Contava com o apoio dos africanos para, caso houvesse uma reforma no Conselho de Segurança das Nações Unidas, obter apoio a uma vaga permanente e não só rotativa nesse órgão, do qual participam 15 membros, sendo 5 permanentes – Estados Unidos, Rússia, Reino Unido, China e França – e 10 não permanentes, eleitos para mandatos de 2 anos pela Assembleia Geral.

Cito, a esse respeito, o pesquisador do Centro de Estudos Internacionais do Instituto Universitário de Lisboa Pedro Seabra.[49] Ele diz que a política externa brasileira para a África, sobretudo durante o governo Lula (2003-2010), "fazia parte da narrativa de que o Brasil se encontrava em uma fase de desenvolvimento socioeconômico ascendente e almejava pertencer a um clube mais restrito de potências influentes nos destinos do planeta".

A reforma do Conselho de Segurança nunca ocorreu, e os interesses econômicos do Brasil se expandiram na África em reação à nova fase de otimismo, pois perspectivas de crescimento se antecipavam.

O Brasil tinha dois pilares especiais no governo Lula: diálogo multilateral e presença econômica, impulsionada pela Cia. Vale do Rio Doce e pelas construtoras. Entretanto, com a Operação Lava Jato, iniciada em março de 2014 pelo Ministério Público Federal, no governo da presidente Dilma Rousseff (2011-2016), empreiteiras brasileiras investigadas deixaram seus negócios na África.

DÉCADA DE 2020:
OTIMISMO E EXCITAÇÃO COM A ÁFRICA

Na terceira década deste século XXI, assiste-se a uma retórica mais que otimista, de excitação, pois a África tem atraído investimentos de muitos países: Coreia do Sul, Turquia, África do Sul e Israel, que se comparam com o Brasil em termos de peso no cenário internacional.

A China é *hors-concours*. Há uma tendência, ao se analisar a inserção do gigante asiático na África, de compará-la com a do Brasil. Mas é equivocado esse enfoque, pois os chineses, que entraram no Conselho de Segurança da ONU como um dos cinco membros permanentes em 1971, têm uma política africana à parte. A China sempre esteve na África durante a Guerra Fria. Atualmente, tem presença econômica e empresarial fortíssima no continente negro e *hard power*, além de poder financeiro.

A necessidade de priorizar a África novamente. Visão de especialistas

O Brasil, entendem especialistas, precisa priorizar novamente o relacionamento com a África, mas evitando os erros do passado. O país poderia reforçar o potencial do seu *soft power* ao incluir, de fato, a diversidade racial e de gênero no centro das relações com os países do continente, tanto em nível bilateral como multilateral, diz Gala. No passado, uma das falhas era que as missões empresariais se compunham de empresários brancos, que desconsideravam a importância de se comportar na África sem preconceitos, evitando superioridade em relação ao negro. Acrescenta a embaixadora:

> A gente acha que, por termos uma ampla população negra, conhecemos os costumes dos africanos, mas não é assim. Nosso preconceito e racismo vão além das fronteiras. O brasileiro negro é um ator capaz de pautar e dinamizar as ações do país com a África e, tanto lá como cá, é preciso de fato reconhecer o elemento racial e trazer os negros e seus interesses para o ambiente da política externa brasileira..

Além de maior participação de empreendedores negros, ela sugere que professores e pesquisadores universitários e lideranças do terceiro setor se envolvam mais com as sociedades africanas e com os desafios, do lado de lá e de cá do oceano.

Hoje, é preciso ir à África com conhecimento dos avanços do continente em industrialização e redução da dependência de importações; modernização agrícola; infraestrutura; matriz energética e telecomunicações (acesso à internet). Os africanos também demandam parcerias no setor de saúde, educação e serviços em geral.

A corrida dos interesses econômicos mundiais em direção à África acende um alerta aos brasileiros. De acordo com Natália Dias,[50] CEO do Standard Bank Brasil, banco de origem sul-africana:

> O Brasil precisa atualizar sua visão sobre o continente africano, que hoje é o que mais cresce no mundo depois da Ásia. A África do século XXI quer investimentos e desenvolvimento econômico a partir de novas bases, industrializar-se e pular etapas, já visando a uma agenda do futuro, mais tecnológica e sustentável. O mundo está fazendo negócios com os países africanos, o Brasil está ficando para trás.

Até 2050, a África terá 25% da população mundial, 2,5 bilhões de habitantes (quase o dobro do que tem atualmente), com uma classe média urbana ascendente. O mercado consumidor dos países africanos está se expandindo rapidamente, com ênfase no avanço tecnológico e das comunicações. "A tecnologia vai ser um fator diferencial para que os países africanos saltem diretamente para um patamar de desenvolvimento mais adequado aos desafios do século XXI", explica Natália Dias.

Como exemplo, ela cita os crescentes investimentos em energia eólica e solar, e o aparecimento de diversas *fintechs*, que estão melhorando o acesso da população a serviços e produtos financeiros, inclusive ao crédito. Natália salientou que 15 países africanos estão à frente do Brasil no ranking Doing Business 2020, do Banco Mundial. No relatório de 2020, o Brasil ficou em 124º lugar em um total de 190 países. Ruanda (38º), Marrocos (53º), Quênia (56º), África do Sul (84º) e Senegal (123º) são alguns dos países do continente onde, segundo o Banco Mundial, as condições para a realização de negócios são melhores do que no Brasil.

Enfim, um continente muito diferente daquele focalizado em minha dissertação na Sorbonne, muito mais diversificado do que aquele que visitei em 1979.

Analistas, como Mathias Alencastro,[51] cientista político e especialista em política africana e nas relações Brasil-África, sugerem novas estratégias de negócios do Brasil na África. Uma linha de ação seria o empresário deixar o conforto do mundo lusófono, onde se desenvolveram os negócios brasileiros nas muitas décadas de relacionamento, e abraçar o desconhecido, a Etiópia, por exemplo.

Para Alencastro, seria uma maneira de:

> [...] aprender como um país pobre está se industrializando com dinheiro da China, conhecer os resultados de importante diversificação tecnológica que está acontecendo no Quênia, incorporar as novidades que estão acontecendo em outros países e aprender com elas; apresentar uma nova imagem do Brasil na África. O *soft power* é importante, é um diferencial nosso em relação à China, mas um novo *soft power*, não mais aquele que não funcionou. E não existe *soft power* sem *hard power*. Por isso, é fundamental o envolvimento de importantes empresas brasileiras, uma diplomacia ativa e eficaz e recursos do BNDES.

PARTE II
Década de 1980

DÉCADA PERDIDA E FIM DAS DITADURAS NA AMÉRICA LATINA. CHILE, EXCEÇÃO

Comecei a trabalhar na *Gazeta Mercantil* em 7 de abril de 1980, por coincidência, o dia do jornalista. Iniciava-se a "década perdida" na América Latina: negociações emperradas da dívida externa, inflação nas alturas, queda do Produto Interno Bruto (PIB), recessão e desemprego. Para mim, entretanto, foram anos de crescimento profissional, desenvolvimento humano e muito aprendizado.

Em meu primeiro mês de trabalho, o jornal comemorou 60 anos com uma edição especial de 56 páginas, anúncios em cores e a sua marca registrada, os bicos de pena. O tema central era a economia de mercado e a democracia, bem apropriado para aqueles tempos de economia estatizada e de abertura política "lenta, gradual e segura", sob o comando do general Figueiredo. Escreveram naquela edição, sobre capitalismo e democracia, os laureados com o Prêmio Nobel de Economia Paul Samuelson, Milton Friedman, Friedrich von

Hayek e Kenneth Arrow, e os economistas Mário Henrique Simonsen, Paul Sweezy e Carlos Lessa.

A *Gazeta Mercantil* havia criado o Fórum de Líderes em 1977, com a participação dos mais representativos empresários do país, eleitos em votação nacional. O jornal encomendou uma pesquisa ao Instituto Gallup na qual se identificaram, no início dos anos 1980, pela primeira vez, as características da sociedade almejada por pessoas de variadas ocupações e de todas as regiões.

Sob a manchete "Um rascunho de 60 anos da História", o editor-chefe, Sidnei Basile, escreveu que o Fórum e a pesquisa revelaram que existia, na opinião dos consultados, "uma estreita ligação entre economia de mercado e democracia", e que a sociedade brasileira se interpretava a si própria democrática, conservadora e, ao contrário do que se supunha à época, não se via dividida.

Retrocesso no regime democrático

Cerca de 40 anos atrás, a democracia era uma esperança. Restabelecida em 1985, depois de muitos avanços, tem sido ameaçada. O autoritarismo chegou ao poder em 2019 com um presidente ultradireitista, favorável ao desmatamento da Amazônia e à extinção dos indígenas, reacionário, defensor de torturadores, negacionista, adepto de *fake news* e de interferências sucessivas em instituições do Estado.

A preocupação com um retrocesso no regime democrático está longe de ser uma elucubração. O Brasil vem se afastando da democracia e já era o quarto, em 2020, em um ranking de 202 países analisados, de acordo com o relatório Variações da Democracia (V-Dem) do instituto do mesmo nome ligado à Universidade de Gotemburgo, na Suécia, publicado em março de 2021. O Brasil pontuou 0,51 (0 representa um regime ditatorial completo e 1, a democracia plena), uma queda de 0,28 em relação à medição de 2010, que ficou em 0,79. O tombo do País só não foi maior do que os de Polônia, Hungria e Turquia. Os dois últimos, um sob regime do direitista Viktor Orbán e outro sob comando do conservador Recep Erdoğan, se tornaram oficialmente autocracias, na classificação do V-Dem.[52]

A "década perdida" teve um contraponto otimista na política brasileira com a transição, que levou à anistia assinada em 1979 e ao retorno dos exilados. Entre 1983 e 1984, as ruas participaram da campanha Diretas Já para presidente da República. Em 1987, Brasília viveu a efervescência política da Assembleia Nacional Constituinte e, no ano seguinte, foi promulgada a Constituição "Cidadã". Por fim, as primeiras eleições diretas e pluripartidárias para presidente aconteceram em 1989.

Apesar do ceticismo sobre os rumos da economia nos anos 1980, havia esperança na redemocratização na América do Sul, pois terminavam os regimes ditatoriais. A democracia voltou ao Uruguai, onde a ditadura durou de 1973 a 1985; na Argentina, de 1976 a 1983; no Paraguai, de 1954 a 1989; e no Brasil, de 1964 a 1985. A exceção foi o Chile, onde o poder foi devolvido aos civis somente em 1990.

RESULTADOS DE POLÍTICAS ECONÔMICAS

Nos anos 1980, bem antes do programa de integração comercial e econômica entre o Brasil e a Argentina, por razões de políticas econômicas e cambiais, brasileiros e argentinos se visitavam frequentemente para fazer compras: ora os brasileiros viajavam para Buenos Aires e Bariloche, ora os argentinos movimentavam o comércio e o turismo das cidades brasileiras. A taxa cambial estimulava esse tipo de intercâmbio. O peso argentino tinha o mesmo valor de um dólar na década de 1980. Ficou popular a expressão "*da me dos*" (me dê dois), duas unidades de um mesmo produto, já que para os argentinos tudo era muito barato no Brasil.

No entanto, a matéria "O difícil teste dos feriados", de 11 a 13 de setembro de 1982, referia-se à invasão de brasileiros na Argentina no fim de semana de 7 de setembro daquele ano. Buenos Aires e Bariloche receberam cerca de 5 mil turistas brasileiros. Para transportá-los, a Aerolíneas Argentinas e a Varig tiveram de montar uma verdadeira operação "Jumbo". "Para os balconistas, garçons e camareiros dos hotéis, a 'invasão' dos brasileiros também foi um teste difícil. Acostumados a uma relativa calmaria no período da Guerra das Malvinas, veem-se agora às voltas com turistas apressados, ávidos por comprar grandes quantidades de um só artigo."

Outro exemplo de resultados de políticas nos anos 1980 foi a estatização do câmbio pelo governo do general João Baptista Figueiredo (1979-1985), o último da ditadura militar. Os importadores não tinham livre acesso ao banco de sua escolha. Eles entravam na fila e esperavam que o Banco Central determinasse quem receberia dólares para pagar pelas importações. Havia escassez de crédito externo, principalmente para a América Latina, e os países endividados precisavam recorrer ao FMI para obter recursos adicionais a fim de pagar os serviços da dívida, que cresceram com a elevação dos juros nos Estados Unidos. Com dificuldade de obter créditos, os empresários apelavam para operações de *countertrade* (troca de bens e serviços sem o uso de dinheiro), que eram uma alternativa naqueles anos e caíram em desuso.

MUDANÇAS NA ORDEM ECONÔMICA E NA POLÍTICA INTERNACIONAL

No período Reagan, as relações comerciais Brasil-Estados mereceram muitas chamadas na primeira página da *Gazeta Mercantil*. Os dois países viveram momentos conturbados, que mostraram cruamente como mudanças na ordem política e econômica mundial interferem nas relações internacionais. A chegada ao poder do presidente norte-americano Ronald Reagan (1981-1989) causou muito incômodo a Figueiredo e Sarney (1985-1990), confrontados com problemas da dívida e contenciosos comerciais iniciados por Washington.

Um dos problemas no relacionamento bilateral referia-se a acusações de que estaria havendo ajuda dos sandinistas da Nicarágua a terroristas de alguns países da América Latina, entre eles, o Brasil. A reportagem "Reagan e o Brasil", de 18 de março de 1986, menciona que o presidente dos Estados Unidos falou sobre isso em cadeia de rádio e TV. Foi a segunda vez que o Brasil teve seu nome incluído entre os países acusados por Washington de terem relação com atividades guerrilheiras na Nicarágua:

> A primeira referência a esse envolvimento data de 27 de fevereiro, quando o secretário de Estado norte-americano, George Shultz, perante a Comissão de Relações Exteriores do Senado, para obter apoio ao pedido de US$ 100 milhões em assistência aos "contras" nicaraguenses, fez declarações de que a Nicarágua teria fornecido treinamento militar a guerrilheiros que operariam no Brasil.

Coube ao ministro interino das Relações Exteriores, Paulo Tarso Flecha de Lima, pedir esclarecimentos ao encarregado de negócios da embaixada dos Estados Unidos em Brasília, Alexander Watson. Indagado se o discurso de Reagan representava "um incidente" nas relações diplomáticas entre os dois países, disse: "Não sei o que o presidente Reagan está querendo dizer com suas palavras. Incidente seria uma palavra forte demais. Eu classificaria o fato como algo que merece esclarecimento".

Reagan adotou a política econômica conhecida como *reaganomics*, que implicava redução do gasto público, do imposto sobre a renda e sobre ganhos de capital, menor regulamentação da economia e controle de oferta da moeda para reduzir a inflação. Era uma política liberal, que pregava a abertura de mercados no exterior e punia países que, na visão dos Estados Unidos, atrapalhavam o livre-comércio.

O presidente dos Estados Unidos logo entrou em conflito com o Brasil, um país de comércio exterior fechado, com elevado endividamento externo e uma política de reserva de mercado para a informática que prejudicava empresas norte-americanas. Além disso, o Brasil concedia subsídios a estatais, como as do setor siderúrgico, por isso era taxado com direitos compensatórios. O país também não protegia patentes para produtos farmacêuticos, outra área sensível para os Estados Unidos, e foi retaliado. Reagan levou o Brasil a enfrentar dois dos principais contenciosos naquele período: o da informática e o de propriedade intelectual (patentes farmacêuticas).

O mesmo Reagan que pressionou o Brasil a abrir seu mercado para tecnologias, bens e serviços norte-americanos, valeu-se da supremacia econômica dos Estados Unidos para desafiar a União Soviética, cuja economia estava em colapso, a derrubar o muro de Berlim e acabar com a Guerra Fria.

O intervencionismo dos Estados Unidos na América Central, no primeiro mandato de Ronald Reagan, causou abalo no continente. Uma das respostas foi a criação do Grupo de Contadora por México, Panamá, Colômbia e Venezuela, em 1983, ano da invasão norte-americana a Granada. Na sequência, surgiu em 1985 o Grupo de Apoio a Contadora, também chamado de Grupo de Lima, com a participação de Peru, Brasil, Uruguai e Argentina. O objetivo era evitar uma escalada armamentista na região e buscar um acordo de paz na América Central, caminho oposto ao pregado por Reagan, que elegeu os países centro-americanos e caribenhos para combater o comunismo e exterminar movimentos guerrilheiros.

"O FASCÍNIO DE REAGAN SOBRE O ELEITORADO"

Participei de uma viagem de jornalistas brasileiros aos Estados Unidos a convite do governo americano. Estive em Washington durante a campanha eleitoral em que Ronald Reagan, com 73 anos à época, teve como adversário o democrata Walter Mondale.

Reagan tentava a reeleição e, como diz o título da reportagem na *Gazeta Mercantil* de 2, 3 e 5 de novembro de 1984, exercia "fascínio" sobre o eleitorado, mesmo já tendo o desgaste natural do primeiro mandato. Escrevi sobre os fatores que contribuíam para a vantagem de Reagan, pois, segundo a pesquisa Gallup de 26 a 28 de outubro, ele estava 16 pontos percentuais à frente de Mondale.

Duas combinações explicavam o sucesso do presidente:

> De um lado, Reagan sabe muito bem como manipular a opinião pública – usando slogans como "Os melhores dias da América estão por vir" –, aliando a seu jargão patriótico promissores fatos econômicos. A inflação, que no governo Carter era de 12%, agora reduziu-se a 5%, e a taxa de desemprego, que bateu em 12% nos dois primeiros anos do governo Reagan, no auge da recessão, está hoje ligeiramente abaixo da marca atingida na administração de seu antecessor.

> De outro lado, Reagan consegue arrancar entusiasmo, principalmente dos jovens. Reagan dá boas notícias, depois da pior recessão econômica dos últimos cinquenta anos.

> Há vinte anos, quando governador da Califórnia, Reagan foi alvo das contestações estudantis. Hoje é o preferido pela faixa mais jovem do eleitorado.
>
> Depois de duas décadas de vexames e aflições, em que aconteceram a guerra do Vietnã, o escândalo de Watergate e a tomada de reféns norte-americanos pelo governo do Irã, Reagan devolve aos jovens a satisfação e o orgulho de terem nascido na América.
>
> Com linguagem simples e maniqueísta, Reagan fala aos conservadores, dividindo o mundo em comunismo e capitalismo, simplificando a contestação sob o rótulo de terrorismo.
>
> "Reagan tem o poder do teflon", comenta-se nos Estados Unidos – pois nada ruim gruda nele, nem os marines mortos em Beirute, nem os soldados norte-americanos que morreram em Granada.
>
> Segundo Mondale, seu maior inimigo é o cinismo, a falsa prosperidade que o presidente irradia pelos quatro cantos do país. Uma prosperidade conseguida à custa de um aumento brutal dos déficits federais, que beiram hoje US$ 200 bilhões. E que alguém terá de pagar.[53]

A viagem a Nova York rendeu a cobertura de um grande evento: com uma plateia de 315 empresários, no hotel Waldorf Astoria, o diretor da Cacex (Carteira de Comércio Exterior do Banco do Brasil), Carlos Viacava, recebeu um prêmio da Câmara de Comércio Brasil-Estados Unidos por seu desempenho no comando do comércio exterior brasileiro.

Reproduzo trechos da reportagem "Mais fácil com Reagan", de 9 de novembro de 1984, porque as expectativas brasileiras sobre um segundo governo Reagan eram muito boas, porém, logo vieram as frustrações. Como escrevo no livro, foram muito difíceis as relações entre os dois países na gestão do presidente José Sarney, iniciada em 15 de março de 1985.

Para Viacava, com a eliminação dos subsídios à exportação, não haveria motivo para novos acordos de restrição voluntária por parte dos Estados Unidos, como o que atingia o aço naquele momento.

Escrevi que o otimismo do diretor da Cacex não se sustentava, pois o Congresso americano tinha aprovado o "trade and tariff bill" de 1984, assinado por Reagan, que criava uma repartição especial no Departamento de Comércio para auxiliar as empresas a formular petições de verificação de danos. A legislação beneficiava as indústrias dos Estados Unidos, principalmente as pequenas, que ganharam a prerrogativa de se defenderem das importações.

O senador Albano Franco, presidente da Confederação Nacional das Indústrias (CNI), dizia ter colhido boas impressões dos empresários norte-americanos sobre o processo de abertura política no Brasil.

"É importante que a imagem do País, hoje, com a sucessão presidencial, é outra." Franco, que no Senado defendeu a reserva de mercado para a informática, dizia não acreditar que a intolerância dos Estados Unidos chegasse a ponto de determinar novas atitudes protecionistas. Enganou-se o senador, como se verá, especialmente, no capítulo "Governo Sarney: diplomacia e democratização", quando escrevo sobre os contenciosos entre os dois países em relação à informática e à propriedade intelectual.

ESTÁGIO NO *THE WALL STREET JOURNAL*: PREPARAÇÃO PARA SER EDITORA

Trabalhava na *Gazeta Mercantil* havia uns quatro anos, quando fui selecionada pela American Society of News Editors (Asne) para estagiar no principal jornal de economia dos Estados Unidos, *The Wall Street Journal* (*WSJ*), em Nova York. A *Gazeta Mercantil* era comparada ao *WSJ* e ao *Financial Times*, não só pelo uso de bicos de pena, mas também porque era o principal na área de economia e finanças, e tinha prestígio internacional.

A Asne contribuiu para a minha formação de editora. Ao chegar ao Brasil, depois de algumas semanas nos Estados Unidos, a *Gazeta Mercantil* promoveu-me à editora de energia.

Uma das principais lições que aprendi no jornal americano é que um editor, antes de assumir o posto, deve conhecer em profundidade o assunto sobre o qual irá escrever e pautar.

O *WSJ* dispunha de tantos recursos financeiros e humanos, que se permitia treinar, bem como capacitar um editor por vários meses antes de assumir a editoria. O exemplo que eu tive foi do editor de transportes, que fez uma imersão no assunto: conheceu toda a rede dos Estados Unidos, suas características e problemas, entrevistou especialistas, fez fontes e pesquisou. Enfim, cuidou de tudo o que era necessário para poder perguntar, escrever e pautar com conhecimento do tema.

No meu caso, como editora de energia, propus ao jornal conhecer uma usina hidrelétrica, dada a sua importância na matriz energética brasileira, e uma usina nuclear. Visitei Tucuruí, no Pará, construída entre 1976 e 1984, e Angra I, que entrou em operação comercial em 1985. Também pesquisei e contatei fontes na área de energias alternativas.

Outro destaque do estágio no *WSJ* foi conhecer o processo de edição da segunda manchete da primeira página, um *feature*, matéria especial atemporal trabalhada com esmero e profundidade.

O jornal tinha cem *features* guardados na gaveta, para serem aproveitados todos os dias. Um texto, para ocupar tal posição de destaque, precisava preencher vários requisitos de linguagem, dados e informações, de tal forma que a matéria podia demorar um bom tempo para ser escrita e aprovada pelos editores.

GOVERNO FIGUEIREDO: RECESSÃO DA ECONOMIA MUNDIAL

No início do governo do general João Baptista Figueiredo (1979-1985), houve o segundo choque do petróleo: menor produção devido à Revolução Iraniana e um pânico generalizado. O preço do barril mais que dobrou, chegando a quase US$ 40. Além disso, em 1980, com a guerra Irã-Iraque, houve corte drástico de produção de petróleo nos dois países.

Figueiredo governou com a recessão da economia mundial, que barrou o acesso a créditos externos. A queda do PIB foi de 8,5% entre 1981 e 1983, e a inflação disparou – de 45% ao ano para a média anual de 233,5% ao longo de seis anos. Houve controle de preços e dificuldade para importar e exportar. A crise da dívida externa persistia. O desemprego era elevado e surgiram grandes mobilizações sociais, como as greves dos metalúrgicos do ABC entre 1978 e 1980. Desse movimento saíram lideranças sindicais: o presidente Luiz Inácio Lula da Silva e a Central Única dos Trabalhadores (CUT). Ao mesmo tempo, a transição para a democracia causava tensão política. Houve atentados terroristas atribuídos a militares da linha dura e a setores da direita.

Dois fatos internos marcaram o governo Figueiredo: a assinatura da Lei da Anistia, que permitiu a volta dos exilados políticos; e a autorização para o pluripartidarismo. Nasceram as legendas PDS, MDB, PP, PTB, PDT e PT. O governo também aprovou projeto que garantia o voto direto para governadores e prefeitos, deputados e senadores, mas não para presidente.

Na política externa, houve ênfase no pragmatismo, no caráter ocidental da inserção do Brasil no contexto internacional e na defesa do Diálogo Norte-Sul, matriz que veio do período Médici, quando se buscou conciliar o desenvolvimento nacional com o capitalismo internacional. Figueiredo também fez uma aproximação com países do Terceiro Mundo.

Terceiro-mundismo revisionista

O terceiro-mundismo do Brasil despontou no final dos anos 1950 com a doutrina "autonomista", cunhada pelo sociólogo, cientista político e membro da Academia Brasileira de Letras Hélio Jaguaribe, em seu livro *O nacionalismo na atualidade brasileira*,[54] de 1958. Para Jaguaribe, a autonomia, ou postura própria, era uma condição para o desenvolvimento, isto é, precisava ser pensada num contexto de realidade nacional, do seu entorno e de constrangimentos.[55] Com os militares no poder, a doutrina autonomista, que trazia uma visão de esquerda, passou a ter um viés autoritário e de direita, na fase de coexistência pacífica da Guerra Fria, em que o Brasil adotou o não alinhamento. No grupo dos que abraçavam a causa do Terceiro Mundo também havia ditaduras de esquerda.

Até hoje a esquerda brasileira nutre simpatia pelo rumo que tomaram as relações exteriores na era Geisel, sobretudo, o ex-presidente Luiz Inácio Lula da Silva, em cujo governo a política externa foi chamada de "altiva e ativa" pelo chanceler Celso Amorim.

No governo Geisel, a política externa se destacou pela busca de autonomia frente aos dois blocos de poder. Um dos resultados dessa postura foi o fim do apoio dos Estados Unidos ao regime militar, quando estava no poder o presidente democrata Jimmy Carter, crítico da política de direitos humanos da ditadura. Carter tinha a adesão do Congresso norte-americano, que ecoava a insatisfação da opinião pública dos Estados Unidos no relacionamento com o Brasil, cuja imagem estava manchada por perseguições, prisões e tortura de dissidentes do regime.

> Houve também outros fatores de pressão contra o governo nos anos 1970: a Igreja Católica brasileira, que denunciou o país no exterior, e a rede de ativistas.
>
> Nesse contexto, o governo Geisel adotou posições antiamericanas e denunciou os Estados Unidos como uma ameaça à capacidade autônoma do Brasil. Fortaleceu políticas terceiro-mundistas, ao abandonar Portugal e reconhecer processos de independência na África portuguesa, recusou-se a assinar o Tratado de Não Proliferação de Armas Nucleares (TNP), que viria a ser firmado pelo Brasil em 1998, e inseriu o país no G-77 e em outras coalizões de países em desenvolvimento, de direita e de esquerda, algumas delas sob liderança brasileira. O objetivo era impedir que normas internacionais limitassem o espaço de manobra internamente, sobretudo nos temas em voga à época: meio ambiente e direitos humanos. O governo Geisel passou uma imagem de progressista, mantendo amarras autoritárias, mas sua política externa agradou a esquerda.

MULTILATERALISMO E BILATERALISMO

No governo Figueiredo, o Brasil era uma voz importante entre os países em desenvolvimento. O primeiro-ministro canadense, Pierre Elliott Trudeau, visitou o país em janeiro de 1981 e o México, os dois grandes em desenvolvimento nas Américas. Ele veio para colher impressões sobre as negociações econômicas multilaterais, visando a um maior equilíbrio econômico entre o Norte e o Sul. O Canadá iria hospedar a cúpula dos sete industrializados em julho daquele ano, e Trudeau tentaria conciliar as diferentes visões entre ricos e pobres. O premiê buscava também apoio político para mediar as discussões do Diálogo Norte-Sul, naquele ano, na Cidade do México.

Esse "diálogo" era "extraordinariamente difícil", segundo o ex-chanceler belga Henri Simonet, em visita ao Brasil em novembro de 1980. Relatei na reportagem "Os desafios criados pelos países em desenvolvimento", de 12 de novembro daquele ano, que as dificuldades eram harmonizar pontos de vista diferentes, como a transferência de capitais e de tecnologia, a proteção contra a flutuação de preços das matérias-primas e a definição de regras do comércio internacional.

Para Simonet, esses problemas eram apreciados de modo totalmente diferente, portanto, era inevitável que o diálogo fosse difícil e periodicamente interrompido. O ex-chanceler belga dizia que o erro dos países do Terceiro Mundo era querer globalizar tudo. "Não se globalizam os problemas. É preciso tratá-los de maneira técnica e especializada para evitar cair numa retórica agressiva, o que caracteriza o Diálogo Norte-Sul." Simonet defendia que o Brasil era um país à parte e seus problemas não deviam ser tratados como os dos demais países em desenvolvimento.

Procurei dar uma visão das dificuldades do Diálogo Norte-Sul no artigo "Reciprocidade ocupa espaço no comércio mundial", publicado no boletim informativo *Valbras Análises Econômicas*, em 1982. A ordem vigente era o "toma lá dá cá", em substituição ao conceito de multilateralidade, que presidiu por muito tempo as instituições econômicas, como o Acordo Geral de Tarifas e Comércio (Gatt) e o Banco Mundial:

> A política dos EUA e da Comunidade Econômica Europeia (CEE) é de dificultar as possíveis tentativas dos países em desenvolvimento de se agruparem em torno de objetivos comuns, como o aumento das exportações de têxteis, aço e calçados, que ameaçam a sua predominância comercial e tecnológica. O que eles querem é a negociação individual, a graduação, a divisão do "Bloco dos 77" em nações mais e menos desenvolvidas.

Os Estados Unidos de Reagan queriam também estender o controle do Gatt às áreas de serviços, investimentos e comércio de alta tecnologia, posição que foi criticada pelos países em desenvolvimento e pela CEE. Acrescentei:

> Enquanto as conferências multilaterais não produzem luzes suficientes para clarear o novo caminho a ser seguido, crescem as medidas retaliatórias, os contingenciamentos, as limitações à obtenção de créditos. Resta então, aos países em desenvolvimento com uma elevada dívida externa, como alguns da América Latina, poupar divisas para não comprometer ainda mais seus balanços de pagamentos e maximizar as trocas, isto é, exportar mais e importar menos, ou importar de países que

concedem preferências. As regras do jogo na atual conjuntura da América Latina pedem entendimentos bilaterais ou até regionais, entre países que se assemelham, que tenham economias complementares.

Nove anos após meu artigo, foi criado o Mercosul entre Argentina, Brasil, Paraguai e Uruguai.

Com Ramiro Saraiva Guerreiro, chanceler do governo Figueiredo, a diplomacia brasileira apostava suas fichas nas discussões e nas negociações multilaterais, e no relacionamento com países que tinham envolvimento com o Brasil, credores e potenciais financiadores e investidores, sobretudo os Estados Unidos e os europeus. Um exemplo foi a primeira viagem ao exterior do presidente Figueiredo à França, em janeiro de 1981.

MAIS DA METADE DAS VENDAS EXTERNAS ERA DE MANUFATURADOS

Nesse ano (1981), pela primeira vez na história das exportações brasileiras, os produtos manufaturados passaram a representar mais da metade das vendas externas do país (51,05%), destinadas principalmente aos países industrializados. Foi um período histórico, levando em consideração o desaquecimento generalizado da economia mundial, causado principalmente pela elevação das taxas de juros nos centros financeiros internacionais.

A *Gazeta Mercantil* fez uma edição especial em francês, de dez páginas, por ocasião do encontro em Paris entre o presidente brasileiro e o seu homólogo Valéry Giscard d'Estaing. Minha matéria na primeira página, "De Part et d'autre confiance dans le futur", mostrava as boas relações entre os dois países, conforme entrevistas com empresários da Rhodia, do Banco Sudameris, do grupo Saint-Gobain-Pont-à-Mousson e com o consulado francês em São Paulo.

O Brasil já era o principal parceiro comercial da França na América Latina e continua com esse *status*. Mas a França, em matéria de investimentos estrangeiros diretos no Brasil, ocupava uma posição irrelevante, o que era "inconcebível", segundo o conselheiro comercial do consulado. Os investimentos franceses somavam apenas US$ 675,9 milhões. Em 2021, 30 anos depois, o estoque de investimentos franceses no mercado brasileiro estava estimado em US$ 34 bilhões, abrangendo setores como comércio varejista, eletricidade, telecomunicações, automóveis, alimentos, metalurgia e tecnologia da informação, segundo a Câmara de Comércio França-Brasil.

PAÍSES DESENVOLVIDOS ABSORVIAM 54% DAS EXPORTAÇÕES BRASILEIRAS

Os países desenvolvidos representavam a principal fatia do comércio exterior brasileiro na década de 1980. Esses mercados absorviam 54,1% das exportações brasileiras e os países em desenvolvimento, 35,4%, de acordo com o Itamaraty. Em 1984, a diferença se ampliou: os industrializados importaram 63,8% de tudo o que o Brasil vendeu ao exterior, mais de duas vezes a participação dos países em desenvolvimento, que foi de 27,1%. Daí a ênfase dada pela diplomacia brasileira às relações com o mundo rico.

Ao contrário das exportações, cuja pauta era diversificada, as importações brasileiras eram muito concentradas em combustíveis e lubrificantes. Em 1985, os principais produtos exportados eram minério de ferro e aço, chapas e barras de aço ou ferro, ferro-gusa, soja e café. Os principais compradores eram Estados Unidos, Países Baixos, Japão, República Federal da Alemanha, Itália, Nigéria, China, França, Reino Unido, Iraque, Bélgica/Luxemburgo, Argentina e Espanha.

A ÁSIA MOSTROU O QUE PODIA RENDER AO BRASIL

Em maio de 1981, a *Gazeta Mercantil* me enviou para acompanhar a viagem ao Sudeste Asiático de 52 empresários, diplomatas e jornalistas. Tendo apenas um ano de trabalho no jornal, senti a responsabilidade da cobertura. Foram 21 dias de viagem, 46.500 quilômetros (um pouco mais de uma volta à Terra), 62 horas de voo, diferentes fusos horários que atingiram até 10 horas, 157 reuniões com agenda preestabelecida e centenas de encontros entre o setor privado e o governamental. Uma verdadeira feira voadora.

Tudo acontecia pela primeira vez: a missão econômico-comercial ao Sudeste Asiático e o pouso da Varig (voo 1040) em Hong Kong e em outros aeroportos da viagem. A rota incluiu Hong Kong, Malásia, Ilhas Seychelles, Indonésia, Cingapura, Filipinas e Tailândia. Promovida pelo Itamaraty e liderada pelo embaixador Paulo Tarso Flecha de Lima, chefe do Departamento de Promoção Comercial, a missão viajou em avião fretado da Varig que pousou no aeroporto Kai Tak, de Hong Kong, fechado em 1998. Era considerado um dos dez mais perigosos do mundo, no meio de montanhas e arranha-céus.

Em 1990, 9 anos depois do pouso pioneiro da Varig em Hong Kong, a companhia foi autorizada a operar uma linha regular àquele grande centro financeiro e portuário, rota que viria a ser a segunda na Ásia depois de Tóquio, iniciada em 1969.

Na década de 1980, estavam em alta os "quatro tigres asiáticos" – Coreia do Sul, Hong Kong, Taiwan e Cingapura. Eram os países em desenvolvimento bem-sucedidos do Sudeste Asiático, também frequentemente apontados como modelos para o Brasil. Essa era uma boa motivação para a viagem, reforçada pela previsão do Banco Mundial e do Chase Econometrics de que o eixo de crescimento da Ásia se deslocaria de Hong Kong, Japão e Coreia mais para o Sul; países que, se dizia, atingiriam crescimento econômico anual próximo a 9%, como a Malásia, classificada como o novo modelo asiático de alto crescimento com baixa inflação.

Depois de uma escala na África, a delegação fez quarentena em Hong Kong. O próximo país a ser visitado era a Malásia, grande produtor de borracha natural, por isso o avião da Varig precisou ser inteiramente desinfetado, pois vinha de um país tropical e poderia contaminar as plantações com esporos de fungos. Situação bizarra: o Brasil, que tinha sido o maior produtor mundial no século XIX, perdeu a primazia em borracha natural para as colônias britânicas na Ásia, principalmente a Malásia.

Nos encontros com os governos locais e com o setor privado, os empresários ofereceram uma gama diversificada de bens e serviços, numa demonstração da capacidade produtiva do país: aço, cobre, tecnologia para fábricas de cerâmica, sêmen de gado gir, guaraná, soja em grão, farelo de soja, açúcar refinado, instalação de câmaras frigoríficas e de abatedouros, minério de ferro, carros blindados, serviços de pesquisa de carvão e de processamento eletrônico de dados, equipamentos de sondagem e projetos de energia alternativa.

A política externa pragmática do Brasil exigia dos diplomatas muita habilidade para enfrentar situações complicadas, até mesmo na relação com países em desenvolvimento.

A reportagem "Os resultados na Indonésia", de 6 de maio de 1981, durante a missão, revelou uma situação incômoda na negociação com os indonésios, porque a diplomacia brasileira apoiava a causa do Timor-Leste, ocupado pela Indonésia em dezembro de 1975, quando 100 mil timorenses foram massacrados. A população da ilha era, à época, de 600 mil habitantes. O embaixador Flecha de Lima teve uma saída: pediu à Indonésia que compreendesse a posição brasileira: "Não estamos negociando princípios nem aceitamos condicionamentos. Queremos maximizar as coincidências e minimizar as divergências."

A missão brasileira cumpriu seu papel, pois o pontapé inicial rendeu e continua a render resultados extraordinários: a Ásia se tornou um dos mercados mais importantes para o Brasil. Soja em grão, farelo de soja e minério de ferro, oferecidos em 1981, atualmente estão entre os principais produtos vendidos para o continente. Como resultado em curto prazo, a missão do Itamaraty conseguiu, entre outras coisas, vender uma refinaria de estanho à Malásia e aumentar exportações para a Indonésia.

Menciono outra frase do embaixador Flecha de Lima, relacionada a doutrinas e princípios da diplomacia brasileira: "A exportação de armas é encarada pelo governo brasileiro como exportação de produtos manufaturados de maior valor agregado, e não como busca de influência ou afirmação de poder."

Na missão brasileira, iam representantes da Avibras e da Engesa. Junto à Embraer, as duas empresas, nos anos 1970 e 1980, faziam parte do complexo da indústria bélica nacional.

O ministro das Relações Exteriores, Saraiva Guerreiro, ao enviar a primeira missão econômico-comercial para os países da Associação de Nações do Sudeste Asiático (Asean), estava concretizando uma velha aspiração: "Privilegiar as relações do Brasil com o Sudeste Asiático, que também é uma região em desenvolvimento e, nos foros internacionais, tem posições semelhantes às brasileiras, principalmente em relação à estabilização dos produtos primários."

Flecha de Lima explicou: "A presença do Estado na abertura de novos mercados serve de respaldo à iniciativa privada, já que o comércio internacional está submetido a restrições de toda ordem e a contingenciamentos que emanam dos governos."

O pragmatismo na política externa do governo Figueiredo também se notava nas relações com o Irã e o Iraque, em guerra desde 1980. Em junho de 1982, houve a ofensiva iraniana no conflito. Uma missão comercial brasileira se preparava para ir a Teerã negociar um contrato entre governos de US$ 500 milhões, envolvendo troca de manufaturados do Brasil e o fornecimento de 50 mil barris/dia de petróleo. As *tradings* que participaram do negócio eram Interbras, IAT e KSR.[56]

A operação, no entender da diplomacia brasileira, não prejudicaria o relacionamento com o Iraque, pois a nossa política externa não era excludente. E o Irã, àquela altura dos acontecimentos, inclinava-se, "cada vez com mais vigor", em direção ao Terceiro Mundo. "Essa é uma razão de identificação entre o governo brasileiro e o iraniano", mencionei.

O Itamaraty teve um papel fundamental na abertura de mercados. O Departamento de Promoção Comercial apontava caminhos aos exportadores, entre eles explorar áreas novas de mercados tradicionais na Europa e nos Estados Unidos, para contornar restrições em países em desenvolvimento. Em alguns da África, como Moçambique, o Brasil tinha chegado ao seu nível máximo de envolvimento financeiro, afinal, eram parceiros com capacidade de pagamento limitada. Por isso era preciso partir para projetos, como o de exploração de carvão em Moçambique, aproveitando as facilidades do Banco Mundial (de financiamento paralelo) e do Fundo da Opep (Organização dos Países Exportadores de Petróleo), em cooperação tripartite. O Brasil compraria o carvão moçambicano, aproveitando o frete de retorno dos navios que levavam minério de ferro ao Sudeste Asiático.

A vida dos exportadores para ampliar os fornecimentos ao Terceiro Mundo era difícil. Países importantes para o comércio exterior brasileiro, como Venezuela, Nigéria, México, Polônia, Chile, Argentina e Iraque, passaram a adotar restrições aos embarques brasileiros.

O COMEÇO DA RELAÇÃO COMERCIAL COM A CHINA

"O futuro é radiante, mas a estrada é sinuosa." Esse era um dos pensamentos prediletos do líder comunista chinês Mao Tsé-tung. A frase iniciou minha reportagem "As lições com a China", publicada em 11 de setembro de 1981 (o mesmo dia em que seria impossível prever que, 20 anos mais tarde – 11 de setembro de 2001 –, haveria o maior ataque ao território dos Estados Unidos coordenado pela Al-Qaeda, e que teve como resposta de Washington a invasão do Afeganistão para desmantelar o grupo terrorista).

Foi praticamente em 1980 que as relações comerciais e de negócios entre o Brasil e a China despontaram, embora as primeiras tentativas de exportação para os chineses tivessem ocorrido antes de 1974, ano do estabelecimento de relações diplomáticas entre os dois países, no governo do general Ernesto Geisel.

Empresários perseguiram o futuro radiante, como queria Mao. Lentamente, os horizontes de negócios se ampliaram e os tempos de colheita chegaram. O avanço no relacionamento comercial e de investimentos pode ser comemorado nesta terceira década do século XXI. Em 1980, o intercâmbio comercial entre o Brasil e a China era de apenas US$ 316 milhões. Quarenta anos depois, as trocas alcançaram US$ 101,72 bilhões, com vendas brasileiras de US$ 67,68 bilhões e importações de produtos chineses de US$ 34,04 bilhões, em 2020. Em uma década, de 2010 a 2020, os investimentos chineses no país somaram US$ 65,7 bilhões, a maior parte no setor de energia (eletricidade, principalmente), mas, também, em agricultura, tecnologia da informação e setor bancário, segundo dados do Conselho Empresarial Brasil-China.

Contudo, a estrada já foi sinuosa, como constataram empresários brasileiros no começo dos anos 1980. Em 1971, Horácio Coimbra, presidente da Companhia Cacique de Café Solúvel, vendeu uma partida de café aos chineses, mas somente 10 anos depois os negócios começaram a deslanchar, ainda assim, vagarosamente.

É emblemática a frase do empresário Samsão Woiler, diretor executivo do Brasilinvest, grupo que, em 1980, havia aberto um escritório em Pequim com a adesão de dez empresas: "Chegar em 1984 com um intercâmbio de US$ 1 bilhão é uma meta realista." Esse valor dá uma ideia de como o setor privado e os governos dos dois países trabalharam para fazer evoluir, e muito, a corrente de comércio bilateral até 2020, o primeiro ano da covid-19.

Reportagem de 3 de setembro de 1980, "A China como um bom parceiro", informava que o gigante asiático queria se aproximar cada vez mais do Ocidente para atender a seu programa das quatro modernizações: agricultura, indústria, defesa, ciência e tecnologia.

No começo da década de 1980, os chineses propunham ao Brasil "pacotes econômicos" envolvendo grandes obras. Do lado brasileiro, haveria o fornecimento de matérias-primas e de tecnologia. Do lado chinês, fornecimento de equipamentos e mão de obra.

Decorridos 40 anos, a China, segunda potência econômica do planeta e principal fornecedora do mercado brasileiro, exporta para cá plataformas de perfuração ou de exploração, dragas, circuitos impressos e outras partes para aparelhos de telefonia, motores, geradores e transformadores elétricos, semicondutores, tecidos de fibras têxteis, sintéticas ou artificiais, automóveis e tratores. A China compra do Brasil soja, minério de ferro, óleos brutos de petróleo, celulose, carnes bovina, de frango e suína. Ou seja, continuamos a vender aos chineses matérias-primas minerais e alimentos, enquanto a China exporta para o Brasil tecnologia embarcada em diversos produtos.

MALABARISMOS PARA EXPORTAR MAIS

Se hoje as exportações rendem centenas de bilhões de dólares, é útil recordar que, no início dos anos 1980, foi necessário um enorme esforço para estimular as vendas externas brasileiras. O governo teve de se aliar ao setor privado na organização de missões a países asiáticos, árabes e africanos para abrir mercados. Exportar, contudo, era um caminho pedregoso, e malabarismos criativos surgiram. Para evitar a saída de divisas, criou-se, por exemplo, o mecanismo de "compensação" entre empresas brasileiras e estrangeiras. Funcionava assim: um importador brasileiro queria comprar um lote de maçãs argentinas no valor de US$ 100 mil. Ele podia fazer um acordo com seu fornecedor para que este adquirisse produtos de sua própria firma ou de outra empresa brasileira no valor de suas importações. Se ao fornecedor argentino de maçãs não interessasse a compra de frutas brasileiras, ele podia conseguir com seus colegas empresários a aquisição de qualquer outro produto do Brasil. O importante era que o valor das guias de importação tivesse o seu equivalente no lado das exportações.

Outra maneira de as empresas se apresentarem ao consumidor externo era a formação de consórcios de exportação com pequenas e médias corporações. Foi o caso do Coexpe, formado para vender perfis dobrados de aço, segmento com ociosidade, em 1981, de 50%.

Como repórter, falando diariamente com quem entendia de comércio exterior, aprendi que um país não deve só visar às exportações, mas precisa também importar para produzir mais mercadorias, movimentar o consumo, empregar mais, girar a roda da economia e gerar riqueza, além de favorecer as trocas tecnológicas entre os países. Porém, o Brasil tinha um problema grave de balanço de pagamentos e isso impunha restrições às compras do exterior. Como o país diminuiu suas importações, os latino-americanos passaram a comprar menos produtos brasileiros e impuseram barreiras comerciais. A mão dupla do comércio exterior não acontecia.

Relatei em reportagem de dezembro de 1983:

> No superávit do Brasil com muitos dos países da América Latina está uma das causas dos males que afligem as vendas brasileiras. Não oferecendo reciprocidade ao corte dramático de suas importações, o Brasil recebe, em contrapartida, retaliações. E é exatamente este nó que deve ser desfeito, na opinião do presidente da Associação dos Exportadores Brasileiros (AEB), Laerte Setúbal Filho.

Com os efeitos da crise de liquidez instalada no Terceiro Mundo, e percebendo os benefícios da recuperação econômica nos países industrializados, os exportadores concentraram suas vendas em Estados Unidos, Japão, Canadá e na Comunidade Econômica Europeia. Em 1983, esses países absorveram, em 10 meses, US$ 10 bilhões, enquanto América Latina, África e Ásia importaram apenas US$ 3,8 bilhões em produtos brasileiros.

Décadas se passaram e o Brasil continua a ter superávits com grandes parceiros comerciais, como a Argentina, um dos quatro principais. Em

2020, o vizinho importou US$ 8,5 bilhões e exportou US$ 7,8 bilhões, um superávit de US$ 700 milhões para o Brasil. A China foi o principal mercado: comprou US$ 70 bilhões e exportou US$ 34,6 bilhões, superávit brasileiro de US$ 35,4 bilhões. Detalhe: o Brasil vendeu para a China, em 2020, 3,3 vezes mais do que para os Estados Unidos.

Além da Argentina e da China, outro responsável pelo superávit comercial do Brasil é a União Europeia: importou do Brasil US$ 28,3 bilhões e exportou US$ 26,8 bilhões, um saldo negativo para os europeus de US$ 1,5 bilhão, em 2020. Com os Estados Unidos, o Brasil teve um déficit de US$ 2,6 bilhões naquele ano, com importações de US$ 24,1 bilhões e exportações de US$ 21,5 bilhões. Situação inversa à dos anos 1980, em que o Brasil acumulava superávits com os norte-americanos.

Na terceira década do século XXI, os números do comércio exterior brasileiro mostram um crescimento firme que teve suas bases lançadas nos anos 1980, quando os empresários brasileiros partiram para vender seus produtos no exterior e fazer negócios conjuntos com países desenvolvidos e em desenvolvimento.

O superávit comercial brasileiro, que em 1983 era de US$ 6 bilhões, em 2020 atingiu US$ 51 bilhões, mais de 8 vezes o valor registrado há 37 anos. As exportações somaram US$ 209,9 bilhões e as importações, US$ 158,9 bilhões. Uma corrente de comércio de US$ 368,8 bilhões. Segundo dados de 2020 da Organização Mundial do Comércio, o Brasil ocupava o 27º lugar no ranking dos maiores exportadores de bens e o 28º dos maiores importadores.

É preciso concordar com aqueles que consideram baixa a participação brasileira de 1,2%, em média, no comércio mundial. As causas são conhecidas: necessidade de uma reforma tributária, a qual, depois de décadas, foi aprovada em 2023; modernização e desburocratização dos sistemas de registros e controles de exportações e importações de bens e serviços; aumento da produtividade; incorporação de mais avanços tecnológicos à indústria de transformação, para ampliar a sua competitividade no mercado internacional; e a negociação de acordos comerciais.

RESERVA DE MERCADO PARA INFORMÁTICA

Um tema recorrente nos anos 1980 era o relacionamento comercial conflituoso entre o Brasil e os Estados Unidos. O lado americano se queixava da reserva de mercado para a informática, de falta de proteção a patentes de produtos farmacêuticos e do comércio exterior fechado. Os brasileiros protestavam contra a imposição de direitos antidumping e de direitos compensatórios (para compensar os subsídios) sobre exportações, principalmente de produtos siderúrgicos. Dos dois lados, porém, havia concordância de que era preciso um tratado para evitar a bitributação, que não foi aprovado até hoje.

Esses assuntos constam da reportagem de 12 de agosto de 1983, "Brasil/EUA. Grupo de Trabalho define os principais pontos de atrito", para a qual entrevistei Laerte Setúbal Filho, da Duratex, presidente da seção brasileira do grupo; Mário Garnero, do Brasilinvest; Jorge Gerdau Johannpeter, do grupo Gerdau; e Charles Pilliod, *chairman* da Goodyear internacional e líder da seção norte-americana.

Um ano antes, em 17 de agosto de 1982, a reportagem "Brasil pode substituir EUA e Europa na venda de microcomputadores" mostrava a agressividade de empresas brasileiras do ramo de informática, que viam oportunidades de exportação para o mercado argentino e outros da América do Sul. Os empresários norte-americanos percebiam com preocupação as investidas de brasileiros na área, amparadas pela política de reserva de mercado instituída em outubro de 1984. Além de os microcomputadores serem um bom filão no mercado interno, havia vantagens na exportação para os vizinhos, principalmente com o fim da Guerra das Malvinas e o apoio político do Brasil à Argentina.

Além desse fator favorável às vendas do Brasil, era barato para uma empresa argentina comprar um computador brasileiro no câmbio comercial, em que se pagavam por um dólar apenas 25 mil pesos, enquanto no negro o dólar estava cotado a 55 mil ou 60 mil pesos, e no câmbio financeiro, a 39 mil.

Diante dessas vantagens e das preferências tarifárias na Associação Latino-Americana de Integração, duas empresas – a argentina Centerpoint, que importava, desenvolvia e comercializava equipamentos para processamento eletrônico de informação, e a brasileira Polymax Sistemas e Periféricos – assinaram contrato, em 1982, de distribuição dos microcomputadores Poly 201 DP na Argentina e no Uruguai, onde os principais clientes eram bancos e instituições financeiras. E esperavam aprovação da Secretaria Especial de Informática (SEI), criada em outubro de 1979 como órgão complementar do Conselho de Segurança Nacional.

A reportagem de 17 de agosto de 1982 mostrou como José Ramos, da Centerpoint, via o negócio. Ele o definia como um "minimercado comum que deveria vigorar entre Brasil e Argentina com complementaridade de produtos, otimização de escala e intercâmbio de técnicos".

Três anos mais tarde, os dois países assinaram acordos de complementação econômica, embrião do Mercosul.

O Brasil, que era visto por seus vizinhos como detentor de tecnologia de ponta, estava à frente da Argentina na fabricação de microcomputadores. A indústria argentina, que não se beneficiava mais de reserva de mercado, estava "a zero", disse Ramos, que completou: "Há cinco anos, havia 43 distribuidoras de microcomputadores, hoje há cerca de dez."

ESTADOS UNIDOS QUERIAM INFORMAÇÕES DETALHADAS SOBRE O BEFIEX

Escrevi incontáveis vezes a palavra protecionismo nas matérias sobre comércio exterior. Na de julho de 1982, "A nova ofensiva dos Estados Unidos", reportei que o Departamento de Comércio pediu ao Brasil informações detalhadas sobre programas especiais de exportação, como o Befiex (Comissão para Concessão de Benefícios Fiscais e Programas Especiais de Exportação) e, principalmente, em relação aos do setor de autopeças.

Washington buscava elementos para atacar o Brasil comercialmente. O Befiex era um instrumento de política econômica muito utilizado nos anos 1980. Empresas de maior porte, sobretudo as de capital estrangeiro, faziam um tipo de contrato pelo qual se comprometiam com a geração de divisas com exportações em um prazo longo, em troca de benefícios fiscais para importar. Disse o diretor-superintendente do Grupo Pão de Açúcar, Abílio Diniz: "Estamos vivendo o pior ano do comércio internacional. É difícil vislumbrar um quadro pior do que esse, sem perspectivas, com taxas de juros altas nos EUA."

De acordo com empresários que consultei à época, a principal explicação para a grita dos Estados Unidos era a concorrência exercida pelo Brasil sobre os produtos norte-americanos em terceiros mercados. Rebateu uma fonte empresarial: "Eles (os Estados Unidos) estão interferindo nas vendas brasileiras de açúcar, café, frango e concentrado de laranja."

CIP, CACEX

Nem com toda a representatividade que tinha, a indústria paulista conseguia atendimento a seus pleitos nos governos militares.

Na reportagem de 21 de junho de 1983, "Fiesp acha inviável fixação de reajustes trimestrais pelo CIP", mencionei que a posição da entidade era crítica à fixação de aumentos trimestrais (eram mensais os reajustes). Para os industriais, conforme ponderou Luiz Eulálio de Bueno Vidigal Filho, então presidente da Federação das Indústrias do Estado de São Paulo (Fiesp):

> [...] isso geraria uma expectativa no consumidor que provocaria picos de vendas e produção em alguns períodos e ociosidade em outros. Há setores, hoje, que não conseguem repassar os reajustes autorizados pelo CIP [Conselho Interministerial de Preços] porque o consumidor não tem condições de pagar. Por essa razão, a indústria é favorável a um estudo caso a caso.

Em conversa com jornalistas, o empresário chegou a dizer que não aceitava a retificação de portaria do CIP, que deveria estar vigente até agosto, mas logo reviu suas palavras: "É preferível dizer que a Fiesp não gostaria que houvesse retificação na portaria nº 13, porque se houver mudanças elas nos serão impostas goela abaixo."

Se os empresários eram favoráveis à agenda de Figueiredo de priorizar o aumento da oferta agrícola, disciplinar o gasto público e estimular a exportação, não concordavam com os meios utilizados para combater a inflação.

A indústria reclamava, também, de muitos entraves para exportar e importar, e da "gaveta" da Cacex (Carteira de Comércio Exterior do Banco do Brasil), que funcionava como uma permanente "operação tartaruga" para a liberação de guias de importação.

A Cacex determinava quem podia importar, porque um "país insolvente", como se dizia à época, não podia dar-se ao luxo de gastar dólares sem controle, enquanto no Brasil havia fornecedores de produtos similares.

Em agosto de 1983, por exemplo, o Sindicato Interestadual de Máquinas (Sindimaq), depois de analisar cerca de 800 guias de importação emitidas pela Cacex em 1981, chegou à conclusão de que "a maior parte das importações foi indevida", pois os 46 fabricantes brasileiros do setor, que enfrentavam uma ociosidade de 50%, poderiam fornecer válvulas industriais idênticas ou similares, evitando que o país despendesse naquele período US$ 40 milhões.

Empresários polemizavam entre si, de um lado, com o objetivo de ampliar a substituição de importações, e, de outro, conseguir com a importação preços menores de componentes para linhas de fabricação.

A manchete da *Gazeta Mercantil* de 31 de dezembro de 1980 era "O aperto nas importações em 1981". O presidente João Figueiredo tinha assinado um decreto que elevava de 15% para 25% a alíquota do Imposto sobre Operações Financeiras (IOF) para as operações de câmbio destinadas à importação.

Outra dificuldade era lidar com uma inflação média de 233,5% ao ano. A carestia aprofundou a desigualdade social, pois atingiu em cheio os mais pobres, que não tinham como proteger o dinheiro na rede bancária. Com os preços dos produtos remarcados algumas vezes ao dia, as pessoas corriam para comprar alimentos e estocá-los. Era muito difícil, também, adquirir um imóvel financiado, pois os valores das parcelas eram constantemente reajustados.

O ministro Delfim Netto, citado na reportagem de 24 de setembro de 1982, "Prêmio especial ao exportador", deu nome às dificuldades da época: o conflito no Atlântico Sul (Guerra das Malvinas), que teve consequências profundas. Enquanto o Brasil se beneficiou de um aumento em seu poder de competição na Europa, nos Estados Unidos e no Japão, a despeito da crise, na América Latina a guerra repercutiu negativamente, com a elevação dos fretes e o fechamento das economias de México, Argentina, Chile, Equador e Venezuela.

> **Guerra das Malvinas e o Tiar**
>
> Uma reação regional à posição de Washington no conflito entre a Argentina e o Reino Unido foi o debate sobre a necessidade de "latino-americanizar" o Tratado Interamericano de Assistência Recíproca (Tiar), de 1947, por causa da frustração com o papel dos Estados Unidos na Guerra das Malvinas. Essa discussão, informei na reportagem "Itamaraty vê mudanças na OEA", de 18 de junho de 1982, remetia ao debate sobre a situação de Cuba, excluída da OEA em 1962, três anos depois da revolução vitoriosa de Fidel Castro, fato que converteu a América Latina no foco da tensão entre os Estados Unidos e a União Soviética, sobretudo em 1961, com a invasão fracassada da baía dos Porcos por uma brigada de exilados cubanos na Flórida, treinados pela CIA. Depois, entre 16 e 28 de outubro de 1962, houve a crise dos mísseis, um dos momentos mais tensos da história da Guerra Fria. A União Soviética instalou bases de lançamento de mísseis em Cuba, na vizinhança dos Estados Unidos.
>
> Com a ameaça comunista transferida para a América Latina, Washington desencadeou um combate ferrenho à ideologia defendida pela União Soviética, participou em golpes militares, como o de 1964, no Brasil, e patrocinou regimes ditatoriais na região.

COUNTERTRADE

Em 1983, o Brasil adotou o monopólio estatal do câmbio ou centralização do câmbio pelo Banco Central. Isso era considerado um risco político e onerava as importações. Os importadores não tinham livre acesso ao banco de sua escolha "para poder comprar o câmbio". Tinham de entrar na fila e esperar que o Banco Central determinasse "quem receberia dólares para pagar suas dívidas".

A sugestão do coordenador-geral da unidade de São Paulo da Fundação Centro de Estudos de Comércio Exterior (Funcex), Michel Abdo Alaby, naquele ano, para contornar a estatização do câmbio, era a disseminação de operações de *countertrade* (*barter, buyback, clearing*) feitas não apenas pela Interbras, mas também por *trading companies* privadas. A Interbras era uma empresa estatal de comércio internacional controlada pela Petrobras e foi extinta em março de 1990, no governo do presidente Fernando Collor de Mello.

Trinta e oito anos depois, em maio de 2021, pedi a Michel Alaby, presidente da Alaby & Consultores Associados Ltda., que escrevesse umas linhas sobre o que mudou para os empresários, dos anos 1980 aos dias atuais. Seu depoimento registra grandes transformações no comércio exterior:

> Na década de 80, vivíamos uma crise da dívida externa, escassez de divisas e centralização do câmbio, com controle cambial para pagamento das importações e outras remessas, além do controle de importações pela extinta Cacex. Dependíamos essencialmente das importações de petróleo e de fosfatos para a fabricação de fertilizantes, além de bens de capital, eletrônicos e insumos industriais. As empresas, então, utilizavam *trading companies* para operações de comércio exterior não convencionais. Algumas se especializaram em operações *barter* com o Leste Europeu e com o Oriente Médio. Hoje, praticamente, essas *tradings* estão desativadas. Algumas se mantêm com operações de *commodities*, minerais e com algumas operações de exportação e importação.
>
> Atualmente, os avanços do comércio exterior são bem presentes no cenário econômico. As empresas têm uma certa liberdade cambial, o câmbio é flutuante, os sistemas eletrônicos estão avançados, as licenças de importação e exportação são realizadas pelo Siscomex – Sistema Integrado de Comércio Exterior. Enfim, a realidade é diferente daquela dos anos 80. O nosso comércio exterior ainda é muito concentrado. Nas exportações, há uma incidência maior na penetração dos mercados externos em *commodities*, e nas importações, de bens de capital e insumos industriais.
>
> Ainda temos muito a evoluir na questão burocrática e na liberdade cambial para chegarmos a ter um comércio exterior mais dinâmico.
>
> Hoje, as temáticas vinculadas ao comércio externo são meio ambiente e sustentabilidade.

Nos anos 80, com a crise que vivia o Brasil, pensava-se em algo muito utilizado na Idade Média, a troca de produtos, o *countertrade*, à época, algo inovador.[57]

Exemplo desse tipo de operação registrei em reportagem de 17 de novembro de 1980.[58]

Na feira Brasil Export, em São Paulo, os empresários africanos estavam dispostos a "fechar negócios imediatamente". O interesse ia de máquinas agrícolas e de costura a tratores, caminhões, ônibus, fogões a querosene e geladeiras.

No estande da General Motors, o chefe da delegação do Senegal, Ousmane Diagne, propôs ao presidente da empresa, Joseph Sanchez, a permuta de caminhões por fosfato e amendoim, negócio que seria intermediado pela Motors Trading Company. A proposta do senegalês chegou a outros fabricantes de veículos, como Ford, Mercedes-Benz e Volkswagen. Eram comuns operações de trocas de mercadorias e serviços com a participação de *trading companies*, porque havia escassez de divisas. Era necessário criar mecanismos alternativos para exportar e importar.

Reportagem minha de 8 de dezembro de 1982, "Reciprocidade ocupa espaço no comércio mundial", publicada na *Newsletter Valbrás Análises Econômicas*, mostrou que 30% do comércio mundial, naquele ano, era feito à base de *barter* e suas variações. Uma forma de *countertrade* era o *buyback*, do qual o exemplo mais eloquente era o gasoduto ligando a Sibéria à Europa Ocidental, envolvendo a troca de um pacote tecnológico por gás.

CLEARING

Em 1983, procurei o escritório comercial da República Democrática Alemã (RDA), em São Paulo, para entender os meandros financeiros na vida dos exportadores brasileiros. Para amparar as vendas àquele mercado, existia uma linha de crédito de US$ 100 milhões, renovada a cada ano e operada unicamente pelo Banco do Brasil, que pagava aos exportadores em cruzeiros mediante a apresentação de cartas de crédito. Essa linha funcionava dentro do mecanismo do dólar *clearing* ou moeda-convênio, acordo de pagamento estabelecido entre o Brasil e a RDA e os demais países do Leste Europeu. Enquanto os bancos centrais dos dois países acertavam sua contabilidade entre si, sem utilizar moeda forte, os exportadores brasileiros recebiam suas vendas em cruzeiros.

"DOCUMENTO DOS 8".
FÓRUM DE LÍDERES EMPRESARIAIS

A *Gazeta Mercantil* era um jornal que dialogava com os empresários não apenas sobre economia e negócios, mas também sobre democracia, e a construção de instituições que assegurassem a proteção dos direitos da cidadania e a garantia da liberdade. Esses temas eram defendidos pelo Fórum de Líderes, um grupo de empresários escolhidos por sua representatividade nacional. Os dez mais votados eram eleitos a cada ano. Os documentos do Fórum repercutiam na sociedade, pois mostravam a opinião da classe empresarial sobre os grandes problemas que o país enfrentava.

Em 1978, o famoso "Documento dos 8", subscrito por 8 empresários, sustentava que o desenvolvimento econômico e social só seria possível sob um marco político que permitisse ampla participação de todos.[59] Estávamos no penúltimo governo militar, o do general Ernesto Geisel.

Cinco anos mais tarde, em 12 de agosto de 1983, a *Gazeta Mercantil* publicou edição contendo outro texto de grande repercussão, em que:

> [...] o Fórum de Líderes sugeria fechamento de empresas estatais irrecuperáveis, políticas mais estáveis de fixação de preços mínimos de produtos agrícolas, investimentos públicos para maximizar a geração de empregos e total reinstitucionalização do País, com independência dos Três Poderes. Assinaram o documento presidentes de grandes grupos econômicos: Antônio Ermírio de Moraes, Olavo Egydio Setúbal, Cláudio Bardella, Abílio dos Santos Diniz, Laerte Setúbal Filho, José Ermírio de Moraes Filho, Jorge Gerdau Johannpeter, José E. Mindlin, Paulo D'Arrigo Vellinho, Severo Fagundes Gomes, Paulo Villares e Manoel da Costa Santos.

LEGADOS DO REGIME MILITAR

O país vivia de costas para seus vizinhos, porque havia uma leitura hegemônica do entorno sul-americano, que vinha desde o Visconde de Rio Branco, pai do Barão. Segundo essa visão, pelo seu tamanho, o Brasil poderia atrair contra si uma coalizão liderada pela Argentina, por causa do velho antagonismo entre os dois países. Porém, no governo Geisel, o chanceler Azeredo da Silveira (1974-1979), que havia sido embaixador em Buenos Aires, entendeu que não haveria hostilidade por parte do vizinho, então em declínio econômico, se o Brasil tivesse uma política externa mais ativa na América do Sul.

A estratégia de Silveirinha, como era chamado o ministro das Relações Exteriores, era desfazer a imagem hegemônica do Brasil com a construção de obras binacionais. Começou com o Paraguai, sócio na usina hidrelétrica de Itaipu, e prosseguiu com o gasoduto Brasil-Bolívia. O governo brasileiro passou a comprar energia do Paraguai e gás dos bolivianos. Custeou esses empreendimentos e viu nascer uma dependência desses países na relação com o Brasil. Mas foi a assinatura do Tratado de Cooperação Amazônica em 1978, proposto pelo Brasil um ano antes, com a participação de oito países (Brasil, Guiana, Colômbia, Peru, Equador, Venezuela, Suriname e Bolívia) que compartilham a maior floresta tropical do mundo, que deu ao País uma base sólida para isolar a Argentina.

O fim da rivalidade com o vizinho do Prata só ocorreu com a redemocratização de ambos, na segunda metade dos anos 1980. O relacionamento mudou completamente com o desmonte de desconfianças de lado a lado e a construção de uma agenda positiva. Contribuíram para tanto os acordos de integração e o protagonismo dos presidentes José Sarney (1985-1990) e Raúl Alfonsín (1983-1989). Do programa de integração econômica entre Brasil e Argentina nasceu o Mercosul, em março de 1991.

GOVERNO SARNEY: DIPLOMACIA DA REDEMOCRATIZAÇÃO

O presidente José Sarney herdou da ditadura militar um Estado enfraquecido, com graves problemas econômicos, sociais e ambientais. A imagem do Brasil no exterior era a de um país com um comércio externo fechado, dívida nas alturas, inflação fora de controle e reputação manchada por desrespeito aos direitos humanos.

Para lidar com o monstro da inflação, o governo Sarney pôs em prática três planos de estabilização (Cruzado I e II, Bresser e Verão), que não conseguiram vencer a alta galopante dos preços. Sem condições de enfrentar o pagamento dos serviços da dívida externa, o governo decretou moratória em 1987 e, para reduzir o impacto da queda do mercado de trabalho, criou o seguro-desemprego em 1986.

A população convivia com o congelamento de preços. A carne sumiu dos supermercados e só era possível comprá-la pagando ágio no mercado negro. Com a moeda valendo cada vez menos, em dez anos o brasileiro comprou, vendeu e recebeu em cruzeiro, cruzado e cruzado novo.

O início da redemocratização refletiu os problemas herdados de 21 anos de ditadura militar. Notícias negativas eram comuns, como na manchete da *Gazeta Mercantil* do dia 20 de setembro de 1985, "O Terceiro Mundo não paga o Brasil". Sobre isso escrevi:

> São praticamente nulas as possibilidades de o Brasil receber diversos créditos comerciais que concedeu a países da África e da América Latina para financiar as exportações brasileiras. O volume dessas operações é estimado em US$ 500 milhões (créditos já vencidos e não pagos) e US$ 2,5 bilhões (créditos a vencer nos próximos seis anos).

O endividamento comercial de países africanos era a outra face da grande abertura dos governos militares ao intercâmbio com o Terceiro Mundo, uma forma de alavancar as exportações brasileiras de bens e serviços num contexto de escassez de divisas. Os débitos dos países latino-americanos eram menores, pois no intercâmbio o Brasil usava o Convênio de Crédito Recíproco (CCR), mecanismo de cooperação financeira entre os bancos centrais dos países membros da Associação Latino-Americana de Integração (Aladi). Por meio do CCR, os países da região podiam financiar mutuamente parte de suas transações comerciais.

DE DEVEDOR A CREDOR

A reportagem informou que o Brasil não tinha *know-how* de credor, não sabia cobrar as dívidas do Terceiro Mundo, porque estava muito mais habituado a dever. Uma destreza era necessária para contornar o problema: o BC, que personificava a figura do credor, teria de criar uma legislação específica para possibilitar, por exemplo, operações de *swap* financeiro de papéis mediante um deságio. A ideia seria usar a dívida externa brasileira fazendo esse tipo de troca. Isto é, permutar promissórias africanas por papéis da dívida externa brasileira com vencimento em dois anos, por meio de bancos internacionais interessados em diminuir seu *exposure* com o Brasil e aumentá-lo com países africanos, cujas dívidas externas eram menores do que as nossas.

PROTECIONISMO, UMA GUERRA NADA FRIA

Não é exagero dizer que protecionismo e falta de liquidez foram os grandes temas da década de 1980 no comércio internacional.

Foi o banqueiro Olavo Setúbal, primeiro chanceler do governo Sarney, quem colocou o problema do protecionismo de uma forma mais realista. Ele disse, em agosto de 1985, que o Brasil precisava se habituar a negociar, e que chegaria um dia em que sapato não mais seria notícia a levar ministro a discutir o tema.

> "Já não estamos numa fase em que se negociava café uma vez ao ano. Temos de negociar constantemente: aço, sapato, fumo, frango, suco de laranja. O Itamaraty torna-se cada vez mais um órgão de negociação econômica", argumentou. "Vejam, por exemplo, nossas visitas à Argentina e ao Uruguai, transformaram-se em grandes negociações de acordos econômicos."[60]

A matéria "Uma opção contra protecionismo", de 5 de dezembro de 1986, ilustrou esse debate. Buscaram-se alternativas, entre elas o *countertrade* (comércio compensado), para contornar esses problemas.

Os que mais utilizaram o mecanismo foram os países em desenvolvimento, para evitar o protecionismo dos países industrializados, e os exportadores de petróleo. Mas os Estados Unidos também trocaram Boeings 747 por petróleo da Arábia Saudita. O Brasil fez *countertrade* com Irã, Iraque, Argélia, Nigéria e Equador. O México usou uma alternativa, envolvendo troca entre a redução de sua dívida e ações de empresas mexicanas.

SARNEY: DOSSIÊ SOBRE PROTECIONISMO DOS ESTADOS UNIDOS ANTES DA VISITA A REAGAN

As numerosas queixas dos Estados sobre o protecionismo brasileiro levaram o governo Sarney a se defender. Os argumentos eram baseados em levantamentos do Itamaraty, que continham cifras sobre os prejuízos sofridos pelo Brasil em suas exportações de primários e manufaturados ao mercado norte-americano. O chamado "maço econômico" sobre as relações bilaterais deu ao presidente subsídios para conversas com seus interlocutores em Washington, em sua visita dia 9 de setembro de 1986.

O Itamaraty constatou que, em 1985, de um total de US$ 6,7 bilhões exportados aos Estados Unidos, 31,1%, ou seja, US$ 2,2 bilhões sofreram restrições do tipo direitos compensatórios ou antidumping, salvaguardas quantitativas (cotas), como no caso do aço, e tarifárias (60 centavos de dólar por galão de etanol), informei na reportagem de 25 de agosto de 1986, "Amplo levantamento de comércio vai subsidiar Sarney nos EUA".

O Brasil sofreu outros prejuízos estimados em US$ 1 milhão com barreiras fitossanitárias às vendas de manga e carne de frango. No caso da manga, a situação era "absurda", segundo o Itamaraty: havia dois anos (1984), os Estados Unidos venderam máquinas e equipamentos ao Brasil para a aplicação, na alfândega do aeroporto do Galeão, de um agroquímico – o EDB – destinado a descontaminar o produto. Depois de instalada a câmara de fumigação, o governo americano concluiu que o pesticida recomendado era cancerígeno.

OS ALEMÃES E ANGRA I. COMO SERIA O ACORDO NUCLEAR COM TANCREDO NEVES?

No primeiro semestre de 1985, assinei de Angra dos Reis reportagem sobre a inauguração da primeira usina nuclear do país, cujas obras começaram em 1972. Apelidada de "vaga-lume" (acende e apaga), porque frequentemente sua operação era interrompida, Angra I custou para Furnas, empresa construtora e administradora da usina, US$ 1,8 bilhão, sendo que 40% representaram despesas financeiras.

> O preço de seu quilowatt instalado está hoje em torno de US$ 2.800, diante dos US$ 400 previstos em 1972, aproximadamente três vezes superior ao do quilowatt de uma usina hidrelétrica construída hoje, mas Cals [César Cals era ministro das Minas e Energia) acha que a construção de Angra I foi indispensável para permitir ao País ingressar na era da energia nuclear.[61]

Naquele ano, o tema nuclear era particularmente sensível, principalmente porque os alemães se preocupavam com os rumos da política nuclear brasileira, afinal, houve mudança do regime militar para a democracia e era incerto o destino do acordo com a Alemanha. Na reportagem contei que Wolfgang Breyer, porta-voz da Kraftwerk Union (KWU), empresa fornecedora dos equipamentos – que se comprometia a transferir integralmente a tecnologia atômica, mediante contrato comercial assinado no âmbito do acordo de cooperação nuclear entre Brasil e Alemanha, de 1975 –, estava confiante de que o programa seria mantido na sua forma original, com base em declarações do presidente eleito Tancredo Neves. Porém, "o professor José Goldemberg, que em 1985 era presidente das empresas de energia do estado de São Paulo, disse em jantar na Câmara de Comércio e Indústria Brasil-Alemanha, em São Paulo, que o Brasil não necessitava comprar oito reatores da Alemanha para dominar a tecnologia nuclear".[62]

Essa posição foi incluída no Plano de Ação do Governo (Copag) entregue a Tancredo Neves. Goldemberg participou da redação do Plano juntamente a outros membros de uma comissão de assessoramento ao presidente eleito.

Goldemberg disse: "Os alemães devem ter feito muita reza brava para que ele não chegasse a ministro de Minas e Energia". "Bastaria o governo comprar a tecnologia dos alemães e dar às empresas brasileiras a construção dos reatores. A tecnologia não custa mais de 10% de todo o pacote nuclear", afirmou.

Contudo, a KWU respondeu, de acordo com minha reportagem, que "tanto o Brasil como a Argentina têm condições de fabricar apenas 35% dos equipamentos das usinas nucleares. Ainda assim, com assistência técnica alemã".

Para Goldemberg, "a KWU estava pressionando o governo brasileiro a construir as usinas de Iguape III e IV, que faziam parte do acordo com a empresa alemã".

O acordo com a Alemanha expira em 2025. Até 2024, somente duas usinas nucleares estão funcionando, Angra I (fornecida pela Westinghouse, dos Estados Unidos) e Angra II (KWU).

O tema nuclear, como escrevo neste capítulo e em "Governo Collor de Mello: integração competitiva. Terceiro Mundo: noção obsoleta", foi dos mais sensíveis nos governos Sarney e Collor.

UNIÃO SOVIÉTICA TAMBÉM QUERIA MICROCOMPUTADORES BRASILEIROS

Que a Argentina estivesse interessada nos microcomputadores brasileiros já era uma boa notícia para os fabricantes do lado de cá, mas que a União Soviética também quisesse comprá-los era uma informação ainda mais animadora. Em reportagem de 17 de setembro de 1985, "Brasil quer vender informática na primeira exposição em Moscou", pontuei:

> Hoje, o grande interesse da URSS no mercado brasileiro é adquirir microcomputadores para uso pessoal, de 8 a 16 bits, na automação de escritórios. Estima-se que a partir de janeiro de 1986, quando se inicia o novo plano quinquenal soviético – cuja ênfase é a modernização da URSS – o governo de Moscou deverá importar, durante os próximos três anos, de US$ 1 bilhão a US$ 2 bilhões em microcomputadores.

Por essa razão, e porque o governo Sarney queria que o evento marcasse o início de uma nova etapa no relacionamento bilateral, apostava-se alto na Expo Brasil/Moscou 85, a primeira feira brasileira na União Soviética, em outubro daquele ano, sobre alta tecnologia em informática e telecomunicações.

O governo brasileiro arcou com 60% dos custos da exposição, e os restantes 40% foram divididos pelas empresas participantes, entre elas Petrobras/Interbras, Siderbras, Telebras, Companhia Vale do Rio Doce, Companhia Antarctica Paulista, Engesa, Promon, Norberto Odebrecht, Fundição Tupy, Laurenti (processamento de dados), empresas do Grupo ABC, Itaú Tecnologia e Controles Eletrônicos Daru.

Era o primeiro ano da redemocratização brasileira e, como mostra a reportagem, a política externa e a política comercial valorizavam as relações com o Leste Europeu, da mesma forma que o governo anterior. Esses países importavam do Brasil mais do que exportavam. Esse era um problema recorrente no comércio com a América Latina e com a África.

SARNEY QUERIA PRIORIDADE PARA A ÁSIA E UMA POLÍTICA EXTERNA UNIVERSALISTA

Selecionei a reportagem de 21 de fevereiro de 1986, "Prioridade, agora, para a Ásia", porque trata das instruções de Sarney ao Itamaraty para que adotasse uma nova agenda de trabalho na segunda fase de seu governo. O presidente pediu uma chancelaria mais atuante nos conflitos do Oriente Médio, a adoção de uma política para a Ásia e maior participação nos organismos multilaterais. Definiu como queria o relacionamento com os países: com base no diálogo e na igualdade. Escrevi:

> Esse conceito já expresso em discursos anteriores, como o proferido nas Nações Unidas no ano passado, e em conversas com estadistas latino-americanos, significa uma reafirmação da posição brasileira de repúdio ao protecionismo e às condições que vêm sendo exigidas dos países em desenvolvimento nas negociações de sua dívida externa. A insistência nesse tema é de tal importância que, lutar por uma ordem econômica justa, e que se reflita em procedimentos equitativos no encaminhamento da crise da dívida, foi indicada como uma das principais prioridades em política externa.

Em relação ao Oriente Médio, Sarney queria:

> [...] uma política que desenvolvesse os laços de amizade com os países da área e contribuísse para ver concretizados a criação de um Estado nacional palestino, aspiração desse sofrido e grande povo, a evacuação dos territórios árabes ocupados, o acatamento das resoluções das Nações Unidas e o direito de todos os povos da região, inclusive Israel, de viver em paz dentro de fronteiras internacionalmente reconhecidas.

Essa ênfase atribuída à situação do Oriente Médio foi destacada por observadores diplomáticos como um grande avanço. Sarney queria uma política externa universalista. Destaco a percepção do presidente sobre a Ásia: "Os asiáticos não precisam de linhas da Cacex, têm liquidez, e hoje se revelam mais ativos no comércio com os EUA do que a própria Europa", enfatizou um assessor de Sarney.

O presidente pediu ao Itamaraty que aperfeiçoasse os mecanismos de cooperação com os países de economia planificada, e que contribuísse para o fortalecimento e o prestígio da ONU, da OEA e dos demais fóruns e organizações internacionais. "Nesse sentido, é marcante a diferença entre a diplomacia à época dos governos militares e a atual. Sarney quer o Brasil candidatando-se a uma das duas vagas latino-americanas do Conselho de Segurança da ONU, do qual o Brasil está afastado desde 1968", observei.

SARNEY VALORIZOU A ONU NA REDEMOCRATIZAÇÃO DO PAÍS

A reportagem "Brasília inicia hoje diálogo com parceiro sobre reunião da ONU", de 13 de agosto de 1985, mostra que os temas da Assembleia Geral daquele ano, que comemorou o 40º aniversário da organização, foram segurança internacional (armamentismo, corrida nuclear), conflitos regionais, direitos da mulher e crises internacionais em curso. O Itamaraty fez o dever de casa na Nova República: realizou consultas com alguns membros da ONU, como Argentina, União Soviética, Estados Unidos e México, sobre as posições que essas nações defenderiam na Assembleia. Escrevi:

> As mudanças de posições políticas dos governos são geralmente difíceis de ocorrer de um ano para outro, mas, de acordo com a conjuntura, é possível que um tema passe a ter mais relevância do que outro. Nesse caso, é importante ao Brasil registrar os rumos diplomáticos de seus principais interlocutores.

Outra notícia preocupante referia-se à indústria têxtil, uma das mais importantes na década de 1980, competitiva e agressiva nas exportações, sobretudo para o Leste Europeu, seu mercado cativo.

A reportagem "Brasil perde mercado no Leste, concorrendo com Índia e Coreia", de 21-23 de setembro de 1985, mostrou que os têxteis brasileiros deixavam de ser competitivos, apesar de convênios bilaterais de pagamentos com Hungria, Bulgária, Romênia, Polônia e República Democrática Alemã. O problema era o Brasil ter reduzido os prazos de pagamento de 18 meses para 12, e os concorrentes – Índia, Paquistão, Coreia e Egito – ganharam terreno na Europa Oriental.

Assim como a indústria têxtil, um setor crucial para ampliar as divisas do país, calçadistas e produtores de álcool também estavam na mira dos Estados Unidos no primeiro ano do governo Sarney.

Washington enviou para cá missões de investigação sobre *dumping* e subsídios relacionados aos embarques desses produtos.

EXPOSIÇÃO NA CHINA

Reportagem de 28 de fevereiro de 1986 ("Quarenta empresas brasileiras na Feira de Pequim") revela a participação de 40 empresas e cinco *tradings* na II Exposição de Produtos e Serviços Brasileiros na China, entre elas, a Café Cacique, que já estava industrializando seu café no mercado chinês. A feira ocupou um espaço de 12 mil metros quadrados, em relação a 1.300 metros quadrados na exposição de 1984, que coincidiu com a visita do presidente Figueiredo a Pequim. A reportagem conta que 40 mil corporações chinesas compradoras eram o público-alvo das brasileiras Vale do Rio Doce, Siderbras, Petrobras, Avibras, Embraer, Mendes Jr., Andrade Gutierrez, Fábrica de Aços Paulista, General Motors (exportava o modelo Monza para a China), Brinquedos Estrela, Weg Motores, entre outras.

Os empresários estavam conscientes das dificuldades de vender ao mercado chinês: intensa concorrência internacional, economia centralizada, na qual quem decidia tudo era o governo, decisões morosas e, por fim, a sabedoria chinesa, pois, como os fenícios, os chineses sempre foram os melhores comerciantes do mundo.

SUBSTITUIÇÃO DE IMPORTAÇÕES NA ESTAÇÃO BRASILEIRA NA ANTÁRTIDA

A determinação de substituir importações, que vinha do período Figueiredo, prosseguiu no governo Sarney, no embalo nacionalista da tecnologia brasileira, da produção industrial, que alcançava mercados desenvolvidos e em desenvolvimento, e dos serviços de engenharia.

Em reportagem de 9 de junho de 1986 ("Na base brasileira, 90% dos equipamentos já são nacionais"), assinada da ilha Rei George, no arquipélago das Shetland do Sul, escrevi que a substituição de importações tinha chegado também à estação brasileira na Antártida Comandante Ferraz. O índice de nacionalização de equipamentos, instalados nos 51 módulos de ferro galvanizado, já era de 90%. A estação tinha sido inaugurada dois anos antes. Os equipamentos nos contêineres foram produzidos pela Saef, de Bauru (SP), a central telefônica foi cedida pela Siemens, o microcomputador pela Scopus e o videocassete pela Sharp. O forno de micro-ondas, a geladeira, os aquecedores e os alimentos foram transportados do Brasil pelos navios oceanográficos Professor Wladimir Besnard, da Universidade de São Paulo (USP), e Barão de Teffé, da Marinha.

Sarney era um entusiasta do programa brasileiro na Antártida. Abriu concorrência, em 1986, para a construção de um navio polar, e tinha interesse em dotar o programa de mais recursos para executar sua política científica no último dos continentes. A orientação do Planalto era também divulgar a participação do Brasil nas atividades de pesquisas desenvolvidas por 18 países com estações na Antártida.

A estação brasileira tinha boa visibilidade no governo e sensibilizava um número crescente de empresários, como Israel Klabin e Norberto Odebrecht, que passaram por lá em 1986, além de cientistas e políticos. Os ministros Henrique Saboia, da Marinha, Abreu Sodré, das Relações Exteriores, e Renato Archer, da Ciência e Tecnologia, também visitaram a Comandante Ferraz naquele ano.

Morava havia um ano em Brasília quando fui destacada para cobrir o primeiro voo de inverno da Força Aérea Brasileira (FAB) na Antártida, em junho de 1986, em que viajavam uma delegação de dois deputados – Flávio Bierrenbach (PMDB-SP) e Odilon Salmória (PMDB-SC) –, dois oficiais da Marinha, uma pesquisadora do Instituto Nacional de Pesquisas Espaciais (Inpe) e seis jornalistas.

O C-130 Hércules da FAB nos levou do Rio para Pelotas (RS), onde recebemos um saco com roupa, botas, luvas, óculos e gorros para enfrentarmos temperaturas negativas no inverno de 60 graus, agravadas pela ventisca, o vento de até 240 km por hora que varre a neve e levanta uma nuvem que tapa a visibilidade.

De Pelotas seguimos para Punta Arenas, porta de saída para a Antártida. A cidade fica a duas horas e meia de avião da base chilena Tenente Marsh, onde pousou o avião da FAB. De lá, um helicóptero chileno levou a delegação à estação brasileira Comandante Ferraz.

Foi emocionante avistar o continente lá de cima, algumas estações de países aqui e ali na imensidão gelada. Era difícil distinguir céu, mar e terra, tudo parecia branco.

Antes de pousarmos na Antártida, houve duas tentativas frustradas: a primeira, relacionada a uma pane no sistema antiskid traseiro do avião; a segunda, porque a pista de pouso da base Tenente Marsh, de 1.300 metros, totalmente tomada por gelo, não comportava duas aeronaves do porte da brasileira. Por coincidência, outro Hércules da Força Aérea Chilena teve de permanecer estacionado naquele aeroporto por algumas horas, de acordo com a reportagem "A preparação para se chegar à Antártida", de 5 de junho de 1986.

Poucos dias antes da viagem da delegação, a Scopus veiculou uma propaganda nas principais revistas de informação, tendo como cenário a estação Comandante Ferraz. "A Scopus é, certamente, a primeira empresa brasileira a usar a paisagem antártica para promover seus produtos",[63] mencionei.

A estação Comandante Ferraz foi inaugurada em 6 de fevereiro de 1984. Destruída por um incêndio em 2012, foi reconstruída em 2020.

SERVIÇOS NO GATT: O TEMOR DO BRASIL

Para levar a posição brasileira sobre serviços à reunião ministerial do Gatt em Punta del Este, o Itamaraty se preparou por quatro meses, ouvindo empresários e coordenando o grupo interministerial formado para essa finalidade.

A argumentação contrária à entrada de serviços no Gatt levava em conta a inter-relação entre prestação de serviços e investimento nos países. À exceção da transmissão de dados transfronteira, todos os demais requeriam a instalação de empresas estrangeiras no mercado, nas áreas de bancos, seguros, telecomunicações, agências de modelos, construção civil e consultoria. Na matéria "Empresários brasileiros não querem os serviços no Gatt", de 12 de setembro de 86, escrevi: "Constatou-se que a área de consultoria deveria permanecer em mãos de empresas brasileiras por uma questão de segurança nacional. Dar a engenheiros estrangeiros a incumbência de traçar projetos sob a ótica dos interesses de seus países de origem é estrategicamente perigoso".

"Uma fonte ouvida por este jornal conta que o governo uruguaio, tempos atrás, encomendou a uma empresa inglesa de consultoria o traçado de vias férreas. Pronto o projeto, constatou-se que não estão previstas ligações com o Brasil, país com o qual o Uruguai iniciou um processo de integração econômica e comercial", menciona a reportagem.

"No setor bancário, por exemplo, o Brasil correria o risco de ver sua política de crédito manipulada por estrangeiros, ou mesmo de perder o controle monetário sobre a circulação da moeda", continuou a reportagem.

"Se o comércio de serviços fosse regulamentado pelo Gatt, como querem os países desenvolvidos, a lei de informática brasileira teria de ser totalmente reformulada, pois a reserva de mercado baseia-se fundamentalmente na discriminação entre fornecedores nacionais e estrangeiros", relatei na reportagem "Por que o Brasil se opõe à inclusão de serviços no Gatt", de 15 de setembro de 1986.

A REUNIÃO DO GATT EM PUNTA DEL ESTE, DESENVOLVIDOS *VERSUS* EM DESENVOLVIMENTO. NOVOS TEMAS: SERVIÇOS, AGRICULTURA, SUBSÍDIOS, PROPRIEDADE INTELECTUAL

Quem conhece Punta del Este, o balneário "badalado" do Uruguai, pode imaginar como foi a cobertura da reunião ministerial do Gatt em setembro de 1986, para discutir o lançamento de uma rodada de negociações comerciais com novos temas, que não eram cobertos pelo acordo multilateral criado em 1947: agricultura, serviços, propriedade intelectual e investimentos.

Os hotéis de turismo da cidade hospedavam delegações de 74 países-membros do Gatt, de um total de 92. As mais importantes para a cobertura jornalística eram as do G-47 (o grupo suíço-colombiano), que tinha a adesão de 60 países, entre eles Estados Unidos, Japão, Comunidade Econômica Europeia e vários em desenvolvimento; e as do G-10, liderado por Brasil e Índia.

Nós, jornalistas, passávamos o dia entre um hotel e outro, buscando informações de bastidores sobre a evolução das negociações e esperando *briefings* das delegações no final da tarde.

WORKING PAPER 47 E *WORKING PAPER 10*

Havia sobre a mesa o *Working Paper 47*, que no tema específico dos serviços propunha que a negociação fosse independente do comitê de negociações comerciais; e o *Working Paper 10*, que combatia a inclusão de serviços no Gatt, defendia o lançamento de uma nova rodada para discutir bens e o início de uma reunião ministerial paralela sobre serviços, que poderia ocorrer no mesmo local e data dos encontros no âmbito do Gatt para tratar do comércio de mercadorias.

A expectativa em Punta del Este, no Hotel San Rafael, onde ocorriam as reuniões das delegações, era sobre o documento que faria a negociação avançar para lançar a rodada. O porta-voz do Itamaraty, embaixador Ruy Nogueira, acreditava que o consenso seria alcançado pelo grupo dos 10. Os seus líderes, Brasil e Índia, queriam que a reunião paralela sobre serviços acontecesse fora do Gatt, para não haver vinculação entre comércio de bens e serviços, e que as discussões levassem em conta as políticas nacionais dos países que a ela aderissem.

Ruy Nogueira disse: "O Brasil, um dos fundadores do Gatt, não sairia da organização se os serviços fossem regulamentados, mas não aceitaria discutir o novo tema na rodada."

O Brasil temia que as exportações brasileiras fossem retaliadas, já que no Gatt existiam trocas de concessões. O interesse brasileiro na nova rodada sobre bens tinha relação com o tamanho do comércio exterior do país, US$ 42 bilhões, e a necessidade de liberalização dos mercados.

DANTE CAPUTO RESPONDE A CLAYTON YEUTTER

A posição dos Estados Unidos foi anunciada pelo representante de comércio da Casa Branca, Clayton Yeutter, em recado duríssimo para os diplomatas brasileiros: "O protecionismo que ressurge reduzirá a expansão econômica dos Estados Unidos e baixará nossos padrões de vida, mas não devastará nossa economia, ao contrário do que acontecerá com pequenos países dependentes cada vez mais das exportações".

Yeutter declarou que os Estados Unidos, com um déficit comercial aproximando-se de US$ 200 bilhões (como comparação, em 2020, foi de US$ 679 bilhões), era a maior vítima do desequilíbrio econômico mundial. "O presidente Reagan tem resistido a aumentar as medidas protecionistas apesar desse gigantesco déficit, mas ele não poderá fazer isso indefinidamente. Os membros do Gatt necessitam juntos trabalhar para remover esse desequilíbrio."

Resposta do ministro das Relações Exteriores da Argentina, Dante Caputo, na abertura da reunião do Gatt em Punta del Este, conforme a reportagem "'Queremos tratamento político', diz Caputo", de 16 de setembro de 1986:

> O déficit público de um dos países mais desenvolvidos (EUA), em 1985, chegou à cifra de US$ 180 bilhões, que equivale a cinco vezes o serviço anual da dívida externa de toda América Latina. O custo da política agrária comum da Comunidade Econômica Europeia (CEE) tem subido ininterruptamente até os 73 bilhões de European Currency Unit (ECU) – Unidade Econômica Europeia) por ano. A taxa de juros real no mercado internacional, que durante os primeiros oitenta anos deste século oscilou entre 1% e 1,5% ao ano, nos últimos seis anos se ampliou em nada menos do que seis vezes, como consequência das exigências financeiras desse gasto público que impõem nos ajustar à mais estrita austeridade.

A Rodada Uruguai do Gatt, a oitava e última desse organismo, substituído em 1º de janeiro de 1995 pela Organização Mundial do Comércio, foi lançada em setembro de 1986 para ser concluída em 4 anos, conforme se previa, mas acabou durando 8 anos. Todos os grupos de países saíram satisfeitos de Punta del Este, depois de muito trabalho para se obter o consenso em torno de um temário para lá de complicado. Estrelas da reunião: o chanceler uruguaio Enrique Iglesias e o principal negociador brasileiro, embaixador Paulo Nogueira Batista, que recebeu elogio especial, "*late night star*" (estrela da madrugada), por ter conseguido, nos minutos finais, que todos aceitassem uma fórmula passível de agradar a todos.

O Brasil e a Índia, líderes do grupo dos 10, que se opunham à inclusão de serviços no Gatt, conseguiram que o tema fosse discutido em separado por um comitê negociador em nível ministerial, sem vínculo com o Acordo Geral de Tarifas e Comércio, exatamente para que não se estabelecesse uma obrigação legal na troca de concessões (entre bens, negociados dentro do Gatt, e serviços). Houve um diálogo de igual para igual entre países desenvolvidos e em desenvolvimento, concluíram Iglesias e Nogueira Batista.

Eu diria que quem ganhou com a Rodada Uruguai foram os países em desenvolvimento, pois ficou estabelecido o tratamento diferenciado e mais favorável a eles, que implicava um compromisso de desmantelamento das barreiras comerciais não tarifárias existentes.

Sobre agricultura, acordou-se que seria negociada de forma a atender melhor aos interesses dos países exportadores agrícolas em desenvolvimento. Quanto aos direitos de propriedade intelectual relacionados ao comércio, incluindo as mercadorias falsificadas, ficou acertado que o objetivo era um marco multilateral de princípios, normas e disciplinas para regulamentá-los.

DEPOIS DE PUNTA DEL ESTE, BRASIL ENTRA EM NOVO PATAMAR

Depois das difíceis negociações em Punta del Este para o lançamento da oitava rodada de negociações do Gatt, o Brasil podia se considerar um interlocutor em primeiro nível dos grandes parceiros econômicos e comerciais. Essa era a percepção da diplomacia brasileira. Afinal, o Brasil havia demonstrado coerência e posições firmes na defesa dos seus interesses. Ao término da reunião de Punta del Este, um dos grandes entusiastas, o embaixador Paulo Nogueira Batista, comentou que os resultados colocavam o país em um novo patamar.

Uma atualização faz-se necessária em relação a setembro de 1986. Na nova OMC (1995), instituíram-se os acordos sobre propriedade intelectual (Trips), serviços (Gats) e investimentos (TRIMS). O Brasil conseguiu adiar a inclusão de serviços no Gatt por quase uma década.

COMÉRCIO ENTRE PAÍSES EM DESENVOLVIMENTO

Cobri, em Brasília, a reunião da fase técnica do encontro entre representantes de 60 países do G-77, em setembro de 1986. O objetivo era iniciar uma rodada de negociações para criar o SGPC.

O então ministro da Fazenda, Dilson Funaro, de acordo com a reportagem "Cresce protecionismo de países desenvolvidos, segundo Funaro", de 22 de setembro de 1986, denunciou as causas de recessão e empobrecimento dos países em desenvolvimento – violenta alta das taxas de juros internacionais, combinada com o fechamento do mercado de capitais, onde os países devedores normalmente refinanciavam suas dívidas –, e culpou os industrializados por essa situação. Eles, citou Funaro, no campo do comércio:

> pretendem passar ao largo da situação de franca deterioração das regras existentes, pela qual são os grandes responsáveis, em vez de dispor-se a cooperar para eliminar do comércio de bens o crescente protecionismo, do qual são os grandes agentes e beneficiários. E insistem em criar regras multilaterais em outras áreas, como serviços, em que as legislações nacionais já atendem de forma adequada a necessidade de disciplinar as relações econômicas.

O tom na fala dos países em desenvolvimento, nos anos 1980, era de queixa em relação aos países ricos. Ao mesmo tempo, estimulava-se a união do Terceiro Mundo em torno dos ideais de crescimento com base em iniciativas como o SGPC. O carismático Funaro profetizou: "Não é difícil concluir que as relações comerciais entre os países em desenvolvimento se ampliarão ainda mais, como resultado do movimento de liberalização que estamos prestes a iniciar." Funaro citou um dado concreto: "Cerca de um terço de todo nosso comércio se realiza ao longo da vertente sul-sul, isto é, entre os países em desenvolvimento."

O embaixador Paulo Nogueira Batista, presidente do *bureau* do comitê negociador do SGPC, acreditava que o sistema iria desenvolver os fluxos de comércio entre o Brasil e os países da África e da Ásia, já que na América Latina a Aladi era o instrumento mais adequado para a troca de concessões tarifárias.

Sarney abriu a fase política da reunião do G-77, da qual participaram 15 ministros, entre eles Juan Sourrouille, da Argentina, Ricardo Cabrisas Ruiz, de Cuba, e Sultan Abu Ali, do Egito. Um detalhe importante: o Brasil estava empenhado em beneficiar a China com o sistema de concessões e sugeriu ao comitê negociador que encontrasse uma fórmula para que isso fosse possível. A China, apesar de ser um país em desenvolvimento àquela época, não era membro do G-77.

NEGOCIAÇÃO POLÍTICA DA DÍVIDA

O Brasil queria uma negociação política da dívida. Coube ao economista Celso Furtado, nomeado embaixador junto à Comunidade Econômica Europeia (CEE), dar essa explicação aos europeus e defender a lei brasileira de reserva de mercado para a informática.

Na reportagem de 18 de setembro de 1985, "Os objetivos de Furtado na CEE", ele disse que estava em cogitação uma nova rodada de negociações, "já chamada de Bretton Woods II, no âmbito da ONU". "Essa nova ordem econômica, Furtado imagina que deveria levar em conta as relações entre países socialistas e capitalistas, apesar do pequeno peso dos países socialistas no comércio mundial", escrevi. O economista e intelectual, morto em 2004, conhecido por seus estudos e livros sobre desenvolvimento econômico e subdesenvolvimento, afirmou que era preciso pensar em novas formas de cooperação internacional. Acrescentou: "As instituições de cooperação, como FMI e Banco Mundial, já estão usadas e não estão desenvolvendo suas funções de ajudar os países a resolverem seus problemas."

A dívida externa era um problema de natureza política, insistia o governo Sarney, com respaldo da OEA e da ONU. Em reportagem de 2 de abril de 1986, "Responsáveis pela dívida da América Latina são os credores, diz Cuéllar", mostro como as Nações Unidas defenderam os países devedores. "A dívida da América Latina é responsabilidade daqueles que lhe emprestaram dinheiro", afirmou o peruano Javier Pérez de Cuéllar, secretário-geral das Nações Unidas. Ele condenou a cobrança aos países da América Latina, África e Ásia, "porque na hora de emprestar, os credores não perguntaram se os recursos eram para o desenvolvimento das nações ou para a compra de armas. Agora, eles não têm moral, nem o direito, de exigir o pagamento da dívida".

Na opinião de Cuéllar, era necessário lutar contra a corrida armamentista convencional e nuclear.

Apesar de vender material bélico convencional ao exterior, e ocupar uma posição de destaque nesse ranking, o Brasil não foi criticado pelo representante da ONU, Pérez de Cuéllar.

"Ninguém está a falar da supressão definitiva da venda de armas a estrangeiros, pois cada país tem o direito à segurança. Mas há um limite para a necessidade de satisfação da segurança", afirmou, citando como exemplo o caso da República Dominicana, um país pacífico que não produz armas e as compras são realizadas simplesmente como fator de segurança. "Não sou contra o fato de o Brasil produzir e vender armas. Sou contra países que as vendam em excesso a quem não precisa de tanto para se sentir seguro", disse Pérez de Cuéllar.

DESMILITARIZAÇÃO DO ATLÂNTICO SUL

O secretário-geral da ONU respaldava a candidatura do Brasil a uma vaga de membro não permanente no Conselho de Segurança da ONU. E isso estava em sintonia com a aspiração do Brasil a ter maior projeção na cena internacional, o que se expressava, por exemplo, na proposta brasileira de transformar o Atlântico Sul em zona de paz e cooperação.

A matéria "Países aderem à proposta de desmilitarização", de 14 de julho de 1986, menciona a proposta de inclusão do tema desmilitarização do Atlântico Sul na 41ª sessão da Assembleia Geral da ONU, em setembro daquele ano.

Em carta a Pérez de Cuéllar, o chanceler Abreu Sodré lembrou que "a desmilitarização do Atlântico Sul era corolário lógico de outras iniciativas, como o Tratado de Tlatelolco para a prescrição de armas nucleares na América Latina, e a declaração sobre desnuclearização da África, aprovada pela Organização da Unidade Africana".

A iniciativa do Brasil, com o apoio da Argentina, resultou na Resolução 41/11, que criou a Zona de Paz e Cooperação do Atlântico Sul (Zopacas) com 24 países da América do Sul, África Ocidental, Equatorial e Meridional, em outubro de 1986. O projeto de resolução de Sarney teve 124 votos a favor e um contra – dos Estados Unidos –, além de oito abstenções – de Portugal, Bélgica, França, Itália, Japão, Luxemburgo, Países Baixos e República Federal da Alemanha. Na mesma matéria de 14 de julho de 1986, relatei que:

> [...] além da América Latina e da África, concorreram para a sua adoção os votos positivos dos países asiáticos, árabes, socialistas e de expressivos integrantes do grupo ocidental: Austrália, Áustria, Canadá, Dinamarca, Espanha, Finlândia, Grécia, Irlanda, Islândia, Nova Zelândia, Noruega, Reino Unido, Suécia e Turquia.

A NOVA RELAÇÃO COM CUBA

O restabelecimento de relações diplomáticas com Cuba, rompidas com o golpe de 1964, foi analisado pelo Conselho de Segurança Nacional (substituído, após a Constituição de 1988, pelo Conselho de Defesa Nacional), no qual tinham assento todos os ministros do governo. Em seu primeiro depoimento na Comissão de Relações Exteriores do Senado Federal, o chanceler Olavo Setúbal informou que entregara ao presidente Sarney um relatório contendo uma avaliação da atuação de Cuba no cenário internacional. O reatamento aconteceu em 1986, na gestão do sucessor de Setúbal, o chanceler Abreu Sodré, que chamou a política externa de seu período de "diplomacia com liberdade".

O primeiro embaixador cubano no Brasil foi Jorge Bolaños, e para a embaixada do Brasil em Havana foi nomeado Ítalo Zappa. Em reportagem de 20 de agosto de 1986, "Em setembro, volta o intercâmbio com Cuba", informei que a Cacex iria restabelecer a emissão de guias de exportação para Cuba, e que o governo cubano tinha interesse em comprar do Brasil máquinas agrícolas e tratores.

Na edição de 14 de agosto, na matéria "Otimismo de Zappa ao viajar para Cuba", há uma declaração importante do embaixador sobre a política externa da era Sarney.

Zappa considerava "que o reatamento com Cuba levava o Brasil a uma ausência de limitações na ação externa". Zappa não esperava grande volume de comércio com Havana. O que seria possível, disse, era uma pauta que preenchesse o vácuo deixado pelo boicote econômico dos EUA a Cuba.

A reportagem informou que a Companhia Vale do Rio Doce estava em entendimentos com o governo de Fidel Casto para cooperação em minério de ferro e níquel.

Em "Primeira missão cubana em SP", matéria de 9 de outubro de 1986, mostrei a dificuldade de se encontrarem mecanismos para financiar o comércio com Cuba, embora o Ministério do Comércio Exterior da ilha tivesse estimado que 80% das compras efetuadas por Havana em mercados desenvolvidos, como a Europa, poderiam ser direcionadas para o Brasil.

Entretanto, o governo de Fidel Castro estava realista, pois dificilmente o Brasil aceitaria um *clearing* clássico, como o existente com os países do Leste Europeu, em que a moeda usada era apenas gráfica, escritural. Supunha, também, que o Brasil não aceitaria um *barter*, troca simples de produtos.

Cuba propunha um acordo de crédito recíproco que não contemplasse liquidação de saldos em dólar norte-americano, por razões políticas. A moeda para liquidação sugerida por Havana era o marco alemão.

DIFICULDADES PARA OFERECER CRÉDITOS A PROJETOS EM CUBA

O governo brasileiro estava mais inclinado a oferecer créditos para projetos específicos por meio da Resolução n. 509 da Cacex. Por esse mecanismo creditício, os recursos seriam captados em bancos estrangeiros e a equalização da taxa de juro seria bancada pela Cacex, uma vez que os juros financeiros eram mais altos do que os destinados a financiar equipamentos.

Já o governo cubano preferia financiamentos via Resolução n. 68, totalmente providos pelo Brasil. Havana argumentava que os recursos pela via 509 aumentariam *exposure* de Cuba junto a bancos estrangeiros.

Destaco o que disse à época o presidente da Confederação Nacional do Comércio (CNC), Antonio de Oliveira Santos, sobre a dificuldade de se encontrar solução para vender produtos brasileiros a Cuba: "Não é o que importa no momento". Sua opinião era que o Brasil deveria fazer pequenos fornecimentos a Cuba sem se preocupar com o pagamento imediato, pois o mais importante eram os acertos que ambos os países poderiam fazer no setor de açúcar, já que eram os maiores produtores mundiais.

A reportagem "Presença de Cuba poderá facilitar negociação de novo acordo mundial", de 7 de outubro de 1986, sobre a participação do ministro do Comércio Exterior cubano, Ricardo Cabrisas, na reunião do Grupo de Países Latino-Americanos e do Caribe Exportadores de Açúcar (Geplacea), em Maceió, revelou que:

> [...] o governo de Fidel Castro era um obstáculo a um novo acerto, porque mantinha a sua política de arranjos especiais (vendas a preços acima do mercado internacional) com os países socialistas do Leste europeu (Comecom) e com outros, como a China e o Vietnã. Cuba, que dizia não ter condições de renunciar aos arranjos especiais, estava renitente em aceitar as propostas sobre a mesa, que questionavam a posição confortável de Havana em sua política exportadora.

O Brasil, que propunha a formação de um novo acordo à semelhança do existente para o café, mais simples e flexível, em que tanto a cota global quanto a faixa de preços fossem definidas pelo conselho de produtores, com base numa participação percentual de cada país exportador, atuava como mediador entre as posições conflitantes.

Isso confirma o que eu disse sobre a importância atribuída pelo Brasil à diplomacia voltada aos foros de países em desenvolvimento produtores de matérias-primas. Em outubro de 1986, houve vários encontros mundiais com a participação brasileira: sobre pimenta-do-reino (Brasil, Índia, Indonésia e Malásia), sisal e cacau, e o primeiro encontro dos produtores mundiais de algodão em Buenos Aires, com a presença de Brasil, Estados Unidos, Peru, Argentina, Paraguai, México, Guatemala, Costa Rica, Uganda, Sudão, Egito, Índia, China e Paquistão. No temário, a legislação agrícola norte-americana, que alterou o sistema de preços de garantia e de créditos ao produtor e contribuiu para uma baixa substancial nas cotações do algodão.

PRIMEIRA VISITA OFICIAL A CUBA

Em março de 1987, Abreu Sodré desembarcou em Havana em companhia de políticos e jornalistas, viagem da qual participei. Tratava-se de oficializar o novo *status* das relações diplomáticas depois do reatamento. Com isso, cessava o papel da embaixada da antiga Tchecoslováquia em Brasília de representar os interesses do governo cubano no Brasil, e a da Suíça de representar o governo brasileiro em Havana.

Na reportagem de 18 de março de 1987, "Castro quebra o protocolo", escrevi:

> Em Cuba, todos sabem que o comandante Fidel Castro costuma desafiar as regras do protocolo. Na cerimônia de colocação da pedra fundamental da embaixada brasileira em Havana, o presidente cubano não fugiu à regra. Quinze minutos antes do horário marcado para o início da cerimônia, Fidel apareceu, deixando embaraçado o cerimonial do Itamaraty, pois os jornalistas que acompanham o chanceler Abreu Sodré ainda não haviam chegado.
>
> A situação, porém, não tirou o bom humor nem a versatilidade do líder cubano. Ele aproveitou o atraso do programa para visitar uma escola em frente ao terreno onde será construída a Chancelaria brasileira, no bairro de Miramar. Muito aplaudido pelos alunos, Fidel, didaticamente como um professor, começou a perguntar qual é o maior rio do mundo, para receber a resposta de que é o Amazonas, que fica no Brasil, o país que instalará a mais nova embaixada em Cuba.

Vestido impecavelmente com sua farda e quepe verdes, as botas reluzindo ao sol, o rosto corado e a barba grisalha, acompanhou o ministro brasileiro até a pedra fundamental e aí depositou simbolicamente, em um tubo de metal, duas coleções de moedas – do Brasil e de Cuba – e gracejou: "Elas não vão mesmo servir para pagar a nossa dívida".

O ato foi simples e cordial. Fidel comentou que a Chancelaria cubana em Brasília não será tão grande como a brasileira, o que é proporcional ao tamanho dos dois países.

A tarde estava quente e Fidel convidou Abreu Sodré a tomar *una copa* antes de se dirigirem ao Instituto de Engenharia Genética e Biotecnologia, onde se desenvolvem as pesquisas para a cura do câncer. Deixou a comitiva brasileira e prometeu reaparecer à noite para um jantar e uma conversa com a imprensa.

O embaixador Ítalo Zappa, convivendo há dois meses com o socialismo cubano, costuma dizer que nesse país "não há um temor reverencial" pela figura do comandante da revolução, o herói da Sierra Maestra que se sente à vontade para ser também o maior opositor do regime, principalmente quando as coisas não andam bem.

CUBA E O PAPEL DOS MILITARES NO BRASIL

Em doses homeopáticas e agora mais cautelosos para comentar os fatos políticos brasileiros, os cubanos avançam na análise do papel do Brasil no continente.

Para o vice-presidente dos Conselhos de Ministros e de Estado, Carlos Rafael Rodríguez, que em 1962 passou por São Paulo na clandestinidade a caminho de Punta del Este, para participar da Conferência da Organização dos Estados Americanos (OEA), que decidiu excluir Cuba do sistema interamericano, o Brasil adotou uma posição corajosa ao desafiar os credores internacionais.

O vice-líder da revolução também identificou nos governos militares brasileiros uma diferença em relação aos demais regimes fortes da América Latina, como o do Chile, o da Argentina e o do Uruguai. "No Brasil, os militares sacrificaram o futuro do povo, mas tiveram um papel histórico na economia, colocando o País na vanguarda do Terceiro Mundo", concluiu.[64]

Por ocasião da visita de Abreu Sodré, Brasil e Cuba assinaram quatro documentos, "que marcam a aproximação dos dois povos depois de 22 anos de interrupção no relacionamento bilateral". Um deles, sobre cooperação tecnológica, era um "guarda-chuva" para ajustes complementares específicos em diversos setores. Foi criada uma comissão para rever os acordos firmados entre 1909 e 1961.

No jantar, oferecido à delegação brasileira no Palácio das Convenções, Fidel Castro se mostrou interessado em associações entre empresas brasileiras e cubanas para fortalecer o processo de industrialização de Cuba.

FIDEL E O CAPITAL ESTRANGEIRO EM CUBA

Perguntado se a entrada de capital estrangeiro em Cuba não iria introduzir um novo conceito na revolução, o de lucro, explicou que para o socialista o mais importante é que ganhe o país e não a empresa, e conceituou:

> "A rentabilidade é um instrumento para medir a eficiência, mas não é esse mecanismo que vai promover o desenvolvimento nem o controle do socialismo. O desenvolvimento é produto do esforço do homem. Não posso conceber um socialista que por querer que sua empresa seja rentável afete os interesses do país."

> O presidente cubano considera essencial o planejamento, a racionalidade, no que, segundo ele, as multinacionais são mestras. Apesar de empresas privadas, elas podem ser consideradas socialistas por seus métodos. "Seus acionistas vivem em Londres, Paris ou Nova York, mas têm administradores com muito senso de organização." O socialismo, disse Fidel, "necessita de especialistas administrando bem a empresa".

> Numa fase de escassez de divisas em que é preciso buscar saídas criativas, Fidel admitiu a possibilidade de exportar charutos cubanos ao Brasil para compensar as importações de manufaturados e bens de capital.[65]

Fidel não se interessou por adquirir armamentos brasileiros (os de Cuba "têm tecnologia socialista"), mas se mostrou impressionado com os dados técnicos do "Brasília", o avião da Embraer que levou a delegação brasileira a Havana e que serviria para a aviação regional. Escrevi: "Mas, o fato é que apesar da alta tecnologia do Brasília, um avião nacional, o seu painel eletrônico está equipado com peças norte-americanas e certamente não poderá ser vendido no mercado cubano".[66]

JANTAR COM FIDEL EM HAVANA: SEM GRAVADORES, FILMADORAS E MÁQUINAS FOTOGRÁFICAS

Os jornalistas participaram do jantar sem direito a portar gravadores, máquinas fotográficas e filmadoras, recolhidos na entrada do Palácio. Tivemos de reter na memória as duas horas de conversa incansável, em pé, ao redor de uma longa mesa farta de pratos à base de frutos do mar e regada por um rum envelhecido, reminiscências da época do ditador Fulgêncio Batista, relatei na matéria "Fidel interessado em negócios com o Brasil", de 19 de março de 1987.

O tema da escassez de divisas esteve à mesa de conversas econômicas no segundo dia de viagem de Abreu Sodré a Havana.

> Cuba, já sem fôlego para negociar com o mundo capitalista – desde 1979 não recebe dinheiro novo –, reduziu pela metade no orçamento deste ano sua previsão de importações dos países de economia livre de mercado, passando de US$ 1,2 bilhão para apenas US$ 600 milhões. Pesa ainda nessas contas apertadas a queda dos preços do açúcar e do petróleo.[67]

O vice-presidente dos Conselhos de Ministros e de Estado, Carlos Rafael Rodríguez, o segundo homem da revolução, disse que Cuba recebia anualmente uma cota de 14 milhões de toneladas de petróleo da União Soviética. Desse total, economizava 3 milhões de toneladas que a própria URSS se encarregava, através de suas empresas de comércio exterior, de colocar no mercado internacional em troca de divisas fortes. Isso constituía, juntamente a uma pequena receita proveniente das vendas de açúcar, o único caixa de que dispunha para comprar produtos do sistema capitalista.

Prossegui:

Essa situação reduz bastante as possibilidades de Cuba negociar com o Brasil sem o apoio de uma linha de crédito brasileira. Tudo indica, no entanto, que os recursos do Brasil para financiar as vendas de empresas nacionais não virão a curto prazo. Antes que isso aconteça, esclarecem diplomatas brasileiros, Havana terá de colocar no papel, por ordem de prioridade, o que realmente é essencial nesse momento para a economia do país.

Essa manifestação de prudência da parte brasileira não quer dizer que, apenas reatadas as relações, o Brasil não se esteja esforçando para normalizá-las. Os próximos passos serão em torno da elaboração de uma lista de produtos com preferências alfandegárias a ser negociada em Brasília. Uma espécie de acordo de alcance parcial, nos moldes dos acordos negociados entre os países-membros da ALADI. Juntamente com essa decisão, os dois governos estão dispostos a estudar formas de pagamento para as exportações brasileiras.

POSIÇÕES SEMELHANTES DE CUBA E DO BRASIL NA ONU

O box da matéria "Dificuldades de crédito podem postergar expansão do comércio", de 18 de março de 1987, mencionou as "posições semelhantes" entre Brasil e Cuba em organismos internacionais. Depois do reatamento, eles descobriram "que a ideologia que os separou durante 22 anos não contribuiu para um distanciamento das posições que ambos vêm assumindo no contexto internacional".

Um levantamento feito pelo governo cubano mostrava que na última Assembleia Geral das Nações Unidas, em setembro de 1986, o nível de coincidências na votação das propostas chegou a seu ponto mais alto – 90,9%. É bem verdade que muitas das resoluções foram adotadas por consenso, mesmo assim, ambos os governos estavam bastante afinados em questões econômicas, no combate ao protecionismo, na crítica à política de subsídios agrícolas dos Estados Unidos e da Europa e na questão da dívida externa. O Brasil assumiu uma atitude perante seus credores que teve uma repercussão importante em Havana.

DEFESA DOS ESTADOS UNIDOS: INTERESSE POR ARMAMENTO DO BRASIL

O governo norte-americano ameaçava e punia o Brasil pela alegada dificuldade de acesso a um mercado tecnológico importante, como o da informática, e ao mesmo tempo elogiava a tecnologia dos armamentos brasileiros. Em 25 de fevereiro de 1986, na reportagem "'EUA poderão comprar armas do Brasil', diz o subsecretário da Defesa", escrevi que uma delegação, chefiada por Fred Iklé e integrada por representantes do Departamento de Estado e do Conselho de Segurança, encontrou-se com militares do Estado Maior das Forças Armadas, e visitou as principais indústrias do parque bélico brasileiro, como a Engesa, a Avibras e a Embraer. Iklé declarou estar "impressionado com alguns tipos de armamentos brasileiros e afirmou que seu país pretende explorar as possibilidades de comprá-los".

Para o governo norte-americano, a vinda ao Brasil da missão da Defesa encaixava-se no quadro de cooperação militar definido em 1982, na visita do presidente Reagan ao Brasil, quando se instituíram cinco grupos de trabalho, um dos quais para a cooperação militar entre empresas dos dois países.

Já em Brasília, a visita era vista como:

> [...] mais um passo no sentido de solidificarem-se as relações militares entre os dois países, abaladas pela denúncia em 1977, durante o governo Geisel, do acordo de cooperação militar com os EUA. No quadro de reaproximação, também pode ser explicada a viagem a Brasília, em dezembro do ano passado (1985), do ministro do Exército dos EUA, John Marsh.

COBERTURA DE POLÍTICA EXTERNA: MAIS *BACKGROUND* E *OFF THE RECORD* DO QUE *ON THE RECORD*

Quando cobri política externa em Brasília nos anos 1980 e 1990, uma das primeiras regras que aprendi era que os diplomatas quase sempre transmitiam informações em *background*, isto é, sem a permissão para seus nomes serem citados. Quando nos falavam *off the record*, significava que o assunto deveria permanecer em sigilo. Porém, o repórter podia fazer suas apurações e trazer o tema em forma de notícia, sem de maneira alguma comprometer a fonte original. Já em entrevistas coletivas, ou quando o porta-voz do Itamaraty falava oficialmente, as informações eram *on the record*. Destaco esse assunto porque em minhas reportagens me refiro, muitas vezes, a expressões como "segundo uma fonte credenciada do Itamaraty...". Nesse caso, o diplomata que deu as informações em *background* tinha uma posição elevada na hierarquia do Ministério, ou dominava bem o assunto, o que contribuía para dar mais valor à informação. Outro detalhe: o jornalista que cobre política externa não deve ser apenas um setorista do Itamaraty. Precisa "fazer" fontes nas principais embaixadas de países com relacionamento importante com o Brasil e nas várias comissões da Câmara dos Deputados e do Senado, que legislam sobre temas com implicações externas.

Escrevi o artigo "O mundo perdeu valor" para a edição de abril-maio-junho de 2015 da *Revista de Jornalismo ESPM*, relatando detalhes da cobertura de política externa. Segue um trecho:

> De meados da década de 1980 aos anos 1990, o Brasil vivia efervescência diplomática: visitas de chefes de Estado a Brasília tornaram-se rotineiras, viagens presidenciais ganharam consistência, os conflitos em diferentes temas demandavam uma diplomacia à altura. Os principais jornais do País acompanharam a movimentação, confiando a alguns jornalistas a tarefa de seguir de perto a política externa da redemocratização.
>
> Na presidência da República, José Sarney, Fernando Collor, Itamar Franco, Fernando Henrique Cardoso. Os temas? Uma nova era livre de desconfianças no relacionamento com a Argentina, construção de alicerces para uma integração macroeconômica com programas bilaterais de harmonização nos mais diferentes campos, constituição do Mercosul, reatamento com Cuba, lançamento da Rodada Uruguai do Acordo Geral de Tarifas e Comércio (Gatt), criação da Organização Mundial do Comércio, contenciosos da dívida externa, da informática e das patentes farmacêuticas com os EUA, processos antidumping e de direitos compensatórios, assinatura do Tratado de Não Proliferação Nuclear, desregulamentação da economia, privatizações, abertura

comercial, pacotes econômicos, Plano Real, negociações da Área de Livre-Comércio das Américas (Alca), Rio-92, Amazônia e críticas externas ao desmatamento, reuniões de cúpulas, entre elas a dos países ibero-americanos...

Poderia a imprensa da época furtar-se à cobertura de tanta novidade? Os jornais desempenharam bem o seu papel e informaram a sociedade brasileira de forma competente.

"O EMBAIXADOR DA DÍVIDA"

Esse é o título da reportagem de 8 de abril de 1987. Reproduzo-a na íntegra, porque mostra como a Casa de Rio Branco ajudou num dos mais graves problemas que o governo Sarney enfrentou: a renegociação da dívida externa brasileira.

> Não se trata de uma volta aos tempos do governo João Figueiredo, quando o então chanceler Ramiro Saraiva Guerreiro defendia, na abertura da reunião do Consenso de Cartagena, a necessidade de os países credores reconhecerem o caráter político na renegociação da dívida externa do Terceiro Mundo. "Hoje, a situação financeira do País é bem pior, mas existe um respaldo maior às teses do governo, tanto de partidos como dos próprios empresários e da opinião pública", comenta um íntimo colaborador do ex-ministro das Relações Exteriores ao comparar os dois momentos.
>
> No governo passado, o Itamaraty, num acordo tático com os ministérios da Fazenda e do Planejamento, ficava com a função de "vender" uma mensagem mais política para a questão da dívida, enquanto a área econômica do governo, representada por Ernane Galvêas e Delfim Netto, que se opunha às teses de Guerreiro e de seus "barbudinhos", tratava de negociar com os bancos de maneira ortodoxa.
>
> Mas o assessor do ex-chanceler, que já está sendo chamado de "o embaixador da dívida", não disfarça a satisfação de ver vitoriosa a posição do chefe ao ter sido indicado pelo presidente José Sarney para conduzir as negociações com os governos e os bancos credores. "Qualidades não lhe faltam", afirmam seus colegas do Itamaraty.
>
> Capacidade de enfrentar situações difíceis e tensas, serenidade, ironia, conhecimento profundo cortante da vida diplomática

(passou dez anos na cúpula do governo, sendo seis como chanceler e quatro como secretário-geral na gestão Azeredo da Silveira), hábil negociador, dono de uma memória fantástica, são esses os traços mais lembrados pelos diplomatas para definir a personalidade de Guerreiro.

Baiano, jurista (já foi delegado de polícia), aposentado em 1986 aos 69 anos e eleito por unanimidade para a comissão jurídica interamericana da Organização dos Estados Americanos, com sede no Rio, função que continuará a exercer, pois é compatível com o seu novo cargo no governo, Guerreiro ficou conhecido por sua política externa do "universalismo" (relações com todos os países independentemente de ideologias).

Sobressaiu na administração Figueiredo como um ministro intocável, merecedor de crédito por parte do governo e respaldado pela opinião pública. Em 1984, foi convidado a fazer uma palestra na Faculdade de Direito da Universidade de São Paulo (USP), quando ouviu do presidente do diretório acadêmico que ele era o único ministro que havia sido convidado para comparecer àquele centro universitário.

Foi durante sua gestão que o Brasil reafirmou o apoio à soberania argentina sobre as ilhas Malvinas e reforçou os laços com a África.

O ex-chanceler começou sua carreira na Organização das Nações Unidas, mas se destacou como negociador em Genebra junto ao Gatt. Foi embaixador na Itália, França, no Uruguai, na Bolívia, na Espanha, em Washington e em Nova York.

Articulou a ida do presidente Figueiredo à ONU, em setembro de 1983, e desde essa época defendeu um tratamento político para a dívida por achar que os governos dos países credores têm responsabilidade sobre a negociação.

No Itamaraty, o lado pitoresco do ex-chanceler é notado por seu conhecido hábito de dormir durante discursos, o que lhe valeu o apelido de "Soneca". Mas quem com ele trabalhou garante que apesar dos olhos semicerrados, a memória capta tudo o que acontece ao redor. "Ele lê tudo o que vê pela frente, e apesar do ar bonachão, não elogia ninguém", afirma um diplomata.

Saraiva Guerreiro será o principal negociador da dívida externa brasileira. Na sexta-feira ele esteve em Brasília conversando com Sarney e no sábado reuniu-se com o ministro Dilson Funaro, em São Paulo.

"Ele ficou um pouco assustado com a proposta, que não estava em seus planos, mas se mostrou consciente das dificuldades que enfrentará", resumiu uma fonte diplomática.

O porta-voz do Itamaraty, Ruy Nogueira, disse que "os assuntos afetos às negociações financeiras internacionais são tradicionalmente da competência do Ministério da Fazenda, cabendo ao Itamaraty respaldar a ação daquele órgão sempre e quando solicitado. Não obstante, constitui motivo de inegável contentamento para a Casa inteirar-se de que um dos seus mais ilustres funcionários tenha sido lembrado pelo presidente da República para colaborar com o ministro da Fazenda em missão de tamanha transcendência para o País".

DÍVIDA, FRUSTRAÇÃO E MISÉRIA

Escrevi muitas matérias sobre pronunciamentos diplomáticos relacionados à dívida externa dos países em desenvolvimento e às dificuldades para pagá-la. Na reportagem "Não podemos pagar com frustração e miséria", de 17 de dezembro de 1987, o chanceler Abreu Sodré afirmou que a estratégia adotada em relação à dívida externa "parece não ter levado em consideração as grandes mudanças ocorridas na economia mundial entre o momento em que a dívida foi contraída – década de 70 – e o momento em que deveria começar a ser paga, no início dos anos 80".

O ministro fez um histórico sobre as causas do endividamento e deu ênfase a estes dados:

> [...] nos últimos seis anos as importações dos quinze maiores países devedores caíram 35,7%, a taxa de investimento caiu de 24,8% do Produto Interno Bruto (PIB) para 18% e a queda do PIB per capita foi de 7,3%.
>
> "Como pagar a dívida nessas condições? Poderá haver surpresa honesta se, nesse quadro recessivo, alguns países devedores, como o Brasil (decretou moratória dos pagamentos em 20 de fevereiro de 1987), tenham deixado de saldar seus compromissos?"

O chanceler fez a indagação anterior, apontando as principais soluções para o problema, defendidas em Acapulco por oito presidentes que participaram da reunião do parlamento latino-americano: "créditos suficientes dos países credores; limite para as taxas de juro; novos mecanismos para proteger o esforço de crescimento do impacto de fatores externos adversos; e conversão de uma parcela do débito de acordo com o seu valor no mercado secundário".

Segundo Abreu Sodré, "a renda per capita dos latino-americanos dificilmente atingirá em 1990 o nível que já havia alcançado em 1980. Isso significa que os anos 80 terão representado para a região, no que se refere ao desenvolvimento, uma década perdida".

AS PERIPÉCIAS PARA ADQUIRIR SUPERCOMPUTADORES DOS ESTADOS UNIDOS

Em 1987, o assunto dos supercomputadores já estava sobre a mesa. Na matéria "Supercomputadores poderão ser fornecidos pelo Japão", de 31 de julho daquele ano, escrevi:

> O ministro Renato Archer, de Ciência e Tecnologia, admite que o Japão é hoje uma alternativa para o suprimento de supercomputadores que o Brasil necessita comprar para a Petrobras e para o Centro de Previsão de Tempo e Estudos Climáticos (Cepetec).
>
> Segundo Archer, o governo brasileiro tem um documento oficial do Japão garantindo o acesso do Brasil a esse equipamento sofisticado sem exigências que violem a soberania nacional, como as apresentadas pela IBM norte-americana no ano passado: proibição de reexportação, necessidade de *clearance* (liberação) do Departamento de Comércio norte-americano à pessoa que operar o computador e proibição de seu uso para cálculos em energia nuclear, criptografia (arte de escrever em cifras ou em códigos) e projetos relacionados à fabricação de mísseis.
>
> Essas condições foram rejeitadas por unanimidade pelos ministérios das Relações Exteriores, Ciência e Tecnologia, Fazenda e Secretaria do Conselho de Segurança Nacional. Além disso, em meados do ano passado, o presidente José Sarney aprovou uma exposição de motivos dos responsáveis por esses ministérios dizendo que o Brasil só aceitará as três exigências se não houver alternativa e se o equipamento for mesmo essencial.

> Como empresa estatal, a Petrobras está obrigada a acatar a recomendação do presidente da República. O mesmo não aconteceu, no ano passado, com quatro outras instituições privadas que importaram o equipamento da IBM: bancos Nacional e Real, Mercedes-Benz e Phillips. Na mesma época, o Banco Central se recusou a adquirir o supercomputador. O que se está tentando, diz o ministro, é uma habilidade jurídica para contornar o problema sem que a operação represente ameaça à soberania nacional.

Prossegui:

> Não haveria problema na exportação de um supercomputador japonês ao Brasil porque não se trata de um país socialista nem enquadrado na lista de "inimigo" dos EUA, como a Líbia. Como se sabe, os dois principais fabricantes de chips – Japão e EUA – têm um acordo entre si pelo qual restringem o acesso de certos países a equipamentos sofisticados como um supercomputador.
>
> Esse mesmo tipo de acordo pode causar problemas na exportação de microcomputadores a países socialistas, como a União Soviética. Segundo Archer, algumas das 400 empresas brasileiras de informática importam componentes com o compromisso de não os reexportar para determinadas áreas. Archer diz, no entanto, que não foi esse problema que impediu vendas aos soviéticos em 1985, quando eles solicitaram o fornecimento de 80 mil micros. "Não havia produção suficiente porque o mercado doméstico estava absorvendo tudo", explica.
>
> Hoje, comenta o ministro, existem 370 mil micros instalados no Brasil e, devido ao desaquecimento da economia, muitos fabricantes estão dispostos a exportar. Os soviéticos não desistiram da importação e estão vindo para a feira de informática da Sucesu, que se realizará no Parque Anhembi, em São Paulo. Eles necessitam adquirir 1 milhão de unidades para modernizar a administração e o ensino no país.

OEA: REVIGORAMENTO POLÍTICO E PIOR CRISE FINANCEIRA

Na 17ª Assembleia Geral da OEA em Washington, em 1987, os temas principais foram a crise da América Central e as dificuldades financeiras da entidade por falta de pagamento de países-membros, principalmente os Estados Unidos.

Na reportagem assinada da capital norte-americana, "Paz na América Central, o tema que deve dominar a 17ª Assembleia Geral", de 9 de novembro daquele ano, escrevi: "[...] a despeito de desejar fortalecer a OEA, o governo norte-americano, que contribui com 60% do orçamento da entidade, está atrasado no pagamento de suas cotas e encontra dificuldades para que o Congresso aprove a liberação de verbas com a finalidade de quitar os seus compromissos". Prossegui:

> O atraso no pagamento das cotas à OEA e a outros organismos multilaterais, como a ONU, foi uma decisão política do governo Reagan como forma de boicotar o avanço das discussões para a paz. Neste momento, porém, entendem os diplomatas brasileiros que os Estados Unidos querem rever essa decisão. Eles lembram que a tática de Shultz de captar a simpatia da organização na Assembleia Geral pode influenciar o Congresso como ocorreu há alguns meses, quando o conselho permanente da OEA, ao manifestar-se contra a ajuda dos Estados Unidos aos contrarrevolucionários nicaraguenses, obteve a recusa dos congressistas na aprovação de recursos à guerrilha antissandinista.
>
> O secretário-geral da OEA, embaixador João Clemente Baena Soares, considera a situação financeira da entidade gravíssima e vai envidar esforços, numa reunião privada na terça-feira, para reverter esse quadro de dificuldades que está levando a organização a retirar verbas destinadas a programas de desenvolvimento na América Latina para o pagamento de seus funcionários. Segundo fontes do Itamaraty, a OEA tem feito cortes orçamentários importantes porque sem a contribuição norte-americana são escassos os meios para financiar um desempenho mais ativo da entidade na resolução dos problemas latino-americanos.

Uma semana após essa reportagem, a *Gazeta Mercantil* publicou outra matéria minha de Washington: "OEA enfrenta a pior crise financeira", de 16 de novembro de 1987:

> Ironicamente, a Organização dos Estados Americanos, que há dois anos vem passando por um processo de revigoramento político, enfrenta neste final de ano a pior crise financeira de sua história.

> Os débitos acumulados somam hoje US$ 42 milhões, dos quais US$ 31 milhões da responsabilidade do governo norte-americano, o maior contribuinte, juntamente com o Brasil, a Argentina, o México e a Venezuela, nessa ordem de importância.

Dos 31 países-membros, apenas Bahamas, Chile, Dominica, Jamaica, Uruguai, Colômbia e Venezuela estavam com o pagamento de suas cotas em dia.

O jornalista Guillermo Piernes, que em 1986 chegou a Brasília como representante da OEA, contou-me em depoimento[68] que a situação financeira da entidade já era crítica.

> O Brasil também estava muito atrasado e debilitava a posição do Baena, porque um poderoso membro explicava que "até o país de origem do secretário-geral não apoia...". Ao apresentar as minhas credenciais ao ministro Abreu Sodré, pedi para fazer um comentário puramente pessoal, sem autorização nem orientação de ninguém. Após seu assentimento, disse o que era ouvido em Washington sobre o significado desses atrasados. Expliquei que eu nem era brasileiro, mas sentia vergonha como se fosse, ao ver a falta de apoio a esse brilhante diplomata... O ministro nada respondeu. Porém, dias depois, as contas foram colocadas quase em dia. Nunca contei a Baena, porque acho que não iria gostar nem um pouco. Ele confiava que o Itamaraty iria perceber e resolver. Também acredito, mas precisava urgência, e um empurrão até heterodoxo ajudou.

Uma crítica constante à OEA na imprensa norte-americana era a ociosidade dos recursos humanos. Baena Soares rebateu, segundo a reportagem anteriormente citada:

> A mão de obra que temos é necessária para cumprir o orçamento. Se os países-membros não dão condições para que os projetos sejam implementados, isto é, a contrapartida, gerando perda de tempo e de recursos em termos da remuneração da mão de obra, não temos culpa. Eu assumo as minhas deficiências. Não a dos outros. Segundo Baena, o seu antecessor, o argentino Alejandro Orfila, dispensou trezentas pessoas em 1982.

Quatro anos depois dessas duas reportagens, escrevi, também de Washington, que a OEA, pela primeira vez naqueles anos, iria discutir propostas para evitar retrocessos nos regimes democráticos da região e novos conceitos de segurança, já que com o fim da Guerra Fria, o Tratado Interamericano de Assistência Recíproca (Tiar) estava totalmente superado.

NACIONALISMO DEFENSIVO

Sarney seguiu a linha nacional-desenvolvimentista do governo Figueiredo, porém com ênfase no fortalecimento de políticas internacionais de respeito aos direitos humanos e ao meio ambiente. Inaugurava-se um governo democrático, e havia bastante interesse nos grandes temas internacionais da década de 1980. O Brasil abria-se para o mundo na reta final do período da Guerra Fria. Porém, o governo brasileiro tinha de lidar com muitos constrangimentos. O país vinha de 21 anos de ditadura com problemas graves de dívida externa e inflação elevada, com economia fechada, problemas fiscais e contenciosos comerciais e tecnológicos com os Estados Unidos.

Nessa posição desfavorável, o Brasil se apresentou no cenário internacional de forma reativa. O governo Sarney repudiava interferências externas, a exemplo das críticas ao desmatamento na Amazônia, embora tenha atuado para resolver os problemas ambientais. Esse sempre foi um assunto espinhoso para o Brasil e fonte de pressões sobre Brasília.

Era notória a postura defensiva do país no governo Sarney, como se vê na reportagem de 31 de março de 1989 na *Gazeta Mercantil*.[69] Acontecia a sexta reunião ministerial sobre meio ambiente na América Latina e no Caribe, em Brasília. O presidente Sarney considerou "impositivo e paternalista" o discurso "inadequado" do diretor-executivo do Programa das Nações Unidas para o Meio Ambiente (PNUMA), o egípcio Mostafa K. Tolba. Ele explicitou em seu pronunciamento medidas que os países da região deveriam tomar para proteger o meio ambiente e colocou o México como exemplo a ser seguido, porque estava realizando audiências públicas para discutir o assunto. Em entrevista,[70] Sarney rebateu:

> [...] o Brasil acha que está interpretando os sentimentos da América Latina e do Caribe quando não deseja colocar dentro do problema ambiental os problemas que afetam a nossa soberania.

> Nós todos, nossos países foram constituídos à base de uma resistência contra o jugo colonial. De maneira que não podemos aceitar uma forma de colonialismo que se está querendo criar de interferência em nossos negócios internos.

Com essa declaração, Sarney reafirmou os princípios de autodeterminação e soberania.

Tolba sugeriu que, da reunião ministerial, saísse um plano de ação regional com os seguintes pontos: "a ligação entre crise econômica, dívida externa e falência da ecologia; a necessidade de se proteger as reservas indígenas através de planejamento; a participação pública; e a informação pública".[71]

O diretor-executivo do PNUMA também propôs a troca da dívida por proteção ambiental (*debt for nature swaps*), como a que estava sendo realizada no Equador e na Costa Rica.

Sarney rechaçou essas colocações:

> [...] os principais obstáculos à solução da questão ambiental residem na iniquidade das terríveis desigualdades existentes, no fosso entre ricos e pobres, na deterioração dos termos de troca, no crescente protecionismo nos países industrializados e no insuportável peso da dívida externa, que transformou os países em desenvolvimento em exportadores líquidos de capital.[72]

Outra manifestação do caráter defensivo da política externa brasileira mostrei em reportagem de 12 de abril de 1989: "Os presidentes de oito países vão discutir uma política para a Amazônia", aludindo aos membros do Tratado de Cooperação Amazônica (Brasil, Peru, Colômbia, Venezuela, Guiana, Suriname, Bolívia e Equador). Escrevi:

> "Estamos sendo apontados como vilões da comunidade internacional de forma injusta e inadequada", comentou o chanceler interino, Paulo Tarso Flecha de Lima, lembrando que o governo estava preocupado com os efeitos da destruição da camada de ozônio. Flecha de Lima contra-atacou, rebatendo as críticas dos países desenvolvidos ao desmate da Amazônia. Ele afirmou que relatórios fornecidos à imprensa indicavam que a população de origem pomerana, no Espírito Santo, apresentava um alto índice de câncer de pele, a principal patologia causada pela destruição da camada de ozônio na atmosfera.

"Pedimos ao ministério da Saúde que investigue a questão para ver se cabe uma ação legal em profundidade contra os países industrializados", disse.

LEGADOS AMBIENTAIS DO REGIME MILITAR: DESMATAMENTO E QUEIMADAS

O desmatamento da Amazônia e a crise ambiental que o governo Sarney teve de enfrentar foram legados dos governos militares, justamente num momento em que o governo mais esperava compreensão do exterior com os problemas brasileiros.

O Brasil ansiava por boa vontade do mundo na redemocratização e queria um tempo para arrumar a casa, mas uma avalanche de críticas e imposições externas de toda ordem se abateu sobre o governo Sarney. O presidente reagia às críticas e, ao mesmo tempo, sem ser negacionista como os militares, propunha ações, enquanto se ampliava a campanha internacional para a proteção da Amazônia.

Embora tenha se realizado no governo Collor de Mello, a Rio-92 foi proposta pelo governo Sarney, que apresentou a candidatura do Brasil para sediar a conferência universal sobre meio ambiente e desenvolvimento.

Outra resposta às críticas foi a criação, em fevereiro de 1989, do Instituto Brasileiro do Meio Ambiente e dos Recursos Naturais Renováveis (Ibama), que teve como primeiro presidente o jornalista e porta-voz do governo Sarney, Fernando César Mesquita.

ASSASSINATO DE CHICO MENDES. PIORA A IMAGEM DO BRASIL

Pouco antes, em dezembro de 1988, houve o assassinato de Chico Mendes, um defensor da floresta amazônica e de melhores condições de vida para os seringueiros. A morte do sindicalista colocou mais peso às acusações mundiais contra o Brasil, em função do desmatamento e das queimadas. Esse quadro, resultado de orientações equivocadas dos militares para a ocupação da Amazônia, prejudicou a imagem mundial do país, que já vinha manchada pelo desrespeito aos direitos humanos.

Além do Ibama, o governo Sarney criou o Programa Nossa Natureza, "o mais completo diagnóstico do meio ambiente no Brasil, coordenado pelo general Bayma Dennys, chefe da Casa Militar da Presidência da República".[73]

No governo Sarney, secaram os financiamentos ao Brasil de bancos oficiais internacionais, como BID, Banco Mundial, Eximbank e Comunidade Econômica Europeia, para qualquer tipo de projeto econômico. Um dos decretos mais relevantes para a defesa da floresta amazônica suspendeu a aplicação de recursos decorrentes de financiamentos governamentais em projetos que implicassem desmatamento. As políticas adotadas por Sarney levaram a um quadro mais positivo, principalmente com maior dotação de recursos ao Ibama.

O Instituto Nacional de Pesquisas Espaciais (Inpe), no período 1988/1989, indicou que o desmatamento, que tinha sido de 17.770 km^2, caiu para 13.730 km^2 entre 1989 e 1990. E no período 90/91, ficou em 11.030 km^2.

Neste século XXI, os assuntos ambiente e sustentabilidade ganharam novas dimensões. Além de governos e de organismos internacionais, entraram outros atores de peso no debate – os mercados de consumo e financeiro, que ampliam a pressão contra o desmatamento na Amazônia e as políticas que prejudicam as comunidades indígenas. A sigla ESG (*environment, social and governance*), ou seja, governança ambiental, social e corporativa, está em evidência.

OS CONTENCIOSOS:
INFORMÁTICA E PATENTES FARMACÊUTICAS

O início do governo Sarney foi repleto de notícias ruins, principalmente relacionadas aos contenciosos com os Estados Unidos. Em meu livro *A guerra das patentes*,[74] analiso o conflito entre o Brasil e os Estados Unidos em matéria de tecnologia (informática e patentes farmacêuticas). O primeiro embate foi sobre a reserva de mercado para a informática, quando a Casa Branca iniciou uma investigação com base na seção 301 sobre todos os aspectos da política brasileira de informática, incluindo investimentos, restrições às importações e subsídios.

A investigação sobre a Lei n. 7.232 foi aberta em 7 de setembro de 1985, em plena comemoração do Dia da Independência, não respeitando o significado da festa cívica. O governo do presidente Ronald Reagan alegava dificuldade para firmas norte-americanas entrarem no mercado brasileiro de mini e microcomputadores por causa da reserva de mercado instaurada em 1984.

Conforme consta no meu livro:

> A atitude dos EUA constrangeu o governo Sarney porque significava contestar o espírito da lei de reserva de mercado votada pelo Congresso e considerada um símbolo do nacionalismo brasileiro, já que a legislação preservava o mercado interno exclusivamente para a indústria nacional produtora de mini e microcomputadores.[75]

O tema da reserva de mercado era inflamável, e o governo Sarney mantinha a postura de defendê-la. Na reportagem "O saldo da gestão Setúbal", de 17 de fevereiro de 1986, escrevo sobre os comentários de diplomatas a respeito da saída de Olavo Setúbal, após 11 meses à frente do Itamaraty. O balanço mesclou críticas e elogios.

Como empresário, o ministro inaugurou um estilo pragmático de administrar os negócios estrangeiros do Brasil, e queria resultados em curto prazo. Por isso mesmo, pensava ir mais adiante, ainda em sua gestão, nas relações comerciais com os Estados Unidos, o que significou por determinado momento o desejo de um abrandamento na rígida posição brasileira de defesa da indústria nacional de informática. Escrevi: "Isso não foi possível. Vieram as pressões. A Casa reagia, porque no Itamaraty, costumam dizer seus funcionários, preza-se a tradição de continuidade, o que significa, em outros termos, representar os interesses permanentes do País".

O sucessor de Setúbal, o também empresário Roberto Costa de Abreu Sodré, no dia de sua posse, declarou: "Não se pretende rever a lei de reserva de mercado. Ela não é dogma no tempo e, como esse tempo não tem limite, [a lei] poderá ser revista, porém, não hoje. Hoje, ela é intocável, porque é uma decisão do Congresso Nacional, soberano, e do presidente da República."

A Lei n. 7.232 teria vigência até 1992. O problema era que a reserva de mercado impedia as empresas dos Estados Unidos de venderem aqui os pequenos computadores (para bancos, escolas e escritórios), a fatia principal do mercado, restando a elas apenas os grandes computadores (*mainframes*).

> Apesar dos gestos de boa vontade do Brasil, que agilizou a tramitação de guias de importação e a aprovação da lei de *copyright* para proteger *software* por um período de 25 anos, o governo norte-americano não encerrou a investigação na data prevista, isto é, em setembro de 1986, mas apenas adiou a aplicação de sanções contra o País, alegando que ainda se sentia insatisfeito com a falta de providências no campo dos investimentos.
>
> Sem retaliações, o conflito em informática foi encerrado no final de 1989, quando houve uma melhora no relacionamento Brasil/EUA, depois que o secretário-geral do Itamaraty, embaixador Paulo Tarso Flecha de Lima, propôs em outubro a elaboração de uma agenda positiva em sua visita a Washington, onde teve como interlocutor o secretário-assistente de Estado, Lawrence Eagleburger.[76]

GOVERNO REAGAN: "BATEU, LEVOU"

Relembro as declarações do então embaixador dos Estados Unidos em Brasília, Diego Asencio, porque traduzem literalmente o espírito "bateu, levou" da era Reagan nas relações internacionais dos Estados Unidos. Ele disse, em entrevista, que era "injusta" a reação inflamada da imprensa, do Congresso e de vários setores da sociedade brasileira contra o presidente Reagan, por ter ordenado investigação sobre restrições a empresas norte-americanas do setor de computação eletrônica. Asencio afirmou (reportagem minha de 11 de setembro de 1985) que havia fortes correntes protecionistas nos Estados Unidos e Reagan estava toureando-as. E cutucou os políticos brasileiros: "Eu não digo ao Severo Gomes (senador pelo PMDB-SP) como ele deve fazer demagogia no Congresso em relação aos computadores. Ele também não deve dizer ao Reagan como fazer política em Washington."[77]

Como mencionei em *A guerra das patentes*:

> [...] a política externa de países democráticos é permeada por decisões de políticas públicas internas. Nos EUA, a legislação emanada do Congresso, sobretudo a referente ao comércio exterior, tem a finalidade precípua de preservar os interesses econômicos domésticos. Esse é o papel da Seção 301, que delega ao representante de comércio dos EUA (United States Trade Representative – USTR) poder para investigar e responder às práticas comerciais de outro país consideradas desleais. Essa legislação não era reconhecida pelo Gatt por ser discriminatória e por contrariar o princípio de nação mais favorecida. Essa é uma cláusula segundo a qual todas as vantagens e privilégios acordados a um membro da OMC (entidade que substituiu o Gatt) devem ser estendidos a todos os demais membros da organização, sem imposição de condições.
>
> Os EUA não retaliaram, ou não impuseram sanções comerciais, como preferia dizer o governo brasileiro, porque no caso da reserva de mercado para a informática a investigação baseada na Seção 301 foi iniciada pela Casa Branca, e não a pedido de empresas, uma vez que não havia consenso, no âmbito do setor privado, para encaminhar uma petição contra o Brasil. Além disso, o caso da informática era ligado a comércio e investimentos. Já propriedade intelectual era relacionada a patentes farmacêuticas. A petição contra o Brasil foi iniciada pela Pharmaceutical Manufacturers Association (PMA), entidade com um poderoso *lobbying* junto ao Congresso dos EUA. A PMA contabilizava 18 de seus membros investindo no mercado brasileiro US$ 700 milhões. A associação comercial reunia mais de cem companhias farmacêuticas atuantes em P&D, que produziam a quase totalidade dos medicamentos vendidos nos EUA e na maioria dos países. As empresas da PMA, apesar da falta de proteção patentária, somente começaram a queixar-se da legislação brasileira, que ela considerava inadequada, em meados de 1980.[78]

Apesar de todos os argumentos apresentados, os Estados Unidos insistiam que o Brasil era o líder mundial dos países que infringiam os direitos de patente e que, por isso, somente a imposição de uma significativa penalidade mostraria a seriedade com que Washington considerava a apropriação desautorizada da propriedade intelectual de seus cidadãos.

O QUE ENSINARAM OS CONTENCIOSOS?

O principal conflito do Brasil com os Estados Unidos nos governos Sarney e Collor, relacionado à propriedade intelectual, foi o das patentes farmacêuticas. Esse, sim, levou à retaliação. Em 20 de outubro de 1988, o presidente Reagan invocou a Seção 301 da Lei de Comércio para aplicar uma tarifa 100% *ad valorem* sobre certos tipos de papéis, químicos (*non benzenoid drugs*) e artigos eletrônicos. A retaliação efetivou-se em 30 de outubro daquele ano.

> O presidente em exercício, deputado Ulysses Guimarães, classificou a medida norte-americana como "uma surpreendente e gratuita agressão ao Brasil". O chanceler interino, Paulo Tarso Flecha de Lima, qualificou as "medidas unilaterais e ilegais de ato truculento, injustificado e ilegal".
>
> O Brasil tinha a seu favor o fato de que a não proteção das patentes de produtos alimentícios, químicos e farmacêuticos era uma opção autorizada pela Convenção de Paris de 1883 (o primeiro acordo internacional relacionado à propriedade intelectual), da qual o País foi um dos primeiros signatários. O Brasil eliminou, em 1945, patentes para produtos farmacêuticos e, em 1969, patentes para processos. Fez isso baseado no que a Convenção autorizava: excluir do patenteamento produtos considerados essenciais, por razões de interesse social, ameaça à saúde e à segurança pública.[79]

Foi só em 1990, após o governo de Fernando Collor de Mello ter anunciado que providenciaria legislação para proteger os produtos farmacêuticos e seus processos de produção, que Washington suspendeu a aplicação de tarifa *ad valorem*. Isso foi feito com a concordância da PMA, que por trabalho de *lobbying* muito forte era temida pelo governo norte-americano.

Os exemplos da informática e das patentes farmacêuticas mostram que os Estados Unidos não levam em consideração a situação interna dos países quando adotam sanções comerciais por "práticas desleais de comércio" e que se valem de represálias para evitar que os interesses norte-americanos sejam afetados.

No artigo que escrevi em 13 de agosto de 1991, "O vice-presidente Quayle, as patentes e as lições do passado", detalho a lógica por trás da política comercial dos Estados Unidos, especialmente a relacionada à propriedade intelectual.

O vice-presidente dos Estados Unidos havia estado no Brasil com uma comitiva empresarial e o recado que deixaram foi categórico: novos investimentos somente voltariam a fluir em direção ao Brasil quando os direitos de propriedade intelectual (marcas e segredos comerciais, patentes e *software*) fossem respeitados.

Os Estados Unidos batiam fortemente em países importantes, como o Brasil, a fim de conseguir resultados que pudessem influir a seu favor na Rodada Uruguai do Gatt, na qual prefeririam ver à mesa uma negociação global, incluindo bens e serviços, e não que esses temas fossem negociados separadamente, como queria o Brasil.

O chanceler Olavo Setúbal, de acordo com a reportagem "Aposta em consenso no Gatt", de 30 de agosto de 1985, declarou: "O perigo de uma negociação global era que houvesse compensação entre bens e serviços". "O Brasil, por exemplo, não quer que haja restrição aos calçados e, para ficar livre dessa restrição, teria de fazer uma concessão em seguros ou em aviação, incluídos na categoria de serviços", explicou.

No seminário sobre processos de decisão em política externa norte-americana na Universidade de Maryland (Estados Unidos), em 1991, apresentei trabalho de pesquisa comprovando que as diferentes atitudes do governo Reagan em relação aos processos em informática e patentes diziam respeito a duas premissas, mencionadas no artigo "O vice-presidente Quayle, as patentes e as lições do passado", já referido. Transcrevo-as a seguir:

> 1) O governo dos EUA é mais propenso a adotar medidas drásticas, entre elas a retaliação, se os interesses norte-americanos no país alvo não forem afetados. No caso da informática, os EUA não retaliaram o Brasil não somente porque houve um considerável progresso no encaminhamento das queixas norte-americanas, como a adoção de uma lei para proteger o *software*, mas, sobretudo, porque a retaliação iria proporcionar sérios danos à IBM, o maior fabricante de grandes computadores no País. A Boeing também poderia sair prejudicada, caso o Brasil fosse retaliado, porque o governo brasileiro ameaçou com a interrupção das importações de aviões

da empresa [...]. Por causa da complexidade do tema e da falta de sintonia entre os empresários norte-americanos, pois uns poderiam beneficiar-se e outros certamente iriam sofrer prejuízos, Reagan não retaliou o Brasil.

2) No caso oposto, ligado às patentes farmacêuticas, a retaliação ocorreu porque o governo norte-americano inclina-se mais a adotar represálias em questões relacionadas à proteção da propriedade intelectual do que em casos vinculados a queixas em matéria comercial e de investimentos, porque nessas duas esferas os interesses empresariais dos EUA colidem. Ao contrário do processo em informática, nenhum laboratório dos EUA levantou-se contra a punição ao Brasil, enquanto o próprio setor de informática nos EUA estava dividido. De um lado, os fabricantes de grandes computadores não queriam a retaliação. De outro, os produtores de *software* pediam a pena máxima contra o Brasil. A coesão no setor farmacêutico foi tão grande que a Pharmaceutical Manufacturers Association, que pediu a investigação contra o Brasil, obteve apoio de laboratório de outros países.

Expliquei no artigo que o governo norte-americano havia fechado questão em torno da propriedade intelectual em todo o mundo, e fez dessa luta uma das principais bandeiras da política comercial externa do país:

> É por essa razão que o vice-presidente Dan Quayle e a delegação de empresários que o acompanhou, na semana passada, condicionaram a volta dos investimentos norte-americanos ao Brasil a uma legislação de padrão internacional (*world class protection*) para proteger a propriedade intelectual, sobretudo as patentes farmacêuticas.

ALEMANHA, ENTRE O BRASIL E O PACÍFICO

Em reportagem de 1988, assinada de Bonn (então capital da República Federal da Alemanha na Guerra Fria), mostro qual era o dilema dos empresários alemães naquele final dos anos 1980 em relação a seus investimentos no Brasil. Não sabiam se continuavam a aplicar seus capitais no país ou se os direcionavam para os países do Pacífico. A reportagem "Entre o Brasil e o Pacífico", de 19 de fevereiro de 1988, menciona que a decisão era difícil porque, numa fase em que a Constituição ainda estava sendo elaborada, qualquer atitude drástica seria precipitada. Porém, os homens de negócio da Alemanha sentiam-se atraídos por mercados em expansão e com economias menos fechadas do que a brasileira.

> "Seria uma loucura sair do Brasil agora", pondera Helmut Giesecke, chefe do setor de comércio exterior da poderosa Associação do Comércio e da Indústria da Alemanha, que reúne cerca de 60 entidades do gênero e está em contato permanente com as câmaras alemãs no exterior.
>
> Ele se refere principalmente às dúvidas dos empresários do setor químico e farmacêutico, que alegam não encontrar suficiente proteção no Brasil para investir em novos produtos porque a legislação nacional não os protege contra a "pirataria". O caso da Bayer é sempre citado nos meios de negócios da Alemanha. A empresa, que como outras multinacionais teme uma Constituição nacionalista que discrimine o capital estrangeiro, ameaçou retirar-se do mercado, resumindo, assim, o estado de espírito de uma parcela da comunidade internacional de negócios.
>
> [...] Pelos dados de que dispõe e a partir dos seus contatos com o empresariado alemão, Giesecke considera que novos investimentos alemães serão de ora em diante mais voltados para a Ásia do que para a América Latina.

O SECRETÁRIO-GERAL DA ONU

Sobre Pérez de Cuéllar escrevi extensa reportagem em 1988, quando estive na sede da ONU, em Nova York. Naquele ano, houve cessar-fogo entre o Irã e o Iraque e o diplomata peruano mostrou no conflito, mais uma vez, seu "talento de negociador hábil e paciente, qualidades apontadas por seus assessores mais próximos".

Na matéria "Cuéllar, gestor da paz em conflitos regionais", tracei um breve perfil dele:

> "Don Javier", como o chamam nas Nações Unidas, poderia ter sido embaixador no Brasil em 1981, se um desses acasos da história não o tivesse afastado da cena latino-americana.

Conta-se nos corredores da ONU que, naquela época, quando os militares ainda governavam o país, o Congresso não aprovou seu nome para representar o Peru em Brasília. Dom Javier, naquele momento com 61 anos, uma vasta experiência em conflitos regionais, pois já havia, no mandato do secretário-geral, Kurt Waldheim, presenciado os acontecimentos em Chipre, em 1974, e no Afeganistão, em 1979, vivia tranquilamente em Lima como embaixador quando foi aclamado no plenário da organização internacional para o cargo de secretário-geral. Ele foi nomeado, aos 51 anos, representante permanente de seu país junto à ONU. Em 1988, as Forças de Paz das Nações Unidas ganharam o prêmio Nobel da Paz, graças a progressos na pacificação dos conflitos – no Afeganistão, no Saara Ocidental, em Chipre, no Campuchea, na África Austral e no Golfo Pérsico.

Pérez de Cuéllar foi o primeiro latino-americano a ocupar o posto mais elevado das Nações Unidas.

A RODADA URUGUAI E AS LIMITAÇÕES INTERNAS: BRASIL ERA UMA ECONOMIA AUTÁRQUICA

Não durou muito o fervor do Brasil após o sucesso de Punta del Este. Na reportagem "Brasil negocia na Rodada Uruguai em situação desfavorável", de 12 de setembro de 1988, escrevi:

> As negociações da Rodada Uruguai do Acordo Geral de Tarifas e Comércio (Gatt) ocorrem no pior momento para os países em desenvolvimento, sobretudo para o Brasil, concluíram diplomatas, empresários e economistas brasileiros reunidos nesta semana em Brasília. A principal razão desse quadro desfavorável é o desequilíbrio entre a pujança das economias industrializadas e o pequeno crescimento aliado às baixas taxas de poupança dos países em desenvolvimento.
>
> A aliança ocidental está mais forte do que nunca com a formação de blocos econômicos.
>
> Os EUA acabam de formar uma zona de livre-comércio com o Canadá, a qual, no futuro, poderá incluir o México; o Japão tem uma aliança natural com os demais asiáticos; a Nova Zelândia e a

Austrália formalizaram um acordo de integração; e a Comunidade Econômica Europeia (CEE) se prepara para o mercado único, a partir de 1992.

Os industrializados voltaram a crescer enquanto o Terceiro Mundo se debate na crise da dívida. Um relatório do Gatt mostra que apesar do choque da Bolsa de Nova York, em outubro passado, a economia dos sete grandes se expandiu de outubro a dezembro de 1987 mais do que nos anos anteriores. Nos três primeiros meses deste ano, o crescimento econômico foi superior ao do primeiro trimestre de 1987.

O representante do Brasil junto ao Gatt, embaixador Rubens Ricupero, está preocupado com a posição brasileira que será levada à mesa durante as negociações.

Qual será a nossa posição à luz das limitações internas?

Segundo Ricupero, o peso dos interesses setoriais nunca foi tão grande devido à fragilidade da economia brasileira. Assim, por exemplo, os fabricantes nacionais de máquinas têxteis querem tarifas de importação altas enquanto os exportadores do setor desejam menos obstáculos para importar e modernizar a sua produção. Além disso, existe o problema da autarquia, notado de forma extraordinária nas negociações com a Argentina: "Agora, além das maçãs, o Brasil quer ser autossuficiente em peras", ironiza uma fonte diplomática.

Os observadores brasileiros da Rodada Uruguai analisam um ponto essencial: atualmente o Brasil tem até sido poupado por seus parceiros ricos devido ao álibi do serviço da dívida do País. Quando esse problema se atenuar, tal "sursis" vai deixar de existir. E, então, que fará o Brasil com sua política comercial que privilegia o fechamento? A própria CEE, a partir de 1992, ampliara suas exportações e as pressões sobre o País aumentarão. Até mesmo em setores tradicionais, como os têxteis.

A conclusão a que chegaram funcionários do governo, empresários e economistas que debateram sobre a Rodada Uruguai é que a sociedade brasileira é, por definição, autárquica.

"Se um consumidor vê cerveja boliviana na prateleira de um supermercado vai dizer que o governo está queimando divisas com a importação. É um processo cultural que tem que começar a ser quebrado", comenta uma fonte da Comissão de Política Aduaneira.

A Rodada Uruguai era vista por alguns analistas como uma forma de os países desenvolvidos reforçarem suas posições conservadoras em alguns campos, como o agrícola, adiando a eliminação dos subsídios, em vez de estar havendo realmente uma liberalização do comércio mundial.

A aliança entre os desenvolvidos está acontecendo também numa área estratégica: a da *propriedade intelectual*. Esse tema que, ao contrário de serviços, não figurava nas ênfases da rodada, passa a ser agora o assunto prioritário dos países industrializados: EUA, Canadá, Japão, escandinavos, Suíça, Austrália e Nova Zelândia estão em sintonia. Querem regras mais estritas.

O governo norte-americano disse recentemente em Montreux, na Suíça, numa das reuniões do Gatt, que sem resultados na área de propriedade intelectual não haverá resultados em outros setores.

Nos meios diplomáticos brasileiros existe a percepção de que as retaliações contra o Brasil, sob a alegação de falta de proteção às patentes farmacêuticas, nada mais são do que um claro recado de que o governo brasileiro deve mudar sua posição negociadora no Gatt em relação ao tema. A prova mais evidente é que estão fazendo o mesmo com a Argentina e o farão com a Índia, países que normalmente se opõem aos EUA nos novos temas da rodada.

1989, ÚLTIMO ANO DO GOVERNO SARNEY: ACORDO AÉREO COM OS ESTADOS UNIDOS E ACORDO SOBRE GASODUTO COM A BOLÍVIA

"Após cinco anos de negociações, Brasil e EUA fecham acordo aéreo." O título da reportagem de 17 de janeiro de 1989 revela que, apesar das divergências com Washington, o governo Sarney conseguiu vitórias, seguindo um modelo de entendimento em que "ambas as partes cederam e obtiveram vantagens equitativas", segundo uma fonte da embaixada brasileira na capital norte-americana.

O embaixador do Brasil nos Estados Unidos, Marcílio Marques Moreira, disse: "O acordo é um ponto importante na nova postura (bilateral) de procurar explorar mais as possibilidades de uma agenda positiva, em vez de se mobilizar esforços nas operações de resolver problemas."[80]

Conforme a reportagem, as frequências de voos foram ampliadas de 14 para 29 para cada bandeira no primeiro ano, 34 no segundo e 40 no terceiro ano de vigência do acordo. Três companhias do Brasil foram autorizadas a operar: Varig, Transbrasil e Vasp, e quatro dos Estados Unidos: Pan Am, Continental, Texas Air e American Airlines. A Flying Tigers continuava a fazer os voos de carga. Outro ponto de atrito ficou acertado, o direito de ir além dos territórios norte-americano e brasileiro. Os dois governos também chegaram a uma definição para a fixação de tarifas e, quanto aos voos *charters*, foram mantidos 200 para passageiros e ampliados para 104 os de carga.

Significativa foi a assinatura de outro acordo, o da compra de energia da Bolívia, após 51 anos de negociações, nas quais se buscava a aquisição de gás natural pelo Brasil, porém, isso nunca encontrou respaldo da Petrobras, pois a estatal não desejava perder o controle do monopólio de comercialização do combustível. A reportagem "Brasil compra energia boliviana", de 28 de julho de 1989, menciona que os contratos foram apenas para produtos derivados de gás, na proporção equivalente a 3,5 milhões de metros cúbicos diários:

> Ao todo, a operação comercial garantirá US$ 280 milhões anuais à Bolívia durante 25 anos, a partir de 1992. Os preços contratados serão os do mercado internacional. Nos contratos, assinados na presença do presidente José Sarney, no Itamaraty, não consta o compromisso do Brasil de adquirir o gás natural porque, segundo explicações de diplomatas, "aos preços vigentes não compensa ao País importar o produto".[81]

Em seu discurso, Sarney afirmou, sobre os contratos: "Fomos realistas. Abandonamos esquemas demasiado ambiciosos. Soubemos adequar nosso discurso político ao reconhecimento das nossas realidades".

NUCLEAR E O JEITINHO BRASILEIRO

A prestigiada diplomacia brasileira lidava de forma profissional e eficiente com temas complexos de comércio e tecnologia, mas também se valia de "jeitinhos", como noticiei no dia 9 de fevereiro de 1989: "Diplomacia brasileira usa 'jeitinho' para conseguir os recursos da AIEA". Que "jeitinho" era esse?

Não se submeter a uma das cláusulas dos contratos da Agência Internacional de Energia Atômica (AIEA) para receber cooperação técnica da entidade sediada em Viena, da qual o Brasil é membro fundador desde 1957.

Afinal, como observei na reportagem, "saber lidar com a capciosa linguagem dos tratados e acordos internacionais é uma das habilidades que se requer de um diplomata".

Continuei:

> Se o Brasil aceitar a cláusula da AIEA, mencionada no capítulo restrito da cooperação técnica, inviabilizará a possibilidade de realizar até mesmo uma explosão pacífica. A artimanha que o Itamaraty aplica desde 1979, quando às diretrizes de cooperação técnica da AIEA foi incorporada essa condicionalidade, extraída do Tratado de Não Proliferação de Armas Nucleares (TNP), é, literalmente, rasurar o texto do acordo, riscando a cláusula.

Informei que essa tática nunca foi refutada e que, desde 1979, o Brasil recebia um volume expressivo de recursos em cooperação técnica, avaliado em US$ 1 milhão anualmente.

> O que vale para o Brasil são os estatutos da AIEA, não as suas diretrizes, assinala um diplomata familiarizado com o assunto. Graças à cooperação técnica da Agência, o programa nuclear brasileiro se beneficia de aportes em equipamentos, treinamento de recursos humanos e envio de técnicos para acompanhar a segurança das usinas nucleares. No acidente com o Césio 137, em Goiânia, há pouco mais de um ano, o Brasil fez valer seus vínculos de cooperação com a AIEA. O País paga US$ 250 mil à entidade e recebe quatro vezes mais, lembra a fonte.

Escrevi também que "o governo não aceitará a cláusula sobre a não explosão de artefatos nucleares". Posição diferente da brasileira tinha a Argentina, que se desinteressava pela cooperação técnica da AIEA por causa "do limitado alcance dessa ajuda e das crescentes condicionalidades que a AIEA quer impor aos países receptores".

Prossegui: "A Argentina, um dos países em desenvolvimento mais evoluídos em matéria nuclear, a partir de 1984 passou a doar cooperação no âmbito do programa Arcal – Arreglo Regional de Cooperación en América Latina – criado pela própria AIEA."

Abro a pasta de matérias de 1989, o último dos cinco anos do governo Sarney, e me deparo com o título "CEE quer concessões para dar 'cota Hilton'". A notícia era de 13 de fevereiro, e colocou para o governo e os exportadores uma das muitas pressões a que se submeteram, vindas da Europa, do Canadá, dos Estados Unidos e do Japão, sobre aço, carnes de frango e bovina, óleo de soja, têxteis, informática, patentes farmacêuticas, meio ambiente, dívida externa e energia nuclear.

O Brasil pedia à Comunidade Econômica Europeia:

> [...] uma cota de exportação de 10 mil toneladas de Hilton beef (cortes especiais de novilho) consolidada no Gatt. O Brasil exportava esses cortes para os europeus desde 1986, mas não de forma consolidada, apenas embarques eventuais. A CEE queria, em troca, que o País fizesse concessões, como rebaixar tarifas para a entrada de produtos europeus no mercado brasileiro. Segundo a CEE, Uruguai, Argentina, Canadá e Austrália foram favorecidos com cotas permanentes no Gatt, desde 1980, porque fizeram concessões.

Mas o Brasil, àquela altura, não tinha expressão alguma como exportador de carne bovina nem pleiteava uma cota Hilton. Porém, com o passar do tempo, o governo brasileiro começou a argumentar que o país, em 1993, se tornaria um dos quatro grandes supridores mundiais de carne bovina, e que os exportadores necessitavam planejar e ter certeza de que o mercado absorveria a sua produção. Hoje, como se sabe, o Brasil é o supridor mundial número um de carne bovina.

Pior do que negar ao Brasil uma cota permanente, a CEE propunha que o governo brasileiro negociasse com argentinos e uruguaios uma divisão das cotas desses dois países consolidadas no Gatt, assim como acontecia com os Estados Unidos e o Canadá, que dividiam uma cota de 10 mil toneladas. Era uma questão delicada e sensível para o Brasil, que tinha acordos de integração com a Argentina e o Uruguai.

MEIO AMBIENTE NO TOPO DA AGENDA

O tema que esteve no topo do noticiário de política externa, em 1989, foi meio ambiente. Não só governos de países desenvolvidos criticavam o Brasil pelo desmatamento na Amazônia, mas, principalmente, organismos internacionais, como o Banco Mundial. Sarney, assim como os diplomatas, repelia frequentemente as pressões externas. O presidente fez a seguinte declaração em visita ao Suriname, para a qual fui enviada especial da *Gazeta Mercantil*: "Essas pressões vêm de países que têm mais explicações a dar do que a receber",[82] e identificou dois grandes projetos na Amazônia que contribuíram para a depredação do meio ambiente: o projeto Jari e a Fordlândia. Esta última, cujo início de implantação se deu na década de 1940, no Sul do Pará, imaginada por Henry Ford, visava à exploração da borracha.

A matéria "Críticas sobre a ingerência política de órgãos como o Bird", de 6 de março de 1989, menciona o seguinte comentário de Sarney: "O Brasil, assim como o Suriname, está preocupado com a poluição produzida nos países industrializados. Recentemente, uma empresa holandesa queria depositar detritos industriais no Suriname, mas o governo do presidente Ramsewak Shankar negou a permissão".

O governo Sarney insistia em receber créditos a fundo perdido. A reportagem "Brasil quer créditos externos a fundo perdido para ecologia", de 28 de março de 1989, começa assim:

> "O governo não quer pagar juros sobre empréstimos de países desenvolvidos e de organizações multilaterais destinados à proteção ambiental. Deseja, porém, receber recursos a fundo perdido, ou seja, 'créditos concessionais'", declarou, ontem, o presidente do Instituto Brasileiro de Meio Ambiente e de Recursos Naturais Renováveis, Fernando César Mesquita.

Mesquita presidia a delegação brasileira na sexta reunião ministerial sobre o meio ambiente na América Latina e no Caribe, convocada pelo

Programa das Nações Unidas para o Meio Ambiente (PNUMA), com a participação de 15 ministros da região. A reunião focalizou o tema vinculação entre dívida, crise e proteção ambiental.

O diretor do escritório regional do PNUMA, José Lizarraga, observou que "os governos da região, para pagarem a dívida externa, estão adotando 'modelos de desenvolvimento imediatistas'".

Informei que o governo brasileiro iria apresentar, no dia 6 de abril, o seu plano global para a proteção do meio ambiente, quando Sarney lançaria o programa "Nossa Natureza", "que levará em conta uma série de zoneamentos ecológicos feitos pela Empresa Brasileira de Pesquisa Agropecuária (Embrapa) em Rondônia, Mato Grosso, Mato Grosso do Sul e Goiás".

ITAMARATY:
LIVRO BRANCO SOBRE MEIO AMBIENTE

As intensas pressões sobre o Brasil levaram o Itamaraty a preparar um "livro branco" sobre meio ambiente, a partir de documentos e entrevistas com pessoas especializadas em várias áreas, como saneamento ambiental e preservação de florestas.

A reportagem "Política ambiental do Brasil em livro branco", de 2 de outubro de 1989, menciona que:

> [...] a ideia nasceu da necessidade de dotar postos diplomáticos no exterior – cerca de 100 – de explicações detalhadas sobre a problemática do meio ambiente e sua evolução no Brasil, a fim de que os diplomatas se sintam bem-informados para transmitir ao público externo as soluções que o País vem dando a questões que são apresentadas na imprensa internacional de forma emocional, como as queimadas na Amazônia, o efeito estufa, a construção de hidrelétricas e o aproveitamento dos rios.

A conselheira Vera Barrouin Machado, chefe do setor de meio ambiente da embaixada do Brasil em Washington, estava escrevendo o livro em Brasília. O Itamaraty criou, em 1989, a divisão de direitos humanos e meio ambiente para acompanhar as discussões internacionais sobre o assunto, que afetaram o Brasil em suas negociações de empréstimos com o Banco Mundial. Escrevi:

> O governo teve de aparelhar-se para rebater as acusações de que não estava dando respostas satisfatórias às queimadas na Amazônia e à preservação das comunidades indígenas. A diplomacia agilizou suas ações para defender a imagem do País, seja através da imprensa ou de foros multilaterais, como a ONU. Nesse sentido, Brasília sediou uma conferência latino-americana e caribenha sobre meio ambiente no primeiro semestre. O Itamaraty também obteve a aprovação da comunidade internacional para promover, em 1992, uma conferência mundial sobre meio ambiente, no âmbito das Nações Unidas.

INCIDENTES DIPLOMÁTICOS

O governo Sarney foi palco de alguns incidentes diplomáticos. Como relatei anteriormente, havia muita pressão externa em função da dívida, do meio ambiente, de questões comerciais e nucleares, que exacerbavam os ânimos em Brasília. Cabia ao Itamaraty rebater, muitas vezes em tom forte para os padrões diplomáticos, críticas de governos e de instituições multilaterais. Mas o caso que relato a seguir foi diferente, fazia menção ao passado, não à conjuntura, e teve relação com um militante do PCB e o futuro embaixador dos Estados Unidos no Brasil.

Na reportagem "Zarattini denuncia Melton a Sodré", de 1º de junho de 1989, escrevi que o engenheiro Ricardo Zarattini Filho, militante do Partido Comunista Brasileiro (PCB), que era assessor da deputada federal Moema Santiago (PSDB-CE), entregou ao chanceler Abreu Sodré uma carta, na qual denunciava a participação de Richard Melton – cujo nome estava sendo apreciado pelo Itamaraty para a concessão de *agrément* como embaixador dos Estados Unidos no Brasil – em um interrogatório nas dependências do Departamento de Ordem Política e Social (Dops) em Recife, em dezembro de 1968.

> No primeiro parágrafo da carta, ele apela para o "espírito democrático e patriótico" do chanceler, que conheceu em agosto de

1961, "quando, juntos, lutamos nas ruas pela manutenção da legalidade democrática, vossa excelência, deputado, na presidência da Assembleia Legislativa do nosso estado, e eu como dirigente da União Estadual dos Estudantes (UEE)".

Zarattini contou que Melton, introduzido na sala de interrogatórios a pedido do delegado Moacir Sales, um de seus torturadores, em breve diálogo dirigiu-lhe a pergunta: "Por que você é contra os EUA?" "Zarattini respondeu que não era contra os EUA nem contra os norte-americanos. 'Disse que era contra a exploração dos monopólios imperialistas (multinacionais) acobertados pelo governo dos EUA'".

Na carta ao chanceler Abreu Sodré, Zarattini relatou:

> Formado politicamente, ainda na adolescência secundarista, nas lutas da memorável campanha do "petróleo é nosso", senti, quando interrogado, a brutalidade de colonizador que não vacilou em praticar uma descabida ingerência nos assuntos internos de outra nação. Ao mesmo tempo, me repugna até hoje a atitude de total subserviência daqueles que o levaram a minha presença, afrontando a soberania nacional e vilipendiando a pátria. Esse fato ocorreu duas semanas após a minha prisão em 10 de dezembro de 1968, portanto, em plena vigência do Ato Institucional nº 5. Vivíamos dias tenebrosos.[83]

Zarattini se dizia opositor do governo Sarney, mas considerava que, desde a gestão do chanceler Saraiva Guerreiro (administração Figueiredo), a política externa tinha sido independente e soberana. O militante político pedia que o governo brasileiro não abdicasse de sua soberania e não concedesse *agrément* a "esse pseudoembaixador, um elemento do serviço de informação dos EUA".

Minha matéria informou:

> A embaixada norte-americana, consultada por este jornal, disse não ter nada a comentar sobre as críticas que o nome de Melton tem sugerido. O Itamaraty, como é da praxe diplomática, não costuma comentar pedidos de *agrément*. "Trata-se de um assunto sigiloso para não criar constrangimentos", disse o conselheiro Carneiro Leão (assessor do secretário-geral Paulo Tarso Flecha de Lima). Ele acrescenta, no entanto, que nos últimos anos não se lembra de a chancelaria ter recusado um pedido de *agrément*.

Um dia depois, em nova reportagem na primeira página, "Melton nega acusação", relatei que Richard Melton:

> [...] negou as acusações que lhe foram feitas pelo ex-preso político e militante do PCB, Ricardo Zarattini Filho. Em Washington, Melton fez um desmentido categórico da acusação de Zarattini à agência UPI. Um assessor do diplomata, no Departamento de Estado, disse ao correspondente deste jornal, Getulio Bittencourt, que "ele não deseja comentar o assunto e já desmentiu que conheça esse senhor".

Dois anos após esse episódio, escrevi a reportagem "Richard Melton, um 'funcionário meticuloso' e de atuação discreta", de 25 de julho de 1991.

Melton se tornou embaixador dos Estados Unidos no Brasil em dezembro de 1989. Seu estilo de atuar ficou conhecido nos meios diplomáticos de Brasília como o de um "funcionário meticuloso", sempre atento às medidas anunciadas pelo governo para, em seguida, cobrar a sua implementação. Visitava frequentemente o Itamaraty com uma lista de assuntos que ia de narcotráfico, dívida externa e FMI, medidas para facilitar a vida das multinacionais no Brasil à questão da alta tecnologia.

CRÍTICA DO CÔNSUL DOS ESTADOS UNIDOS E A NOTA DO ITAMARATY

Outro desentendimento entre o Brasil e os Estados Unidos aconteceu com uma crítica do cônsul-geral norte-americano em São Paulo, Myles Frechette, de que as restrições comerciais brasileiras eram "aparentemente permanentes", pois seus mecanismos haviam sido assentados há anos, o que minimizaria as justificativas do Brasil para as restrições com base nos problemas de balanço de pagamentos.

Em nota distribuída à imprensa, o Itamaraty rebateu as "referências imprecisas aos aspectos da política brasileira de comércio exterior e considerações precipitadas sobre a prática diplomática brasileira no seu diálogo com os EUA, na área comercial", feitas por Frechette.

A resposta da chancelaria, segundo a reportagem "Itamaraty reage contra nota do cônsul dos EUA", de 7 de julho de 1989, menciona que:

> [...] o sr. Frechette ignora que as importações brasileiras de produtos norte-americanos aumentaram em mais de 60%, de 1983 a 1988, índice que representa mais do que o dobro do aumento global de 23% das exportações norte-americanas durante aquele mesmo período [...]. Ao falar em inibição e incerteza de comércio, não pondera os traumas causados ao comércio pela simples abertura de uma ação 301 ou as diversas restrições norte-americanas à importação, como cotas, *use-fees*, restrições fitossanitárias etc.

Na matéria "Embaixada nega ter pagado publicação em jornal", de 10 de julho de 1989, relato que o porta-voz da embaixada dos Estados Unidos, William Lukasavich, declarou ser inverídica a afirmação constante na nota do Itamaraty de que a reportagem "EUA/Brasil: negociação ou retaliação?", publicada no dia 4 de julho, na página de Marinha Mercante do jornal *O Estado de S. Paulo*, tinha sido paga. Frechette fez uma palestra na Associação Brasileira dos Executivos de Comércio Exterior (Adede) e teve a sua transcrição veiculada no jornal paulista. Nela, Frechette comenta que é muito importante que os brasileiros saibam que as negociações bilaterais, previstas no âmbito da seção 301 da lei de comércio dos Estados Unidos, "devem ser sérias".

ITAMARATY CONTESTA CRÍTICAS SOBRE POLÍTICA NUCLEAR E DE COMÉRCIO EXTERIOR. SATÉLITES COM A CHINA

No último semestre do governo Sarney, coube ao Itamaraty contestar novas críticas externas. Uma delas, sobre a política brasileira na área nuclear, constava de documento do *Council on Hemispheric Affairs*, entidade privada norte-americana especializada em assuntos latino-americanos. Transcrevo, a seguir, trecho da reportagem "Itamaraty contesta entidade americana", de 10 de julho de 1989.

> Para o porta-voz do Itamaraty, ministro Ruy Nogueira, o relatório carece totalmente de fundamento. Quanto à associação entre o governo brasileiro e o da República Popular da China, no que diz respeito à cooperação espacial, Nogueira garante que ela se

restringe unicamente ao lançamento de dois satélites de sensoriamento remoto, da maior importância para o adequado mapeamento do território brasileiro. É, acrescenta, um projeto pacífico, de importância considerável para o futuro do desenvolvimento da economia brasileira. Já a associação entre a empresa brasileira Avibras e a estatal chinesa do setor que, segundo o documento, é passível de suspeitas, o porta-voz afirmou que se trata de uma transação eminentemente comercial, de caráter privado, não cabendo pronunciamento por parte do Itamaraty. Ainda de acordo com Ruy Nogueira, é muito conhecida a posição do governo brasileiro, reiterada várias vezes pelo presidente da República, de somente utilizar a energia nuclear para fins pacíficos, ao contrário do que sustenta o documento da entidade americana.

BALANÇO DA INTEGRAÇÃO BRASIL-ARGENTINA

No último ano de seu governo, Sarney recebeu em Brasília, em agosto, o presidente argentino Carlos Menem. A ocasião era propícia para um balanço do processo de integração iniciado em novembro de 1985 com a assinatura da Declaração de Iguaçu.

A *Gazeta Mercantil*, que desde o início da aproximação entre o Brasil e a Argentina dedicou atenção especial ao tema, publicou um relatório dando conta dos avanços, em quatro anos, dos 23 protocolos assinados. Os temas abrangiam bens de capital, trigo, siderurgia, biotecnologia, assuntos financeiros, cultura, cooperação nuclear, cooperação aeronáutica, indústria alimentícia, transportes terrestre e marítimo, comunicações e indústria automotriz. Na visita de Menem, os dois países assinaram o 24º protocolo, sobre planejamento econômico e social.

Apesar do déficit argentino no intercâmbio comercial com o Brasil, que em 1988 foi de US$ 240 milhões, a integração estava sendo salutar, como declarou Menem. Em 1984, um ano antes do início desse processo, o comércio bilateral era de US$ 800 milhões, com desequilíbrio de US$ 213 milhões para o lado argentino. Em 1988, as trocas bilaterais atingiram US$ 1,7 bilhão, sendo que 40% das exportações argentinas para o Brasil foram de produtos industrializados, diante de 20% em 1984.

Novas áreas de cooperação conjunta foram anunciadas no encontro Sarney-Menem: espaço exterior, energia nuclear (intercâmbio de equipamentos para as usinas de Atucha II e Angra II, que passavam a gozar de isenção tarifária), assinatura do contrato de obras para o início da usina hidrelétrica Pichi-Picún-Leufú no rio Limay, com a participação do consórcio Odebrecht/Hidronor e financiamento brasileiro de US$ 150 milhões, e uma série de anexos aos protocolos, para ampliar a cooperação em matéria de comércio, transporte, energia, finanças, indústria alimentícia e indústria aeronáutica.

PRIMEIROS PASSOS PARA A RIO-92

A reportagem na *Gazeta Mercantil*, "Destruição da camada de ozônio será o principal tema da reunião da ONU", de 28 de dezembro de 1989, quando Fernando Collor de Mello já tinha sido eleito presidente, informou sobre os primeiros passos para a organização da Rio-92, a segunda conferência da ONU depois da realizada em Estocolmo, em 1972, e que teve como preocupação o "meio ambiente humano".

O Itamaraty, tendo à frente o chanceler Celso Lafer, coordenou a organização interna do evento com a participação de vários ministérios. Uma resolução da ONU aprovou por consenso o Brasil como sede da conferência, e reconheceu que os países desenvolvidos eram os principais responsáveis pelo grau de poluição do meio ambiente.

Na matéria, cito os temas que iriam merecer atenção:

> [...] proteção da atmosfera por meio do combate às alterações climáticas, à destruição da camada de ozônio e à poluição do ar; proteção da qualidade e do abastecimento de água potável dos mares e oceanos; combate à desertificação e ao desmatamento; conservação da biodiversidade biológica; utilização ambientalmente correta da biotecnologia; manejo ambientalmente correto de resíduos perigosos e substâncias tóxicas e prevenção do tráfico ilegal desses produtos; melhoria das condições de vida e de trabalho das populações carentes; proteção das condições de saúde humana.

ACESSO A TECNOLOGIAS SENSÍVEIS

O assunto que causou muito ruído no último ano da administração Sarney foi o acesso do Brasil às chamadas tecnologias sensíveis. Entravam nessa definição os supercomputadores produzidos pelos Estados Unidos e por outros países-membros do Coordinating Committee for Multilateral Exports Control (CoCom; em português: Comitê de Coordenação de Controles Multilaterais de Exportação), organismo criado em 1947 no contexto da Guerra Fria e que reunia todos os países da Organização do Tratado do Atlântico Norte (Otan), à exceção da Islândia. A principal finalidade do CoCom era evitar que esse tipo de tecnologia caísse no domínio dos países socialistas do Leste Europeu, sobretudo a União Soviética, além da Líbia e do Irã, considerados inimigos dos Estados Unidos.

O Brasil ainda não tinha assinado e ratificado o Tratado de Não Proliferação de Armas Nucleares (TNP) – o que só aconteceria mais tarde: a assinatura pelo presidente FHC em 1998 e a ratificação pelo Congresso no mesmo ano – e, por isso, não gozava da confiança total dos Estados Unidos e dos outros membros do CoCom Escrevi:

> O controle exercido por esse comitê intensificou-se com a invasão soviética no Afeganistão em 1979, porque os soviéticos estariam pressionando o poder norte-americano. Desde 1984, os controles estão mais rígidos. Daí a dificuldade de o Brasil importar supercomputadores de tecnologia mais avançada para a Petrobras.[84]

Para a Petrobras ter acesso a esse equipamento, o Itamaraty precisava de um entendimento com os Estados Unidos em matéria de tecnologias sensíveis. Entretanto, era necessário pesar os prós e os contras, uma vez que, mesmo assinando um acordo com o governo norte-americano, teria de se submeter a um controle sobre o *dual use* (uso interno e externo). "Eles querem controlar a proliferação de armas nucleares e de toda tecnologia utilizável na construção de artefatos nucleares, como foguetes e mísseis, comenta a fonte diplomática."[85]

O problema é que o Brasil também poderia usar tecnologias importadas em produtos para exportação.

Mencionou a mesma matéria: "Nossa política nos impede de transferir tecnologia para a área nuclear. Por isso tememos que certos equipamentos possam ser usados na fabricação de artefatos nucleares, como foguetes e mísseis".

Além do CoCom, o Brasil enfrentava o crivo do Missile Technology Control Regime (MTCR; em português: Regime de Controle de Tecnologia de Mísseis), que reunia os sete países mais desenvolvidos e impedia que países em desenvolvimento tivessem acesso à tecnologia dos mísseis.

A tecnologia nuclear era considerada a mais estratégica e de acesso impossível. "No caso dos processadores, geralmente a negociação com o país adquirente, que não tenha assinado o TNP, como o Brasil, é mais difícil, porque esse equipamento pode ser utilizado em simulação de voos de mísseis balísticos."[86]

Em questão, a importação de processadores para o computador de grande porte da Embraer e de um supercomputador para a Universidade de São Paulo (USP). Informei que "as garantias pedidas incluíam controle de usuário final, aviso prévio quanto à modificação do uso do equipamento anteriormente indicado, anuência prévia do governo norte-americano para repasse do supercomputador dentro do País e sujeição a visitas periódicas de inspeção".[87]

INDÚSTRIA DE SUPERCOMPUTADORES DOS ESTADOS UNIDOS TEMIA CONCORRÊNCIA EUROPEIA E DO JAPÃO

Enquanto os governos do Brasil e dos Estados Unidos discutiam o assunto, os exportadores norte-americanos mostravam preocupação de serem driblados pelos concorrentes europeus e japoneses, estes, segundo maiores fabricantes de supercomputadores, conforme a reportagem "Nos EUA, indústria defende a exportação de supercomputador", de 18 de setembro de 1989. Mencionei na reportagem "Brasil quer tecnologia de míssil", de 20 de junho de 1989:

> A verdade é que o Brasil provocava suspeição por parte do governo e de políticos norte-americanos. Em outubro de 1988, um serviço especial do Congresso dos EUA preparou um relatório em que listava o Brasil como um dos alvos preferenciais para receber sanções, em virtude de brevemente estar desenvolvendo e exportando mísseis.

O ministro da Aeronáutica, brigadeiro Octávio Moreira Lima, considerava "uma intriga internacional" a hipótese levantada pelo Congresso dos Estados Unidos de o Brasil vir a produzir, num futuro próximo, esse tipo de armamento. Para ele, as acusações demonstravam que os países desenvolvidos não queriam o Brasil como detentor de tecnologias de ponta.[88]

Segundo o brigadeiro, o caso do Veículo Lançador de Satélite (VLS), que também pode lançar bombas nucleares, mostra isso, "pois ao não repassarem essa tecnologia ao Brasil, os países desenvolvidos obrigam a pagarmos US$ 200 milhões por lançamento".[89]

TÊXTEIS E SIDERÚRGICOS

Sarney colheu outro fruto durante os seus cinco anos de mandato: a assinatura do acordo siderúrgico com os Estados Unidos, iniciado em outubro de 1989 e cujo término estava previsto para dezembro de 1990, conforme minha matéria de 6 de dezembro de 1989, "Produto com maior valor agregado irá para os EUA". Nela informo que as exportações passariam de US$ 450 milhões para US$ 600 milhões e, no final de vigência do acordo, para US$ 700 milhões.

O Brasil obteve um aumento de 1,55 milhão de toneladas, sendo 790 mil de semiacabados e 766 mil de acabados. Houve mudanças substanciais em relação ao antigo Voluntary Restraint Agreement (VRA) – acordo de restrição voluntária.

Na área têxtil, o governo Sarney registrou outro bom resultado, depois de dois anos de negociações com o Canadá iniciadas em 1987, quando expirou o acordo de cotas para exportações de têxteis ao mercado canadense.

> O Brasil, que por falta de acordo vinha se submetendo a cotas unilaterais do Canadá desde janeiro do ano passado (1988), terá o direito de exportar, já no próximo ano (1990), 1,55 milhão de unidades em cada uma dessas duas categorias – lençóis e fronhas. Em 1991, ano em que expirará o novo acordo, as cotas serão de 1,66 milhão de peças.[90]

O novo acordo também estabelecia cotas para toalhas felpudas, que pela recomendação do Textile Surveillance Body (TSB), órgão de vigilância do acordo Multifibras, estavam havia alguns meses sem contingenciamento e, portanto, não sujeitas a cotas unilaterais.

O Multifibras, uma forma de proteção não tarifária iniciada em 1974, seria desmantelado após a Rodada Uruguai do Gatt e deveria passar por uma transição, advogavam os europeus, com o endosso dos Estados Unidos, que propunham um regime provisório de salvaguardas, não aceito pelos países exportadores reunidos no Escritório Internacional de Têxteis e Confecções (ITCB). Eles achavam que esse mecanismo seria um novo Multifibras, com uma roupagem diferente.

> Os empresários brasileiros preferiam a prorrogação do Multifibras, porque assegurava uma reserva de mercado nos países importadores, enquanto o governo era favorável à liberação do comércio em todas as áreas, mas de forma gradual.[91]

CINCO INTENSOS ANOS NA POLÍTICA EXTERNA

Para finalizar meu relato sobre o período Sarney, transcrevo matéria de 2 de janeiro de 1990, "Integração maior com a Argentina e diálogo com América Latina", na qual resumo os principais acontecimentos daqueles cinco intensos anos da política externa brasileira:

> Um dos fatos mais marcantes do governo Sarney no campo da política externa foi, sem dúvida, o processo de integração com a Argentina. Também houve a valorização do diálogo com os países latino-americanos que, concretamente, se realizou com o reatamento de relações diplomáticas com Cuba, a assinatura para a aquisição de derivados de gás da Bolívia, o aumento da cooperação com a Venezuela e o Equador, e a aproximação estratégica de Brasília com a Guiana e o Suriname, nações com as quais o País divide importante faixa de fronteira.
>
> Das 28 vezes em que o presidente José Sarney deixou Brasília rumo ao exterior, 18 viagens tiveram como destino a América Latina. Nessas ocasiões, o presidente participou de encontros bilaterais e de reuniões do Grupo dos Oito, mecanismo de consulta e concertação política que teve como principal preocupação encontrar soluções para o endividamento da região.

Os últimos cinco anos caracterizaram-se pela democratização da América do Sul, pela distensão entre as grandes potências, por mudanças no Leste europeu e pela importância da alta tecnologia para o desenvolvimento econômico. A diplomacia brasileira no governo Sarney esteve "afinada" com os novos tempos, analisa o secretário-geral do Itamaraty, embaixador Paulo Tarso Flecha de Lima.

Em termos de distensão ideológica, o Brasil reatou relações com Cuba e com o Vietnã, e fortaleceu o diálogo com a União Soviética e com a República Popular da China, que receberam a visita de Sarney.

As relações com os Estados Unidos foram tumultuadas devido a ameaças de sanções comerciais derivadas de contenciosos em informática e patentes farmacêuticas. O Itamaraty, que procurou "encapsular" os problemas para que não contagiassem o relacionamento como um todo, propôs à administração norte-americana uma "agenda positiva". O saldo nessa área, segundo fontes diplomáticas, é favorável. Os atritos, porém, deverão ser encarados com naturalidade, de acordo com o chanceler Roberto de Abreu Sodré, por causa das divergências entre os dois países acerca da proteção da propriedade intelectual.

No campo do multilateralismo, vários fatos foram marcantes: a presença do Brasil no Conselho de Segurança da ONU, a participação do País nas forças de verificação das Nações Unidas que conduziram ao processo de independência da Namíbia, a criação de uma zona de paz e cooperação no Atlântico Sul, e o oferecimento brasileiro para sediar a conferência do meio ambiente, em junho de 1992. O Brasil também teve atuação destacada na Rodada Uruguai do Gatt.

A mesma ênfase na aproximação com a América Latina não foi notada no relacionamento com a África, que nos governos anteriores mereceram mais atenção da diplomacia brasileira. O alto nível de endividamento africano com o Brasil e a dificuldade de reativar as relações econômicas e comerciais com os parceiros africanos levaram o governo Sarney a privilegiar apenas a cooperação técnica com alguns países de língua portuguesa, como Angola e Moçambique.

PARTE III
Década de 1990

GOVERNO COLLOR DE MELLO: INTEGRAÇÃO COMPETITIVA. TERCEIRO MUNDO: NOÇÃO OBSOLETA

Nos primeiros dias de janeiro de 1990, Fernando Collor de Mello e sua equipe receberam informações do Itamaraty sobre os países que o presidente eleito visitaria antes de tomar posse em 15 de março: Argentina, Paraguai, Uruguai, Estados Unidos, Europa Ocidental (Reino Unido, Alemanha, França, Itália, Espanha e Portugal) e Japão.

Na reportagem de 11 de janeiro de 1990, "O roteiro oficial da viagem", escrevi que, "no caso dos EUA, a percepção que o Itamaraty transmitira a Collor era que as relações bilaterais estavam melhores do que havia cinco anos", principalmente porque se conseguiu que os contenciosos comerciais não tivessem envenenado toda a agenda.

Mas persiste uma grave preocupação entre os diplomatas brasileiros, após a ação norte-americana no Panamá, com uma nova doutrina que está surgindo no mundo industrializado. "Uma doutrina esdrúxula, que é o direito de ingerência em assuntos internos de outros países, apresentada com a maior naturalidade", observou a este jornal uma credenciada fonte da chancelaria. Em nome dos direitos humanos, os EUA invadiram o Panamá para prender o general Manuel Noriega, e realizaram ainda manobras nas costas da Colômbia. "Se isso se generaliza, teremos uma reorganização do poder mundial que será feita em base à subordinação".

Na matéria "Viagem oficial inclui escalas no Cone Sul neste fim de semana", de 17 de janeiro de 1990, mencionei que o roteiro internacional começou pelo Cone Sul como forma de prestigiar a integração regional:

> O sentido diplomático dessa visita de apenas um dia, que se realizará a convite dos chefes de Estado da Argentina, do Uruguai e do Paraguai, é trocar ideias sobre os problemas da região e recolher elementos que sirvam de subsídios para os encontros que Collor manterá com os governantes do Primeiro Mundo.

Fizeram parte da comitiva de Collor sua esposa, Rosane, o embaixador Marcos Coimbra e esposa, a assessora econômica Zélia Cardoso de Mello, o assessor político Luís Carlos Chaves, o diplomata Gelson Fonseca Jr. e o deputado José Carlos Martinez (PRN-PR), entre outros 14 integrantes.

PRIORIDADE PARA OS PAÍSES EUROPEUS

Collor anunciou que sua prioridade seria o relacionamento com os países europeus.

A Europa era o principal parceiro econômico e comercial do Brasil. Com 420 milhões de habitantes à época, dos quais 325 milhões concentrados na Comunidade Econômica Europeia (CEE) de 12 membros, a Europa estava presente no Brasil com investimentos de US$ 15,3 bilhões. Cerca de 26% das exportações brasileiras tinham como destino a CEE. Para efeito de comparação, o total investido pelos Estados Unidos no país era de US$ 9,3 bilhões, segundo o Banco Central. Pelas cifras de 1988, a República Federal da Alemanha era, dos países visitados na Europa, o mais importante em termos de investimentos, com US$ 4 bilhões, seguida pelo Reino Unido (US$ 2,3 bilhões), França (US$ 1,4 bilhão), Itália (US$ 1,2 bilhão), Espanha (US$ 100 milhões) e Portugal (US$ 60 milhões).[92]

Escrevi também que outra preocupação do Itamaraty em matéria de relações internacionais era que, com a desagregação do mundo não capitalista e a migração dos capitais ocidentais àquela região, o Terceiro Mundo tinha ficado como nação obsoleta, econômica e politicamente. Disse uma fonte diplomática, citando o fato de que nem mesmo o governo socialista espanhol se insurgira contra a invasão dos Estados Unidos no Panamá: "O novo governo terá como tarefa crítica redefinir certos conceitos diante da rápida transformação das estruturas mundiais. Necessitará repensar o diálogo com os países industrializados porque eles estão completamente emasculados diante do poderio americano".

Collor de Mello assumia o poder em um momento marcado pelo fim da Guerra Fria e pela supremacia dos Estados Unidos, país por onde iniciou a segunda parte de sua agenda internacional antes da posse. Como primeiro presidente civil eleito depois de 21 anos de ditadura militar, Collor traçou uma agenda para se mostrar diferente de seus antecessores, com um discurso modernizante recheado de ideias sobre reformas liberais e integração competitiva no mundo desenvolvido.

Um detalhe sobre a posse de Collor: a tradicional recepção que ofereceria a mais de 2 mil convidados no Itamaraty, na noite de sua posse, foi cancelada, para mostrar que pretendia imprimir um clima de austeridade a seu governo.

Foi a primeira vez que os salões de festa da Chancelaria estiveram apagados na ocasião.

O Itamaraty sugeriu ao presidente eleito que oferecesse um almoço para 200 a 300 pessoas no dia 16, especial para os chefes de Estado e representantes estrangeiros. A realização desse almoço já era tradicional e se destinava apenas aos convidados do exterior.

Brasílio Sallum Jr., autor de *O impeachment de Fernando Collor: sociologia de uma crise*,[93] explica a inclinação de Collor para uma política externa que mudasse a imagem do país no exterior:

> Havia que apresentar o Brasil ao concerto mundial das nações como um país grande, com uma economia dinâmica, democrático e pacífico, sem inimigos nas suas fronteiras, capaz de absorver sem conflitos populações cultural e etnicamente distintas, com

capacidade de negociação e assim por diante. Isso significava redefinir o nacionalismo de tipo defensivo que marcara a inserção internacional do país no período da Guerra-Fria.[94]

Collor queria elevar o Brasil à categoria de nação do Primeiro Mundo, tônica que marcou a sua plataforma de campanha eleitoral. No discurso aos novos diplomatas da turma do Instituto Rio Branco, o presidente afirmou que o estatuto de nação periférica não servia ao Brasil, porque seu "preço é muito alto para os interesses nacionais", de acordo com minha reportagem "Rumos para a política externa", de 28 de maio de 1990. Ele insistia, em seus pronunciamentos, na necessidade de universalização das relações internacionais, "a cuja dinâmica quem não souber se adaptar corre o risco de ser punido com o isolamento e a marginalidade".

Às grandes transformações a que Collor se referia era preciso responder com ações no plano interno:

> [...] dinamização da máquina estatal, fortalecimento da sociedade civil, eliminação dos privilégios cartoriais, austeridade econômico-financeira e "arejamento ético" – e com visão da dimensão externa –, intenção de reequacionar o problema da dívida e "abrir caminho a investimentos que capacitem nosso parque industrial e rejuvenesçam nossa competitividade".

Collor estava ciente de seu papel na condução dos rumos do país após o fim da Guerra Fria e falava em uma "nova era", com "a distensão entre os blocos bipolares de poder, a derrubada do muro de Berlim, a recuperação da vontade popular no Leste Europeu, o recuo das crises regionais, o início do desmantelamento do apartheid na África do Sul".

UMA NOVA ORDEM INTERNACIONAL E A NECESSIDADE DE REPOSICIONAR O BRASIL

Nascia uma nova ordem internacional com a possibilidade de novas polaridades ou multipolaridades. Era preciso reposicionar o Brasil no cenário global, mas havia desafios que não se podiam subestimar, como afirmou Collor aos novos diplomatas. Ele citou como exemplos:

> [...] a tendência em favor da criação de megablocos econômicos no Hemisfério Norte, que ameaça acentuar a marginalização da América Latina e da África, mercê de sua estrutural fragilidade econômica [...], a ampliação da agenda de um novo multilateralismo que, no trato de questões de inequívoco interesse para a Humanidade, parece querer desconsiderar princípios básicos do Direito Internacional, como o da igualdade soberana entre os Estados.

O presidente se referia ao conceito de "dever de ingerência", que estava sendo propagado (como mencionei anteriormente) em relação à invasão do Panamá pelos Estados Unidos, a pretexto de tirar do poder Manuel Noriega, acusado de envolvimento com o narcotráfico, e à tentativa de bloquear as costas da Colômbia pelo mesmo motivo. Na mesma reportagem "Rumos para a política externa", escrevi: "Esse é um conceito que afeta especialmente o Brasil porque, em reuniões internacionais recentes, cogitou-se criar a figura do 'crime ambiental'. O assunto esteve na agenda do encontro do chanceler Francisco Rezek com o secretário de Estado James Baker, em Washington".

Contudo, o novo governo passou a ter posturas propositivas nos chamados "novos temas" – meio ambiente e direitos humanos.

Conforme já citado, o Brasil foi sede da Conferência das Nações Unidas sobre o Meio Ambiente e o Desenvolvimento, também conhecida como Eco-92, Cúpula da Terra, Cimeira do Verão, Conferência do Rio de Janeiro e Rio-92, da qual participaram cerca de 180 chefes de Estado.

RIO-92 E O DESENVOLVIMENTO SUSTENTÁVEL

O resultado da Rio-92 foi comemorado porque, finalmente, houve aceitação do conceito de desenvolvimento sustentável, aquele capaz de suprir as necessidades da geração atual, sem comprometer a capacidade de atender às necessidades das gerações futuras.

O consenso em torno desse tema foi um grande avanço no que concerne à Conferência de Estocolmo em 1972, a primeira reunião mundial para discutir a relação entre o homem e o meio ambiente, que abriu caminho para o desenvolvimento sustentável; inaugurou a agenda de discussões ambientais; e deu origem ao Programa das Nações Unidas para o Meio Ambiente (PNUMA).

> **Ativismo ambiental do Brasil**
>
> O Brasil, que no governo Bolsonaro (2019-2022) esteve sob uma saraivada de críticas dos Estados Unidos e da Europa em relação ao desmatamento da Amazônia, ao descaso com o meio ambiente e com as populações indígenas, em 2012 acolheria outro evento de peso – a "Rio + 20", que marcou os 20 anos da Rio-92 e contribuiu para definir a agenda do desenvolvimento sustentável nas próximas décadas. Nessa sequência de ativismo ambiental, o Congresso aprovou, em maio de 2012, o novo Código Florestal Brasileiro, ou a nova lei ambiental do país, fruto de muita discussão, com a participação do governo, da sociedade civil, do agronegócio e dos parlamentares.

COLLOR ASSINOU O TRATADO DE ASSUNÇÃO, QUE CRIOU O MERCOSUL

O governo Collor também tentou reduzir ou eliminar contenciosos com o mundo desenvolvido nas áreas de energia nuclear, dívida externa e patentes farmacêuticas, além de meio ambiente. O Itamaraty teve participação importante na discussão desses temas e na integração econômica e comercial. Um dos marcos do curto período Collor (15 de março de 1990 a 29 de dezembro de 1992), devido ao processo de *impeachment* aberto contra ele por acusações de práticas de corrupção, foi a assinatura do Tratado de Assunção, que criou o Mercosul em 26 de março de 1991, tendo como sócios Argentina, Brasil, Paraguai e Uruguai.

Collor prometeu aos Estados Unidos, ainda como presidente eleito, em janeiro de 1990, que enviaria ao Congresso um projeto de lei para proteger patentes farmacêuticas, o que efetivamente aconteceu no final de abril de 1991. Sobre esse assunto escrevi inúmeras reportagens, pois houve muita pressão dos Estados Unidos durante o primeiro ano do governo Collor.

A representante de Comércio da Casa Branca, Carla Hills, que sucedeu a Clayton Yeutter, esteve em Brasília e São Paulo nos dias 6 e 7 de maio de 1990, em reuniões com Collor e empresários da Associação Nacional das Câmaras Americanas de Comércio.

Na agenda de Hills, as posições que os Estados Unidos gostariam que o Brasil defendesse na Rodada Uruguai do Gatt, principalmente em propriedade intelectual (patentes farmacêuticas).

Outra pressão americana no primeiro ano do governo Collor era relacionada à questão nuclear.

ESTADOS UNIDOS E A ENERGIA NUCLEAR: CONSTITUIÇÃO DO BRASIL NÃO ERA SUFICIENTE

Na reportagem de 24 de maio de 1990, "Constituição não é suficiente", o enviado especial do governo norte-americano para assuntos de energia nuclear, Richard Kennedy, representante dos Estados Unidos junto à Agência Internacional de Energia Atômica, com sede em Viena, afirmou:

> [...] embora a Constituição de 1988 tivesse um artigo consagrando a energia nuclear para fins pacíficos, isso não era suficiente, pois apenas representava um compromisso interno. Ele salientou que uma cooperação mais estreita com o Brasil na área nuclear somente poderia acontecer quando o País aceitasse salvaguardas completas, isto é, quando submetesse seu programa nuclear paralelo (do Ministério da Marinha) à inspeção da Agência.

Informei na matéria que Kennedy discutiu com autoridades brasileiras do setor nuclear aspectos relacionados ao Tratado de Não Proliferação de Armas Nucleares, mas não discorreu sobre a posição brasileira, que havia apresentado mudanças.

O Itamaraty estaria disposto a negociar a adesão do Brasil ao TNP desde que este fosse revisto e, em consequência, o acesso do país às tecnologias sensíveis se tornasse mais fácil. O TNP foi ratificado pelo Congresso brasileiro em 1998, durante o governo Fernando Henrique Cardoso.

AS ÊNFASES DE COLLOR
PARA AS RELAÇÕES EXTERIORES

O fato de ter dedicado um terço de seu discurso de posse à agenda internacional, além de um programa de visitas a Estados Unidos, Europa, Japão e Cone Sul, antes de assumir efetivamente a presidência, mostrava a importância que Collor daria ao Itamaraty e a tudo que se relacionasse com o exterior em seu governo. Na reportagem "Na diplomacia, busca de justiça nas relações internacionais", de 16 de março de 1990, escrevi:

> O presidente deixou claro em seu discurso que a diplomacia terá um papel fundamental em seu governo. O Itamaraty, mais do que em outras gestões, está fornecendo um número expressivo de quadros para os vários órgãos da administração. No Palácio do Planalto, cerca de 30 diplomatas vão assessorar Collor.

O presidente definiu as ênfases de sua política externa:

> 1) abdicar do discurso estéril e irrealista do pseudonacionalismo, que induz ao isolamento, à desconfiança, à ilusão míope da autossuficiência;
>
> 2) dar ao relacionamento com os EUA um sentido positivo – as diferenças de interesse e percepção deveriam ser tratadas de forma construtiva para benefício mútuo;
>
> 3) fazer uma correção na rota do processo de integração iniciado por Sarney. A integração, obrigatória para as economias da região, deve ser feita, segundo o presidente, de forma que os países se juntem aos industrializados, "os protagonistas deste momento de mudança no cenário mundial";
>
> 4) singularizar Portugal e Espanha no contexto europeu e esperar "o apoio necessário para o fortalecimento dos laços do Brasil com a CEE";
>
> 5) ter um relacionamento com o Japão mais ambicioso – cooperação em tecnologia, comércio e diálogo político;
>
> 6) dar prioridade ao exame e interpretação dos temas do Leste Europeu. Collor indicou que daria ênfase especial "à modernização do relacionamento com a União Soviética, tanto no plano do diálogo político como no intercâmbio econômico, científico, tecnológico e cultural";

7) continuar com um enfoque menos prioritário e mais baseado na cooperação técnica com a África;

8) executar uma política para o Oriente Médio de forma inalterada, com a pregação diplomática de que "a moldura das decisões das Nações Unidas é a melhor base para a solução do problema, que exige diálogo amplo, sem discriminações entre povos envolvidos";

9) dar a mesma ênfase do governo Sarney às relações com a China e a Índia. O Brasil ampliaria as vias de entendimento e cooperação com ambos devido à similaridade entre os três países.

Dezenove anos mais tarde seria criado o agrupamento de países emergentes, Bric – Brasil, Rússia, Índia e China –, acrônimo ao qual se acrescentou o "S" de South Africa (África do Sul) em 2011, configuração que levou ao atual Brics.

As propostas de Collor para a política externa receberam elogios no dia de sua concorrida posse, com a presença, entre outros chefes de Estado: do cubano Fidel Castro, do português Mário Soares, do vice-presidente dos Estados Unidos, Dan Quayle, do primeiro-ministro espanhol, Felipe González, sem falar de Carlos Menem, da Argentina, Virgilio Barco, da Colômbia, e Daniel Ortega, da Nicarágua, que deixaria o poder em 25 de abril daquele ano.[95]

Até mesmo o presidente de Cabo Verde, Aristides Pereira, minimizou as declarações do presidente sobre abandono do terceiro-mundismo: "É uma política correta porque, de certo modo, se o Brasil se fortalecer como uma nação do Primeiro Mundo, irá beneficiar os seus parceiros africanos."[96]

A oposição política brasileira, entretanto, criticou o discurso de Collor. Gumercindo Milhomem, líder do Partido dos Trabalhadores (PT) na Câmara dos Deputados, disse que se tratava de "uma tentativa pouco frutífera identificar o Brasil com o Primeiro Mundo". Em sua visão, "o Primeiro Mundo não existia independentemente do Terceiro Mundo, da exploração multinacional, do capital e origem da miséria". Milhomem sugeria que o Brasil poderia ser a vanguarda de países com esses problemas e deveria partir para um enfrentamento comum.

O secretário de Relações Internacionais do PDT, Bocaiúva Cunha, fez outra objeção ao discurso de Collor: o deputado brizolista considerava que a política externa de Sarney deveria ser mantida porque era correta. "O presidente Collor", comentou, "apenas se referiu às origens europeias do povo brasileiro, esquecendo-se das raízes africanas".[97]

Era tão evidente que a velha ordem internacional já não servia, que o abandono do terceiro-mundismo foi defendido pelo chanceler Abreu Sodré ao deixar o cargo: "O ministro Francisco Rezek 'não poderá praticar a diplomacia balizada pelas linhas do mundo em que vivíamos (há quatro anos) e que agora desaparece. [...] Nesse período houve a 'perestroika' e a 'glasnost' e chegou-se à quase total redemocratização da América Latina'".[98]

Na transmissão de cargo, Rezek, que havia 16 anos mantinha vínculos com o Itamaraty, onde lecionou Direito Internacional no Instituto Rio Branco, afirmou: "Quando se diz que é necessário abrir mão do terceiro-mundismo deve-se entender que não devemos despender tempo e energia com o que não funciona."[99]

FIDEL CASTRO NA POSSE DE COLLOR: "SOCIALISMO OU MORTE"

O carismático líder cubano, dado a declarações polêmicas que iam para o *lead* (abertura) de reportagens, foi provocado e rebateu Felipe González por sua fala sobre o regime cubano estar caminhando para um final semelhante ao que ocorreu na Romênia de Ceausescu: "Felipe sabe que vamos resistir. Felipe sabe que o preço de uma agressão norte-americana seria tremendo", disse, observando que em Cuba todos têm armas e que a população combaterá até a morte. "O lema continua a ser socialismo ou morte."[100]

O ditador romeno, Nicolae Ceausescu, acusado de genocídio, e sua mulher, Elena, foram executados no Natal de 1989, quando outros regimes comunistas do Leste Europeu – da Polônia, da Tchecoslováquia e da Hungria – iniciaram transições para o fim do comunismo, ao mesmo tempo que a queda do muro de Berlim abria caminho para a reunificação da Alemanha.

O presidente cubano não se conteve e criticou os países do Leste Europeu que romperam com o comunismo: "Não creio que esses países estejam em condição de adotar posições anticubanas, porque enviamos muitos produtos para lá, como o açúcar, US$ 400 milhões anuais, que eles pagam com mercadorias de baixo nível tecnológico", insinuou Fidel.

Na reportagem "Fidel rebate crítica de González e ataca os países do Leste", de 16 de março de 1990, relato que Castro deu uma longa entrevista coletiva no auditório Petrônio Portella do Senado, na qual acentuou que "Cuba não estava isolada da América Latina, onde os presidentes, ao contrário do que acontecia no passado, formavam um 'clube' e se encontravam em ocasiões como a da posse de Collor".

CONFISCO DA POUPANÇA

A lua de mel de Fernando Collor de Mello com a sociedade brasileira, que o elegeu com quase 47% dos votos, terminou cedo. Em 21 de março de 1990, ele decretou o confisco da poupança e passou a ser mais lembrado por isso do que pelo sucesso em alguns temas da política externa, como meio ambiente e abertura da economia.

Collor entrou para a história, na dimensão interna de seu governo, naquilo que teve a ver com o bolso: *uma medida para enxugar a liquidez e tentar conter a hiperinflação.*

Foi um forte abalo na vida das pessoas, que de um dia para o outro não conseguiam mais dispor do dinheiro que tinham guardado nos bancos. Oitenta por cento de todos os depósitos do *overnight*, das contas correntes ou das cadernetas de poupança que excedessem NCz$ 50 mil (cruzados novos) foram congelados por 18 meses, período em que a rentabilidade deveria corresponder à taxa da inflação mais 6% ao ano. Muitos poupadores, porém, não receberam a reposição inflacionária até hoje.

Collor substituiu o cruzado novo pelo cruzeiro, criou o IOF (Imposto sobre Operações Financeiras), congelou preços e salários, eliminou incentivos fiscais para importações e exportações, medida que afetou a agricultura, as regiões Norte e Nordeste e a indústria de informática. O câmbio foi liberado, e houve uma reforma na área de comércio exterior para promover uma abertura gradual na economia brasileira e aumentar a competitividade frente a concorrentes externos. Também foi polêmica a reforma administrativa, que extinguiu ministérios, autarquias, fundações, empresas públicas e sociedades de economia mista, e enxugou o funcionalismo. Só no Itamaraty, foram dispensados 779 servidores.

A OEA SEM GUERRA FRIA

O primeiro evento multilateral do qual Fernando Collor de Mello participou foi a XX Assembleia Geral da OEA, em Assunção. Minha reportagem "A OEA sem Guerra Fria", de 5 de junho de 1990, assinada da capital paraguaia, relatou que se reuniram delegados de 32 países – os Estados Unidos foram representados pela autoridade de comércio exterior da Casa Branca, Carla Hills. Dois assuntos principais dominaram os debates: "a necessidade de rever o Tratado Interamericano de Assistência Recíproca (TIAR) de 1947, no início da Guerra Fria, que se tornou inútil depois da Guerra das Malvinas, e a Junta de Defesa da OEA".

Novos tempos com o fim da bipolaridade Estado Unidos-União Soviética, rápidas transformações políticas do continente e do mundo exigiam outros rumos das organizações multilaterais.

Na Guerra das Malvinas/Falklands, os Estados Unidos, que se alinharam ao Reino Unido, não cumpriram a cláusula do Tiar, que previa assistência recíproca à Argentina por ter sofrido agressão de um país de fora do hemisfério. Esse fato demonstrou a falência do Tratado como instrumento de solidariedade americana e de segurança coletiva.

O fim da Guerra Fria levou também a uma mudança no jogo de forças da América Central, com a contundente vitória de Violeta Barrios de Chamorro na Nicarágua, que concorreu pela União Nacional Opositora (UNO), uma coalizão de 14 partidos que abrigava conservadores, liberais, sociais-cristãos e marxistas. Ela derrotou Daniel Ortega, da Frente Sandinista de Libertação Nacional (FSLN), que havia destituído o governo do ditador Anastasio Somoza Debayle em 1979.

Durante dez anos da chamada revolução nicaraguense, houve uma fronteira nebulosa entre o Estado e o partido sandinista.

Um dos problemas que estavam postos em março de 1990, com a eleição de Violeta de Chamorro, era o que fazer com o exército sandinista de 70 mil homens.

A reportagem "Reestruturar o Exército Sandinista, um grande desafio para Chamorro", de 2 de março de 1990, assinada de Manágua, relatou que esses militares foram treinados para defender um projeto revolucionário ameaçado pelos "contras" e pelos Estados Unidos. Outro problema era como desmobilizar os "contras", cerca de 10 mil famílias que viviam nas fronteiras com Honduras.

Daniel Ortega voltaria ao poder na Nicarágua em 2006 e seria reeleito em 2011, 2016 e 2021. Essas últimas eleições, com prisão de opositores, reforçaram na comunidade internacional a imagem de Ortega ditador. Ortega também é acusado de perseguir jornalistas. O principal jornal da Nicarágua e um dos mais antigos, *La Prensa*, teve de adotar medida extrema: retirou do país sua equipe, e desde 2021 funciona apenas on-line. A organização Repórteres Sem Fronteiras (RSF) informou que os últimos funcionários deixaram a Nicarágua clandestinamente entre 9 e 25 de julho de 2022, a fim de continuar realizando o trabalho de fora do país sem riscos, junto a outros que já tinham se exilado, conforme reportagem do portal UOL.[101]

ABERTURA DA ECONOMIA: MÚSICA AOS OUVIDOS NORTE-AMERICANOS. MAS CONTINUAVA O TOMA LÁ DÁ CÁ

As iniciativas do governo Collor para abrir a economia e privatizar estatais soavam como música aos ouvidos americanos. Na reportagem "Delegação dos EUA quer reavaliar a posição do Brasil nas cotas", de 15 de junho de 1990, relatei que "uma delegação do Departamento de Comércio, chefiada por Holly Kuhn, ficou satisfeita com a liquidação da Siderbras, que era uma fonte de subsídios contestados por Washington, com a liberalização de importações, eliminação de barreiras não tarifárias e com o fim dos subsídios, entre eles o programa Befiex e o IPI".

"O mundo capitalista desejava que o Brasil assumisse seu peso", mencionei na reportagem "Empresários preparam carta a Collor de Mello", de 30 de janeiro de 1990.

"[Lawrence] Eagleburger reconhece que o Brasil vai ser mesmo líder entre os países desenvolvidos", disse Christopher Lund, presidente da Associação Nacional das Câmaras de Comércio Americanas.

Os Estados Unidos diziam notar mais cooperação e perspectiva de menos atrito com a mudança de governo.

"Na década de 90, ouvia-se muito falar que a atração dos investidores externos pelo Brasil se devia ao tamanho do mercado e à consolidação da democracia. Era um contexto que beneficiava o Brasil *vis-à-vis* o Leste Europeu", afirmou Lund, pois ainda não se sabia se esses países iriam encontrar um sistema político que substituísse com vantagens o regime anterior.

Com o desmantelamento da União Soviética, esse era "o" tema no mundo dos negócios, ou seja, o propalado desvio de recursos da Europa Ocidental e dos Estados Unidos para o Leste Europeu.

Na reportagem "As conclusões do Grupo do Rio para a política continental", de 2 de abril de 1990, cito o ministro das Relações Exteriores do Uruguai, Héctor Gros Espiell: "Devemos encarar essa questão de um ponto de vista positivo. A consequência poderá ser um aumento de nossas exportações para a Europa Oriental."

O fim da Guerra Fria pedia a unificação das Alemanhas, e isso implicava unificar as embaixadas da República Federal da Alemanha (RFA) e da República Democrática Alemã (RDA) em Brasília.

Várias reportagens que escrevi em 1990 mencionavam o novo relacionamento brasileiro com o Leste Europeu, novos acordos e um interesse redobrado na relação comercial.

Em sua lua de mel com o exterior, no primeiro semestre do governo, Collor colheu alguns bons frutos, como o anúncio por Carla Hills de autorização dos Estados Unidos para exportar um processador vetorial da IBM à Embraer, pedido feito no governo Sarney e não atendido, porque os norte-americanos temiam que o equipamento pudesse ser usado na fabricação de mísseis.

Entretanto, a *Appropriations Committee* (comissão que dá seu parecer sobre as propostas do presidente dos Estados Unidos) do Senado vetou a venda do equipamento. A informação causou surpresa ao governo brasileiro. Collor soube da negativa do Senado norte-americano em sua viagem à Venezuela, conforme a reportagem "Presidente Collor é informado em Caracas", de 15 de outubro de 1990. O chanceler Rezek, porém, afirmou: "Nós pretendemos esclarecer algo de simplicidade extraordinária que, custa a crer, não tenha sido percebida pelos norte-americanos. É algo que nada tem a ver com este governo."

O ministro explicou que estava se referindo à suposta colaboração do governo brasileiro em matéria de energia nuclear com o Iraque, motivo das pressões contra a exportação do equipamento ao Brasil. "Não sei se eles têm informação segura do que faz a equipe do brigadeiro Piva no Iraque, além disso, é um grupo privado, e a lei brasileira atual não permite ingerência neste tipo de negócio."

A reportagem informou, ainda, que o Brasil já se havia comprometido em respeitar as salvaguardas, segundo o secretário de Ciência e Tecnologia, José Goldemberg.

GUERRA NO GOLFO. OFENSIVA DO ITAMARATY PARA TRAZER REFÉNS BRASILEIROS

O fato de ser um exportador de armamentos para países em conflito no Oriente Médio, como o Iraque e o Kuwait, arranhava a imagem do Brasil na comunidade internacional, principalmente nos Estados Unidos, cuja tecnologia de ponta, demandada por empresas como Embraer e Petrobras, e por universidades brasileiras, foi negada por um bom tempo.

Para ter acesso a supercomputadores, o Brasil precisava apresentar salvaguardas especiais. O brigadeiro Hugo Piva, que chefiava uma equipe no Iraque para o desenvolvimento de um míssil ar-ar, causou muito embaraço ao governo brasileiro.

A reportagem "Guerra no Golfo – desembarcam os 174 brasileiros", de 5 de outubro de 1990, relata que a invasão do Kuwait pelo Iraque, naquele ano, teve como consequência dificuldades para a repatriação de 256 brasileiros que trabalhavam em território iraquiano. Eram funcionários da Construtora Mendes Jr., ligados ao projeto Expressway, da Maxion, da Volkswagen e da HOP. Todos precisavam de vistos para voltar ao Brasil. Além disso, havia o problema de como ficariam os contratos.

A ofensiva para trazer os brasileiros apoiou-se em várias ações: o Itamaraty enviou uma missão especial a Bagdá, chefiada pelo embaixador Paulo Tarso Flecha de Lima, o governo fez apelo a países do Oriente Médio, e o presidente Fernando Collor falou pessoalmente com o rei da Jordânia, para que intercedesse junto a Saddam Hussein.

Todas as iniciativas esbarravam em questões contratuais e burocráticas. O Itamaraty sofria desgaste toda vez que anunciava expectativas de volta dos brasileiros e estas se frustravam.

Finalmente, no dia 4 de outubro, desembarcaram no aeroporto de Brasília 174 funcionários das empresas. Os restantes 82 continuaram retidos à espera de vistos. Os iraquianos não entendiam a impaciência brasileira, enquanto para o Brasil a demora dos vistos era um processo longo e desgastante, escrevi. Alguns contratos foram rescindidos e outros suspensos temporariamente.

INVESTIMENTOS BRASILEIROS CRESCERAM NOS ESTADOS UNIDOS

Um mercado interno deprimido, menores vantagens comparativas em alguns setores e a necessidade de experiência internacional para competir no mercado externo foram os principais fatores que levaram os investimentos diretos brasileiros a registrar expressivo crescimento nos Estados Unidos na década de 1980. Houve uma elevação de US$ 155 milhões, em 1980, para US$ 334 milhões, em 1989, segundo pesquisa com 20 empresas realizada pelo professor de marketing internacional Fernando Robles e pelo pesquisador do Instituto de Negócios Brasileiros e Administração Pública José Eugênio Figueiredo, ambos da George Washington University.

De acordo com a reportagem "Investimentos brasileiros cresceram sensivelmente nos EUA na década de 80", de 26 de abril de 1991,

> [...] a história da internacionalização da empresa brasileira mostra que, no início, os mercados mais atraentes foram os de afinidade cultural, como países africanos de língua portuguesa e latino-americanos. Numa segunda etapa, os investimentos fluíram para países de alto risco, como o Iraque, que não atraíam investidores do Primeiro Mundo por problemas políticos ou pelo próprio risco.

No início dos anos 1990, a Europa, os Estados Unidos e a Ásia apresentavam melhores possibilidades para remunerar o capital brasileiro. Era o caso da Metal Leve nos Estados Unidos, onde produzia com custos mais vantajosos, porque eliminava o ônus do transporte e aumentava sua produtividade.

A pesquisa da George Washington University:

> [...] mostrou as empresas que se internacionalizaram nos últimos anos da década de 80: Andrade Gutierrez, nos EUA e em Portugal; Cacique, na China; Cofap, em Portugal e na Irlanda; Copersucar, nos EUA; Editora Abril, em Portugal; Gerdau, no Canadá; Gradiente, no México; Labra e Machline, em Portugal; Metal Leve, nos EUA; TV Globo, em Marrocos; Pão de Açúcar, em Portugal; Perdigão e Motores Weg, em Portugal; Prensas Schuller, nos EUA; Staroup, em Portugal, EUA, URSS e Hungria.[102]

EMPRESAS AMERICANAS E A CONSCIENTIZAÇÃO SOBRE IMPORTÂNCIA DA PROPRIEDADE INTELECTUAL

Desde que me dediquei ao estudo sobre propriedade intelectual, no início dos anos 1990, percebi a elevada coesão em torno do tema – empresários, governo e o Congresso dos Estados Unidos exerciam contínua vigilância nos mercados para coibir práticas consideradas desleais.

A maneira de contornar esse problema era a aplicação da seção 301 da Lei de Comércio de 1974 que, em 1984, recebeu uma emenda expressamente dirigida a reforçar os direitos de propriedade intelectual de empresas e de cidadãos norte-americanos.

Informei na reportagem "EUA comemoram dois séculos de proteção às patentes e premiam melhores inventos", de 16 de abril de 1991:

> O "Prêmio Inventor do Ano", instituído pela Intellectual Property Owners (IPO) em 1974, é o evento nos EUA que mais destaca a importância da inovação tecnológica, da criatividade e do regime de proteção às patentes e outras propriedades industriais. A IPO, entidade privada que reunia em 1991 cem empresas grandes e médias, desde 1972 defende os direitos de propriedade intelectual (patentes, *copyrights*, marcas e segredos comerciais).

Em 1991, fazia quatro anos que um grupo multi-industrial, reunindo empresas como ITT, Caterpillar, Dow, Dupont, Eli Lilly, FMC Corp.,

General Electric, Goodyear, IBM, 3M, Pfizer, Monsanto, Union Carbide e Procter & Gamble,

> [...] se dedicava, por meio de advogados e consultores internacionais, a conversar com empresários, autoridades e professores universitários no Brasil sobre a importância da propriedade intelectual no processo de inovação tecnológica. Um trabalho didático que, segundo fontes do grupo empresarial, rendia bons dividendos, como maior conscientização das elites brasileiras sobre o significado da proteção dos direitos de propriedade intelectual, cada vez mais reforçada na política de comércio exterior dos EUA.[103]

NOS ANOS 1990, FOCO EM POLÍTICA DE COMÉRCIO DOS ESTADOS UNIDOS. "A GUERRA DAS PATENTES". "THE POWER GAME" EM WASHINGTON

Em 1991, estudei a política externa dos Estados Unidos, principalmente a política de comércio, que exige do Executivo o cumprimento de legislações emanadas do Congresso. Deputados e senadores cobram resultados do governo e prestam contas às suas *constituencies* (eleitorado). Fui bolsista da Fundação Ford e *fellow* no Seminário Avançado sobre Processos de Decisão da Política Externa dos Estados Unidos, na Universidade de Maryland, com colegas asiáticos, africanos e latino-americanos.

I. M. "Mac" Destler, autor renomado de livros de política comercial dos Estados Unidos e de comércio internacional, orientou minha pesquisa sobre o contencioso entre o Brasil e os Estados Unidos em propriedade intelectual. O estudo foi incorporado à tese de mestrado em Relações Internacionais: *O contencioso entre o Brasil e os Estados Unidos – estudo de caso das patentes farmacêuticas*, na Universidade de Brasília (UnB). O professor de Comércio Internacional Álvaro Manoel, que trabalhou no FMI, Banco Mundial e no Tesouro Nacional, orientou a pesquisa.

Apoiada nesses trabalhos acadêmicos e em reportagens minhas durante a discussão do Projeto de Lei n. 824/1991, que propunha uma revisão do Código de Propriedade Industrial (Lei n. 5.772, de 21/12/1971) e apresentava inovações, como o reconhecimento de patentes de processos e produtos farmacêuticos, de química fina e de alimentos processados, escrevi o livro *A guerra das patentes: o conflito Brasil X EUA sobre propriedade intelectual*.

Os anos 1970 foram de experiências europeias; os anos 1990, de viagens pelos Estados Unidos e de aprendizado sobre o funcionamento do poder em Washington. O livro *The Power Game: How Washington Works*, de Hedrick Smith,[104] parte da bibliografia do seminário em Maryland, nos ajudou a entender as especificidades da elaboração da política externa dos Estados Unidos e o jogo de poder na capital norte-americana.

Smith, ex-diretor de redação do jornal *The New York Times* em Washington, e vencedor do Prêmio Pulitzer na categoria de reportagens internacionais, em 1974, escreve na introdução do seu livro: "Nós, americanos, somos uma nação de jogadores. Do pôquer de sexta-feira à noite e o bingo aos domingos à rivalidade corporativa e à corrida armamentista nuclear, os americanos estão preocupados com ganhos e perdas. Competição é o nosso credo, que está entrelaçada no tecido de nossa vida nacional."

> Em Washington, senadores e deputados falam de política como um jogo e deles mesmos como "jogadores". Ser jogador é ter poder ou influência sobre algum assunto. Não ser um jogador é estar fora do circuito do poder e sem influência. As metáforas finais do jogo no governo são os jogos de guerra – não apenas o exercício militar com frotas de navios ou regimentos de tropas, mas aqueles cenários fantasmagóricos executados por computador que nossos formuladores de políticas e especialistas nucleares usam para testar seus reflexos e nossas defesas em uma crise: sobrevivência humana reduzida a um jogo.[105]

The Power Game é uma boa ferramenta para os correspondentes estrangeiros entenderem o funcionamento da política externa dos Estados Unidos e as suas consequências para a comunidade internacional. Há muitos atores envolvidos no jogo do poder: o Executivo, o Congresso, o *lobbying*, o eleitorado, o poder do *staff* nas várias instituições (*shadow government*)...

Cheguei aos Estados Unidos como correspondente cinco anos depois de estudar na Universidade de Maryland. Um jeito bem diferente de me preparar para ser correspondente na capital norte-americana era como eu via a minha participação em um seminário na Filadélfia, em 1996, com bolsa do Eisenhower Fellowship Program, que incluiu viagens pelos Estados Unidos. Estive em Nova York, Boston, Denver, Santa Mônica, Houston, Miami e Grand Canyon. Entrevistei especialistas, conheci centros de pesquisa e inovação, como o Media Lab do Massachusetts Institute of Technology (MIT), e o Houston Medical Center.

Foi uma interessante apresentação dos Estados Unidos para quem começaria em breve a reportar de Washington. De 1996 a 1998, acompanhei o processo de globalização econômica após o fim da União Soviética e da Guerra Fria, as crises financeiras asiática, russa e brasileira, o Consenso de Washington, que era apresentado como modelo pelas instituições financeiras internacionais a ser seguido pelos países latino-americanos, a formação de blocos econômicos e comerciais, as questões ambientais e climáticas e as relações dos Estados Unidos com a América Latina.

PROPOSTAS PARA A REFORMA DA CARTA DA OEA: EVITAR RETROCESSOS NA DEMOCRACIA

Esse tema foi discutido em Santiago do Chile, em assembleia que reuniu 25 ministros das Relações Exteriores dos 35 países-membros, de acordo com minha matéria "OEA busca novos rumos e formas para garantir as conquistas democráticas", de 30-31 de maio de 1991. O tema mais polêmico da pauta era "reforma da Carta da OEA", proposta pela Venezuela com o apoio dos presidentes do grupo andino:

> O presidente venezuelano, Carlos Andrés Pérez, quer a incorporação pela OEA da doutrina "Betancourt", válida em seu país, que impõe o rompimento de relações diplomáticas com governos oriundos de golpes de Estado. O assunto se tornou atual com o golpe ocorrido no Suriname, em dezembro do ano passado. Essa é uma proposta com poucas chances de ser aprovada porque somente a Venezuela adota semelhante doutrina no continente.
>
> Os EUA não aceitam a ideia de rompimento automático de relações, pois mantêm relacionamento diplomático com governos oriundos de golpes de Estado. A doutrina "Betancourt", usada

contra o Brasil em 1964, quando a Venezuela transformou sua embaixada em Brasília em mera repartição consular, não é bem-vista na OEA porque os países perderiam flexibilidade de ação política.

A proposta norte-americana, em relação ao fortalecimento da democracia no continente, é a criação de algum tipo de mecanismo que permita à OEA condenar golpes de Estado e iniciar um processo de consultas que leve os países a adotarem medidas que punam os governos provenientes de golpes militares.

É possível que alguma resolução seja aprovada nesse sentido na reunião de Santiago, embora, conforme salientou Einaudi (Luigi Einaudi, representante permanente dos EUA na OEA), não se está falando, agora, de aplicar sanções aos governos que representem uma ameaça à democracia.

O que se quer é um mecanismo que fortaleça a democracia e não a criação de mecanismos para intervir na vida interna política dos países. "Pode-se ter, por exemplo, um governo no poder oriundo de um levante popular, não se tratando, portanto, de um golpe de Estado", comentou um diplomata latino-americano, para dar uma dimensão da complexidade do tema.

Há outra ideia em discussão, a doutrina "Estrada", de um jurista mexicano, pela qual não se deve reconhecer governos, mas apenas Estados. A posição brasileira, no caso, é o reconhecimento de governos à medida que estejam constituídos e que representem os compromissos internacionais assumidos pelo país.

Toda essa discussão sobre democracia provém do temor de que uma das principais conquistas do continente nos últimos anos – quase toda a região está democratizada – sofra um retrocesso.

A questão da segurança hemisférica é ampla, tem uma dimensão econômica, política, social e ecológica.

Além de discutirem a questão das drogas e do meio ambiente, durante a próxima semana as delegações dos 35 países deverão aprovar uma declaração de apoio à Iniciativa para as Américas, lançada pelo presidente George Bush em junho do ano passado.

Apesar do apoio à iniciativa, que tem componentes importantes, como a defesa da democracia e o fortalecimento da região através de maiores investimentos norte-americanos, os países gostariam que o plano incluísse o acesso à tecnologia e que "matizasse o conceito de reciprocidade".

Indiscutivelmente, dizem diplomatas do hemisfério, a OEA recebeu um novo impulso. Sobretudo com a evolução das relações internacionais para uma situação de harmonia das percepções econômicas e políticas, permitida pelo fim dos conflitos Leste-Oeste. Os EUA saíram do fim da Guerra Fria como líder de uma nova ordem em que os organismos multilaterais passam a ser fóruns importantes para reorganizar o mundo dentro dessa nova visão unificada.

Hoje essas organizações são uma caixa de ressonância para os interesses norte-americanos porque já não funcionam como agências de debates ideológicos.

A prova de que os EUA hoje valorizam mais a OEA é que estão saldando suas contribuições atrasadas, faltando apenas pagar US$ 40 milhões. No ano fiscal de 1991, pela primeira vez em oito anos, os EUA pagaram sua cota anual integral.

BOAS E MÁS NOTÍCIAS DE WASHINGTON

Ainda sobre o relacionamento com os Estados Unidos, houve acenos positivos de Washington, entre eles, o de reduzir a taxa do suco de laranja exportado pelo Brasil. Mesmo assim, essa redução estava subordinada aos resultados da Rodada Uruguai, prevista para terminar no final de 1990, mas concluída, efetivamente, em abril de 1994.

E a melhor das notícias: os Estados Unidos terminariam as retaliações contra o Brasil impostas em 1988 por falta de proteção às patentes farmacêuticas. Com isso, as exportações de papel e derivados, produtos químicos e eletrônicos ficariam livres de 100% de tarifa *ad valorem*.

Essa medida foi uma resposta ao governo Collor, que prometeu resolver o contencioso sobre patentes. Outro gesto positivo anunciado por Washington beneficiaria o Brasil com uma lista ampliada de produtos incluídos no Sistema Geral de Preferências (SGP). Minha matéria, na primeira página da *Gazeta Mercantil* de 27 de junho de 1990, "O fim das represálias", mostra o tom de "sucesso político".

Entretanto, nem bem o governo Collor completou seis meses, os investidores estrangeiros receberam uma notícia preocupante: o bloqueio das remessas de lucros e dividendos. "Foi o primeiro impacto negativo", disse Christopher Lund, conforme reportagem de 17 de maio de 1990.[106]

As empresas transnacionais começaram a repensar novos investimentos no Brasil, e ainda havia o problema das altas taxas de inflação. A ministra da Economia, Zélia Cardoso de Mello, dizia que "a medida que prejudicou os investimentos estrangeiros seria revista no contexto da renegociação da dívida, carta na manga do governo Collor".

A LÓGICA POR TRÁS DA INICIATIVA PARA AS AMÉRICAS (PLANO BUSH)

Outro assunto polêmico em 1990 foi a Iniciativa para as Américas, lançada pelo presidente George Bush para a formação de uma área de livre-comércio no hemisfério.

O Plano Bush era ambicioso e precisava da aprovação do Congresso para reduzir tarifas numa proporção maior do que os 50% de corte autorizados pelo Omnibus Trade and Competitiveness Act de 1988 (Lei Abrangente de Comércio e Competitividade).

Esses passos levariam a acordos de livre-comércio, como o que estava sendo negociado com o México, que se comprometeu a reduzir barreiras tarifárias e não tarifárias para aumentar o acesso a seu mercado de produtos dos Estados Unidos. As tarifas mexicanas caíram de 85% em 1985 (nível em que se encontravam as do Brasil), ao teto de 20%.

A média tarifária, que era de 25%, passou para 10%. De acordo com a reportagem "Governo Bush prepara medidas para beneficiar produtos dos latinos", de 31 de julho de 1990, somente 7% das exportações norte-americanas para o México enfrentavam barreiras não tarifárias, como licenças de importação, ao contrário do que ocorria em 1983, quando a restrição era total.

O México fez o que os Estados Unidos gostariam que o Brasil fizesse.

Além do pilar comercial, o Plano Bush incluía dívida externa e investimentos. Mas, como eu já comentei, os latino-americanos queriam acrescentar outro: o acesso da região às tecnologias de ponta.

Para o embaixador Celso Amorim, chefe do departamento econômico do Itamaraty, o Plano Bush era positivo: "Pela primeira vez, se sente da parte dos Estados Unidos a preocupação em vincular questões de comércio às finanças", comentou, segundo a matéria "Brasil não quer negociar acordo igual ao do México", de 17 de setembro de 1990. Dos US$ 434 bilhões de dívidas da América Latina e do Caribe, US$ 280 bilhões eram devidos aos bancos privados.

E aí estava o problema, porque eles não aceitavam baixar os juros. Em 1989, a transferência líquida de recursos para os países industrializados foi de US$ 30 bilhões, dizia a Comissão Econômica para a América Latina e o Caribe (Cepal). A lógica do Plano Bush se fundamentava numa América Latina que se tornara, naquele momento, mais importante do que na Guerra Fria", conforme declarou William D. Rogers, vice-presidente da Kissinger Associates, Inc. e ex-secretário de Estado. Acrescentei:

> [...] o Plano foi concebido, segundo essa percepção, quando os EUA estavam com dificuldade de competir e, em virtude dos problemas econômicos e sociais na América Latina, tiveram suas exportações de produtos manufaturados reduzidas entre US$ 50 bilhões e US$ 130 bilhões no decênio de 80.

O Sistema Econômico Latino-Americano e do Caribe (Sela), com sede em Caracas, que coordenou a posição regional na Rodada Uruguai, sugeria que os países considerassem a Iniciativa para as Américas não um "produto da generosidade norte-americana", mas o resultado de uma necessidade dos Estados Unidos. Essa lógica, segundo a entidade, precisava ser levada em conta na negociação de acordos de livre-comércio.[107]

A reportagem "SELA recomenda que se tenha maior realismo ao avaliar o Plano Bush", de 11 de outubro de 1990, destacou essa preocupação: "A expectativa norte-americana de receber importantes concessões em matéria de comércio de bens (nas áreas tarifárias e não tarifárias) e de serviços, investimentos e direitos de propriedade intelectual parecia excessiva, se comparada com os benefícios potenciais que a região obteria."

DÉCADA DE 1990 E OS MOVIMENTOS DE INTEGRAÇÃO

No início da década de 1990, houve uma profusão de movimentos de integração: o do Cone Sul (Brasil, Argentina, Uruguai e Chile), o do Pacto Andino (Peru, Equador, Colômbia e Venezuela) e o do México, com o qual os demais países estavam negociando na Associação Latino-Americana de Integração (Aladi). Como contrapeso à negociação de uma zona de livre-comércio com os Estados Unidos, o governo mexicano aproximou-se dos membros da Aladi em busca de reduções tarifárias.

Paralelamente aos entendimentos entre o Brasil e os Estados Unidos, e às negociações na Rodada Uruguai, o governo seguia com as tratativas para a constituição de um mercado comum com a Argentina, que deveria funcionar a partir de 1º de janeiro de 1995.

Os dois países fortaleciam a integração e projetavam obras de infraestrutura, como a construção de um gasoduto para levar gás ao Rio Grande do Sul e a ponte ligando Santo Tomé a São Borja. Esta saiu do papel e se tornou uma obra de 1.400 metros de extensão, inaugurada em 1997 no governo de Fernando Henrique Cardoso. Já a construção do gasoduto, somente em 2024 voltou à prancheta com o projeto de interligação entre o campo de gás de Vaca Muerta e o Rio Grande do Sul. Os anos 1990, como disse o chanceler Francisco Rezek, entrariam para a história contemporânea "como um de seus momentos de maior inflexão".

Na reportagem "Os pilares ideológicos em xeque", de 14 de setembro de 1990, escrevi: No fundo, as grandes linhas da política externa não mudam. [...] Notava-se uma preocupação maior em sintonizar o discurso com as reformas internas.

O governo Collor queria transmitir uma imagem de parceiro confiável, sério, cumpridor de suas obrigações e, por isso mesmo, à altura de demandar maior abertura dos mercados, acesso às tecnologias sensíveis, compreensão em relação à dívida externa e um espaço adequado para participar construtivamente das grandes decisões internacionais. A forma de atuação diplomática mudou, no sentido de uma aproximação maior com os países industrializados.

A tática era a ofensiva e não a defensiva.

Diante das transformações mundiais da década de 1990, era preciso uma política externa pragmática e não ideológica. Com essa tônica, procurava-se "vender" também a imagem de um "Brasil novo", que barganhava concessões na Rodada Uruguai do Gatt em nome da sua nova política industrial e comercial, e tranquilizava a comunidade internacional sobre a questão ambiental. Brasília dizia aceitar a cooperação e que esta deveria se subordinar às políticas brasileiras de preservação da floresta amazônica e das tribos indígenas.

VIAGENS À ÁFRICA AUSTRAL

Em setembro de 1991, Collor viajou durante seis dias para a África Austral, região que atravessava um momento de grande dinamismo com o processo de paz em Angola, a independência da Namíbia, a aproximação entre Moçambique e a África do Sul e o crescimento econômico de Zimbábue.

Cobri a viagem, da qual me recordo não só pelas reportagens de cunho econômico, mas também por um assunto fora da agenda diplomática: a crise matrimonial do presidente. A primeira-dama, Rosane Collor, estava na comitiva, e os jornalistas, além da cobertura dos compromissos do presidente, tinham de prestar atenção se Collor continuava a usar aliança. Chegava a ser incômoda aquela pauta.

O presidente se elegeu nas eleições de 1989 inaugurando o marketing político das campanhas eleitorais na TV.

Nesse embalo, o "caçador de marajás", como ficou conhecido, lançou outro estilo de governar: valia-se de frases de efeito em camisetas, quando andava de esqui aquático no lago Paranoá e quando praticava atividades físicas, como na viagem à África. No Jardim Botânico de Harare, em Zimbábue, Collor correu com uma camiseta em que se lia "Peace now, peace forever". Os repórteres tinham de acordar bem cedo para não perderem as exibições do presidente.

Foi marcante a visita presidencial ao município angolano de Viana, onde se localizava um centro de reabilitação de mutilados de guerra. Cenas muito tristes, pura desolação. Escrevi sobre esses assuntos na reportagem

"Luanda, que vive cenas de pós-guerra civil, recebe Collor no próximo domingo", de 6 de setembro de 1991:

> Desembarcar em Luanda é viver cenas de um pós-guerra. Mutilados nas ruas, um ar geral de abandono depois de 16 anos de luta entre o partido do governo – o Movimento Popular de Libertação de Angola (MPLA) – e o seu rival – a União pela Independência Total de Angola (Unita). [...] Do aeroporto 4 de Fevereiro – data em que se comemora o início da luta armada contra os portugueses – até o centro de Luanda, faixas: "1991. Ano da Restauração da Economia e da Democracia Multipartidária" e "Angola e Portugal, o Prazer da Amizade que se Fortalece".

A reconstrução do país estava na ordem do dia.

Antes de 1975, ano da independência, Angola era o quarto maior produtor de café e o segundo no ranking mundial do tipo robusta. Com a independência, os grandes proprietários portugueses de café abandonaram as fazendas, que foram assumidas pelo Estado. Após várias experiências nessa área, o governo não alcançou bons resultados. Para revigorar a cafeicultura, Angola privatizaria 2 mil fazendas de café para atrair investidores estrangeiros.

Escrevi também que a grande e imediata preocupação do governo angolano era restabelecer o sistema produtivo do país, que durante a guerra passou a importar quase tudo o que consumia. De país exportador de alimentos antes de 1975, Angola importava até verduras.

Na reportagem "Presidente de Angola alega dificuldades para reatar relações com EUA", de 9 de setembro de 1991, informei que havia mais de dez empresas brasileiras operando em Angola: Braspetro, Odebrecht, Scania, Furnas, Global, Varig, Teleredes e Telecomunicações, Tradeservice, Randon S.A. Veículos e Implementos, ATC Indústria e Comércio. Cerca de mil brasileiros viviam em Luanda.

O Brasil era popular no país: o governo do presidente José Eduardo dos Santos adotou o modelo do Plano Collor e confiscou o dinheiro em mãos do público para valorizar a moeda nacional, o kuanza. Os angolanos guardavam dinheiro em casa e não nos bancos, e o ativo circulante precisava ser carimbado, caso contrário perdia o valor.

A simpatia pelo Brasil também vinha do sucesso das novelas "Ti Ti Ti" e "Roque Santeiro". Esta última deu nome a um mercado de Luanda, onde o paralelo era extremamente ativo e proporcionava um volume grande de kuanzas, usadas para adquirir dólares destinados à importação de mercadorias e garantir viagens ao exterior.

PISTACHE E NEGOCIAÇÃO: IRÃ JOGOU CONCORRENTES UNS CONTRA OS OUTROS

Em novembro de 1991, o chanceler Francisco Rezek fez um giro por Teerã e Cairo em missões bem diferentes. No Irã, com o objetivo de tratar de questões econômicas e comerciais, e persuadir o governo iraniano a contratar empresas brasileiras para a execução de grandes projetos. No Egito, discutiu apenas assuntos políticos. Era o primeiro país árabe que recebia uma missão oficial brasileira de alto nível desde a posse de Collor, porque tinha um papel moderador nos conflitos da região.

Brasil e Egito reafirmaram, em comunicado conjunto, que queriam medidas para proteger o direito dos palestinos à autodeterminação e a um território, e que todos os países da região tivessem o direito de viver com segurança em fronteiras internacionalmente reconhecidas.

Os jornalistas Paulo Paiva Nogueira, João Borges, Letícia Borges, Sérgio Lima e eu acompanhamos Rezek. Na bagagem, levei um lenço preto de seda para cobrir a cabeça e o pescoço, de acordo com os costumes islâmicos, e uma gabardina para esconder o restante do corpo. No saguão do hotel em que nos hospedamos, havia lugares para homens e mulheres, e a polícia religiosa checava se essa ordem era respeitada. Evidentemente, para quem chegava do Brasil, era muito estranho se sentir vigiada, ainda que por poucos dias. Lembro-me de um detalhe que me incomodou: fui obrigada a esconder a franja e remover o batom.

Fora esse desconforto, uma lembrança indelével: a comilança de pistache nas quatro audiências de Rezek com autoridades iranianas. Nas mesas de trabalho, sempre havia potes com pistache torrado. Era só descascar e comer durante a conversa. Os jornalistas da comitiva participaram desses encontros e puderam fazer a cobertura sem restrições.

Escrevi uma reportagem na qual explicitei um dos modos favoritos de negociação dos iranianos: jogar concorrentes uns contra os outros.

O exemplo está na matéria "Irã pressiona o Brasil para que os preços dos contratos sejam reduzidos", assinada de Teerã e publicada em 7 de novembro de 1991.

O ministro de Energia iraniano, Bijan Namdar Zangueneh, provocou inesperado embaraço na reunião com Rezek. Ele disse ao chanceler brasileiro e aos diretores da Andrade Gutierrez, Gilberto Grillo e José Maurício Bicalho Dias, que os serviços da construtora não seriam contratados se ela não reduzisse os preços, pois o concorrente, o consórcio italiano Cogefar/Impresit, tinha padrão tecnológico mais elevado e experiência mundial.

"Não foi uma ducha de água fria. A concorrência vai bem porque temos os preços mais baixos e as definições técnicas nos são favoráveis", comentou Grillo, informando que a empresa brasileira já tinha reduzido os valores semanas antes e as negociações com o Brasil estavam avançadas.

A obra era a usina hidrelétrica Karun III, com 2 mil MW. O Irã era o maior fornecedor de petróleo ao Brasil, com 180 mil barris diários, o que dava um trunfo ao governo brasileiro nas negociações. O consórcio Mafersa/Villares negociava o fornecimento de vagões para o metrô de Teerã, e a Dedini e a Zanini estavam interessadas em vender equipamentos e tecnologia para produzir açúcar e construir usinas.

COLLOR E AS ONDAS GIGANTES DAS MUDANÇAS GLOBAIS

O governo Collor surfou ondas gigantes de transformações mundiais. Nesse contexto, havia preocupação em mostrar a imagem de um Brasil moderno, aberto aos investimentos estrangeiros, mas, ao mesmo tempo, havia o temor de que empresas europeias e norte-americanas migrassem para o Leste Europeu com o fim da Guerra Fria e o desmantelamento da União Soviética.

Tinha razão o governo Collor em se preocupar com as mudanças internacionais e os seus efeitos sobre o Brasil. Porém, os ventos no Leste Europeu não eram os únicos a mexerem com o fluxo de capital estrangeiro no mundo, como advertiu o presidente do Banco Central da Baviera e diretor do Banco Central da Alemanha, Lothar Mueller, em minha reportagem "Mudança de fluxo de capital preocupa banqueiro", de 12 de maio de 1991, na *Gazeta Mercantil*. Havia problemas, como a conjuntura norte-americana: endividamento excessivo dos bancos dos Estados Unidos, escassez de investimentos, desemprego, déficits orçamentário e comercial e persistência de taxas de juros elevadas. Existia uma crise de liquidez na economia japonesa, o que levava a uma redução na exportação de capitais ao exterior. E, na Alemanha, havia necessidade de redirecionamento de seus capitais para a unificação do país.

O ano de 1991 foi movimentado na política externa brasileira. O governo assinou os principais documentos diplomáticos: o Tratado de Assunção, que criou o Mercosul em 26 de março; o acordo de salvaguardas abrangentes entre o Brasil, a Argentina e a Agência Internacional de Energia Atômica (AIEA); o acordo "quatro mais um" entre o Mercosul e os Estados Unidos; e o programa piloto para a preservação da Amazônia, negociado com o grupo dos sete países mais ricos (G-7).

Houve muitos encontros e reuniões entre presidentes e ministros dos países do Mercosul. O tempo corria e era preciso trabalhar rápido para a formação de um espaço econômico que seria inaugurado em dezembro de 1994.

O bloco do Cone Sul tinha ambição, e queria negociar com a União Europeia (à época, Comunidade Europeia) e com o Japão. Nos primórdios do Mercosul, estava claro que o bloco se destinava a um processo de integração econômica e que as questões políticas deveriam ser tratadas no Grupo do Rio.

A década de 1990 movimentou o continente em matéria de negociações comerciais. Cito a reportagem de outubro de 1994, "Países do Mercosul reúnem-se em Washington com o governo americano". Era a primeira grande conferência interamericana sobre comércio depois da Iniciativa para as Américas, da negociação de uma zona de livre-comércio entre México, EUA e Canadá, do acordo "quatro mais um" entre o Mercosul e o governo norte-americano e das novas formas de associação que estavam ocorrendo. Todos os países da região pertencentes à OEA (com exceção de Cuba) trocariam informações sobre as suas experiências em matéria de integração.

ITAMAR:
PROGRAMA DE GOVERNO COM SUSTENTAÇÃO NO CONGRESSO

O ministro das Relações Exteriores Celso Lafer sucedeu a Francisco Rezek em abril de 1992 e, em setembro, entregou sua carta de demissão, simultaneamente ao afastamento de Collor. Ao fazer um balanço de sua gestão, que teve como principal acontecimento a organização da Rio-92, Lafer declarou: "O mundo se acelera e há a formação de grandes esquemas econômicos, como o Nafta, que nos impelem à integração."

O ministro se referia a uma de suas decisões, a de acelerar o cronograma de trabalho para o Mercosul ter institucionalidade, o que ocorreu em dezembro de 1994 com a assinatura do Protocolo de Ouro Preto.

Na reportagem "Para Lafer, modernização terá continuidade com Itamar", de 30 de setembro de 1992, o ministro disse:

> [...] uma grande crise está encontrando a sua solução dentro da normalidade constitucional. Isso é algo positivo que nos credencia no plano internacional. Haverá, na minha avaliação, uma sensação de que a cidadania foi capaz de se manifestar e isso terá um efeito importante e de autoconfiança que se desdobrará no plano econômico.

Era voz corrente à época a importância de um programa de governo com base de sustentação no Congresso. Sobre isso, Lafer afirmou: "Presumo que ele [Itamar Franco] deverá montar um programa governamental que será a sua base de sustentação parlamentar. O programa terá a ver com os ministros que ele vai escolher."

GOVERNO ITAMAR FRANCO: PLANO REAL, PROTOCOLO DE OURO PRETO, TARIFA EXTERNA COMUM, ALCSA *VERSUS* ALCA

No governo Itamar, foram ministros das Relações Exteriores Fernando Henrique Cardoso (FHC) e Celso Amorim.

FHC permaneceu 7 meses e 16 dias à frente do Itamaraty e, em 22 de maio de 1993, passou a comandar o Ministério da Fazenda. De acordo com a matéria "Um sociólogo na Fazenda", de 21 de maio daquele ano, as principais marcas que Fernando Henrique imprimiu à política externa foram:

- a aproximação com o setor privado, por meio da criação de um comitê empresarial de assessoramento;
- a ênfase nas relações comerciais e econômicas com a Ásia;
- a reforma da carreira diplomática e das práticas administrativas, que acabava de ser redesenhada e que seria por ele apreciada;
- a retomada da discussão para a elaboração de novas emendas substitutivas ao projeto de lei sobre propriedade intelectual (marcas comerciais e patentes);

- o relançamento do diálogo com o Japão, país que havia visitado nos dez dias anteriores;
- a tentativa de melhorar as relações com as autoridades americanas, sobretudo no contexto das taxações aos produtos siderúrgicos; e a ênfase na modernização das atividades consulares.

As últimas viagens internacionais realizadas pelo ex-chanceler foram aos EUA e ao Japão, onde, inclusive, representou o Grupo do Rio no diálogo com as autoridades japonesas.

Depois de FHC, o Itamaraty ficou sem chanceler durante três meses e três dias. A reportagem "A ausência de uma política externa", de 26 de agosto de 1993, conta o que aconteceu.

> As consequências da falta de um comando firme e duradouro da política externa brasileira – desde a posse de Fernando Collor na presidência, em 1990, assumiram três ministros – já são sentidas dentro e fora da chancelaria.
>
> "Nesse período de interinato, o Itamaraty foi repreendido pelo presidente Itamar Franco no episódio ligado à chacina da Candelária, quando os embaixadores em Roma, Paris, Londres, Nova York, Washington e Buenos Aires foram criticados por lentidão na divulgação das ações do governo para punir os culpados.
>
> A mesma situação não teria acontecido se à frente do ministério estivesse, por exemplo, Fernando Henrique Cardoso, comentam fontes diplomáticas. O ex-ministro das Relações Exteriores e atual ministro da Fazenda, nesta semana, inquietou-se diante da pergunta de um interlocutor e disse:
>
> "Qual a política externa? Você sabe? Eu não sei."
>
> Nos últimos três meses, também, por falta de firmeza na condução dos negócios diplomáticos, o Itamaraty perdeu uma prerrogativa tradicional: a chance de influir nas promoções de seus secretários, conselheiros, ministros de segunda classe e embaixadores.
>
> Esse processo de seleção e de promoções costuma ocorrer duas vezes ao ano – em junho e em dezembro. Na vez passada, quando era interino o embaixador Luiz Felipe Lampreia, o Palácio do Planalto "fez" a maior parte das promoções, atendendo a pedidos de políticos, como o ex-presidente José Sarney.

A insegurança do presidente reflete-se no Itamaraty. Um ministro interino não pode adotar posturas como se fosse efetivo.

"Ele não se sente à vontade", argumenta uma fonte diplomática.

A falta de chefia efetiva da Casa também proporciona situações de vácuo em que o presidente da República passa a conduzir diretamente os rumos da diplomacia, mas com interferência de pessoas próximas com quem simpatiza, num esquema informal. Conta-se, no Itamaraty, que o recém-nomeado ministro da Cultura, embaixador José Jerônimo Moscardo, teria influído no remanejamento de embaixadores nos principais postos no exterior.

Poucos dias antes da posse do presidente Bill Clinton, em 20 de janeiro de 1993, o Itamaraty fez um levantamento abrangente de todos os temas que afetavam as relações bilaterais, porque o objetivo do governo Itamar Franco era "atualizar o diálogo" com os Estados Unidos.

ACUSAÇÃO DE PROTECIONISMO

Na década de 1990, o Brasil foi pressionado por outras formas de protecionismo. Na reportagem "Protecionismo preocupa o Itamaraty", de 7 de junho de 1993, informei:

> Um ano após a realização da Conferência do Rio sobre meio ambiente e desenvolvimento, o Itamaraty está preocupado com o avanço de medidas nos EUA e na Europa que poderão limitar o comércio exterior brasileiro. Selo verde, rotulagem ecológica, sobretaxa a produtos que tenham sido fabricados com um volume considerável de energia. Essas medidas não tarifárias, que poderão ser implementadas futuramente, desrespeitam a tese consagrada pela conferência do Rio e endossada pelo Gatt e Banco Mundial, de que o livre-comércio como fator propulsor do crescimento é vetor fundamental de desenvolvimento sustentável, comentou o ministro interino das Relações Exteriores, embaixador Rubens Barbosa.

DESENCONTRO DE VISÕES: BRASIL/ESTADOS UNIDOS

Itamar dava a impressão, quando assumiu o governo em 1992, de que as relações Brasil-Estados Unidos iriam passar de uma fase de sintonia, registrada na administração de Fernando Collor, para uma etapa de desencontros. Assim começa a matéria "A agenda do governo Itamar Franco com os EUA", de 4 de outubro de 1993: "O desejo de Itamar de se desincompatibilizar do projeto 'modernizante' de Collor foi interpretado por Washington como um sinal de afastamento. Coube ao então chanceler Fernando Henrique Cardoso a tarefa de desfazer essa impressão em seus contatos com o governo norte-americano".

Prossegui:

> Em um ano de governo Itamar e em oito meses da administração de Bill Clinton, o que se pode constatar, porém, é um desencontro, conforme sugerem as pesquisadoras Maria Regina Soares de Lima, do Iuperj, e Mônica Hirst, da Faculdade Latino-Americana e Ciências Sociais (Flacso), de Buenos Aires, no trabalho intitulado "Particularidades e dilemas das relações Brasil/EUA sob o Impacto de Novas Conjunturas", concluído em agosto e apresentado recentemente em seminário no Itamaraty.
>
> O Brasil deseja uma agenda que se concentre em temas econômicos – comércio, tecnologia, dívida e investimentos – e os EUA estão mais preocupados com democracia, meio ambiente, desarmamento, controle da tecnologia dual (para fins civis e militares), drogas e direitos humanos. Para o Brasil, por exemplo, o acesso a esse tipo de tecnologia é importante para o desenvolvimento industrial do País, enquanto para os EUA o assunto está vinculado à segurança internacional.
>
> Para o deputado Roberto Campos (PDS-RJ), "se problemas econômicos internos fossem sensatamente resolvidos, estariam dadas as bases de uma excelente relação com os EUA. O setor privado americano seria o melhor *lobby* que poderíamos desejar. E é óbvio que questões como sobretaxas impostas a produtos brasileiros seriam mais bem tratadas num ambiente de satisfação recíproca".
>
> "Os americanos têm se deixado levar por sensacionalismos em matéria de meio ambiente, pobreza, índios, violência urbana e direitos humanos. Os brasileiros ressentem-se dos arranhões em sua imagem, e com alguma razão, porque nessas questões ninguém é sem pecado para atirar a primeira pedra", observa o deputado.

Acrescentei:

O desencontro de visões também se estende à área de propriedade intelectual: para os EUA, uma nova legislação de marcas e patentes é um tema essencialmente econômico, enquanto no Brasil a questão "enfrentou um processo agudo de politização", dizem as autoras.

No terreno militar, as queixas do lado brasileiro são de que o governo norte-americano gostaria de anexar o Brasil ao Comando Sul do Exército dos EUA, o que significaria dar ao País o mesmo *status* de uma nação centro-americana. Os militares brasileiros consideram seus colegas pouco sensíveis e hábeis no trato de questões delicadas, como a participação das Forças Armadas no combate ao narcotráfico.

Em matéria econômica, o governo norte-americano deseja um programa de privatização mais agressivo e abrangente e uma lei de propriedade intelectual de padrão internacional, como a do México. Os empresários da Câmara Americana de Comércio do Rio de Janeiro, a terceira mais antiga do mundo, com 300 empresas associadas, das quais 32% de origem norte-americana, começam a atuar firmemente junto aos parlamentares para mudar o artigo 171 da Constituição (na revisão da Carta que começa nesta semana), considerado discriminatório ao capital estrangeiro.

Augusto Diniz Jr., vice-presidente executivo da Câmara, critica a discriminação nos setores de mineração, transporte, telecomunicações e serviços de engenharia. Por essa razão, observa, o México, o Chile, a Argentina e a Colômbia estão captando mais investimentos de risco dos EUA que o Brasil.

Na linha dos desencontros com Washington, existe a divergência sobre o acordo siderúrgico multilateral, cujas negociações prosseguem nesta semana em Genebra. O Brasil quer que o acordo inclua um perdão para os subsídios dados às siderúrgicas, no passado, e uma disciplina rígida que impeça arbitrariedade na adoção de medidas antidumping. Os EUA rejeitam essas propostas.

Informei, também, que os desencontros se reduziram porque a Câmara dos Deputados tinha recém-aprovado acordos na área nuclear de grande interesse para os Estados Unidos: as emendas ao Tratado de Tlatelolco, de proscrição de armas nucleares na América Latina, e o acordo quadripartite de salvaguardas nucleares abrangentes, assinado por Brasil e Argentina, pela Agência Brasileiro-Argentina de Contabilidade e Controle de Materiais Nucleares (ABACC) e pela Agência Internacional de Energia Atômica.

Concluí a reportagem informando que "a reação norte-americana foi positiva. Washington passou a oferecer ao Brasil cooperação em matéria de treinamento e intercâmbio com entidades nos EUA que trabalham em todos os ciclos do combustível nuclear".

"BRASIL APOIA O NAFTA, MAS ESTÁ PREOCUPADO"

A manchete da *Gazeta Mercantil* de 19 de novembro de 1993, "Brasil apoia o Nafta, mas está preocupado", que assinei de Brasília, dá uma visão do contexto de negociações comerciais simultâneas daquela década. Considero-a um retrato de como o Nafta mexia com os interesses do governo e do empresariado: "A diplomacia brasileira via o México com desconfiança: enquanto se proclamava um país latino-americano e pedia tarifas mais favoráveis para exportar para a região, aprofundava sua ligação com os vizinhos do Norte".

Segue a reportagem, publicada exatamente um mês depois da matéria "Para o Brasil a prioridade é estimular a integração regional e não hemisférica" (19 de outubro de 1993):

> O governo brasileiro apoia o Acordo de Livre-Comércio da América do Norte (Nafta), ratificado pela Câmara dos Deputados norte-americana na noite de quarta-feira, porque a abertura de mercados na região compreendida pelo México, EUA e Canadá é um indício de que esses países estão deixando de lado interesses protecionistas. Neste sentido, o acordo pode contribuir para a conclusão da Rodada Uruguai do Gatt, que busca a liberalização do comércio mundial.
>
> O entusiasmo do governo brasileiro com relação ao Nafta, entretanto, não vai muito além. Diplomatas e empresários comungam da mesma preocupação diante da possível perda de competitividade do mercado dos EUA para produtos brasileiros que também possam vir a ser produzidos com custos baixos no México.
>
> Essa preocupação é dividida com os países latino-americanos vizinhos, porque o Nafta não retomou a proposta da Iniciativa para as Américas, do ex-presidente George Bush, que pretendia a integração de todo o continente americano. Ao contrário, o Nafta não fez qualquer menção à América Latina.

Embora só futuras negociações bilaterais devam definir melhor as relações comerciais do Nafta com os países latino-americanos, a prioridade do Brasil está sendo dada à consolidação dos movimentos de liberalização do comércio em andamento, principalmente no Mercosul, e depois com os países do Pacto Andino e do Grupo Amazônico.

No Departamento Técnico de Intercâmbio Comercial da Secretaria de Comércio Exterior, a orientação hoje é a diversificação do leque de produtos exportados e sobretudo dos destinos desses produtos, o que reduziria possíveis efeitos negativos do Nafta nas vendas externas.

Setores mais dependentes do mercado norte-americano são os mais apreensivos com a formação do Nafta. O presidente da Associação Brasileira de Calçados (Abicalçados), Horst Volk, disse ontem que a indústria mexicana de calçados tende a tornar-se uma concorrente ameaçadora para os fabricantes nacionais, que, no ano passado, concentraram 70% de seus embarques para o mercado norte-americano.

"O México tenderá a exportar para os EUA, com vantagem comparativa, principalmente produtos intensivos em mão de obra, como confecções e calçados", diz o presidente da Procex Internacional, José Augusto Castro. Da mesma forma, o México possui terras para agricultura em larga extensão, custo baixo de produção e clima favorável à exploração de *commodities* que o Brasil exporta. Entre esses produtos estão o suco de laranja, o café, o açúcar e a pecuária.

Mas o Nafta, para muitos setores, também pode representar o aumento de negócios. A incorporação do México e a perspectiva de criação de um grande mercado consumidor em torno dos EUA devem alavancar as vendas do setor automotivo. Montadoras e fabricantes de carroçarias já vinham se adiantando à aprovação do Nafta e fechando acordos de intercâmbio. Agora não esperam um efeito negativo para seus negócios no curto prazo. Mesma expectativa têm os fabricantes de autopeças.

OS JORNALISTAS E AS CÚPULAS DO MERCOSUL

Os jornalistas enviados para cobrir reuniões de cúpula e do Conselho do Mercado Comum, formado por ministros de Relações Exteriores e de

Economia, tiveram oportunidade de conhecer belas cidades e de se entrosar com colegas da mídia regional. Acompanhei de perto o tema desde a histórica reunião de Foz do Iguaçu entre o Brasil e a Argentina em novembro de 1985, quando Sarney e Alfonsín iniciaram a fase de degelo das relações e de construção de confiança. As cidades que dão nome aos documentos das cúpulas mostram que havia integração, de fato: Las Leñas, Buenos Aires, Montevidéu, Colônia do Sacramento, Punta del Este, Assunção, Brasília, Ouro Preto, Fortaleza, Rio de Janeiro e Florianópolis.

A integração também ocorria na mídia. Para explicar a nova etapa do Mercosul, num contexto de inovação tecnológica, globalização e regionalização das economias, a *Gazeta Mercantil* publicou um relatório de 64 páginas, na edição de 31 de dezembro de 1994/2 de janeiro de 1995, em parceria com *El Cronista*, de Buenos Aires, *El Observador*, de Montevidéu, *Hoy*, de Assunção, *e El Diario*, de Santiago.

Assinei de Brasília a manchete "O novo espaço econômico", de 31 de dezembro de 1994/2 de janeiro de 1995, refletindo sobre o que isso representava para a política externa e a economia do Brasil.

Era o quarto espaço integrado da economia mundial, atrás do Acordo de Livre-Comércio da América do Norte (Nafta), da União Europeia (UE) e da Cooperação Econômica da Ásia e do Pacífico (Apec). Com uma população de 200 milhões de habitantes e um PIB que se aproximava de US$ 1 trilhão "é, seguramente, o de maior peso relativo no conjunto dos países em desenvolvimento", mencionei.

Uma das cúpulas mais importantes do Mercosul foi a de Ouro Preto, em dezembro de 1994, que coroou o governo do presidente Itamar Franco. Em seu curto período na presidência, entre 29 de dezembro de 1992 e 1º de janeiro de 1995, Itamar consolidou o Mercosul com a assinatura do Protocolo de Ouro Preto, que transformou o bloco em uma união aduaneira e deu a ele um arcabouço institucional.

Em uma semana na cidade histórica, de 14 a 21 de dezembro, enviei 17 reportagens, algumas ocupando páginas inteiras do jornal. Tínhamos um farto espaço para detalhar informações exclusivas, meandros das negociações, divergências e convergências, perspectivas, prazos, medidas concretas.

Nas ladeiras da cidade histórica, presidentes, ministros e membros das delegações eram abordados por jornalistas. Em rápidas entrevistas, procurávamos extrair bastidores, algo que fosse além da letra fria dos documentos e das declarações nas coletivas de imprensa.

Cito alguns trechos das reportagens.

Declaração do ministro da Economia do Chile, Alvaro Garcia: "O Mercosul é prioridade, mas a dificuldade para uma adesão plena (participação na união aduaneira) é que a Tarifa Externa Comum é superior à nossa tarifa única nacional, de 11%."[108]

O embaixador em Londres, Rubens Barbosa, ex-coordenador do Mercosul, disse, a respeito da revisão do Sistema Geral de Preferências (SGP) da União Europeia, que seria desfavorável ao Mercosul na negociação de uma zona de livre-comércio com o bloco de 15 países:

> Barbosa está convencido de que os acordos de associação da União Europeia com os ex-países socialistas do Leste Europeu e com os mediterrâneos, que pagam tarifas baixas naquele mercado, provocarão uma grande competição com as exportações brasileiras, já que Grécia, Portugal e Espanha fornecem produtos tropicais. Além disso, ele lembra que o fornecimento brasileiro para a Europa está caindo (passou de 30% para 26% no ano passado [1993]), enquanto as vendas estimadas para a América Latina estão subindo, cresceram de 12 para 23% em três anos. Por esses motivos, somando-se ainda restrições na Europa relacionadas com o comércio e suas implicações para o meio ambiente, Barbosa acredita que a melhor saída é a integração continental, apesar de as exportações para os EUA também terem declinado de 30% para 20% no mesmo período.[109]

Sobre os obstáculos a serem transpostos na integração com a Europa e com a América do Norte, escrevi que os chanceleres do Brasil, Celso Amorim, e do Uruguai, Sergio Abreu, pensavam diferentemente de Rubens Barbosa.

> "O incremento da zona hemisférica de livre-comércio não exclui a relação com a UE", disse Abreu. Amorim lembra que haverá uma reunião ministerial em junho (de 1995) com a UE e que poderá ser assinado um acordo inter-regional do Mercosul com os europeus até o final do ano (1995). Ele reconhece que a negociação de uma zona de livre-comércio com a UE será complexa, assim como a envolvendo o Nafta. No

caso da UE, comentou, "pode haver ritmos diferenciados de liberalização para produtos sensíveis. Para eles podem ser agrícolas, para nós podem ser alguns industrializados. É importante que estejamos prontos a negociar. Não podemos ficar confinados a um único tabuleiro. Devemos trabalhar para liberalizar em todos os níveis", conclui Amorim.[110]

ESTADOS UNIDOS OU UNIÃO EUROPEIA: QUEM TRARIA MAIS VANTAGENS À AMÉRICA LATINA?

O assunto sobre qual parceiro – os Estados Unidos ou a União Europeia – traria mais vantagens para a América Latina, em especial para o Brasil, foi muito debatido nos anos 1990.

Minha reportagem "América Latina divide EUA e UE", de 15 de abril de 1997, enviada de Washington, aborda as diferentes visões de especialistas americanos e latinos. Uma das principais conclusões era de que a política europeia estaria levando vantagem na região sobre a visão "comercialista" dos Estados Unidos:

> Os americanos estariam apenas interessados na expansão do comércio e dos investimentos nos países latino-americanos, enquanto os europeus, além dessas preocupações materiais, tenderiam a apoiar o fortalecimento da democracia e a construção de uma agenda social.

> O debate foi organizado pelo Programa de Estudos Latino-Americanos da Johns Hopkins University e pelo Instituto para as Relações Europa/América Latina (Irela). Susan Kaufman Purcell, vice-presidente do Council of the Americas, foi a principal voz dissonante: "Por que somente vocês, os europeus, têm uma política para a América Latina, e nós não?" A resposta foi resumida por Riordan Roett, diretor do centro latino-americano da Johns Hopkins.

> "Os EUA não têm uma política para a América Latina. Há posições ideológicas nos EUA que respondem às pressões domésticas. É assim com a política relacionada com Cuba, é dessa forma que reagimos em relação à América Central, ao México e à imigração. Nossa política externa no século XX espelha crescentemente a

preocupação eleitoral do Congresso. Já os europeus têm uma política forte, colocada em documentos publicados pelo Irela e pela UE, uma boa política, porque não é centrada apenas no comércio e nos investimentos. Trata de educação, meio ambiente, questões de segurança, e tenta construir uma ponte entre a UE e a América Latina em bases correntes. É um diálogo institucionalizado, que não existe e dificilmente existirá entre Washington e os países latino-americanos", afirmou.

É bem verdade que o Parlamento Europeu não tem o mesmo poder que o Congresso americano sobre a política externa e o comércio internacional da UE. Mas, em resolução aprovada no início do ano, os parlamentares fizeram uma recomendação que endossa o objetivo de Bruxelas de avançar com mais agressividade nas relações comerciais com a América Latina.

O Parlamento Europeu pede que a UE corrija o desequilíbrio existente entre o fato de ser o maior fornecedor de ajuda para o desenvolvimento da região (54%) – em comparação com 22% da assistência fornecidos por Washington – e ter uma participação menor no comércio (18%) e nos investimentos estrangeiros (21%) do que a americana, de 43% e 75%, respectivamente.

ALCSA

Outro fato marcante do governo Itamar foi a proposta de outubro de 1993, endossada pelo Mercosul, para a formação de uma Área de Livre-Comércio Sul-Americana (Alcsa). Um dos problemas para a materialização da Alcsa era a diversidade de estruturas tarifárias na região para se alcançar uma união aduaneira, e havia ainda a dificuldade de contornar o desejo de alguns países de negociar com os Estados Unidos, como a Argentina, do presidente Carlos Menem e do ministro da Economia Domingo Cavallo.

Havia, portanto, um movimento pró-integração sul-americana e outro que visava a esse tipo de integração, mas sem amarras, com olhos postos em projetos hemisféricos.

O último ano da administração de Itamar Franco foi praticamente voltado às negociações comerciais. Além das pautas sobre integração sul-americana e tentativa de constituição da Alca, havia a necessidade de aprovação interna dos acordos da Rodada Uruguai do Gatt, que seria substituída em 1º de janeiro de 1995 pela OMC.

O embaixador Celso Amorim, que sucedeu a Fernando Henrique Cardoso no Ministério das Relações Exteriores, em maio de 1993, fez uma verdadeira maratona no Congresso para explicar os benefícios dos acordos. Disse que, aderindo à OMC, o Brasil teria ganhos entre US$ 2 bilhões e US$ 8 bilhões no período de 1995-2000.

Em 8 de dezembro de 1994, na reportagem "Câmara dos Deputados aprova acordos da Rodada Uruguai", mencionei que o líder do governo, deputado Luís Carlos Santos (PMDB-SP), disse que a aprovação foi "um grande êxito". Ele contou que:

> [...] a chave para o acordo foi a negociação com o deputado Aloizio Mercadante (PT-SP), que concordou com a aprovação desde que fossem incluídas na justificativa do projeto de decreto legislativo várias ressalvas que não chegam a comprometer o conteúdo dos acordos da Rodada Uruguai. As ressalvas foram retiradas da declaração de voto do partido, que considera, por exemplo, "que o tema propriedade intelectual é tratado no Acordo de forma visivelmente mais desvantajosa para o Brasil em relação não só ao Código de Patentes vigente, mas também em relação ao projeto de lei já aprovado pela Câmara dos Deputados e atualmente em tramitação no Senado Federal".

Declarações de Celso Amorim:

> O Brasil é membro fundador do Gatt, das instituições de Bretton Woods (FMI e Banco Mundial) e das Nações Unidas, e seria paradoxal ficar fora da OMC, entidade que tanto lutou para ver criada. Se o Brasil não aderir à OMC desde o começo, terá prejuízos imediatos, não só porque vamos ficar num limbo jurídico em questões complexas, como *dumping* e subsídios, mas também porque não poderemos indicar ninguém para a entidade, não poderemos participar de suas decisões. O Brasil, que sempre liderou a criação de órgãos multilaterais, ficará a reboque, à semelhança de outros países que têm posição marginal no comércio internacional.

BRASIL, POTÊNCIA GLOBAL

Essa qualificação partiu do secretário de Defesa dos Estados Unidos, William Perry, em visita a Brasília em novembro de 1994. Ele destacou que se iniciava uma nova etapa nas relações entre os dois países, às vésperas da posse do presidente Fernando Henrique Cardoso. No papel de potência global, e não mais regional, segundo Perry, o Brasil deveria aderir ao Regime de Controle de Tecnologias de Mísseis (Missile Technology Control Regime – MTCR). Essa decisão foi tomada por Itamar e se constituiu em um dos fatos que marcaram o seu curto período na presidência da República.

Destacam-se outros movimentos importantes em política externa no governo Itamar Franco:

- o esforço diplomático para reinserir Cuba na OEA;
- a defesa do fim do embargo econômico dos Estados Unidos à ilha;
- a viagem de Amorim a Havana;
- a ratificação do Tratado de Tlatelolco e do Acordo Quadripartite entre Brasil, Argentina, a Agência Brasileiro-Argentina de Contabilidade e Controle de Materiais Nucleares e a Agência Internacional de Energia Atômica;
- a abstenção do Brasil, contrariando o desejo de Washington, no voto à resolução da ONU que aprovou uma intervenção militar no Haiti.

Em 1994, uma coalizão internacional liderada por forças militares dos Estados Unidos invadiu o Haiti, onde em 1991 um movimento militar derrubou o presidente Jean-Bertrand Aristide, eleito naquele ano, o que trouxe como consequência aumento da pobreza, da corrupção e da emigração, sobretudo para o território norte-americano.

ITAMAR E CRISES DIPLOMÁTICAS

O Itamaraty precisou atuar com boa dose de diplomacia e paciência para dissipar conflitos no período Itamar Franco. O presidente costumava ser retratado na mídia como um político provinciano e temperamental.

Pautada por meu editor-chefe na *Gazeta Mercantil*, Matías Molina, escrevi um pequeno perfil de Itamar em meio à crise provocada pela declaração crítica do presidente argentino, Carlos Menem, sobre o valor do salário mínimo brasileiro, segundo ele, "metade do que ganha um aposentado na Argentina".

A pauta pedia uma matéria para mostrar que Itamar não vestia o figurino de um chefe de Estado, a quem caberia cumprir os protocolos e os rituais do cargo. "Um presidente que não gosta de viajar" é o título da reportagem publicada em 17 de julho de 1994.

> "A personalidade dele, cheia de peculiaridades, acaba se projetando no exterior também. O problema é que no exterior qualquer deslize do presidente acaba comprometendo a imagem do Brasil', comenta uma fonte oficial. Itamar Franco não gosta de viagens internacionais. O presidente dá trabalho para o cerimonial do Palácio do Planalto e do Itamaraty, que sempre lida com a hipótese de um cancelamento de viagem à última hora. Timidez, reserva, gosto pelas situações informais e simples não querem dizer falta de vontade própria e de decisão. [...] O presidente toma atitudes típicas de quem tem um temperamento explosivo, como a reação diante das críticas do presidente argentino ao salário mínimo brasileiro. Itamar reagiu com indignação:

> "Ele [Menem] esqueceu-se de dizer que a nossa economia é mais estável, nossas indústrias não estão sucateadas e nosso PIB é duas vezes maior do que o do país dele", de acordo com minha reportagem "Gestões para contornar crise com Argentina", de 8 de julho de 1994. Além de mostrar sua indignação, o presidente chamou a Brasília para consultas o embaixador brasileiro em Buenos Aires, Marcos Azambuja.[111]

Na mesma matéria, escrevi:

> Itamar falou em "deselegâncias" porque há pouco menos de um mês ele se sentiu ofendido com o apoio de Menem ao presidente mexicano, Carlos Salinas de Gortari, para ocupar a direção-geral da Organização Mundial do Comércio. O candidato brasileiro é o ministro da Fazenda, Rubens Ricupero. Com essa atitude, tomada na IV Reunião de Cúpula Ibero-Americana em Cartagena, Colômbia, na ausência de Itamar, que se retirara devido à morte do sobrinho Ariosto, Menem provocou um grave incidente entre os dois países.

Ainda sobre o perfil do presidente, mencionei a polêmica entre Itamar e Menem:

"Um tem temperamento explosivo, e o outro, destempero verbal", resume uma fonte do Itamaraty.

"O presidente tem sensibilidades específicas. Algo que não incomodaria aos demais a ele irrita profundamente", nota outro observador.

Ao optar pela modéstia nas relações com o exterior, o presidente frustra a diplomacia brasileira.

"Ele não se empolga com o cargo e isso tem a ver com a sua personalidade. É uma pessoa honesta, mas a imagem de integridade não é suficiente para representar bem um país", conclui um membro do círculo diplomático.

Em outra reportagem, de 13 de julho de 1994, "Itamar Franco encerra crise, mas ainda não confirmou viagem a Buenos Aires", pontuei:

A crise com a Argentina, que durou quase uma semana, não teve apenas reflexos externos. Revelou, pela segunda vez, uma dificuldade de sintonia entre o que pensa o presidente e a forma como age a diplomacia brasileira. O embaixador Abdenur, na condição de chanceler interino, foi repreendido na última sexta-feira por Itamar, depois que autorizou seu porta-voz a dizer à imprensa que o episódio com a Argentina estava sendo superado. Essa decisão foi tomada depois que Menem pediu desculpas pelo rádio e depois de gestões entre as chancelarias dos dois países.

O problema, porém, é que a crise saiu do terreno racional, disse uma fonte diplomática.

Nesse caso, é complicado agir profissionalmente, como mandam as regras diplomáticas. Na hierarquia das atitudes a tomar diante da ofensa de um parceiro, caberia em primeiro lugar chamar o embaixador argentino em Brasília para pedir explicações. Se o caso sugerisse maior gravidade, a recomendação seria chamar o embaixador brasileiro em Buenos Aires para consultas, o que foi feito. Em terceiro lugar, restaria retirar o embaixador daquele posto, deixando em seu lugar apenas um encarregado de negócios. Foi o que o Brasil fez por muito tempo na África do Sul. A medida mais drástica de todas seria o rompimento de relações.

Na mesma matéria, informei sobre o primeiro incidente do governo Itamar em 1993, quando o presidente decidiu mudar o comando das principais embaixadas brasileiras, alegando que os seus titulares não teriam defendido o Brasil diante da reação internacional à chacina da Candelária, no Rio, quando oito meninos em situação de rua foram mortos a tiros.

> Efetivamente, apenas duas mudanças ocorreram e os atingidos não se podem considerar vítimas porque estão em cargos importantes: o embaixador Rubens Ricupero saiu de Washington para ganhar o Ministério do Meio Ambiente e da Amazônia Legal. Hoje é ministro da Fazenda. Seu sucessor, Paulo Tarso Flecha de Lima, foi para os EUA, deixando o posto em Londres.

Escrevi também a matéria "Mecanismos diplomáticos não conseguem impedir conflitos de temperamento", de 11 de julho de 1994. Cito um trecho:

> "O presidente Itamar é incontrolável. Ninguém o enquadra. Somente a Ruth Hargreaves (irmã do ministro-chefe da Casa Civil, Henrique Hargreaves) consegue contê-lo", disse uma fonte do governo com acesso ao círculo dos amigos do presidente, a chamada "turma de Juiz de Fora". O grupo íntimo do presidente, porém, não costuma interferir nas decisões da política externa brasileira, confidencia a fonte. Nem mesmo os diplomatas que assessoram o presidente no Palácio do Planalto conseguem que Itamar Franco cumpra todos os compromissos oficiais quando em viagem ao exterior, como comparecimento a almoços e recepções, ou audiências previamente marcadas no quadro do relacionamento bilateral do Brasil com um outro parceiro.

PLANO REAL (O GRANDE FEITO DO GOVERNO ITAMAR), O MERCOSUL E O COMÉRCIO EXTERIOR

No dia 1º de julho de 1994 nasceu o Plano Real para combater a hiperinflação e dar estabilidade à economia brasileira. No acumulado em 12 meses, a inflação atingiu, em junho daquele ano, quase 5 mil por cento. Sob a liderança do ministro da Fazenda, Fernando Henrique Cardoso, que recebeu carta branca do presidente Itamar, um grupo de economistas elaborou um plano em três fases:

Na primeira, iniciou-se o esforço de ajuste fiscal, com destaque para a criação do Fundo Social de Emergência (FSE), concebido para aumentar a arrecadação tributária e a flexibilidade da gestão orçamentária em 1994/1995. A segunda etapa foi marcada pela utilização de uma moeda escritural, a Unidade Real de Valor (URV), como unidade de conta. Na última fase, a introdução do novo padrão monetário, o real, implicou a necessidade de rápida e abrangente disponibilização do novo meio circulante a partir de 1º julho de 1994.[112]

A principal repercussão da medida, obviamente, foi no Mercosul. A reportagem "O primeiro mercado da Argentina", de 5 de julho de 1994, mostrou a expectativa favorável para o país vizinho:

> "O real consolidará o papel do Brasil como primeiro mercado para a Argentina, com compras que poderão superar, neste ano, US$ 3 bilhões, continuando a tendência do ano passado, quando nossas vendas cresceram 70%", disse o embaixador argentino no Brasil, Alieto Guadagni. Para ele, o plano de estabilização abre o mercado brasileiro à expansão das exportações argentinas.

"Argentina e Uruguai preveem aumentar as exportações com a implantação do real", matéria de 10 de maio de 1994, traz declaração do subsecretário-geral de integração, assuntos econômicos e comerciais do Itamaraty, José Arthur Denot Medeiros: "Deverá haver um aumento do poder aquisitivo dos brasileiros, mais consumo e uma elevação das importações do Mercosul de produtos da agroindústria, principal corrente de comércio do Uruguai e da Argentina com o Brasil".

Na reportagem de 1º de julho de 1994, "Moderação nas importações", relatei:

> O Brasil apresenta uma situação "cômoda" em seu comércio exterior com a entrada em vigor do real, em comparação com outros planos econômicos.
>
> Gesner Oliveira, secretário adjunto de Política Econômica do Ministério da Fazenda, enumera os elementos positivos para o comércio exterior nessa fase de transição para a nova moeda: saldo "folgado" na balança comercial, de US$ 895 milhões, em maio; reservas internacionais de US$ 38 bilhões, o que representa

16 meses de importação (no Plano Cruzado, para efeito de comparação, as reservas, US$ 7 bilhões, davam apenas para quatro meses de importação); diversificação de mercados: o Brasil é considerado um *global trader*, com exportações bem distribuídas por todas as áreas geográficas do mundo. [...] O governo acredita na manutenção da taxa de exportações e num crescimento "moderado" das importações.

ENTREVISTA COM MICHEL CAMDESSUS, DO FMI, SOBRE O PLANO REAL E A REELEIÇÃO DE FHC

O diretor-gerente do FMI Michel Camdessus concedeu-me entrevista exclusiva no dia 24 de janeiro de 1997, em Washington.

Falou sobre os desafios de sua gestão nos cinco anos que teria pela frente (ele foi reeleito), dos riscos da globalização, da crise bancária, da corrupção e do endividamento externo na América Latina. A dois dias da votação no Congresso da emenda da reeleição de Fernando Henrique Cardoso, ele esquivou-se de responder se era favorável a um segundo mandato do presidente. Porém, não economizou elogios ao plano brasileiro de estabilização. Segundo a reportagem "Há espaço para melhorar a produtividade", de 27 de janeiro de 1997, afirmou:

> Eu apoio o Plano Real. Contribuímos um pouco para o seu desenho e estamos satisfeitos de ver como o Brasil adotou as disciplinas macroeconômicas para um crescimento de alta qualidade que tanto tratamos de promover. Encantaram-me os primeiros dados apurados dos resultados sociais. Durante esses dois anos, os 10% da população mais pobre tiveram uma melhora real, a cada ano, de 10% em sua renda.

ONU E O FIM DA GUERRA FRIA: DA SEGURANÇA ÀS GRANDES CONFERÊNCIAS SOBRE A PROBLEMÁTICA SOCIAL

Ao fazer uma retrospectiva das relações internacionais e da política externa na década de 1990, destaco a mudança ocorrida na ONU que, após o fim da Guerra Fria, período em que predominaram questões sobre segurança, passou a se preocupar com os temas sociais.

Na matéria "Vaticano e Argentina *vs.* EUA e Brasil", de 26 de agosto de 1994, em que abordo o tema da 3ª Conferência Internacional sobre População e Desenvolvimento, no Cairo, escrevi:

> Em 1990, a ONU abriu um ciclo de grandes conferências ministeriais e reuniões de cúpula, começando pela discussão sobre a situação da criança. Em junho de 1992, promoveu no Rio de Janeiro a conferência sobre desenvolvimento sustentável, que ficou conhecida como a "cúpula da Terra". Em 1993, foi a vez dos direitos humanos, tema da reunião em Viena. Neste ano, o mundo discute crescimento populacional e, no ano que vem, em março, voltará as atenções para o desenvolvimento social, em Copenhague. Em 1995, novo encontro da comunidade internacional em torno do tema "mulher", em Pequim. Para terminar o ciclo, uma conferência sobre assentamentos urbanos em Istambul, em junho de 1996. A motivação para todos esses encontros mundiais são as deploráveis condições sociais de grandes parcelas da humanidade. Vivem no mundo 5,3 bilhões de pessoas (em 2022, a população mundial estava estimada em 8 bilhões), das quais 2,8 bilhões integram a população economicamente ativa. Destas, mais de 120 milhões estão desempregadas, um quinto das populações dos países em desenvolvimento passa fome, um quarto não tem acesso à água potável e um terço vive em situação de pobreza absoluta.

Também mencionei que, no Brasil:

> [...] 32 milhões de habitantes passam fome (depois de uma melhora nesse indicador em décadas passadas, o País voltou ao mapa da fome em 2022, com 33 milhões de pessoas nessa condição) e 9 milhões de famílias têm renda mensal que garante no máximo uma cesta básica. A ONU quer formular uma estratégia de desenvolvimento econômico e social para as próximas décadas e encomendou relatórios nacionais para embasar as posições dos países. O estudo brasileiro, com uma apresentação do chanceler Celso Amorim, é fruto de vários seminários com a sociedade civil e representantes do governo.

O relatório brasileiro trouxe dados reveladores, de acordo com minha reportagem. Cito alguns:

O Brasil é uma sociedade profundamente excludente para a mulher, mesmo se comparado com outros países da América Latina. Só sete mulheres ocuparam cargos ministeriais, tendo estado totalmente alijadas dessa esfera até 1982, quando pela primeira vez uma mulher ocupou a pasta da Educação. Até hoje, nenhuma mulher foi eleita governadora, e somente em 1982 e 1986 uma mulher foi eleita vice-governadora. No nível municipal, entretanto, a mulher tem avançado. Em 1990, 107 mulheres exerciam cargos de prefeito, entre 4.425 municípios então existentes. No Poder Legislativo, de 1934, data da conquista do direito ao sufrágio, a 1991, foram eleitos 5.142 representantes para a Câmara dos Deputados, dos quais somente 82 do sexo feminino, significando apenas 1,6% dos parlamentares. No Senado, a exclusão é ainda mais dramática: apenas 0,3% do sexo feminino. Em 1990, nos tribunais superiores, de um total de 93 cargos, somente um era ocupado por mulher, no Tribunal Superior do Trabalho.

"O TAMANHO DO MUNDO, SEGUNDO OS CANDIDATOS"

Esse é o título da reportagem da *Gazeta Mercantil* de 22 de julho de 1994, em que questionei os principais, entre os nove candidatos à eleição presidencial daquele ano, sobre temas da agenda de política externa: "*dumping* social", Mercosul, Nafta, patentes, usinas nucleares, zona de paz e cooperação no Atlântico Sul, forças de paz e um assento permanente para o Brasil no Conselho de Segurança da ONU.

Como se sabe, aquele pleito de 3 de outubro deu vitória em primeiro turno para Fernando Henrique Cardoso (PSDB). O candidato do PT, Luiz Inácio Lula da Silva, ficou em segundo lugar. Outros políticos que disputaram a eleição e responderam ao questionário foram Leonel Brizola (PDT), Orestes Quércia (PMDB) e Esperidião Amin (PPR).

Registro aqui as posições de FHC e de Lula, porque o PSDB e o PT foram as principais forças adversárias na política brasileira por muitos anos. Houve dois mandatos de FHC e, na sequência, dois de Lula; a presidente Dilma Rousseff continuou a administração do PT e governou entre 2011 e agosto de 2016, mas não terminou seu segundo governo porque sofreu *impeachment*, tendo assumido a presidência, até 2018, o vice-presidente, Michel Temer, do MDB. (Na realidade, Dilma foi deposta sob a justificativa formal de ter operado "pedaladas fiscais" – violações de normas orçamentárias –, mas, passados os anos, firmou-se a percepção de que a ex-presidente foi vítima de um golpe de Estado, por falta de sustentação política no Congresso).

É interessante lembrar, principalmente, as respostas de Lula em 1994, uma vez que nas eleições de 2022 ele voltou a disputar a vaga de presidente e venceu, em polarização com Jair Bolsonaro (PL), que buscava a reeleição.

O *dumping* social era visto pelo governo Itamar como mais uma forma de protecionismo dos países ricos, que acusavam os países em desenvolvimento exportadores de pagarem salários baixos e prejudicarem o trabalho mais bem remunerado de seus concorrentes.

Sobre isso, Lula afirmou na matéria citada:

> Não preciso repetir a vergonha que representa para o Brasil ter um salário mínimo de US$ 64 e pagar aos seus trabalhadores, de uma maneira geral, salários ridículos. Meu governo terá um compromisso não só com a inclusão de dezenas de milhões de brasileiros à produção e ao consumo, como com a elevação real dos salários. Não dá mais para ficar esperando "o bolo crescer", como se pedia no passado. As denúncias de *dumping* social formuladas hoje nos países industrializados soam, no entanto, como hipocrisia total, uma tentativa de protecionismo disfarçado, como se já não bastassem as outras formas de protecionismo que eles praticam. Se os países desenvolvidos estivessem realmente preocupados com a sorte de nossos trabalhadores, deveriam propor reformulações na atual (des)ordem econômica mundial que permitissem a retomada do desenvolvimento no Sul do mundo, eliminando ou reduzindo muitos dos constrangimentos que pesam sobre nossos países, como, por exemplo, a dívida externa. O que tem agravado a situação dos trabalhadores nos países ricos são as políticas de ajuste do tipo neoliberal lá praticadas, o desmantelamento do Estado de bem-estar, o crescimento da especulação financeira, alguns dos fenômenos que levaram ao crescimento do desemprego, a uma concentração de renda e ao estancamento, quando não ocorre recessão. Nos dois últimos anos, começou a haver consciência disso. Por esta razão Clinton venceu nos EUA e os sociais-democratas voltam a ter importância eleitoral em vários países.

Fernando Henrique comentou na mesma reportagem:

> Antes, dizia-se que os países que pagavam salários baixos atraíam indústrias dos países mais avançados. Hoje, esse argumento não se justifica, porque o importante é a questão tecnológica. Quem tiver tecnologia cresce. A alegação do *dumping* social como uma forma de discriminação contra as exportações de determinados países carece de sentido dentro dessa nova conjuntura internacional.

Sobre o Nafta, Lula disse que a posição brasileira era "correta". Segundo a reportagem:

> A nossa prioridade em matéria de integração deve ser o Mercosul e a Área de Livre-Comércio da América do Sul (Alcsa). Um país como o Brasil não pode aderir ao Nafta, pelo menos na sua configuração atual. Isso teria um impacto muito forte sobre nosso sistema produtivo. É sintomático que países que revelavam muito entusiasmo com o Nafta, como é o caso do Chile, estejam hoje pedindo seu ingresso no Mercosul. O processo de ampliação do Nafta para outros países da América Latina encontra fortes resistências nos próprios Estados Unidos. A constituição de um Mercosul com políticas industriais e agrícolas articuladas e sua extensão futura para o resto da América do Sul permitirão uma maior competitividade de nossas economias frente aos grandes blocos econômicos hoje em expansão.

Quanto às patentes, Lula ainda afirmou:

> É óbvio que a questão da propriedade intelectual deve passar por uma regulamentação que possa dar horizontes de longo prazo para a tomada de decisões por empresários e do próprio Estado. Contudo, devemos reexaminá-la para aquilatar sobre possíveis entraves que ela possa causar ao nosso objetivo de um modelo de crescimento com soberania e distribuição de renda.

Com relação à Rodada Uruguai (os acordos da Rodada tinham sido enviados ao Congresso e houve enorme esforço do governo para aprová-los), disse na mesma matéria:

> [...] tem que ser vista em dois planos: no agrícola e no agroindustrial, as decisões tomadas e aceitas pelos países desenvolvidos

oferecem possibilidades extremamente reduzidas para a expansão de nossa exportação. No plano dos industrializados, o aceno que nos foi dado é de médio e longo prazos, e cabe perguntar se, na manutenção de um projeto neoliberal (contra o qual luta o PT), teremos condições de tempo e de recursos para sermos efetivamente competitivos com eles.

Fernando Henrique Cardoso falou à reportagem:

> [...] o projeto de lei (sobre propriedade industrial) já aprovado na Câmara foi fruto de um amplo debate dos parlamentares com a comunidade científica e a sociedade. Acredito que os principais pontos polêmicos, como a abertura da possibilidade de patenteamento em áreas como a farmacêutica e a biotecnologia, foram satisfatoriamente equacionados no projeto. É fundamental sua aprovação.

Quanto à Rodada Uruguai, respondeu que, "apesar de estar longe do ideal, especialmente no quesito dos subsídios agrícolas, ela se configura como um notável avanço no sentido de maior integração no comércio internacional que, sem dúvida, o Brasil só tem a ganhar".

A visão de Lula sobre usinas nucleares:

> A posição que aprovamos no nono encontro é de realizar uma dupla auditoria no programa nuclear. A primeira é de caráter técnico, para que se estabeleça em definitivo se o programa é seguro, necessário e viável. A segunda auditoria é de caráter financeiro, para sabermos exatamente quanto se gastou. Ao que tudo indica, gastou-se muito mais do que o previsto. Minha opinião é que temos alternativas energéticas melhores do que a nuclear, mas como decidimos pelas duas auditorias, espero que elas deem uma resposta rápida, democrática e eficiente.

Já Fernando Henrique disse:

> [...] é evidente a necessidade de uma completa reavaliação de todo o programa nuclear brasileiro. Recentemente [maio de 1994], o Brasil aderiu ao Tratado de Tlatelolco, renunciando, assim, à posse de armas atômicas. No entanto, isso não impede que o Brasil faça pesquisas para dominar, completamente, o ciclo do átomo para usos pacíficos. Mas isso terá que ser objeto de um amplo entendimento com a comunidade científica nacional e com a própria sociedade brasileira.

Sobre uma vaga permanente no Conselho de Segurança da ONU, Lula respondeu:

> O mundo mudou nestes últimos anos e mudou radicalmente. A Guerra Fria acabou e com ela a bipolaridade Leste-Oeste. As relações de força existentes naquela época não existem mais. Hoje estamos vivendo uma nova (des)ordem mundial tanto no plano político como no econômico. O aprofundamento do fosso Norte/Sul é um fator de instabilidade social e política no mundo. Precisamos democratizar as relações internacionais e a ONU. É inadmissível a atual estrutura das Nações Unidas, onde os cinco membros permanentes do Conselho de Segurança decidem a sorte do mundo. O Brasil deve ingressar no Conselho de Segurança. É um país importante por sua extensão, população e peso econômico. Mas nosso ingresso no Conselho de Segurança deve coincidir com um processo de democratização das relações e dos organismos internacionais, dentre eles a ONU.

Fernando Henrique declarou:

> [...] o Brasil deseja, realmente, um assento permanente nesse Conselho, e como ministro das Relações Exteriores deixei isso claro na ONU. A composição atual do Conselho de Segurança representa ainda uma conjuntura internacional da época da Guerra Fria. Há novas realidades depois do colapso do chamado socialismo real. Há novos blocos econômicos em formação e potências emergentes. A Guerra Fria foi substituída, hoje, pela explosão dos conflitos nacionalistas e fundamentalistas, pelo racismo e pelo separatismo. O conflito Leste-Oeste dá lugar ao conflito Norte-Sul e o que vemos hoje é a disseminação da fome e da miséria em muitos continentes. São novos desafios que se apresentam à ONU e justificam a reformulação do Conselho de Segurança.

Perguntei aos candidatos na reportagem: "Qual a sua posição a respeito de um fortalecimento da zona de paz e cooperação no Atlântico Sul? O atual governo (de Itamar Franco) considera que seria uma forma positiva de aproximação com a África do Sul e com os países do sul do continente africano".

Lula respondeu:

A vitória de Nelson Mandela na África do Sul [governou de 1994 a 1999] é um acontecimento de significação mundial e que terá repercussões consideráveis na estabilidade do Atlântico Sul e no revigoramento político e econômico da África como um todo. O Brasil deverá estabelecer fortes relações com países que dificilmente poderão ser absorvidos por grandes blocos econômicos, como China, Rússia, Índia e África do Sul. [No governo Lula, em 2006, foi criado o agrupamento Bric – Brasil, Rússia, Índia e China. Em 2011, no início do governo Dilma Rousseff, a África do Sul foi incorporada e o acrônimo passou a ser Brics]. Com este último, as condições para um relacionamento são excepcionais. Tive a oportunidade de discutir recentemente em Pretória e na Cidade do Cabo com o presidente Mandela e com vários de seus ministros sobre o futuro de nossas relações. O que une Brasil e África do Sul não é só a necessidade de eliminar em nossos países todas as forças de exclusão social e racial. Abrem-se perspectivas para um intercâmbio econômico, comercial, científico-tecnológico e cultural. Essas relações deverão ser estabelecidas na perspectiva de aproximar a África do Sul ao Mercosul. Por outro lado, a revolução democrática em curso na África do Sul pode ter um efeito muito saudável em todo o continente, sobretudo na sua parte meridional. Brasil e África têm de desenvolver ações comuns para obter paz em Angola e ajudar a consolidação democrática e a superação da crise econômica em todos os países da região.

Fernando Henrique disse:

> O Brasil tem uma vertente atlântica importante em sua política externa, a começar pelo fato de alguns países africanos terem a mesma língua que a nossa, antecedentes culturais e históricos comuns, como Angola, Moçambique, Guiné-Bissau, Cabo Verde e São Tomé e Príncipe. A presença de empresas brasileiras em Angola é significativa. Estamos atuando, decisivamente, na pacificação dos conflitos internos em Angola e Moçambique. Estamos criando também a Comunidade dos Países de Língua Portuguesa, que pode ser o primeiro passo para uma integração maior de nossas nações. O fim do apartheid e a eleição de Nelson Mandela na África do Sul são dois fatos que levam o Brasil a ampliar sua vertente atlântica na busca de paz e cooperação para o desenvolvimento.

Perguntei também aos candidatos sobre as forças internacionais de paz: "O governo acaba de mandar uma tropa organizada para Moçambique no contexto da força internacional de paz da ONU. É provável que ao Brasil seja solicitado um novo envio. Como o governo do candidato tratará essa questão?"

Assim respondeu Fernando Henrique Cardoso:

> A Constituição diz que o Brasil, em suas relações internacionais, sempre agirá na busca da solução pacífica dos conflitos. Nos últimos anos, militares brasileiros atuaram em forças internacionais de paz, sob a bandeira da ONU, na América Central, em Angola e, agora, em Moçambique. O Brasil não pode se recusar a dar essa contribuição à ONU quando ela estiver em missão de pacificação. Tudo vai depender de nossas possibilidades financeiras.

Luiz Inácio Lula da Silva declarou:

> O Brasil deverá mandar tropas em missão de paz. Ele já o fez em El Salvador e agora envia soldados para Moçambique. Estas missões têm de ser criteriosamente decididas para que não se produzam violações de soberania nacional, como ocorreu na Somália. Felizmente o Brasil não participou dessa aventura.

RELAÇÕES COM A ÁSIA

Mais de uma década depois da primeira missão do Itamaraty ao Sudeste Asiático, Fernando Henrique definiu a Ásia como de "importância extraordinária", e sinalizou que visitaria o Japão em 1995, para celebrar os cem anos de relacionamento diplomático entre os dois países; a Índia, "que desde o governo Sarney é apresentada como prioridade, embora nenhum presidente brasileiro tenha feito uma visita a Nova Delhi"; e as nações do Sudeste Asiático – Cingapura, Indonésia, Malásia e Tailândia, países que, com o Brasil, a Argentina e o Chile eram "as economias dinâmicas do mundo", segundo classificação da Organização para a Cooperação e Desenvolvimento Econômico (OCDE). Participavam do processo decisório internacional no Gatt, na OMC, no FMI, no Banco Mundial e na própria OCDE.

Na reportagem "Mercosul e OMC na rota de Lampreia", de 29 de dezembro de 1994, escrevi: "Hong Kong, Taiwan, Tailândia, Singapura, Indonésia e Coreia, membros da Asean, e outros países dinâmicos estarão entre as quinze maiores economias do mundo nos próximos dez anos".

"ITAMARATY, O PALÁCIO DAS GRANDES FESTAS"

A matéria é de 30 de dezembro de 1994 e a assinei de Brasília. Nela, apresento o palácio Itamaraty, palco da festa de posse de Fernando Henrique Cardoso, e relato histórias que marcaram o ministério após sua transferência do Rio para Brasília.

Cito alguns trechos para relembrar minhas idas diárias ao edifício que a rainha Elizabeth II (escrevo sobre essa passagem no dia em que ela foi sepultada no Castelo de Windsor – 19 de setembro de 2022) elogiou, no banquete em sua homenagem: "Nunca vi palácio tão harmoniosamente belo". A rainha esteve no Brasil em 1968, antes da inauguração oficial do Itamaraty pelo general Médici, em 20 de abril de 1970.

Escrevi:

> No dia 1º de janeiro, o mais festejado de todos os palácios de Brasília abrirá suas portas para receber os convidados à posse de Fernando Henrique Cardoso. [...] O visitante menos informado, que vê hoje esse edifício construído em 72 mil metros quadrados de área, plantado no meio de um espelho d'água onde flutuam mais de 80 variedades de plantas tropicais, do cerrado e da Amazônia, e ornamentado por uma das esculturas mais famosas da arte contemporânea, o *Meteoro*, de Bruno Giorgi, símbolo dos cinco continentes do Planeta Terra, esculpida em um bloco de mármore de Carrara de 30 toneladas, não imagina o quanto a história do Itamaraty se entrelaça com a história da própria capital.
>
> Para começar, nenhuma representação diplomática estrangeira e nem mesmo as autoridades brasileiras acreditavam que o Ministério das Relações Exteriores ou o Palácio Itamaraty fosse transferido da bela cidade do Rio de Janeiro para o poeirento cerrado de Brasília.

O premiado fotógrafo Raymond Frajmund retratou uma cena famosa, conhecida como "Casacas no Cerrado", foto em preto e branco que mostra os céticos embaixadores da Austrália e da Noruega, acompanhados dos respectivos primeiros-secretários, caminhando na poeira do planalto, meio-dia, em plena seca, depois da apresentação de credenciais ao presidente Juscelino Kubitschek. Eles estavam a caminho do coquetel da inauguração da embaixada do Irã, em junho de 1960, a primeira missão diplomática que se instalou na cidade.

Foi preciso que o Itamaraty desse o exemplo ao se tornar o primeiro ministério a se transferir do Rio, em 1967, quando o presidente Castello Branco abriu as portas do palácio, ainda não terminado, para uma festa que reuniu representantes de 76 missões estrangeiras, governadores e ministros de Estado. Nesse dia, conforme conta Silvia Escorel, que escreveu sobre a construção do Itamaraty no belo livro patrocinado pelo Banco Safra, o arquiteto Oscar Niemeyer, autor do projeto, comentou: "Não sei dizer o que mais me surpreende, se o aspecto do prédio ou vê-lo terminado".

Em 1962 as obras ainda estavam na estaca zero, quando o então ministro de carreira, hoje embaixador, Wladimir Murtinho, foi transferido de Tóquio para Brasília para tocar o projeto e se encarregar da transferência do ministério. Um entusiasta de Brasília, apaixonado por arquitetura, Murtinho conseguiu com o empenho dos governos militares terminar a construção e, com isso, acelerar a transferência das embaixadas para a nova capital. [...] O embaixador relembra o passado com nostalgia e com a convicção de que "a maturidade de Brasília começará no ano 2000", conforme a profecia de Dom Bosco. "Brasília vai ser uma capital em todos os sentidos ao longo do terceiro milênio, porque as bases estão lançadas. Será uma grande capital cultural, como Washington, que levou 150 anos para se consolidar." Segundo Murtinho, "politicamente a cidade é uma capital, mas não irradia. Consolidar uma capital é de uma extrema complexidade; isso tudo virá com o tempo".

O acervo mais importante da capital é o do Itamaraty. O convidado para a festa de posse de Fernando Henrique Cardoso vai ver esculturas, como "A mulher e sua sombra", de Maria Martins, 'Folhagem', de Zélia Salgado, "Transfiguração", de Franz Weissmann, "Nu Deitado", de Victor Brecheret, além dos quadros de Portinari, "Gaúchos" e "Jangadeiros", trazidos da embaixada em Washington para representar o Nordeste e o Sul do Brasil, o imenso lustre de Pedro Correia de Araújo, "Revoada dos Pássaros", esculpido em ferro, prata e bronze, com cristal de rocha lapidado em forma de disco voador na ponta de cada um dos 110 braços.

A imensa tela de Debret, "Coroação de Pedro I", o "Grito do Ipiranga" atribuído a Pedro Américo e o famoso tapete persa, um dos maiores do mundo, com 14 metros por 5 metros, que dizem ter sido criado para a rainha Victoria, mas que provavelmente foi comprado de um castelo na Áustria, e que nos idos de 1970 foi lembrado pelo Xá da Pérsia, Reza Pahlavi, quando visitou Brasília e pediu notícias dele. Todos esses objetos e outros mais poderão ser apreciados pelos convidados do novo presidente, que os receberá em noite de gala no Palácio Itamaraty. Lá, num recanto especial, Dom Bosco é lembrado em um mural de Volpi e os diplomatas são homenageados com dois vistosos anjos barrocos suspensos, à entrada da Sala Candido Portinari. Os anjos, embaixadores de Deus, teriam sido os primeiros diplomatas.

A vida diplomática em Brasília nas décadas de 60 e 70 ficou famosa não só pelas festas, mas porque a embaixada da Iugoslávia era procurada, depois do golpe de 1964, para refugiar os perseguidos pelo regime. Muitos pulavam o muro da embaixada, ainda em construção, o que obrigou os diplomatas iugoslavos a viajarem do Rio para Brasília para cuidar do assunto, porque aqui só ficava o jardineiro.

MUDANÇA DE GOVERNO EM CURSO

Na reportagem "A diplomacia no governo Cardoso", de 4 de novembro de 1994, assinada de Buenos Aires, escrevi:

> Quando assumir o governo, Cardoso determinará a seus assessores no Itamaraty que mantenham em *low profile* esse tema [candidatura do Brasil a uma vaga permanente no Conselho de Segurança da ONU]. A estratégia do novo governo é fortalecer a imagem do Brasil como parceiro estável, confiável, por meio de medidas econômicas e sociais que pretende adotar, conforme já foi anunciado. "Com a casa em ordem, o Brasil surgiria como um candidato natural à vaga", raciocina o presidente eleito.

"Não vi, aqui na Argentina, nenhuma disposição diferente de parte do governo Menem. Eles também têm interesse legítimo. Tenho certeza de que no momento adequado, quando houver mudança na Carta da ONU, iremos trabalhar juntos. Não será um espaço de disputa, mas de colaboração, sem que o Brasil deixe de aspirar legitimamente à vaga", comentou, anunciando, dessa forma, um esfriamento das posições que vêm sendo defendidas atualmente pelo Itamaraty na gestão do chanceler Celso Amorim. Cardoso disse mais: "O Brasil tem uma dimensão internacional importante, mas isso não significa que se coloque de modo excludente em relação aos outros países".

Antes da posse do presidente, e para contemplar o que ele queria, ou seja, análises de tendências globais, a Fundação Alexandre Gusmão do Itamaraty, com patrocínio do Programa das Nações Unidas para o Desenvolvimento (PNUD), organizou o seminário "O Brasil e as tendências econômicas e políticas contemporâneas", que reuniu pensadores renomados: Manuel Castells, diretor do College of Environmental Design da Universidade da Califórnia, em Berkeley; Eric Hobsbawm, um dos grandes intelectuais do século XX, professor da New School for Social Research, de Nova York; Alain Touraine, autor de livros clássicos sobre sociologia e política na América Latina; Enrique Iglesias, presidente do Banco Interamericano de Desenvolvimento (BID); Abraham Lowenthal, diretor do Center for International Studies, da Universidade do Sul da Califórnia; Colin Bradford, economista-chefe e assistente do Bureau de Coordenação de Programas e Políticas Públicas dos Estados Unidos; Felix Peña, especialista em relações econômicas internacionais e em integração na América Latina; Adam Przeworski, da Universidade de Chicago; Albert Fishlow, da Universidade da Califórnia, em Berkeley; e Constantino Vaitsos, da Universidade de Harvard.

PROPOSTAS EM DEBATE

Conforme relatei na matéria "As principais propostas em debate", de 5 de dezembro de 1994, os conferencistas trouxeram a Brasília o que existia de mais novo em discussão nos centros de pesquisa dos Estados Unidos, da Europa e da América Latina.

Cito, como exemplo de tendências apontadas no seminário, naquela metade da última década do século XX, o que disse Manuel Castells, um dos mais aplaudidos:

> [...] sua exposição abordou os novos paradigmas tecnológicos baseados em uma economia global, aquela que funciona em "tempo real em escala planetária". As novas tecnologias não criam nem destroem empregos, mas os transformam. A atual revolução tecnológica permite a individualização, a fragmentação extrema do processo de trabalho com as novas redes de comunicação. Hoje em dia nas sociedades industriais avançadas há um aumento na proporção de "autotrabalhadores". Isto tem enormes consequências sociais para os sindicatos e consequências também para o Estado de bem-estar, que deve se transformar, porque muitos trabalhadores já não se incluem nesse sistema. Os partidos políticos tradicionais entraram em crise porque não estão acostumados a trabalhar com essa cultura eletrônica. Na nova sociedade o poder se origina em torno dos fluxos tecnológicos, financeiros e de inovação. Os Estados nacionais entram em crise porque são pequenos para controlar os fluxos globais. O Estado deve ser flexível e aberto ao sistema mundial e à sociedade.

Eric Hobsbawm afirmou: "O aumento da riqueza vai bem. O problema é como distribuí-la com equidade. O Brasil é um dos campeões da desigualdade social, e a distribuição de renda deve ser vista como um valor financeiro. O Japão, por exemplo, tem uma distribuição de renda maior do que a da Suécia."

Alain Touraine comentou:

> [...] nos encontramos em um mundo sem atores, em que houve o desaparecimento das categorias sociais. Temos uma rede imaterial que se chama mercado. O mundo de hoje são autoestradas de consumo, de comunicação, e guetos, tribos, que se comunicam através do mercado, de violência, da guerra. O que vivemos é quase o desaparecimento da sociedade. O problema real é como o Estado pode fomentar, como sistema político, a formação de atores.

Esse era o contexto naquele início de governo do presidente Fernando Henrique Cardoso. Era o auge da quarta fase da globalização. Após a queda do muro de Berlim e o fim da Guerra Fria, quando houve avanço e consolidação do sistema capitalista, do avanço tecnológico e do neoliberalismo, maior e mais rápido intercâmbio de informações e aproximação entre culturas, pessoas e empresas. Também foi a época de proliferação dos blocos econômicos.

Nesse sentido, destaco o que disse Colin Bradford, que falou da globalização e da existência de uma verdadeira desordem mundial.

Segundo ele, políticas de nações importantes, como os Estados, estão dominadas por questões domésticas. Bradford sugeriu que o novo Estado seja aberto às pressões criadas pela informação dos vários grupos de interesses, tornando-se um Estado catalisador.

Enrique Iglesias disse que "as coisas não estão fáceis porque há um cansaço do ajuste".

Abordou os dilemas que se apresentavam para a América Latina: taxa de juros, tipo de câmbio, transformações no setor financeiro, "o que menos mudou".

Adam Przeworski afirmou: "Queremos um Estado menos intervencionista, mas não queremos um Estado neoliberal."

GOVERNO FERNANDO HENRIQUE: PROTAGONISTA NA CONDUÇÃO DA DIPLOMACIA

Na matéria "Protagonista da nova realidade continental", de 2 de janeiro de 1995, escrevi:

> Fernando Henrique Cardoso iniciava seu mandato no mesmo dia em que entravam em vigor o Mercosul (após a assinatura do Protocolo de Ouro Preto, que estabeleceu a estrutura institucional do Mercosul e criou a união aduaneira) e a Organização Mundial do Comércio, dois eventos que marcaram uma etapa ascendente da política externa brasileira. O presidente já havia sinalizado seu gosto pela política internacional e adiantara que seria o protagonista na condução da diplomacia.
>
> Com Cardoso na presidência, a política externa terá mais peso nas ações do governo. O Itamaraty, com quadros profissionais elogiados pelo presidente, será um instrumento de projeção externa do País. O diplomata Fernando Henrique vai precisar muito das

habilidades do político e do senador, que conseguiu arregimentar no Congresso maioria parlamentar para dar condições de governabilidade a Itamar Franco, após o *impeachment* de Fernando Collor. O sucesso internacional do Brasil e do Plano Real dependerá muito das reformas constitucionais, principalmente para viabilizar as novas regras do Mercosul, entre elas as que requerem igualdade de tratamento às empresas dos países sócios.

Era grande a expectativa em torno do novo presidente. O Brasil estava mais integrado ao comércio internacional e era mais confiável aos olhos das grandes potências, que já não se furtavam a cooperar com instituições brasileiras em áreas tecnologicamente sensíveis.

O desafio do presidente, definiu o chanceler Luiz Felipe Lampreia,

> [...] é corresponder à imensa expectativa e crédito que lhe foram dados quando se elegeu. Não houve nenhum órgão importante da imprensa internacional, nenhum meio empresarial e governo que não tenha visto a eleição de Fernando Henrique como a abertura de inúmeras possibilidades para o Brasil. Um desafio fundamental é preencher o espaço, corresponder à expectativa e dar resposta ao crédito internacional que o Brasil tem hoje.

O PRIMEIRO ANO DO NOVO GOVERNO – 1995

O presidente Fernando Henrique Cardoso assumiu o poder em 1995, e se propôs a reduzir a intervenção do Estado na economia e aplicar medidas recomendadas pelo Consenso de Washington[113] de 1989, entre elas, a privatização de estatais e a facilitação do ingresso de investimentos diretos estrangeiros no país. Duas gigantes foram privatizadas na era FHC: a Companhia Vale do Rio Doce (mineração e siderurgia) e a Telebras (telecomunicações). Também foram criadas as agências reguladoras, como a Anatel (Agência Nacional de Telecomunicações), a Aneel (Agência Nacional de Energia Elétrica) e a ANP (Agência Nacional do Petróleo, Gás Natural e Biocombustíveis), implementou-se a política de metas para a inflação e foi sancionada a Lei de Responsabilidade Fiscal, que não permite aos governos gastarem mais do que arrecadam. FHC foi criticado pela oposição por ter implementado políticas econômicas neoliberais, como as privatizações.

Em contribuição que fiz sobre as agências reguladoras para o livro de Raymundo Magliano Filho, *Um caminho para o Brasil: a reciprocidade entre sociedade civil e instituições*,[114] há uma explicação para as privatizações e a criação de agências reguladoras, num:

> [...] contexto de reforma do Estado brasileiro, que precisava adequar suas estruturas à nova ordem internacional econômica, em tempos de globalização (internacionalização dos fluxos financeiros, inserção dos países periféricos na economia global, expansão tecnológica e aprimoramento dos meios de comunicação). [...] O Brasil vinha de um modelo de Estado interventor empresário. Na Era Vargas (1930-1945), foram criadas grandes empresas estatais em quase todos os setores produtivos. O Estado brasileiro emergiu como o provedor do bem-estar social e como empreendedor, ao criar empresas destinadas à intervenção na atividade econômica e empresas prestadoras de serviços públicos.[115]

O programa de desestatização levou em conta a necessidade de mudar o papel do Estado – de interventor a regulador. Não havia dúvida sobre a vontade do governo FHC de aplicar ideias liberalizantes, embora algumas já constassem de políticas de Collor, em cujo governo iniciou-se o processo de abertura da economia brasileira.

Em matéria de política externa, o presidente deixou claro o que pretendia em entrevista concedida em Buenos Aires, na qual anunciou mudança de rumo na disposição brasileira de se candidatar a uma vaga permanente no Conselho de Segurança da ONU, motivo de atrito com a Argentina. Nosso vizinho estava interessado no mesmo posto, caso houvesse uma reforma naquele órgão para incluir a participação de representantes por regiões. Como se recorda, apenas cinco países detêm cadeiras permanentes: Rússia, China, Estados Unidos, França e Reino Unido. Apesar de tantas discussões, ao longo de décadas, até hoje não houve reforma no Conselho de Segurança da ONU.

FERNANDO HENRIQUE E AS TENDÊNCIAS GLOBAIS

Para Fernando Henrique, o governo brasileiro deveria ter um "periscópio". Foi o que escrevi na reportagem "De olho no mundo e no Brasil que o mundo vê", de 16 de janeiro de 1995. Esse era o papel que o presidente esperava da Secretaria de Assuntos Estratégicos (SAE), chefiada pelo embaixador Ronaldo Sardenberg. Escrevi:

> "Ele quer que a SAE funcione como um periscópio, acompanhando as grandes tendências e fazendo análises sobre como o Brasil vê o mundo e o mundo vê o Brasil", explica o diplomata.
>
> O currículo de Sardenberg revela características que serão notadas em sua atuação à frente da SAE, como a de analista "brilhante", segundo comentários de colegas. Entre 1985 e 1989, Sardenberg chefiou a embaixada do Brasil em Moscou e de lá enviou telegramas elogiadíssimos sobre a *perestroika*, a chegada de Gorbachev ao poder, o novo equilíbrio de forças entre as potências.

MERCOSUL COMO UNIÃO ADUANEIRA

Minha intenção, ao organizar este livro no contexto de décadas e de governos, é descrever mudanças e evoluções de cenários nacionais e internacionais, bem como reações e resultados de políticas adotadas.

Nesse sentido, mostro como 1995, o primeiro ano do Mercosul com o funcionamento da união aduaneira e da área de livre-comércio, foi repleto de altos e baixos para o bloco, em função de adaptações para contornar problemas econômicos internos nos países. Este é um trecho da reportagem de 3 de abril de 1995, "Instabilidade no Mercosul ameaça união com Chile":

> O Mercosul vive o seu momento mais delicado desde que começou a funcionar em 1º de janeiro e sua credibilidade externa está ameaçada pela decisão da Argentina de aplicar uma taxa de estatística de 3% sobre todas as alíquotas da Tarifa Externa Comum e pela proposta brasileira de aumentar em 150 produtos – além dos 300 a que já tem direito – a lista de exceção à TEC.
>
> Esse cenário, que produz incerteza no Chile, se agrava com a volatilidade da política comercial brasileira, principalmente depois

que o governo aumentou para 70% as alíquotas de importação de mais de cem produtos. O Chile tem uma tarifa única de importação de 11%.

O principal teste externo do Mercosul será no dia 12 de junho, quando o bloco se apresentará oficialmente à Organização Mundial do Comércio, em Genebra. [...] O Mercosul terá de explicar o alcance, para a comunidade internacional, de suas exceções à Tarifa Externa Comum, que já chegam a 2 mil produtos. O embaixador José Artur Denot Medeiros, coordenador brasileiro do Mercosul, reconheceu, em Assunção, que "quanto mais exceções, mais difícil será vender a TEC a terceiros países".

Ocorre, entretanto, que o pedido de uma lista adicional de exceções de 150 itens deverá desencadear novos pedidos, como o do Paraguai, que quer incluir mais 200 produtos à sua lista original de 399.

Na OMC o Brasil também terá de discutir com seus parceiros eventuais compensações pelo fato de ter consolidado em 35% seu universo tarifário e ter recentemente elevado para 70% as alíquotas de 109 produtos. Segundo o Itamaraty, na Rodada Uruguai do Gatt o Brasil se comprometeu a efetuar, num prazo de cinco anos, reduções anuais nos níveis de consolidação de modo a atingir, em 1999, o teto máximo de 35% para a maior parte de seu universo tarifário. A base acordada para o cálculo das reduções anuais são as tarifas vigentes em 1986. O Brasil praticava, naquele ano, tarifas que atingiam até 105%. Os diplomatas afirmam que o processo de redução deixou margem de flexibilidade suficiente para que se recorra a eventuais alterações.

A CRISE NO MÉXICO

A crise mexicana rendeu muita repercussão na mídia no primeiro trimestre de 1995. Em matéria de 12 de janeiro daquele ano, "Presidente da BM&F prevê estabilização das bolsas", mencionei que o presidente da bolsa brasileira, Manoel Pires da Costa, minimizou os efeitos da crise mexicana sobre a economia brasileira, afirmando que as situações dos dois países eram diferentes:

"O México tem problemas de caráter político", disse, referindo-se aos conflitos de Chiapas, onde houve uma insurreição no início do ano passado, e ao assassinato de um concorrente às eleições

> presidenciais. Além disso, Pires da Costa argumentou que o parque industrial mexicano não é competitivo. A situação é extremamente confortável. O superávit comercial deverá atingir US$ 16,7 bilhões em 1994 e o País tem reservas cambiais de US$ 40 bilhões. A diferença é clara entre um país e outro, e o investidor saberá estabelecer essa diferença. O Brasil tem um sistema econômico do Primeiro Mundo. [...] O PIB do Brasil é de cerca de US$ 500 bilhões, mais que a soma dos Produtos Internos Brutos da Argentina, do México e do Chile. O Brasil é um bom risco, é o terceiro melhor risco depois da China e da Índia.

A crise mexicana desencadeou forte reação do governo. Em Londres, o embaixador Rubens Barbosa fez palestras a empresários explicando as diferenças econômicas entre o Brasil e o México.

Minha reportagem de 11 de janeiro de 1995, "As consequências para o Mercosul", menciona:

> [...] os investidores continuam interessados em investir na produção brasileira, principalmente com um horizonte de estabilidade e de crescimento da economia entre 5 e 6% neste ano. [...] A prova mais evidente de que os ingleses continuam acreditando no Brasil é a vinda, neste ano, de quatro ministros – do Comércio, da Agricultura, da Defesa e da Educação. No ano passado, visitaram o Brasil sete membros do gabinete britânico.

Escrevi de Santiago do Chile, onde FH visitava a Cepal, que a preocupação dele era que fosse criado um mecanismo para conter os efeitos de crises enfrentadas por países como o México. Logo ao tomar posse, Fernando Henrique teve de lidar com os efeitos da crise cambial mexicana, conhecida como "efeito Tequila", provocada pela falta de reservas internacionais, que causou a desvalorização do peso e a fuga de capitais. Pontuei:

> Na Cepal ele criticou abertamente o FMI, que lhe negou, quando ministro da Fazenda, "um empréstimo stand-by" de US$ 2 bilhões para comprar bônus do Tesouro norte-americano, que serviriam de garantias na negociação da dívida brasileira de cerca de US$ 5 bilhões. O Brasil teve de comprar os bônus ("zero coupon bonds") no mercado secundário da dívida. Segundo Fernando Henrique, o FMI "é errático", porque não ajudou o Brasil, mas socorreu o México em sua recente crise financeira.

REFORMA DOS ORGANISMOS MULTILATERAIS

Em outra reportagem, de 6 de março de 1995, "Mais atenção ao FMI e Bird do que à ONU", FHC sinalizou que seu governo daria mais importância à reforma dos organismos financeiros multilaterais nascidos de Bretton Woods, como o FMI e o Banco Internacional para Reconstrução e Desenvolvimento (Bird), do que à reforma do Conselho de Segurança da ONU.

Ele disse que as Nações Unidas deveriam preocupar-se mais "com o que fazer com o novo cenário internacional" e não discutir sobre "quem vai participar do Conselho de Segurança para ser a polícia do mundo".

Chamou a atenção a forma como Fernando Henrique se referiu ao Conselho de Segurança, bem como sua intenção de colocar em banho-maria o interesse do Brasil em pleitear uma vaga permanente naquele órgão, num momento em que o país era classificado pelos Estados Unidos como uma potência global e não apenas regional, e porque as discussões sobre a ampliação do Conselho continuavam intensas.

Alimentavam o debate o Japão e a Alemanha, que perderam a Segunda Guerra Mundial e foram excluídos, mas na década de 1990 eram potências e se consideravam candidatos naturais à vaga. De fato, o tema era extremamente complexo: a França e o Reino Unido temiam perder seus assentos; a Argentina e o México se opunham ao Brasil; a Itália não queria a Alemanha; a China era contrária ao Japão; e não havia clareza sobre o candidato africano, pois poderia ser a Nigéria ou a África do Sul.

BRASIL-ESTADOS UNIDOS:
UMA HISTÓRIA DE AVANÇOS E RECUOS

A *Gazeta Mercantil* fez uma edição especial sobre a visita de Cardoso aos Estados Unidos. No dia 18 de abril, assinei cinco reportagens sobre o relacionamento entre os dois países. Uma delas, "Uma história de avanços e recuos", mostra os altos e baixos na vida diplomática em diferentes governos. Elogios, como o do presidente Richard Nixon – "Para onde vai o Brasil segue o resto da América Latina" (por causa disso, o Brasil era visto com desconfiança na região, como subimperialista) –; e críticas, como a do general Hugo

Abreu, chefe da Casa Militar do presidente Ernesto Geisel – "'Os norte-americanos não apenas nos privaram do conhecimento dos detalhes da construção do reator. Muito mais do que isso, nos forneceram uma 'caixa-preta' lacrada e nem nos disseram o que há lá dentro". O desabafo referia-se ao fornecimento, pela empresa Westinghouse, da usina nuclear Angra I, escrevi.

Prossegui:

> Suspeitas e desconfianças predominaram no convívio das duas nações, como no episódio da independência do Brasil, em que os EUA tiveram uma atitude ambivalente. Em 1823, o governo de Dom Pedro I achava que Washington tinha reconhecido a independência do País, mas somente em março de 1825, quando já não havia mais dúvidas de que a Corte de Lisboa aceitava a separação da ex-colônia, os EUA nomearam como encarregado de negócios no Brasil o então cônsul Condy Raguet.
>
> No Império, o Brasil suspendeu por três vezes as relações com os EUA. Um dos episódios graves relacionou-se com o desejo norte-americano de anexação da Amazônia.
>
> Com a Proclamação da República, o chanceler Barão do Rio Branco estabeleceu uma política que considerava as Américas um condomínio, onde o Brasil exerceria sua influência sobre o Sul, enquanto os EUA manteriam sob tutela o Norte, o Centro e o Caribe. Com a morte do Barão do Rio Branco, em 1912, a política externa brasileira voltou a ficar extremamente dependente de Washington.
>
> Os EUA eram os primeiros clientes para o café, a borracha e o cacau do Brasil, que recebia manufaturados do mercado norte-americano. Com a ascensão de Getúlio Vargas ao poder, em 1930, e a adoção de uma política de industrialização, o governo brasileiro voltou a reclamar reciprocidade, como na época de Rio Branco.
>
> Durante a Segunda Guerra, a United States Steel recusou-se a investir no Brasil, industrializando o minério de ferro e transformando-o em aço, projeto que o grupo alemão Krupp se dispunha a realizar. Vargas usou esse argumento para barganhar a entrada do País na guerra, ao lado das potências aliadas, mediante a concessão de créditos do governo de Franklin Delano Roosevelt para a construção da usina siderúrgica de Volta Redonda.

O governo do marechal Eurico Dutra (1946-1951) orientou o Brasil para um alinhamento automático com os EUA e rompeu relações com a União Soviética. Quando voltou ao poder, em 1951, Vargas cobrou dos EUA novamente reciprocidade econômica. As discrepâncias logo se manifestaram. O auge do conflito ocorreu quando Vargas sancionou a Lei nº 2.004, instituindo o monopólio estatal do petróleo e, através da Superintendência da Moeda e do Crédito (Sumoc), embrião do Banco Central, restringiu as atividades do capital estrangeiro.

Fidel Castro assumiu o poder em Cuba em 1959. Com a ascensão de John Kennedy, em 1961, a política externa norte-americana assumiu duas variáveis: uma repressiva (ao comunismo) e outra preventiva, com o lançamento da Aliança para o Progresso, um programa de apoio, com assistência técnica e financeira dos EUA aos governos civis e democraticamente eleitos. O objetivo era evitar que surgisse outro Castro na América Latina.

O presidente Jânio Quadros era a personalidade latino-americana que mais empolgava Kennedy, apesar da instituição de uma política externa brasileira de independência, de defesa dos princípios de autodeterminação e de não intervenção, o que salvaguardava Cuba. Washington não obteve apoio do Brasil para a invasão da baía dos Porcos, em abril de 1961. A CIA achava Jânio Quadros vulnerável ao comunismo, desconfiança que atingiu o seu ápice quando o presidente brasileiro condecorou "Che" Guevara em seguida a seu regresso da Conferência de Punta del Este (agosto de 1961), onde o líder guerrilheiro se recusara, em nome de Cuba, a assinar a carta de lançamento da Aliança para o Progresso. Em janeiro de 1962, na VII Reunião de Consulta de Chanceleres da Organização dos Estados Americanos (OEA), Cuba foi expulsa.

Houve a renúncia de Jânio, e o governador Leonel Brizola, já no governo João Goulart, expropriou a empresa norte-americana subsidiária da IT&T, responsável pelos serviços telefônicos no Rio Grande do Sul. Brizola já tinha nacionalizado, em 1959, a Amforp – American & Foreign Power, subsidiária da Bond & Share.

Com o golpe de 1964 e a ascensão do general Humberto de Alencar Castello Branco, o Brasil iniciou uma política externa de alinhamento automático aos EUA, que apoiaram a queda de Goulart. Castello defendeu a reformulação do conceito de soberania, que, não mais se restringindo aos limites de fronteiras territoriais, abrangeria o caráter político e ideológico dos regimes.

O general Costa e Silva tomou posse em 1967 prometendo uma "diplomacia da prosperidade", mas teve problema com os EUA. Houve um contencioso naquele período: os EUA contingenciaram as exportações de têxteis do Brasil e, sob pressão da National Coffee Association, passaram a exigir do governo brasileiro a criação de uma taxa especial sobre o preço de venda do café solúvel.

Com o general Emílio Garrastazu Médici começou a fase do "milagre econômico" e do 'Brasil potência", que reivindicava uma parcela cada vez maior nas decisões do sistema internacional. Os EUA apoiaram o governo Médici, favorável à entrada de capitais estrangeiros no Brasil. Além disso, em 1972 o governo adquiriu uma usina nuclear da Westinghouse com potência de 626 MW sem, contudo, obter o compromisso norte-americano de repassar a tecnologia. A usina Angra I até hoje tem problemas de funcionamento.

[...] O general Ernesto Geisel chegou ao poder em 1974. Em junho de 1975 ele assinou com a Alemanha um acordo nuclear, o que provocou violenta reação dos EUA, que temiam a fabricação da bomba atômica pelos militares brasileiros. Na política externa do "pragmatismo responsável" as divergências entre os dois países aumentaram. Houve rompimento do acordo militar com os EUA, assinado em 1952.

No último governo do período militar, o presidente João Baptista Figueiredo adotou uma política externa terceiro-mundista. As Forças Armadas passaram a considerar os EUA como um obstáculo à independência econômica e tecnológica do Brasil. Figueiredo foi à ONU em setembro de 1982 e, depois de atacar "as barreiras protecionistas intransponíveis" e a elevação das taxas de juro, denunciou, numa alusão direta aos EUA, que "a política econômica das grandes potências está destruindo riquezas sem nada construir em seu lugar".

No governo Sarney a dívida externa de US$ 102 bilhões absorvia de 3 a 5% do PIB. Em fevereiro de 1987 Sarney decretou moratória, o que irritou profundamente os EUA. Em novembro daquele ano, quando o governo se preparava para suspender a moratória, o presidente Reagan anunciou, pessoalmente, seu propósito de aplicar sanções comerciais contra o Brasil por causa da lei de reserva de mercado para a informática. O conflito se agravou depois que a Secretaria Especial de Informática (SEI) vetou a comercialização no Brasil do sistema operacional MS-DOS da Microsoft.

Com Fernando Collor de Mello na presidência, houve uma espécie de "lua de mel" entre os dois países, porque o governo brasileiro adotou uma política de abertura comercial, com redução de tarifas, e de *confidence building* na área de não proliferação nuclear. Além disso, Collor prometeu que iria enviar ao Congresso um projeto de lei concedendo proteção às patentes de produtos químicos e farmacêuticos. O projeto de lei sofreu modificações e foi aprovado na Câmara dos Deputados, em 1993. Tramita até hoje no Senado e continua a preocupar Washington.

No período Collor houve um incidente diplomático entre os dois países relacionado com a Guerra do Golfo. Os EUA criticaram a postura brasileira, vista como muito branda na condenação da invasão do Kuwait pelas tropas do presidente iraquiano Saddam Hussein.

Depois do *impeachment* de Collor, assumiu Itamar Franco por um período de dois anos, durante o qual se equacionou o problema da dívida externa brasileira. No governo Itamar, os EUA ganharam a concorrência para o fornecimento de radares ao Sistema de Vigilância da Amazônia (Sivam). No final do ano passado (1994), o secretário de Defesa norte-americano, William Perry, declarou em Brasília que o Brasil é não somente uma potência regional, mas também global. As relações melhoraram sensivelmente no governo Itamar, que elegeu o seu sucessor, Fernando Henrique Cardoso.

O IDEALISTA PRÁTICO

Washington é uma parada internacional de chefes de Estado. Na semana passada, desfilaram pela Casa Branca a primeira-ministra da Noruega, o presidente do Egito e a primeira-ministra do Paquistão. Sinal dos tempos. Com o fim da Guerra Fria, a superpotência remanescente está sendo cada vez mais procurada por parceiros de todo o mundo. Nesta semana, é a imagem pública do Brasil que estará em evidência em Washington. O presidente Fernando Henrique Cardoso vai apresentar um novo

Brasil ao *staff* da Casa Branca, a mais de mil empresários, a intelectuais, artistas, estrategistas, políticos e militantes de organizações não governamentais de direitos humanos e de meio ambiente. A visita de quatro dias a Nova York e Washington foi cuidadosamente preparada, nos mínimos detalhes, pelo embaixador Paulo Tarso Flecha de Lima.

Essa foi a abertura da reportagem na *Gazeta Mercantil*, "O 'idealista prático' que negocia pelo Brasil", de 17 de abril de 1995, em referência a Flecha de Lima, que, dias antes da visita de FHC, esculpiu um "nicho especial para o Brasil" nos Estados Unidos, ao receber em cafés da manhã cerca de 50 jornalistas, para explicar nas redações dos principais veículos de comunicação – jornais, revistas e emissoras de rádio e TV – o que era o Brasil daquela época.

Na reportagem "Acordos de cooperação mostram avanço na relação entre países", de 18 de abril de 1995, escrevi:

> A tônica do governo Cardoso, centrada na diplomacia pública, em que a política externa se faz em diálogo com a sociedade, através de lideranças políticas, da imprensa, do contato direto em seminários e encontros com a academia e com as organizações não governamentais, facilita muito o entendimento com a administração do democrata Bill Clinton. É também dessa forma que o governo norte-americano constrói a agenda dos anos 90.
>
> [...] Fernando Henrique investe na "diplomacia presidencial" e tem prevista "uma intensa participação pessoal na implementação de sua política externa", diz o chanceler Luiz Felipe Lampreia. A viagem aos EUA tem essa característica. O presidente quer promover o Brasil e retribuir as inúmeras visitas de autoridades norte-americanas, entre elas a do vice-presidente, Al Gore, e a do secretário de Comércio, Ron Brown. Este último esteve em Brasília duas vezes e se entusiasmou com o potencial de negócios que podem ser fechados nas áreas de telecomunicações, infraestrutura e meio ambiente.
>
> O governo brasileiro enxerga uma conjunção mais favorável de fatores, como o interesse que o Brasil está despertando no exterior, a consolidação do Mercosul, o fortalecimento do

multilateralismo no comércio internacional, a convivência harmoniosa da Organização Mundial do Comércio e a realidade dos processos de integração regional, o crescimento dos países da Bacia do Pacífico e a superação de conflitos e problemas regionais na África e no Oriente Médio.

Depois da crise mexicana, Cardoso tem dito que os governos – através de uma maior coordenação entre os bancos centrais – e os organismos financeiros internacionais – por meio da alocação de mais recursos emergenciais – devem buscar fórmulas para neutralizar os efeitos negativos dos movimentos de capitais voláteis nas economias de países emergentes. Esse tema será discutido com Clinton.

A PAUTA DOS DIREITOS HUMANOS

O ano de 1995 foi marcante na diplomacia brasileira porque houve, também, maior participação do Itamaraty na pauta dos direitos humanos. Escrevi em "Começa a funcionar uma nova política para o tema dos direitos humanos", em 7 de fevereiro de 1995:

> Em vez de apenas contestar as críticas sobre violação dos direitos humanos no Brasil, feitas por entidades estrangeiras, política que vinha pautando as ações dos seus antecessores, o presidente Fernando Henrique Cardoso resolveu mudar de tática e autorizou a criação de um departamento de direitos humanos e temas sociais no Itamaraty.
>
> A diplomacia brasileira divulgou ontem, também, o primeiro relatório do governo sobre direitos civis e políticos.
>
> O estudo de 176 páginas, entregue à ONU em novembro do ano passado, reconhece a existência de trabalho e prostituição forçados no País, falta de atendimento médico nos presídios, prática de tortura, informações e confissões forçadas. Dois outros relatórios estão em estágio avançado sobre discriminação racial e tortura. Além disso, no mês passado, a embaixada brasileira em Washington publicou em inglês, para distribuição em vários países, um resumo das principais iniciativas do governo em matéria de direitos humanos, com o título "Sociedade, cidadania e direitos humanos no Brasil contemporâneo".

[...] O governo quer ações coordenadas e determinou a criação de um órgão para cuidar de direitos humanos no Ministério da Justiça que vai interagir com o Itamaraty. Apesar de ser membro das principais convenções sobre direitos humanos, o Brasil só tinha produzido até agora um relatório relacionado com discriminação racial na década de 80.

O PENSAMENTO LATINO-AMERICANO

"Implicações dialéticas", reportagem publicada no dia 4 de julho de 1995, mostra reflexões do presidente sobre a globalização e questões sociais. FH fez uma revisão do pensamento econômico, político e social da América Latina desde os anos 1950, ao receber o título de doutor *honoris causa* na Venezuela: "A globalização, como aliás já mostrava a dependência em um sistema capitalista mais simples, traz implicações dialéticas, uniformiza e diferencia simultaneamente."

Segundo o presidente,

[...] é preciso pensar num novo desenvolvimento com dimensões ética e ecológica. Mencionou que atualmente existe mais preocupação com a moral, com a miséria, o narcotráfico e a corrupção.

"Não se podem aceitar os bolsões de miséria nos países em desenvolvimento. Em muitos países há condições de se combater a miséria e se não se faz isso é porque há vontade de manter a desigualdade.

Na visão da teoria da dependência, aprendemos que o internacional modelava por dentro as sociedades latino-americanas. Hoje o processo continua, embora com a globalização os efeitos possam ser muito mais contundentes. Pensávamos, nos anos 60, nos efeitos estruturais da inserção que, hoje, se tornaram mais complexos e aos quais se acrescentou a possibilidade de efeitos conjunturais de extraordinário impacto. O levantamento desses dois processos – estruturais e conjunturais – e suas interconexões devem ser revistos e com muito cuidado, porque é essencial para definir as formas 'ideais' de reação das sociedades ao sistema internacional, essencialmente as melhores maneiras de aproveitar a inescapável globalização", escreveu o presidente no texto distribuído aos professores da universidade.

Fernando Henrique, salientando sua preocupação com a agenda social, deixou uma pergunta para o auditório de pesquisadores: "De que maneira um Estado 'pobre', enfraquecido por déficits fiscais que minam a sua capacidade de agir, reconstruirá condições de atuação efetiva? Como realizar os ideais de igualdade que ainda são o pilar necessário de pensamento que quer realmente a melhoria da condição humana?"

COMBATE A CAPITAIS VOLÁTEIS

Escrevi em "O novo perfil da diplomacia brasileira", de 11 de julho de 1995:

> A cada país que visita Cardoso lança ideias. Nos primeiros dias de governo foi à posse de Julio Maria Sanguinetti, no Uruguai, onde começou a liderar um movimento para combater os efeitos dos capitais voláteis na América Latina. Aprofundou a ideia no Chile, onde criticou o Fundo Monetário Internacional e pediu novos mecanismos para conter a desestabilização dos planos econômicos da região. [...] O presidente tem muitas ideias e joga oportunamente com elas. No meio do discurso proferido no Congresso da Venezuela, improvisou outra máxima que agradou aos venezuelanos:
>
> "A Amazônia é um tesouro, que deve ser tocado com amor e inteligência, com racionalidade, pois de que adianta destruí-la para uma eventual ocupação da agricultura que dure dois ou três anos e depois não sirva para nada?", perguntou, abrindo caminho para um seminário que o embaixador Clodoaldo Hugueney está organizando para o segundo semestre em Puerto Ordaz, no estado fronteiriço de Bolívar, sobre ecoturismo.

VENEZUELA EM PATAMAR ALTO

Fernando Henrique colocou a Venezuela em patamar elevado na política externa. Em visita a Caracas em julho de 1995, assinou uma série de acordos de grande vulto com o presidente Rafael Caldera, entre eles, aumento da exportação de petróleo ao Brasil, de US$ 400 milhões em

1994 para US$ 1 bilhão em 1995; e a formação de uma subsidiária, a Petroamérica, entre a Petroleos de Venezuela S.A. (PDVSA) e a Petrobras. Um dos planos era a construção de uma refinaria no Nordeste.

> Os compromissos firmados iam de cooperação em siderurgia e mineração, acordo de transporte rodoviário internacional de passageiros e de carga, ajuste em matéria de planejamento, cooperação amazônica na região amazônica e do Orenoco, protocolo de intenções entre a PDVSA e a Petrobras, acordo de cooperação e promoção de investimentos, convênio de cooperação técnica na área de telecomunicações, declaração visando à formação de uma área de livre-comércio, e protocolo sobre cooperação comercial fronteiriça.[116]

Em "Uma nova sociedade: Brasil e Venezuela", outra matéria sobre a visita de FHC. Em Caracas, onde foi aclamado como "um grande líder" da América Latina por Rafael Caldera, escrevi:

> O processo de reconstrução desse novo relacionamento – que já não tem lugar para as desconfianças do passado, principalmente quando a Venezuela temia o expansionismo do Brasil e, em tempos mais recentes, quando se irritou com as incursões de garimpeiros brasileiros em seu território, e com a matança de índios yanomami – começou em março do ano passado. Foi quando os presidentes Caldera e Itamar Franco assinaram a declaração de La Guzmania (residência de verão do mandatário venezuelano), criaram uma Comissão de Alto Nível (que se reuniu três vezes, liderada pelos chanceleres) e instituíram oito grupos de trabalho, que redigiram os acordos previstos nessa visita.

Na matéria "Desfile em carro aberto", de 5 de julho de 1995, observei que Fernando Henrique:

> [...] viveu ontem um dia de estadista que defende a integração latino-americana e os ideais do libertador Simón Bolívar. Na comemoração dos 184 anos da independência da Venezuela, ele desfrutou as emoções de muitas homenagens. Participou de sessão solene no Congresso e, junto com Caldera, abriu a arca onde estão depositados os atos da independência venezuelana, recebeu o título de Doutor *Honoris Causa* da Universidade Central da Venezuela, esteve por duas horas e meia bem visível no palanque

de autoridades na Avenida de los Próceres, onde assistiu ao desfile militar com a participação do batalhão brasileiro Simón Bolívar, e almoçou na Câmara de Comércio Venezuelana-Brasileira. E embora tenha negado que esteja assumindo a liderança política na América Latina, foi saudado pelos empresários como um estadista que deixou lições para o governo local.

CONFLITO EQUADOR-PERU

Um episódio que revelou a liderança do Brasil, logo no início da presidência de Fernando Henrique, foi o envolvimento do país no conflito de fronteira entre o Peru e o Equador como um dos países mediadores ou garantes, junto ao Chile, à Argentina e aos Estados Unidos. Isso se deu no contexto do Protocolo do Rio de Janeiro que, em 1942, delimitou a fronteira entre os dois países andinos.

REVISTA *FOREIGN AFFAIRS* NA *GAZETA MERCANTIL*

Eu tinha acabado de assumir a correspondência em Washington quando assinei de Nova York a reportagem de primeira página "*Foreign Affairs*, em português, na *Gazeta Mercantil*", de 8 de outubro de 1996. A revista de relações internacionais mais influente do mundo seria publicada no Brasil. Comecei mostrando seu prestígio e importância.

Um artigo de 17 páginas intitulado "The Sources of Soviet Conduct", publicado em julho de 1947 na revista *Foreign Affairs* por um autor identificado como "X", mudou a política externa americana e o relacionamento dos EUA com a União Soviética. O tom era acadêmico, o estilo, elegante e prático. A palavra mágica "*containment*" (contenção, neste caso, do comunismo soviético) foi usada em apenas três sentenças, mas entrou para o dicionário político dos EUA e do mundo. O nome do autor: George Kennan, jovem diplomata americano com passagem pelo National War College e membro de um grupo de estudo do Council on Foreign Relations, em Nova York.

O artigo que celebrizou Kennan foi apenas um dos grandes momentos que transformaram a revista publicada pelo Council on Foreign

Relations (o mais renomado *think tank* do mundo) numa leitura indispensável para os que pensam sobre problemas econômicos e políticos internacionais. Outros pontos altos da revista incluíram o *best-seller Nuclear Weapons and Foreign Policy*, de Henry Kissinger, publicado em 1957; a primeira entrevista com Adolf Hitler em 1933; as grandes discussões sobre intervencionismo e isolacionismo dos EUA; o fim da Guerra Fria; a nova economia mundial e os conceitos modernos de relações internacionais: nos últimos 75 anos nenhum grande evento mundial deixou de ser analisado por *Foreign Affairs*. Gerações de líderes políticos, diplomatas, empresários e acadêmicos se beneficiaram dos seus debates.

Pela primeira vez a revista foi publicada em português, graças a um acordo entre o Council e a *Gazeta Mercantil*. Encartada em tabloides mensais no jornal, na segunda sexta-feira de cada mês, a primeira edição foi uma seleta de artigos em edições recentes.

O editor da revista, David Kellog, explica por que escolheu a *Gazeta Mercantil*: "O futuro do Hemisfério Ocidental e o seu desenvolvimento econômico serão comandados por empresários. E a política faz parte disso. A *Gazeta Mercantil* tem um público que não pode ser comparado ao de nenhuma outra publicação no mundo econômico. [...] Lida por presidentes e chefes de governo e de Estado em todo o mundo, *Foreign Affairs* emergiu como um respeitado fórum de discussões de política externa para líderes estrangeiros e americanos. No ano passado, a primeira entrevista com perguntas e respostas do presidente Fernando Henrique Cardoso foi dada à revista.

Na reportagem, relato que o Council nasceu em 1918 de um seleto grupo de acadêmicos, denominado "Inquiry", que assessorava o presidente Woodrow Wilson sobre as opções no pós-guerra. Esse modelo foi imitado por outras instituições nos Estados Unidos, os *think tanks*, e no exterior. *Foreign Affairs* foi criada em 1922 e sua primeira edição foi planejada para 500 exemplares. No mesmo ano, a circulação saltou para 5 mil.

PROPRIEDADE INTELECTUAL

Meu livro *A guerra das patentes*, de 1993, analisou amplamente o tema da propriedade intelectual e os conflitos entre o Brasil e os Estados Unidos, porém somente em maio de 1996 a legislação de propriedade industrial, incorporando proteção a patentes farmacêuticas, entrou em vigor. Não pude dar essa informação no livro, mas segui o assunto nos Estados Unidos, de onde enviei a matéria "A nova lei de patentes já trouxe US$ 706 milhões ao País", de setembro daquele ano.

O anúncio sobre esses investimentos foi feito à *Gazeta Mercantil* pela Pharmaceutical Research and Manufacturers of America (PHRMA), que reunia os principais fabricantes de medicamentos dos Estados Unidos. A Pfizer decidiu lançar no país 14 novos produtos. Relatei, na matéria "Pfizer traz 14 novos remédios", de 9 de outubro de 1996, assinada de Nova York:

> "Serão um a dois medicamentos por ano", disse a este jornal Ian Read, presidente do grupo para a América Latina e o Canadá. Entre eles consta o Viagra (sildenafil), para disfunção da ereção masculina, que se encontra em fase de desenvolvimento e depende ainda da aprovação da Food and Drug Administration (FDA). A empresa sediada em Nova York, que no ano passado vendeu US$ 10 bilhões, vai investir US$ 12 milhões no próximo ano em suas instalações em São Paulo, para aumentar a capacidade industrial e a produtividade, melhorar a infraestrutura e as condições ambientais.

Com a nova lei, o Brasil deixava de ser um problema para a PHRMA e para o governo Clinton. O alvo da preocupação americana à época era a legislação argentina, que entraria em vigor depois do ano 2000 e que, ao contrário da brasileira, não concedia *pipeline* (proteção a patentes desde o período em que ela foi expedida no país de origem). A PHRMA alegava perdas anuais de US$ 600 milhões no mercado argentino, devido a cópias de medicamentos americanos.

KISSINGER PEDIU MAIS ATENÇÃO AO MERCOSUL

Enquanto democratas e republicanos trocavam escaramuças sobre comércio internacional, o Mercosul era elogiado pelo ex-secretário de Estado norte-americano, Henry Kissinger, quadro histórico do Partido Republicano. Na reportagem "Kissinger pede mais atenção ao Mercosul", de 27 de agosto de 1996, informei:

> Em entrevista ao jornal argentino *Clarín*, Kissinger declarou que Clinton "não está prestando atenção" à América Latina e, especificamente, ao Mercosul, e que é muito significativo que o futuro dessa importante região do Hemisfério Ocidental surja de decisões tomadas em Brasília ou Buenos Aires e Washington permaneça indiferente.
>
> A alfinetada de Kissinger nos democratas foi dada durante a Convenção Republicana de San Diego, onde compareceu para respaldar a candidatura de Bob Dole. Contexto eleitoral à parte, o que Kissinger disse tem um fundo de razão, segundo David Hirschmann, vice-presidente executivo do Conselho Empresarial Brasil-EUA, integrado por 50 das maiores empresas dos EUA com investimentos no Brasil. "Em 1995, o governo americano não foi suficientemente ativo para fazer avançar o acordo de livre-comércio no Hemisfério", afirmou.
>
> Deixando de lado o cutucão nos democratas, Kissinger definiu o Mercosul como "um dos fenômenos mais interessantes do continente", e disse que "pela primeira vez na história temos um grupo de países aliados do qual estamos excluídos".
>
> Nos EUA, "o Mercosul é uma marca que vende bem, não há um mês em que não se faça aqui um seminário sobre o Mercosul", afirmou o embaixador argentino Raúl Granillo Ocampo, em entrevista a este jornal.
>
> Segundo ele, nos últimos dois a três anos, os investimentos americanos na Argentina superaram os europeus, "que entraram mais nas privatizações, enquanto os EUA fizeram investimentos diretos".
>
> Uma fonte diplomática brasileira lembra que a América Latina é a região para onde as exportações americanas têm registrado maior crescimento. Só no ano passado, atingiram cerca de US$ 100 bilhões, em relação a US$ 93 bilhões em 1994.

"Isso muda a percepção do mundo político e econômico", disse Granillo Ocampo. Mas o crescimento das vendas americanas não quer dizer que países como o Brasil e a Argentina se tornaram mais dependentes dos EUA. Os dois maiores sócios do Mercosul têm suas importações diversificadas por regiões. No caso da Argentina, cerca de 9% apenas provêm dos EUA. "Por isso, eles têm de fazer conosco uma opção diferente da realizada com o México no Nafta", ponderou o embaixador.

Hirschmann disse que "1996 e 1997 serão os anos do Brasil. Em 1995, o Brasil foi, depois da China, o segundo maior receptor de investimentos diretos dos EUA. Este ano será recorde e 1997 também", ele aposta.

A PERSPECTIVA DE CORRESPONDENTE EM WASHINGTON, 1996

Naqueles anos, o bloco reunindo Brasil, Argentina, Uruguai e Paraguai estava em evidência não só nos Estados Unidos, mas era exaltado também nas Nações Unidas.

"Pela primeira vez o Mercosul é enfatizado nas primeiras linhas de um pronunciamento brasileiro na ONU e isso tem um significado claro: o Brasil está sintonizado 'com as duas principais forças que movem o mundo de hoje – a liberdade política e econômica e a cooperação através da integração e do comércio', escrevi, citando essa frase do chanceler Luiz Felipe Lampreia em seu discurso de abertura da 51ª sessão da Assembleia Geral da ONU, segundo a reportagem "Brasil enfatiza o Mercosul na ONU", de 23 de setembro de 1996.

Numa demonstração de que o Mercosul era um dos pilares da política externa brasileira, o chanceler lembrou à comunidade internacional que a consolidação e a expansão da união aduaneira, por meio do acordo de associação com o Chile e os demais parceiros latino-americanos, davam uma nova projeção internacional ao país. "O Mercosul é uma das forças criadoras no hemisfério americano" e "uma resposta positiva que a América do Sul dá aos desafios e oportunidades do mundo de hoje", acrescentou o ministro.

Ainda de acordo com a matéria, Lampreia fez três anúncios:

- pela primeira vez, Angola, Brasil, Cabo Verde, Guiné-Bissau, Moçambique, Portugal e São Tomé e Príncipe compareciam à Assembleia Geral organizados na Comunidade dos Países de Língua Portuguesa (CPLP);
- o Brasil declarou moratória na exportação de minas terrestres antipessoais para todos os países;
- o país assinaria "imediatamente" o Tratado de Proibição Completa dos Testes Nucleares (do inglês Comprehensive Nuclear Test Ban Treaty – CTBT).

Valorizando a integração comercial no mundo, o ministro lembra que "Norte, Sul, Leste e Oeste já não são mais os pontos cardeais na bússola do poder mundial. A OMC e seu corpo de regras abrangentes e universais para a promoção do livre-comércio, a União Europeia, a Apec, o Nafta, a OCDE, o G-7, a Asean, a SADC e o Mercosul são, em suas respectivas áreas de atuação, molas propulsoras do desenvolvimento, da cooperação, do entendimento e, portanto, da paz".

O SOCIAL SENSIBILIZA CHICAGO

Em 1996, visitei a Universidade de Chicago, conhecida como o grande templo do liberalismo econômico. Na reportagem "O social sensibiliza Chicago", de 21 de outubro daquele ano, relatei:

> [...] as pesquisas atuais vão muito além do puro monetarismo, que prega o combate sem tréguas ao déficit público e o controle rígido da política monetária. Existe hoje uma grande preocupação com o lado social da economia, com o papel da educação no sucesso dos países. O professor James Heckman, por exemplo, está interessado em descobrir uma metodologia para definir que tipos de programas sociais são eficientes. Ele já chegou à conclusão de que os governos devem gastar a maior parte de seus recursos na educação de crianças em vez de treinar pessoas mais velhas, o que foi feito na Alemanha e na Suécia. O Prêmio Nobel de Economia de 1992, Gary Becker, "continua pesquisando como se formam os gastos sociais, qual a influência da família nesse tipo de coisa", diz José Alexandre Scheinkman, 48 anos, brasileiro, o mais jovem

e o primeiro estrangeiro a dirigir o conceituado departamento de economia. Robert Lucas Jr., que no ano passado ganhou o Prêmio Nobel por ter detalhado como expectativas de mercado afetam a economia, prossegue no mesmo tema. Thomas Sargent está estudando questões relacionadas com o impacto do seguro social na poupança e na formação de capital.

Algo do que Scheinkman disse na década de 1990 se aplica ao Brasil dos anos 2020, com o terceiro governo Lula sob o lema da reconstrução, após a derrocada de políticas públicas nos quatro anos da administração Bolsonaro, sobretudo na área de educação.

"Eu, particularmente, acho que o Brasil tem de gastar mais e melhor com educação e saúde, como os asiáticos", afirmou Scheinkman.

MINHA ENTREVISTA COM LESTER THUROW

Em Boston, fiz outra entrevista com o economista de esquerda e influente no Partido Democrata à época, Lester Thurow, que havia dois anos, em 1994, se envolvera em uma grande polêmica com seu colega Paul Krugman, cujos pontos focais eram a competitividade e a importância do comércio exterior para os Estados Unidos. Na reportagem "O século XXI na visão de Lester Thurow", publicada na edição de 11, 12 e 13 de outubro de 1996, escrevo sobre o livro que ele acabara de lançar, *O futuro do capitalismo*.[117]

Thurow, que era professor da Sloan School of Management do Massachusetts Institute of Technology (MIT), disse que nos próximos anos emergiria um novo capitalismo, no qual a propriedade do conhecimento (*man-made brainpower*), ao contrário do capital físico, seria estratégica. O sucesso econômico, a seu ver, dependeria da vontade da sociedade de investir em infraestrutura social, treinamento, educação e conhecimento.

Em *O futuro do capitalismo*, Thurow salienta que a dinâmica que moveria a nova economia mundial teria a ver com cinco fatores. Escrevi:

> [...] o fim do comunismo e a absorção pelo velho sistema capitalista de um terço da humanidade; a mudança tecnológica, em que a chave do sucesso das indústrias modernas é o uso do poder do cérebro e não das antigas vantagens comparativas, como os recursos

naturais; o crescimento da população da Terra (o Banco Mundial projeta um aumento dos atuais 5,7 milhões para 8,5 bilhões em 2030) e do grupo das pessoas idosas, que dependem dos benefícios sociais garantidos pelos governos. Outro elemento é a imigração de milhões de trabalhadores, que buscam melhores condições de vida nos países ricos. A economia global, em que tudo pode ser fabricado em qualquer parte, leva a uma dicotomia entre os negócios das empresas em nível mundial e os governos nacionais, que pensam no bem-estar de seus eleitores. Na nova era, enfim, não existirá um poder econômico, militar e político dominante, e tampouco um sistema de regras para guiar a economia e o comércio internacional.

Thurow, que faleceu em 2016 aos 77 anos, enxergou com boa dose de acerto o rumo do capitalismo neste século, em que os Estados Unidos disputam a hegemonia econômica com a China, a segunda potência desde 2010, e no qual há vários centros de poder, o que configura a multipolarização. Em 1996, os Estados Unidos ainda estavam muito preocupados com a concorrência industrial japonesa, enquanto a China queria aderir à OMC como país em desenvolvimento e não tinha apoio norte-americano, mas sua pretensão era acolhida pelo Brasil. Na década de 2020, a China é um gigante econômico, a fábrica do mundo, grande investidor e protagonista no comércio internacional.

Quando eu era correspondente em Washington, a atenção dos EUA se voltava para o Japão, que era a segunda potência econômica mundial e ameaçava o poderio americano na indústria automobilística, principalmente. Na entrevista com Thurow, ficou claro, segundo ele, que o Japão havia vencido o jogo capitalista pós-Segunda Guerra Mundial, mas parecia não reunir as condições para liderar o mundo, porque para isso era preciso "criatividade".

Disse Thurow:

> O Japão copia a indústria americana de semicondutor, aprende a fazer *random access memory chips* melhor do que os americanos e domina o mercado. Mas, os japoneses não inventaram o microprocessador, que se tornou o coração da nova indústria de semicondutores,[118] e rapidamente perdeu uma posição que já foi dominante. O Japão conquistou consumidores eletrônicos, mas, agora, está perdendo-os para os coreanos, que produzem com custos mais baixos, e para os americanos, com seus computadores pessoais inovadores.

O *MIT News*[119] publicou uma nota sobre a morte de Thurow e seu legado: "De acordo com sua visão de que os EUA poderiam ajudar a moldar a globalização de maneira produtiva, Thurow trabalhou vigorosamente por um longo período para ajudar a forjar as relações do MIT com o resto do mundo. Em particular, ele ajudou a desenvolver os programas do MIT Sloan na China."

"Lester não serviu simplesmente à Escola e ao Instituto, nem apenas ao campo da economia; ele foi um visionário com a visão de desenvolver relacionamentos duradouros e profundamente significativos, que uniram as instituições educacionais chinesas ao MIT Sloan quando as barreiras entre o Oriente e o Ocidente começaram a desmoronar", disse David Schmittlein, Reitor "John C Head III" do MIT Sloan School of Management, em comunicado divulgado à comunidade Sloan.

"Em parceria com nosso corpo docente e ex-alunos", acrescentou Schmittlein, "Lester fez grandes progressos no desenvolvimento da presença internacional de Sloan e, em particular, no Projeto de Educação Gerencial do MIT-China".

Na terceira década do século XXI, a China passou o Japão (é a segunda economia mundial) e está ampliando sua participação no mercado de tecnologia com um avanço que desafia os Estados Unidos.

MEDIA LAB DO MIT

Em Boston, também visitei o Media Lab do MIT e escrevi a reportagem "Mundo interativo do futuro", de 16 de abril de 1997:

> Como as notícias dos jornais chegarão às pessoas no futuro? Pelo computador, obviamente.
>
> Mas elas serão personalizadas, contextualizadas. A informação sobre uma enchente na China, por exemplo. Quando se lê a notícia, sabe-se que 250 mil acres de terra foram inundados. Mas o leitor está em Boston, muito distante daquele país, e o leitor não tem a menor ideia do que representa essa área afetada pela enchente. O computador mostrará, então, um mapa de Boston com uma área semelhante à que foi inundada na China. Dirá

também que o leitor tem 1.400 vizinhos que falam chinês. [...] Visitar aquelas salas (do Media Lab) é viajar no tempo. Trata-se de um dos poucos lugares no mundo em que o número de computadores supera o de pessoas. E aprende-se, por exemplo, como será um quarto de criança, em que as paredes contarão estórias fantásticas. A mesa, a cama, o tapete, os bichos serão personagens. O quarto será uma fantasia interativa que substituirá a babá. Fundado em 1985 por Nicholas Negroponte e Jerome Wiesner, o Media Lab inventa tecnologias para tornar as máquinas reais comunicativas com as pessoas.

Desde a visita ao laboratório de mídia do MIT já se passaram vários anos, e a inovação continua seu ritmo frenético. O smartphone é o computador do século XXI, capaz de executar todas as tarefas do velho PC, com o diferencial da mobilidade. Sem falar do que vem por aí com a Inteligência Artificial, que os especialistas enxergam como um grande perigo para a sobrevivência das sociedades.

CONCENTRAÇÃO DE RENDA NOS ESTADOS UNIDOS

A bolsa da Eisenhower Fellowships, em 1996, semanas antes de eu assumir a correspondência nos Estados Unidos, proporcionou-me contato com temas que preocupavam economistas e a sociedade norte-americana: aumento da pobreza, crescimento da desigualdade, desemprego e queda da produtividade. O programa, destinado naquele ano a 14 profissionais brasileiros de várias áreas, começou na Filadélfia, de onde enviei a matéria "Concentração de renda se acentua", publicada na edição de 27, 28 e 29 de setembro de 1996.

O coeficiente de Gini (quanto mais próximo de 0 menor é a desigualdade entre ricos e pobres), nos Estados Unidos, estava acima de 0,456, enquanto em 1967 era 0,399.

"Isso significa que na sociedade americana, atualmente, existem mais pobres, mais ricos e uma classe média em declínio, ao contrário de 20 anos atrás", escrevi. Continuei:

> Os economistas americanos explicam o problema da desigualdade de renda com base em dois fatores principais: a economia

global, que facilita a movimentação de dinheiro, informação e mercadorias, mais do que há 20 anos, e o crescimento da indústria de informática, que aumenta a demanda por trabalhadores altamente qualificados, ao mesmo tempo que substitui os empregados com menor grau de qualificação, mas que vinham sendo relativamente bem-pagos.

NOVA RODADA DA OMC

No governo FHC, Celso Lafer foi representante do Brasil na OMC, em Genebra, numa época em que se discutia o lançamento de uma nova rodada de negociações comerciais da recém-criada Organização Mundial do Comércio. Esse seria o teor da primeira reunião ministerial da entidade, em Cingapura, de 9 a 13 de dezembro de 1996.

Entrevistei-o para a matéria "EUA querem salários mais altos", de 10 de setembro de 1996. Sobre a posição dos Estados Unidos de incluir novo tema na agenda – direitos trabalhistas ou cláusula social –, apesar da forte oposição de países em desenvolvimento, entre eles o Brasil, Lafer disse:

> [...] o tema é controvertido porque nele se mesclam preocupações com a concorrência desleal, respostas políticas à agenda da opinião pública sobre o problema muito mais complexo de desemprego estrutural nos países desenvolvidos, por força da lógica de uma economia globalizada, sensibilidades éticas em matéria de direitos humanos e fundamentados receios de que tudo isso se converta em novas formas de protecionismo, prejudiciais aos países em desenvolvimento.

CRIAÇÃO DO CEBRI: CONTEXTO ERA DE ALTA VISIBILIDADE DO BRASIL NOS ESTADOS UNIDOS

As privatizações, a nova lei de propriedade industrial, o aumento do comércio entre o Brasil e os Estados Unidos, a expectativa da visita de Clinton e as discussões sobre a Alca colocavam o país no centro das atenções americanas. Nesse contexto, o chanceler Lampreia anunciou, nos Estados Unidos, que estava sendo criado o Centro Brasileiro de Relações

Internacionais (Cebri), "semelhante ao prestigioso Council on Foreign Relations, que edita a revista *Foreign Affairs*". Na matéria "Brasil terá centro de estudos de política externa", de 20 de março de 1997, relatei:

> Segundo o ministro, a nova entidade vai ser independente e funcionará como um local para debate e pesquisa na área de relações internacionais e política externa. [...] Lampreia disse que "o interesse pelo Brasil e pelos assuntos brasileiros está crescendo nos centros de ideias (*think tanks*) americanos, graças a uma melhor compreensão do que está acontecendo na economia e nas políticas sociais do governo Fernando Henrique Cardoso".

Lampreia se inspirou no que aconteceu em Belo Horizonte, em abril de 1997, na reunião ministerial da Alca, quando "o Brasil sentou à mesa os vários segmentos da sociedade". Na reportagem "Brasil terá uma ONG para política externa", de 22 de novembro de 1999, explicou Luís Fernando Panelli César, ministro-conselheiro da embaixada brasileira em Buenos Aires e encarregado por Lampreia de fazer o projeto decolar: "O Brasil não tinha uma organização para fazer meio de campo entre a sociedade e o governo, com o objetivo de influenciar o processo decisório em política externa".

> A ideia por trás do novo projeto é que o Ministério das Relações Exteriores, que tem consumido muito tempo em negociações comerciais, seja auxiliado pela sociedade civil. "O Cebri pode ajudar a repensar e redefinir o interesse nacional, tema que vai figurar entre os destaques", diz Panelli. Ele lembra que o Departamento de Estado terceiriza a formulação de sua política externa, enquanto o Itamaraty tem falado sozinho na maioria das vezes. Os *think tanks* nos EUA, com suas pesquisas e publicações, influenciam as decisões tomadas pela diplomacia americana.

Em 2023, ouvi um especialista em relações internacionais sobre a participação de *think tanks* no debate da política externa brasileira. No final dos anos 1990, havia muito esse tipo de expectativa ligada ao Cebri, criado efetivamente no ano 2000, no Rio de Janeiro.

Mas a conclusão, na terceira década do século XXI, é a de que o modelo no qual o Cebri se inspirou, o Council on Foreign Relations (CFR), que tem influenciado políticas do Departamento de Estado, não valeu para o Brasil.

Como vários temas sobre os quais escrevi no passado, as expectativas da diplomacia não se realizaram. Relembro o que eu mencionei na matéria "Brasil terá uma ONG para política externa", de 22 de novembro de 1999, em 1999:

> O Itamaraty estará mais confortável nas negociações porque o Cebri sentirá o pulso da sociedade civil e isso refletirá nas posições brasileiras, acreditam os diplomatas. "O Brasil quer ser um país com influência no mundo ou se resignará a um papel introvertido?" "A função do Cebri", diz Panelli, "é ventilar os assuntos e mobilizar a sociedade".

Ao citar quatro motivos para o Cebri não ter se tornado um CFR brasileiro, a fonte que eu entrevistei disse:

> [...] primeiro, porque a política externa continua de interesse marginal. Depois, porque em consequência disso e em função dos apoios financeiros, o Cebri perdeu o foco da política externa e trata de tudo, inclusive de política externa. Em terceiro lugar, o Itamaraty não participa, nem ouve ou lê o que o Cebri ou outro *think tank* da área produz. Em quarto lugar, não é da cultura do Itamaraty deixar-se influir por editoriais jornalísticos ou debates de *think tanks* na formulação ou execução da política externa, nem usar esses meios para trazer o debate para a sociedade, sobretudo quando a política externa é ideológica ou partidária. Nos EUA, com o Council ocorre exatamente o contrário dos três pontos mencionados. Uma coisa é o Cebri, outra coisa é o Council. Somente agora o Cebri criou uma revista com artigos (muitos deles históricos) sobre política externa.

No contexto da visibilidade do Brasil à época, a visita do presidente Bill Clinton (ele veio em outubro de 97), segundo Lampreia:

> [...] demonstra que existe uma nova percepção da importância do País no panorama mais amplo da política externa dos EUA. Os americanos agora percebem a importância do mercado latino-americano e especialmente da parceria brasileira. O Brasil é um *show-case* para esse renovado interesse na nossa região: o total do comércio quase dobrou nos últimos quatro anos. De 1994 a 1995, as importações de produtos americanos aumentaram cerca de 55%. Os EUA permanecem como o segundo maior parceiro comercial do Brasil, depois da União Europeia.

GOVERNO CLINTON E O PODERIO ECONÔMICO DOS ESTADOS UNIDOS

O governo Clinton surfava a boa onda da economia dos Estados Unidos no pós-Guerra Fria. Minha matéria "EUA têm posição imbatível no G-8", de 13,14 e 15 de junho de 97, mostra o poderio da potência norte-americana. Nas palavras soberbas de Larry Summers, subsecretário do Tesouro:

> Somos a única potência militar. E está cada vez mais claro que também somos a única superpotência econômica. Em uma era de globalização, somos a economia mais dinâmica e flexível do mundo. Nós dominamos ou temos liderança em todos os setores pós-industriais. Pensem na Microsoft no campo do software, na Federal Express em matéria de transporte, ou na Nasdaq na área de serviços financeiros. Os EUA são a potência indispensável.

Summers deixava claro que os Estados Unidos esperavam obter apoio à sua agenda mundial na reunião das oito principais economias do planeta.

Os temas de interesse de Washington eram: o avanço do desenvolvimento na África, a integração da Rússia na economia global, a redução de riscos nos mercados financeiros, a promoção do crescimento e da prosperidade nos países industrializados e o combate à corrupção (criminalização do suborno).

Esse era o pano de fundo da Cúpula dos Oito em Denver, em que a Rússia ingressou como membro pleno.

Outra preocupação era como lidar com os riscos da estabilidade financeira.

"A crise do peso mexicano, o colapso do banco inglês Barings, em 1995, e dos sistemas bancários nos países em desenvolvimento e industrializados, e as manipulações de mercado de um comerciante de cobre do banco Sumitomo – tudo isso estimulou a comunidade internacional a fortalecer as salvaguardas financeiras no sistema", de acordo com minha reportagem "Em Denver, EUA darão receita para o êxito", de 14 e 15 de junho de 1997.

CRISES INTERNACIONAIS EM MERCADOS GLOBALIZADOS

Crises internacionais marcaram o período FHC: além da primeira no México, em 1994, mas agravada em 1995, houve a asiática (1997), a primeira grande crise dos mercados globalizados após uma fase de elevado crescimento econômico dos Tigres (Hong Kong, Coreia do Sul, Cingapura e Taiwan). A instabilidade se espalhou pela região, houve desvalorizações de moedas e redução do Produto Interno Bruto (PIB) de 10% na Tailândia, na Malásia e na Coreia, e de 15% na Indonésia.

Esse era "o" assunto: a preocupação com um possível efeito dominó da crise asiática e que essa se transmitisse para a América Latina.

O *chairman* do Federal Reserve Board, Alan Greenspan, dizia que a situação na Ásia estava sob controle e bem administrada, segundo a reportagem "Crise cambial asiática preocupa Malan, diz ministro argentino", de 16 de julho de 1997.

O ministro da Fazenda, Pedro Malan, que estava em Washington, não via elementos de semelhança entre as economias do Sudeste Asiático e a do Brasil. "Cada situação é diferente, tem suas peculiaridades". Na matéria "Malan acredita que efeito da crise na Ásia foi superado", de 17 de julho de 1997, escrevi: "Usando as palavras 'superexcitação e sobressalto' para explicar a volatilidade do mercado acionário, Malan ponderou que nenhuma bolsa sustenta taxas de crescimento como a brasileira, de mais de 80% no primeiro semestre deste ano. Foi a bolsa que mais cresceu no mundo depois da russa".

A crise da Rússia se originou da falência da União Soviética.

Em agosto de 1998, o governo de Boris Iéltsin anunciou a desvalorização do rublo e uma moratória de pagamentos da dívida externa.

Como consequência da crise russa, o segundo governo Fernando Henrique viu os fluxos de crédito privado para os países emergentes estancarem e conviveu com críticas às medidas de estabilização monetária, disciplina fiscal e de comércio exterior. Assim, precisou fechar acordo com o FMI em novembro daquele ano. O pacote de ajuda ao Brasil do Fundo, do Banco Mundial, do BID e de vários membros da União Europeia, dos Estados Unidos, do Canadá e do Japão totalizou US$ 41,5 bilhões.

GLOBALIZAÇÃO, REGIONALISMO E MULTILATERALISMO

Os anos do governo Fernando Henrique passaram para a história como o epicentro das discussões sobre *globalização, regionalismo aberto e multilateralismo versus regionalismo*. Quem explicou muito bem a questão do *regionalismo aberto* foi Shahid Javed Burki, vice-presidente do Banco Mundial para a América Latina, em entrevista que me concedeu quando eu era correspondente em Washington, na reportagem "Mercosul é um clube aberto, diz diretor do Bird", de 17 de junho de 1997: "Esse conceito", segundo ele, "se aplicava aos países que, desde o início da década de 1990, fizeram redução unilateral de tarifas, ao mesmo tempo que abriram suas economias em nível regional, liberalizaram seus regimes de investimentos e não se transformaram em clubes fechados".

Na mesma reportagem, Burki disse que o bloco era um bom exemplo de abertura unilateral e regional:

> Ele chegou a essa conclusão comparando as tarifas médias de importação aplicadas por seus membros em 1986 e as que foram incluídas nos acordos de Ouro Preto em dezembro de 1994, quando o Mercosul começou a operar e sinalizou os objetivos tarifários para 2006. Em 1986, a Argentina tinha tarifas médias de 41%, o Brasil de 80%, o Paraguai de 20% e o Uruguai de 44%. Em 2006, esses países deverão estar com alíquotas médias de 12%, 13%, 9% e 11%, respectivamente.

RELAÇÕES COM O MÉXICO

Havia uma agenda tensa entre os Estados Unidos e o México. Na matéria "México condiciona relações com AL", de 5 de maio de 1997, escrevi:

> Quanto mais o México for percebido como uma questão de segurança nacional pelos americanos ou um assunto interno, mais necessário será, para a administração Clinton e para os que defendem a liderança dos EUA na ampliação do livre-comércio nas Américas, desvincular o Nafta do debate da Alca.

NEGOCIAÇÕES DA ALCA

Um dos meus principais "furos" de reportagem aconteceu na cobertura da negociação da Alca, na matéria que assinei de Belo Horizonte durante a famosa reunião dos 30 países que formariam a área de livre-comércio hemisférica. A *Gazeta Mercantil* me enviou de Washington para a capital mineira, onde se realizou também o III Foro Empresarial das Américas.

O "furo" foi ter conseguido uma entrevista exclusiva com a dura e hábil negociadora americana Charlene Barshefsky, que meses antes tinha chamado o Mercosul, ironicamente, de "unidadezinha de comércio".

O embaixador brasileiro em Washington tinha um estilo peculiar de rebater críticas ao Brasil. Ele o fazia pela mídia, como mostro na matéria "Flecha de Lima reage às críticas dos EUA contra o Mercosul", de 4 de fevereiro de 1997:

"O Mercosul não é uma pequena unidade ou sistema de regras e obrigações", disse, em resposta a Charlene Barshefsky. "O PIB do Mercosul, de aproximadamente US$ 1 trilhão, corresponde à metade do PIB da América Latina. Cinquenta por cento da produção industrial (da região) está nos países do Mercosul, que são responsáveis por 35% do comércio exterior latino-americano."

Advogada número um da Alca, ela ameaçou não endossar o documento dos ministros se não ficasse clara a primazia da zona hemisférica sobre os demais blocos da região. Barshefsky conseguiu o que queria e isso contrariava o Mercosul, que desejava negociar a Alca por etapas.

A decisão ministerial foi na direção dos interesses dos Estados Unidos, ou seja, negociar a área hemisférica, levando em conta todos os setores e temas ao mesmo tempo, metodologia (*single undertaking*) usada na Rodada Uruguai.

"Os americanos conseguiram a retirada do termo 'fases' do documento, que explicitava a noção de gradualismo pretendida pelo Mercosul. Já os países desse bloco obtiveram o adiamento, até fevereiro de 1998, da decisão sobre objetivos, enfoques e estrutura da negociação", conforme minha matéria 'EUA consideram ilógico negociar Alca por fases', de 19 de maio de 1997.

A representante de comércio dos Estados Unidos me concedeu a entrevista no aeroporto de Confins, antes de embarcar para Brasília a caminho de Washington. Charlene deixou a reunião de Belo Horizonte sem dar declarações à imprensa, mas a *Gazeta Mercantil* conseguiu transmitir aos leitores a opinião dela sobre os resultados da reunião, graças à entrevista exclusiva.

ESTADOS UNIDOS: DIFICULDADE COM O *FAST-TRACK*

Para quem acha que os Estados Unidos são a pátria do livre-comércio, há boas histórias sobre o protecionismo norte-americano, conforme já evidenciavam as críticas da diplomacia brasileira.

Na década de 1990, quando Washington exaltava a necessidade de acordos de liberalização comercial com os quatro cantos do mundo e propugnava pela Área de Livre-Comércio das Américas, a Alca, o presidente Bill Clinton tinha muita dificuldade em conseguir o *fast-track* – autorização do Congresso para o Executivo negociar e assinar acordos comerciais sem a possibilidade de sofrerem emendas do Legislativo.

Havia muita resistência interna de: sindicatos de trabalhadores, organizações não governamentais da área de meio ambiente e críticas ao Nafta, bastante impopular naquela época, apesar de uma parcela significativa do crescimento das exportações de vários estados americanos estar ligada diretamente às transações dentro do bloco. Enfim, a relação entre comércio e prosperidade doméstica não era absorvida pelos americanos.

BHAGWATI E O *SPAGHETTI BOWL*

O teórico de comércio internacional Jagdish Bhagwati, da Universidade de Colúmbia, conhecido defensor do multilateralismo, disse-me em entrevista:

> [...] a proliferação de acordos sub-regionais – que ele preferia chamar de arranjos preferenciais de comércio –, nos quais os países estendem suas preferências comerciais em diferentes direções, cria o fenômeno do *spaghetti bowl*, uma mistura confusa.

"O perigo", alerta Bhagwati, "é que esses blocos acabam discriminando as mercadorias dependendo da sua nacionalidade, o que cria custos inevitáveis". O problema, dizia o professor da Columbia, era que a criação de comércio podia se converter em desvio, em prejuízo dos países não membros dos blocos.[120]

Outra referência para as discussões sobre esses temas, à época, era o economista Joseph Stiglitz, que presidiu o Conselho de Assessores Econômicos do presidente Bill Clinton e, àquela altura de 1997, era o economista-chefe do Bird.

Segundo ele, "enquanto a OMC não derrubasse as barreiras não tarifárias, persistiria uma fase intermediária com um grande foco no desenvolvimento de blocos regionais". "A questão que temos de responder constantemente é se esses arranjos estão abrindo as economias. Quanto mais ampla a área de liberalização, é mais provável que exista a criação e não o desvio de comércio", afirmou.[121]

REUNIÕES ANUAIS DO FMI/BANCO MUNDIAL

A cobertura das reuniões anuais conjuntas do FMI e do Banco Mundial implicava escrever também sobre os assuntos que estavam em pauta no Brasil. Os jornalistas entrevistavam ministros sobre temas urgentes, que infalivelmente eram destacados nas capas dos jornais do dia seguinte.

Além de participar dessas reuniões, a cúpula econômica do Brasil ia a Washington para tratar da renegociação ou reestruturação da dívida externa com os organismos financeiros internacionais e credores privados.

Numa dessas visitas à capital dos Estados Unidos, o ministro da Fazenda, Pedro Malan, falou da polêmica com seu colega das Comunicações, Sérgio Motta, sobre o uso do dinheiro das privatizações:[122]

> Temos uma posição muito clara. As receitas devem ser usadas primordialmente para a redução do estoque da dívida pública. As razões são conhecidas e isso é uma demonstração de que estamos sendo capazes de lidar com o problema fiscal brasileiro em uma perspectiva de médio e longo prazo.

> Usar receita da privatização para financiar gasto em conta corrente, como dizia o saudoso professor Mário Henrique Simonsen, é como vender um apartamento para jantar fora em um restaurante.

Prossegui:

> A sugestão de Motta, de que se deveria gastar os recursos apurados com as privatizações em investimentos sociais na economia, provocou uma resposta do presidente da República a favor da posição da equipe econômica. "Temos muitas coisas importantes para ficarmos tratando de pequenas intrigas dessa natureza", reagiu o ministro da Fazenda ao se referir às críticas de seu colega. Ele informou que uma parte da receita da venda das estatais irá para a criação de agências reguladoras das áreas privatizadas.
>
> Na conversa com o vice-diretor gerente do FMI, Stanley Fischer, Malan fez uma avaliação da economia nacional e ouviu um relato de como a instituição vê a situação em vários mercados. As perguntas principais foram sobre as questões fiscais brasileiras. "Aí estão os desafios", disse o ministro.

A retrospectiva mostra que o desequilíbrio das contas públicas no Brasil continua no radar do mundo financeiro nesta terceira década do século XXI. Esse tem sido um problema constante da economia brasileira.

Em 1997, além desse assunto, as privatizações ocupavam as manchetes dos jornais. Na matéria "Governo tranquiliza investidores estrangeiros", de 14, 15 e 16 de fevereiro daquele ano, informei: "O governo espera uma receita de US$ 10 bilhões neste ano com a privatização de várias empresas, entre elas a Cia. Vale do Rio Doce e as do setor de telecomunicações, cerca de metade do valor obtido com a venda, até agora, de 54 empresas públicas. Isso vai ajudar a reduzir o déficit público, que ainda está em um nível baixo, 34% do Produto Interno Bruto (PIB), disse Portugal".

Murilo Portugal era o diretor alterno do Brasil no Banco Mundial. Ele e o ministro da Educação, Paulo Renato Souza, fizeram palestras em Washington a uma plateia de convidados do Institute of Brazilian Business and Public Management Issues, da George Washington University, com o intuito de dissipar os temores da comunidade norte-americana de empresários, acadêmicos e diplomatas sobre os efeitos sociais do programa de privatização brasileiro, perigos de desestabilização do real, problemas relacionados com o crescente déficit em conta corrente, continuidade das reformas econômicas, desvalorização da moeda, interdependência entre as economias brasileira e argentina no Mercosul, e o programa de saneamento dos bancos estaduais e privados.

O ano de 1997 foi pródigo em pautas para a correspondente da *Gazeta Mercantil* em Washington. Começou com a segunda posse do presidente Bill Clinton em 20 de janeiro. Um ano depois, ocupou as manchetes a notícia do escândalo sexual ligando-o à estagiária da Casa Branca Monica Lewinsky.

A *Gazeta Mercantil* tinha uma coluna semanal chamada "Minha Vez", em que editores e repórteres especiais publicavam pequenos textos assinados e ilustrados com nossos bicos de pena. Era prazeroso participar da coluna em rodízio com os colegas, uma ocasião de "capricharmos" na linguagem e no estilo, de escrevermos, sem a pressão do *deadline*, sobre temas "quentes" do momento.

ESCÂNDALO NO GOVERNO CLINTON: *AFFAIR* MONICA LEWINSKY

Assinei "Minha Vez" de agosto de 1998, com matéria intitulada "'Monica Beach' e a economia", em que mostro como mudou a paisagem na capital dos Estados Unidos e o contexto econômico sob os holofotes da crise na Casa Branca:

> Férias de verão nos EUA. O clima tórrido da investigação envolvendo a ex-estagiária da Casa Branca, Monica Lewinsky, e o presidente dos EUA, Bill Clinton, produziu até uma improvisada praia em Washington, a "Monica Beach". O apelido dado a essa praça, em frente ao tribunal do grande júri, justifica-se. Nos últimos dias, com o anúncio de que Monica iria contar tudo sobre seu alegado "affair" sexual com Clinton, a paisagem local transformou-se: cadeiras de jardim formando um caleidoscópio, turistas curiosos com bonés, chapéus, shorts e óculos de sol, câmeras

de TV montadas em guindastes para transmitir a imagem do ano: o dia em que Monica falou, na quinta-feira passada.

Enquanto o escândalo da Casa Branca está em seu ápice – no dia 17, Bill Clinton gravará a sua versão dos fatos e tentará livrar-se do *impeachment* –, o crescimento da economia americana entra em desaceleração, embora não haja sinais de recessão à vista. A queda de 299 pontos no índice industrial Dow Jones, há poucos dias, significou o reconhecimento de que a expansão econômica e os lucros das empresas, ambos excepcionalmente fortes nos últimos dois anos, não poderiam continuar em ritmo frenético. "As árvores não podem crescer até o céu", ponderou um analista.

A economia dos EUA, entretanto, permanece sólida, apesar da crise asiática, do fortalecimento do dólar e dos efeitos da greve geral na General Motors. Elementos que, combinados, limitaram em 1,4% o crescimento econômico de abril a junho, em relação a 5,5% nos primeiros três meses do ano. O consumo, os investimentos em novos equipamentos e a construção civil continuam fortes. A expansão econômica neste segundo semestre deve situar-se entre 2% e 2,5%, com um pequeno aumento na (já baixa) taxa de inflação americana e no índice de desemprego, atualmente de 4,5%.

Clinton continua gozando de 65% de popularidade, um índice alto para os padrões americanos e internacionais. A questão fundamental é se essa economia hercúlea atravessará ilesa a "Monica Beach" num ano de disputa eleitoral legislativa, que terá forte peso na escolha do próximo presidente.

Interessante recordar o debate que se instalou nos Estados Unidos na fase do julgamento do presidente, em 1998. Na reportagem "Dificuldades de Clinton preocupam os mercados americanos" (infelizmente, o recorte da *Gazeta Mercantil* está sem data), que dá uma ideia do contexto sobre o relacionamento de Washington com o mundo, em especial com a América Latina, escrevi:

> O debate sobre o *impeachment* do presidente Clinton, mais do que o ataque ao Iraque, preocupa o mercado, avesso a incertezas. O temor é de que uma luta prolongada entre a Casa Branca e o Congresso prejudique a economia dos EUA.
>
> "A crise política americana e a 'Operação Raposa do Deserto' vão atrasar o restabelecimento da normalidade dos mercados

financeiros mundiais e a disponibilidade de crédito", acredita Arturo Porzecanski, analista do ING Barings.

Os empresários americanos estão confusos. Alguns acreditam que o Federal Reserve é mais importante do que o Congresso, pois mais uma redução nos juros pode compensar um eventual enfraquecimento econômico do país devido ao marasmo político.

O *impeachment* não é o único determinante da reação em Wall Street, cujo humor oscila entre o pânico, como em agosto e setembro, e a euforia, nas últimas semanas de outubro e novembro. Muito da volatilidade dos mercados veio dos problemas financeiros mundiais, sobretudo depois da moratória russa. [...] Segundo o executivo do ING Barings, o pacote de apoio financeiro ao Brasil não está em perigo, mas persiste a probabilidade de os capitais privados continuarem reduzidos para os mercados emergentes.

Na opinião de Peter Hakim, presidente do Diálogo Interamericano, conceituado *think tank* em Washington, na mesma reportagem:

"É difícil fazer previsões. Mas uma coisa é certa: A América Latina só será lembrada nos EUA se lá houver uma crise. Fora isso, o que chamará atenção é o debate tradicional sobre a certificação dos países latino-americanos envolvidos com a produção e o tráfico de drogas. [...] O governo americano anunciará o corte ou a continuidade da ajuda para combater o narcotráfico na região.

A principal preocupação é o processo de *impeachment* e depois o Oriente Médio. A América Latina não está entre as prioridades", diz Hakim. [...] O debate sobre o *impeachment* marca o início de uma nova fase: "Tudo daqui para a frente será partidário, sem a possibilidade de soluções de compromisso entre as duas legendas", prevê Hakim. Por isso, será difícil a aprovação do *fast-track*, a autorização do Congresso para que o presidente assine acordos comerciais com os países do Hemisfério e com os demais parceiros da Organização Mundial do Comércio. Nesse sentido, a controvertida formação da Área de Livre-Comércio das Américas ficará ainda mais complicada.

Como se viu, o fracasso da Alca não foi só por má vontade do Brasil, como acusavam os norte-americanos à época das negociações, mas teve também um importante componente da política dos Estados Unidos.

WASHINGTON, A CAPITAL DO PODER

Dezembro de 1998, tempo de arrumar as malas, despachar a mudança, deixar Washington e voltar para o Brasil. Registrei minhas últimas emoções na cidade no caderno "Viagens & Negócios" da *Gazeta Mercantil*. O texto "Vou sentir saudades da Connecticut Avenue" foi publicado em 7 de janeiro de 1999. Reproduzo alguns parágrafos dessas lembranças bem datadas. Já se passou algum tempo, e certamente muitos estabelecimentos comerciais desapareceram ou mudaram de endereço.

O trecho de passeios inesquecíveis ia do número 3.133 do Kennedy-Warren,[123] o prédio *art déco* onde morei, ao 1.500, em Dupont Circle.

> Nas caminhadas eu não usava *walkman*, como os moradores de Washington em sua corrida diária. Gostava de ouvir latidos de cachorro, um solo de pistão na estação de metrô Woodley Park nos sábados de verão, o contato dos pés com as folhas secas no outono, a algazarra infantil no zoológico e o vaivém de carros na avenida de seis pistas.
>
> A paisagem é sempre estimulante, a cada estação do ano e em horários diferentes. Nem sempre percorro a Connecticut para acelerar o coração. Sinto prazer em andar tranquilamente, observando detalhes. Do restaurante Mrs. Simpson's, na esquina com a avenida Cathedral, vem um cheiro delicioso de carne assada. No verão, de vez em quando sai um som brasileiro da Zoo Tavern, em frente ao Zoológico Nacional, onde recriaram o ecossistema da floresta amazônica.
>
> Os números vão decrescendo e os prédios charmosos alinham-se num conjunto harmonioso. Um deles tem uma fonte com água perfumada. Na esquina da Woodley Road está o hotel Marriott, antigo Sheraton, onde se realizam as reuniões anuais do FMI. Este é o trecho da Connecticut que estimula o paladar. Lá estão o Lebanese Tavern, o melhor restaurante libanês da cidade, e o Dolce Finale, que serve sobremesas no subsolo do Petito's. É uma taverna rústica e romântica, com poucas mesas; o café é italiano e a água mineral também. No verão, esse trecho da calçada transforma-se em tabuleiro de pratos: cozinha indiana, tailandesa, mexicana e vietnamita.
>
> Descendo um pouco mais, algumas lojas de antiguidade e galerias de arte, como a Galerie L'Enfant, que pertence à Calvert Gallery, do tradicional Omni Shoreham, a poucos passos da Connecticut.

Esse hotel dos anos 30, frequentado por Marilyn Monroe, Clark Gable e outras estrelas de Hollywood, foi cenário de reuniões históricas e de bailes presidenciais.

Um detalhe marca a esquina da Connecticut com a Calvert: o rosto de Marilyn pintado no alto, na parede de uma loja de bebidas. É um dos cartões-postais de Washington. A extensa ponte William Howard Taft Memorial, imponente sobre o Rock Creek Park, liga Woodley a um dos trechos de maior prestígio da avenida: a área de Kalorama, com edifícios de apartamento bastante exclusivos, também *art déco*.

Andar pela Connecticut tornou-se um ritual indispensável nestes dois anos e meio. Como estou voltando para o Brasil, ultimamente meus passeios têm sido mais intensos. Não quero perder nenhum detalhe. Vou sentir falta da fonte perfumada, do encontro com os cachorros e seus donos, da mesquita que avisto cruzando a ponte e dos telhados de Adams Morgan, o bairro boêmio, latino e africano, também nas redondezas.

Em 1998, produzi alguns textos sobre Washington. Provavelmente, o que mais mantenha atualidade é "Washington, a capital do poder mundial".

> Terreno fértil para a atuação de 10 mil lobistas, ponto de encontro de uma miríade de empresas internacionais, sede de organismos multilaterais, de seis importantes universidades e de embaixadas de todo o mundo, Washington é ao mesmo tempo cosmopolita e provinciana. Embora para muitos não tenha o *glamour* de Nova York, a cidade oferece bons programas culturais e recreativos, além de lojas tão sofisticadas quanto as de grandes cidades americanas.

CLUBES EXCLUSIVOS DO PODER

Em outro texto, "Cosmos Club, um dos 'exclusivos'", refiro-me a entidades culturais que participavam do jogo do poder na capital americana:

> No período da Segunda Guerra, existia em Washington o War Time Office Agency of Scientific Research and Development, chefiado por Bush Vannivar, professor do MIT. Em um livro que escreveu sobre o assunto, ele menciona que especialistas envolvidos com tecnologia bélica se reuniram no Cosmos Club, àquela altura uma das mais tradicionais agremiações de cientistas, diplomatas e eruditos da capital americana.

O embaixador Lincoln Gordon,[124] que serviu no Brasil entre 1961 e 1966, e defendeu a ajuda dos Estados Unidos ao golpe militar de 1964,[125] contou-me, em entrevista, o que era necessário para aderir ao Cosmos, "único" no gênero, segundo ele: "O candidato à admissão no clube precisa ser apadrinhado por dois membros, ser um profissional emérito e apresentar cinco ou seis cartas de apoio assinadas por outros integrantes."

Além da contribuição anual de mil dólares – os *seniors*, como Gordon, pagam metade –, o sócio arca com a taxa de inscrição.

Informei na matéria que há outras entidades semelhantes em Washington que fazem parte do jogo de poder: o Metropolitan Club, o The Army and Navy Club e o Sulgrave, este somente para mulheres.

O Cosmos está sediado num palacete da Massachusetts Avenue, a avenida das embaixadas. O clube adota um programa de "reciprocidade de privilégios" com associações equivalentes no exterior que aceitam hospedar seus membros. Em São Paulo, o intercâmbio é com o Automóvel Clube, situado na rua Formosa, 367, o mesmo endereço da Fundação Fernando Henrique Cardoso.

Segundo a reportagem:

> [...] o circunspecto Cosmos foi alçado à primeira página dos jornais americanos à época do escândalo envolvendo o então presidente Bill Clinton e a estagiária da Casa Branca, Monica Lewinsky. Lá ela se encontrou com um de seus advogados e provocou um congestionamento de jornalistas e câmeras de TV em frente ao prédio e nas imediações. "Isso nunca aconteceu antes. É fora do comum. Não estaria surpreso se muitos sócios se queixassem", comenta Gordon.

RETORNO AO BRASIL, 1998: COBERTURA DE NEGÓCIOS NO MERCOSUL

Vinda de Washington no final de 1998, comecei a cobrir em São Paulo negócios no Mercosul e comércio exterior, assunto que acompanhei desde meu início na *Gazeta Mercantil*, em 1980.

Dez anos antes, em 1988, o Mercosul não existia, mas eu já cobria o interesse da Europa comunitária, que ainda se chamava Comunidade

Europeia, em costurar uma aproximação com a América Latina. O assunto consta da reportagem "Bruxelas mais próxima da AL", de 18 de fevereiro de 1988, assinada da capital belga. Trago esse texto porque a partir de agora abordarei com certa ênfase o acordo Mercosul-União Europeia.

Cito alguns trechos da matéria:

> Por que desde o ano passado [1987] a Comunidade Europeia se tem mostrado mais favorável a uma aproximação com a América Latina? Do seu posto de observação em Bruxelas, não muito longe do imenso edifício da Comissão – o Berlaymont –, que aloja perto de 16 mil funcionários, o embaixador brasileiro Geraldo Holanda Cavalcanti, que chefia a missão do Brasil junto a esse organismo, tem explicações óbvias: de um lado, a adesão, em 1986, da Espanha e de Portugal, que hoje se veem na condição de defensores de suas ex-colônias, como o fazem os europeus em relação à África e ao Caribe; e, de outra parte, a necessidade da Europa de se abrir cada vez mais aos mercados do Terceiro Mundo, porque, no futuro, com a crescente redução da demanda no Velho Continente, por causa da estagnação do crescimento da população e ao aumento da produção, será preciso ampliar as exportações.
>
> Nesse mesmo contexto de abertura à América Latina, deve-se acrescentar um outro ingrediente: a necessidade da Europa de fortalecer-se como bloco exportador de alta tecnologia, área em que se vê atualmente confrontada com o peso dos Estados Unidos e do Japão.

NO INÍCIO, A UNIÃO EUROPEIA NÃO FALAVA DE INTERESSES AGRÍCOLAS, MAS APENAS DA INDÚSTRIA EXPORTADORA

Naquela viagem em 1988 pela *Gazeta Mercantil*, a convite da então Comunidade Europeia, constatei o que foi revelado em 1999, na cúpula União Europeia, América Latina e Caribe, no Rio: os europeus já estavam interessados em abrir mercados para atender aos interesses da indústria exportadora da Europa, sobretudo, na área de telecomunicações.

E não se falava à época de interesses protecionistas dos produtores agrícolas, em especial dos franceses. Escrevi:

O projeto da Comissão de destinar recursos a estudos conjuntos com Brasil, Argentina e Uruguai para normatizar os sistemas de telecomunicações não tem outra finalidade que a de, no futuro, ampliar as vendas ao Cone Sul, numa tentativa de colocar produtos num mercado que pretende, com os protocolos de integração, repetir a experiência da Comunidade Europeia.

Prossegui:

A CE não tem, obviamente, como prioridade a América Latina. Antes de tudo, suas relações mais fortes passam pelo interior do Mercado Comum Europeu, seguidas de políticas especiais para a África, Caribe e o Pacífico. Mas, desde 1986, a América Latina tem ocupado mais espaço nas discussões que se travam nos diversos órgãos comunitários, como o Parlamento e a Comissão.

"Hoje o diálogo é mais fácil', conclui Holanda Cavalcanti, sobretudo com a presença em Bruxelas de funcionários espanhóis e portugueses e com regimes democráticos na América Latina. Mesmo assim, como mostra Joly Dixon, membro do gabinete do presidente da Comissão, Jacques Delors, "ainda não há uma estratégia comunitária para o maior problema latino-americano, a dívida externa".

Apesar dos esforços do comissário para as relações Norte-Sul, Claude Cheysson, conhecido por suas posições terceiro-mundistas, o que mais preocupa a CE, hoje, são as relações econômicas e monetárias entre os sete grandes países industrializados. Não obstante essa visão, é indiscutível que a América Latina se tem feito ouvir pela comissão. Tanto que, no próximo dia 1º de março, os doze ministros europeus e os chanceleres do Grupo dos Oito (Argentina, Brasil, Uruguai, Peru, Colômbia, Venezuela, Panamá e México) vão se encontrar em Hamburgo para, entre outros temas, falar da dívida e pressionar para que o assunto seja discutido na cúpula dos desenvolvidos em Toronto, em julho próximo.

É interessante comparar o valor das exportações brasileiras para a então Comunidade Europeia de 12 membros, de US$ 6 bilhões em 1988, com o dos embarques para os 27 países em 2022, que totalizaram 50,8 bilhões, 8 vezes mais no período de 34 anos.

UNIÃO EUROPEIA NÃO PODIA APLICAR SANÇÕES CONTRA O BRASIL NA ÁREA DE INFORMÁTICA

Escrevi na mesma matéria anterior:

> "Mesmo que quisesse, a CE não poderia tomar atitude semelhante à norte-americana de adotar represálias contra produtos brasileiros, porque não existe uma política unitária a esse respeito", lembra o diretor de cooperação da empresa francesa Bull, Felix Lévy. A Bull, do ramo de informática, formou uma *joint-venture* no Brasil com o grupo mineiro ABC.

Ao que se via, aquela companhia da França estava se beneficiando da reserva de mercado brasileira. Menciona a reportagem:

> Não obstante a impossibilidade de aplicar sanções diretas contra o Brasil no caso da informática, os países da CE têm sérias queixas em relação ao fechamento do mercado à alta tecnologia, assunto que, sempre que se fala do Brasil, é levantado. Além disso, há o temor de que novas reservas de mercado sejam estabelecidas.

DESVALORIZAÇÃO DO REAL E IMPACTO NO MERCOSUL

A moeda brasileira estava em um patamar elevado, em que 1 dólar valia 1 real, o que dificultava as exportações dos produtos brasileiros, e o governo teve de desvalorizar o real, em janeiro de 1999, em 60%.

Uma das primeiras reportagens que assinei em 1999 foi a manchete "Muda o mapa dos negócios no Mercosul", na edição de 15, 16 e 17 de fevereiro daquele ano.

Fazia um mês do grande choque nas economias do Brasil e da Argentina com a desvalorização do real, quando o Banco Central abandonou o regime de bandas cambiais e o câmbio passou a flutuar. Era o chamado "efeito samba", ou crise da desvalorização do real, que: "forçou empresas brasileiras e argentinas a adotarem estratégias de curto prazo para reduzir o impacto em seus negócios. A saída mais comum tem sido a renegociação de preços entre fornecedores e importadores, mas as montadoras já estão planejando a transferência de produção da Argentina", escrevi.

A Fiat do Brasil S.A. anunciou que iria produzir temporariamente na fábrica de Betim o modelo Siena, que até a desvalorização do real era importado da Argentina. Segundo a matéria "As estratégias imediatas para atuar no Mercosul", na edição de 15, 16 e 17 de fevereiro de 1999:

> A palavra-chave é negociar. "Se uma empresa argentina compra um produto brasileiro por US$ 10 mil, quem sairá ganhando é o fornecedor, que receberá o equivalente a US$ 18 mil. O brasileiro vai obter mais real pela mesma quantidade de dólares. Então ele baixa o preço do produto", diz Hélio Testoni, gerente do Banco do Brasil em Buenos Aires. Tal atitude preocupa o concorrente argentino, que se queixa de uma suposta invasão de produtos brasileiros naquele mercado.

Informei também:

> [...] "a desvalorização do real, um 'espasmo momentâneo', é uma oportunidade única para os argentinos investirem no Brasil', sugere Luiz Pretti, diretor para a América Latina do banco Bozano, Simonsen S/A, em Buenos Aires. Para a Sancor, "o nível suportável é uma taxa ao redor de R$ 1,30 a R$ 1,40, ou mais próxima possível de R$ 1,18", com a qual vinham trabalhando antes da crise cambial.
>
> O pessimismo com a crise brasileira deveria ser superado com uma reflexão sobre como aumentar a competitividade do setor industrial, como baratear os seus custos de produção, sugere Tangerino [Dickson Tangerino era presidente do Grupo Brasil, associação de 192 empresas brasileiras que, desde 1994, já investiram US$ 2,5 bilhões na Argentina].

"RUMO AO TERCEIRO MILÊNIO, 1999"

Esse é o título da coluna "Minha Vez", de 20 de julho de 1999. Reproduzo o texto, porque mostra um panorama da região à época:

> Na Argentina, discursos inflamados dos candidatos à presidência pedindo perdão da dívida e criticando a globalização. Ao apagar das luzes de seu governo, Carlos Menem ressuscita o clima de guerra fria com o Brasil ao anunciar a imposição de cotas aos têxteis brasileiros, decisão que deve levar à OMC o primeiro conflito entre os dois maiores sócios do Mercosul.

No Peru, onde o presidente Fernando Henrique Cardoso inicia hoje sua primeira visita oficial, o Sendero Luminoso volta às manchetes com o "camarada Artemio", sucessor dos líderes Abimael Guzmán e Ramirez Durand, presos por Fujimori. No Equador, que Fernando Henrique deveria visitar depois do Peru, mas adiou a viagem, o lema é protestar contra o pagamento da dívida externa e contra o Fundo Monetário Internacional (FMI). Na Colômbia, a guerrilha desfere novos ataques.

É um *flashback* dos anos 80, a década perdida da América Latina. Recessão, altos índices de desemprego, aumento da concentração de renda, perigo de desestabilização das democracias.

Novidade é a participação na comitiva do presidente, na visita ao Peru, de uma delegação empresarial representativa dos mais diversos setores industriais. Mais do que nunca, com o câmbio a favor das exportações, o setor privado do Brasil quer aproveitar as circunstâncias abertas pela integração. Esta, sim, outro grande avanço em relação aos anos 80. O principal objetivo da missão é explorar oportunidades comerciais e de investimentos. Só o Mercosul não basta.

Os empresários estão alargando as fronteiras e, também diferentemente da década perdida, estão mais agressivos, ao menos no contexto regional.

Hoje, para qualquer rodada comercial abrangente, como a do Milênio, a Área de Livre-Comércio das Américas e as negociações do Mercosul com a União Europeia, o governo convoca as entidades de classe.

DIFICULDADE PARA NEGOCIAR COM A UNIÃO EUROPEIA

Reportagem de 24 de fevereiro de 1999, assinada do Rio de Janeiro, "União Europeia e Mercosul pedem livre-comércio", destacou que:

> [...] "a maior dificuldade para o *fast-track* europeu é a resistência de alguns países europeus à extinção dos subsídios agrícolas", disse Bangemann. Sem isso, porém, será impossível negociar a área de livre-comércio com o Mercosul, que exporta basicamente produtos agropecuários para a Comunidade Europeia.

Martin Bangemann era o representante da Comissão Europeia na primeira reunião do Fórum Empresarial Mercosul/Europa (Feme), que divulgou a Declaração do Rio, de dez páginas. Na ocasião, o secretário-geral do Itamaraty, Luiz Felipe de Seixas Corrêa, afirmou:

> [...] "o intercâmbio comercial entre os dois blocos é extremamente desequilibrado. Nos anos 90, enquanto as vendas da UE para o Mercosul aumentaram 274%, os embarques dos quatro sócios para aquele mercado cresceram apenas 25%. Manter esse padrão comercial é inviável".
>
> "Embora as tarifas médias da UE devam cair de 7,4% para 4,5% no ano 2000, há picos tarifários que dificultam as exportações brasileiras de couro, calçados, produtos de pesca, eletrônicos e alimentícios", lembrou Celso Lafer, ministro do Desenvolvimento, Indústria e Comércio. Segundo ele, as tarifas agrícolas que passaram de 25%, em 1995, para 20%, em 1998, ainda representam um grau de proteção elevado. "O País enfrenta outros problemas na UE: regras de origem rígidas, cotas tarifárias, medidas de salvaguarda, cláusulas ambientais e sociais e o regime antidrogas, que beneficia produtos agrícolas exportados por países produtores de cocaína, entre eles a Colômbia", mencionou Lafer.
>
> Os subsídios aos fazendeiros europeus dominaram os debates do fórum, e declarações como a de Bangemann de que "a atual política agrícola comum é um non sense", agradaram ao Mercosul.

Com a volta do presidente Luiz Inácio Lula da Silva ao Palácio do Planalto, para seu terceiro mandato, em 2023, o Mercosul e a União Europeia prosseguem negociações em torno da liberalização comercial entre os dois blocos.

Visto com olhos de 2023, aquilo de que se falava no longínquo 1999 ficou literalmente para trás: a Rodada do Milênio não foi lançada em Seattle, o acordo União Europeia-Mercosul não foi concluído e a Alca não aconteceu. Como afirmei em vários momento do livro, muitas negociações levadas a cabo pelo Itamaraty empacaram. O importante é o fio histórico e a informação sobre as atitudes da diplomacia e de empresários em determinados contextos da vida do país.

O COMEÇO DAS DISCUSSÕES SOBRE COOPERAÇÃO ECONÔMICA E COMERCIAL COM A UNIÃO EUROPEIA

De acordo com a reportagem "Modelo de negociação favorece indústria francesa", de 29 de junho de 1999, a aproximação comercial entre o Mercosul e a União Europeia começou em dezembro de 1995, com a assinatura do Acordo-Quadro Inter-Regional de Cooperação Econômica e Comercial, em Madri. Em três anos, os dois blocos fizeram uma avaliação dos fluxos comerciais recíprocos e das legislações em cada lado nas áreas de bens, serviços, normas e disciplinas comerciais. Afirmou Graça Lima, que era subsecretário de Assuntos de Integração do Itamaraty:

> Decidimos pôr em marcha o processo (com a UE) ainda este ano, prevendo que demorará um período inferior ou superior a 2005 (data de conclusão das negociações hemisféricas). Teremos a Rodada do Milênio para tentar o maior número de concessões (multilaterais) e, em seguida, consolidar os ganhos obtidos junto aos parceiros comerciais europeus.

Nos bastidores da Cúpula do Rio, ouvia-se o seguinte, segundo a reportagem:

> [...] não foram os ruidosos produtores agrícolas franceses que ganharam a partida Mercosul *versus* Europa, no Rio de Janeiro. Uma alta fonte da Comissão Europeia, o órgão executivo da União Europeia, confirma o que se comenta nos bastidores da reunião histórica que termina hoje:
>
> [...]quem venceu desta vez foram os interesses ofensivos dos franceses, as grandes indústrias – aeronáutica, automobilística, a de produtos de luxo, os interesses financeiros, os que têm uma visão do Mercosul como um mercado importante onde a França tem de reconquistar uma posição como os outros países.
>
> Os agricultores com seus interesses defensivos, resistindo e esbravejando, farão parte da imagem pitoresca da França e passarão para a história do futuro acordo de livre-comércio entre as duas regiões como empedernidos protecionistas. "Mas não quer dizer que ganharam."
>
> Isso porque já está decidido que a partir de 1º de julho de 2001 o Mercosul e a UE começarão a discutir a redução de barreiras tarifárias, inclusive no setor agrícola.

Vinte e dois anos se passaram e esse passo não foi dado. Pergunta que não quer calar: os inflexíveis produtores agrícolas franceses serão passados para trás nas negociações futuras ou os outros interesses ofensivos da economia francesa prevalecerão, ou todos cederão para que o acordo seja finalmente concluído?

PARALELISMOS NAS NEGOCIAÇÕES PARA DIVERSIFICAR AS DEPENDÊNCIAS

O pontapé inicial para as negociações do Mercosul com a União Europeia foi a Cúpula do Rio entre os dois blocos, em junho de 1999.

A matéria "Acordo com UE reforça política externa do país", de 28 de junho de 1999, revela o cenário das negociações à época, 10 anos após o fim da Guerra Fria, e as posições de cada lado.

> A cúpula Mercosul/União Europeia, que decidirá hoje iniciar em novembro as negociações para formar uma área de livre-comércio, ratifica o eixo da política externa brasileira: a busca de paralelismo para diversificar as dependências. Haverá paralelismo entre a Área de Livre-Comércio das Américas (Alca), prevista para funcionar a partir de 2005, o acordo com a UE (ainda sem prazo para terminar) e a Rodada do Milênio da OMC, que começará em novembro, em Seattle, e deverá estar concluída em três anos, segundo expectativa expressa na declaração conjunta [...].
>
> O Brasil distribui seu comércio de forma equilibrada por áreas geográficas. Não depende exclusivamente de um ou outro mercado [...]. O presidente Fernando Henrique Cardoso reiterou o interesse da política externa brasileira em "um mundo multipolar com maior número de participantes no comércio internacional". Uma alta fonte da União Europeia observou que, por trás da formação de uma rede de acordos comerciais, existe uma divisão estratégica do mundo na qual de um lado estão os países ricos e, de outro, os emergentes com potencial de participação na globalização. Esse segundo grupo, na ótica europeia, é liderado pelo Brasil, na América Latina, Índia e China, na Ásia. A UE está negociando acordos de livre-comércio com a África do Sul e conclui, no final deste ano, um tratado com o México.

[...] A declaração conjunta diz que os líderes concordaram na expansão do intercâmbio entre o Mercosul, o Chile e a União Europeia, "com vistas a uma liberalização comercial bilateral, gradual e recíproca sem excluir nenhum setor, de acordo com as regras da OMC". O documento não menciona especificamente a expressão "acordo de livre-comércio", mas o embaixador José Alfredo Graça Lima lembra que, "conforme o artigo 24 do Gatt (atual OMC), uma área de livre-comércio só se atinge com a liberalização de pelo menos 90% do fluxo comercial de mercadorias. As negociações Mercosul/UE terão essa meta".

Os entendimentos entre os dois blocos e entre a UE e o Chile deverão obedecer ao conceito de *single undertaking*, isto é, nada será acordado até que tudo esteja acertado. Todos os acordos serão aprovados em bloco e não em partes, da mesma forma que na Alca.

[...] Os dois eventos – a cúpula UE/Mercosul/Chile e a reunião de líderes, europeus, da América Latina e do Caribe – reforçam o peso da região no cenário internacional.

"Pela primeira vez a América Latina, e sobretudo o Mercosul, jogará um papel ativo em um conjunto de negociações multilaterais de comércio", reforça Stefano Gatto, conselheiro econômico da UE em Brasília.

Ele declarou que "a América Latina já não é o Sul do mundo. É um continente com grande potencial, um mercado em expansão. Nosso acordo com os latino-americanos é de longo prazo e a cúpula é uma demonstração disso".

BRASIL ESTAVA NUM JOGO DE XADREZ EM QUATRO PLANOS

Na reportagem, informei sobre o que pensava a diplomacia brasileira: "O País está num jogo de xadrez em quatro planos: a construção do Mercosul, o seu aprofundamento rumo a um mercado comum, as associações com outros parceiros, como o Chile e a Bolívia, e os planos birregionais (Alca e UE). 'Quando se move um pião, há repercussão em todos'". Prossegui:

A Argentina e o Brasil têm interesses semelhantes no acordo com a Europa, mas "do ponto de vista comercial os argentinos têm visão estratégica diferente", observa Stefano Gatto, conselheiro econômico da UE em Brasília. O peso dos itens industrializados daquele país na pauta de exportação para a UE é menor do que o peso dos agrícolas, ao contrário do que ocorre com as vendas brasileiras.

O presidente francês, Jacques Chirac, contestou as críticas de grande vilão do livre-comércio. Em entrevista ontem à noite, afirmou que "é uma lenda o protecionismo francês na agricultura". O exemplo mais claro disso, segundo ele, é que a balança comercial agrícola da França com a Argentina e o Brasil é deficitária em US$ 2 bilhões. Fernando Henrique disse ter notado "uma disposição da França para tratar de todas as áreas" do acordo comercial com o Mercosul.

BONS RESULTADOS DO MERCOSUL

A crise no Mercosul não tinha como esconder os bons resultados. Na matéria "Dia a dia marca a vitalidade do bloco econômico", de 10 de agosto de 1999, informei:

> O presidente uruguaio (Julio María Sanguinetti) acha "indiscutível que o bloco trouxe vantagens extraordinárias a seus membros", entre elas o crescimento do comércio. As exportações (FOB) do Brasil para o Mercosul aumentaram 285%, passando de US$ 2,3 bilhões em 1991 para US$ 9,04 bilhões em 1998. As importações (CIF) saltaram de US$ 2,2 bilhões para US$ 9,4 bilhões, um crescimento de 315%. O déficit brasileiro, que era de US$ 40 milhões em 1991, pulou para US$ 665 milhões. O País vendeu para a Argentina US$ 6,7 bilhões em 1998, em relação a US$ 1,47 bilhão em 1991. E importou daquele país US$ 7,8 bilhões no ano passado. As exportações brasileiras para o Uruguai aumentaram 161%, de US$ 337 milhões para US$ 880 milhões.
>
> O Uruguai vendeu ao Brasil US$ 935 milhões em 1998, um crescimento de 143% em relação a 1991. Em oito anos, a Argentina aumentou 116% seus embarques para o mundo todo e 426% para o Brasil. As vendas externas totais do País cresceram 62% no período, em relação a 357% para a Argentina.
>
> "Está claro que os anos de expansão comercial não significaram o fechamento do Mercosul ao mundo. Houve um forte crescimento das vendas para fora, além da expansão das economias do bloco", nota Sanguinetti.

Na coluna "Minha Vez" de 13, 14 e 15 de agosto de 1999, "Qual a solução para o Mercosul", escrevi:

> Cresce a percepção de que os empresários têm um papel primordial na preservação do Mercosul, neste momento de crise aguda entre o Brasil e a Argentina. Até que os países voltem a crescer, ou que o aumento da inflação brasileira recomponha, em parte, a correlação entre preços relativos das duas economias, afetados pela desvalorização do real, o setor privado deveria negociar uma convivência comercial que não mate a indústria do outro parceiro nem iniba completamente as exportações do Brasil.
>
> Nada pior para uma empresa do que enfrentar processos antidumping e outras restrições, que acabam expulsando, de forma contenciosa, seus produtos do mercado. Um bom exemplo de senso prático é o acordo vigente entre fabricantes de papel de imprimir e escrever do Brasil e da Argentina. A indústria brasileira teve de reduzir bastante suas vendas ao mercado vizinho, mas fez uma aposta no futuro.
>
> "Não podemos permanecer numa agenda-armadilha", disse um diplomata, referindo-se a pendências comerciais que pipocam diariamente e que encobrem uma agenda política, estratégica e econômica incapaz de frutificar por causa dos contenciosos. Frango, calçados, têxteis, alho, siderúrgicos e uma outra relação de temas espinhosos, como o êxodo de empresas para o Brasil, dominam o debate e impedem uma abordagem mais construtiva no relacionamento.

A crise no Mercosul chegou ao ponto de o ex-ministro de Economia da Argentina, Domingo Cavallo, propor que o Mercosul suspendesse as negociações temporariamente, até que os quatro países voltassem a crescer. Argumentava que manter as negociações implicaria o risco de adoção de medidas impopulares, o que colocaria a população dos países contra o Mercosul.

Prossegui:

> Um empreendimento como esse, de natureza estratégica, não pode ser congelado à espera da recuperação econômica ou da convergência de moedas. Se fosse assim, União Europeia e EUA e EUA e Japão, que vivem em permanente confronto comercial, deveriam fazer o mesmo de tempos em tempos. Não é o que

ocorre. Os governos encapsulam os atritos e os tratam setorialmente, evitando contaminar o relacionamento. Os empresários daqueles países têm seus foros de diálogo, como o Transatlantic Business Dialogue entre a UE e os EUA. E não só falam de crise, mas também de oportunidades.

"GRANDE JANTAR NO MELHOR ESTILO DO MERCOSUL"

Em uma noite de agosto de 1999, para descontrair depois de um dia tenso de cobertura de uma das mais famosas crises do Mercosul (escrevo sobre esse assunto na Parte IV, "Década de 2000"), um grupo de jornalistas se reuniu no Tabaré, bar tradicional de Montevidéu com sua "cozinha de grande restaurante", como definiu David Perez, sócio de José María Alvarez. Na reportagem "Grande jantar no melhor estilo do Mercosul", publicada no caderno Viagens & Negócios (infelizmente, o recorte do jornal está sem a data), escrevi: "O convite partira da chefe de Cultura e Imprensa da embaixada brasileira, Ana Maria Parada. Éramos um grupo típico de *habitués* do lugar, frequentado por estrangeiros, diplomatas, políticos, jornalistas e artistas". Prossegui:

> De entrada, queijos do país. O prato principal, é óbvio, foi carne. Entremeamos a refeição – concluída com torta de chocolate e avelãs – com memórias de coberturas jornalísticas, relatos de viagens, opiniões sobre o relacionamento entre o Mercosul e a União Europeia, bastidores da política latino-americana. Quando terminamos, por volta das 23 horas, o bar fervia. Era quarta-feira e na "barra" (balcão) predominavam presunto cru como tira-gosto e vinhos finos nacionais das "bodegas" Juanicó e Carrau.

> O Tabaré foi cenário de curtas-metragens, inspirou tangos e apareceu na *Newsweek* de 30 de outubro de 1995 como um dos cem melhores bares do mundo. [...] Os uruguaios, apesar de nativos dos pampas, fazem questão de marcar diferença entre sua "parrillada" (vários tipos de carne na grelha) e a argentina.

O PESO DA CULTURA NO MARKETING

Na reportagem "Diferenças entre Brasil e Argentina dão lucro", de 25 de outubro de 1999, destaquei que os argentinos preferiam *pan dulce* a panetone no Natal e por isso a Arcor, uma das principais latino-americanas no ramo de chocolates, caramelos e chicletes, fabricava ambos no país vizinho e exportava cada vez mais, para o lado de cá, o favorito dos brasileiros.

A Sadia, por sua vez, adequou os sabores de seus alimentos embutidos ao paladar do argentino, "que prefere menos sal na comida e gosta de embalagens transparentes".

A DPZ, agência publicitária que tinha a conta da Sadia, instalou-se em Buenos Aires, onde estava fazendo campanha publicitária para lançar o modelo Corolla da Toyota fabricado no Brasil.

Flávio Conti, que era diretor geral da DPZ, disse, segundo a reportagem, que:

> [...] a criatividade brasileira era bem recebida lá, mas que o humor do Brasil na propaganda era visto pelos argentinos com uma certa ingenuidade. Eles achavam que o brasileiro ria à toa e usava um humor mais ingênuo e solto para vender produtos.
>
> "O argentino é mais exigente do que o brasileiro", nota Conti. "E por ser mais desconfiado, é mais difícil de ser convencido."
>
> Essa também é a avaliação de Paulo Roberto Ferreira, diretor-geral do Instituto Superior da Empresa (ISE), criado em 1996, em São Paulo, que recicla executivos e empresários e mantém um programa de intercâmbio com entidade similar na Argentina, o Instituto de Altos Estudios Empresariales (IAE).
>
> "Os produtos culturais (livros, cinema, teatro, música lírica) têm maior potencial na Argentina", observa Ferreira, que fez um trabalho comparando a cultura e os mercados dos dois países.
>
> "O Brasil é mais referência para a Argentina do que esse país para os brasileiros", avalia Evandro Madeira, diretor comercial do ISE. O argentino se julga superior porque é mais culto e por isso exige mais. "É um povo que lê muito", diz Conti. Prefere automóveis sedãs, sóbrios e de desenho clássico, mas, ao contrário do brasileiro, não cuida da máquina. Na Argentina, publicidade de produtos para manutenção de carros não funciona como no

> Brasil. Empresas brasileiras que vendem alimentos na Argentina – tradicional produtor de carnes e lácteos – esbarram no bairrismo local. "Os produtos precisam estar bem de acordo com os critérios deles", observa o diretor-geral da DPZ, a única agência brasileira com filial em Buenos Aires.

Na reportagem "Um apelo à união", de 25 de outubro de 1999, informei:

> Argentinos e uruguaios – que têm menor tolerância ao risco que os brasileiros – acham complicado negociar com o Brasil, principalmente depois da desvalorização do real. As licenças de importação não são automáticas, os alimentos e produtos veterinários precisam de autorização prévia e as altas taxas de juro dificultam o acesso ao crédito. Mas o Brasil continua sendo "um bom negócio", acredita Gustavo Segré, conselheiro da Câmara de Comércio Argentino-Brasileira de São Paulo e presidente do Center Group, que administra 44 empresas argentinas no mercado brasileiro.

Segré fez uma palestra a exportadores uruguaios e deu dez conselhos sobre como fazer negócios com o Brasil. Alguns se referiam a aspectos culturais: "Não lance um produto uma semana antes do Carnaval ou de uma Copa Mundial de futebol porque, não importa quão grande seja seu investimento em publicidade, ninguém notará."

Em meados daquele ano, enviei de Montevidéu a reportagem "Dias de alta voltagem pela frente", de 10 de agosto, na qual menciono que a emergência do conflito comercial entre Brasil e Argentina, agravado com a desvalorização do real, estava provocando revisões em temas já decididos. "O contencioso, vivo e quente, se deslocou dos Estados Unidos para a Argentina", iniciei assim a matéria, fazendo referência à observação de um diplomata brasileiro que tinha participado da reunião do Conselho do Mercosul. O pivô dos desentendimentos foram os tecidos de algodão exportados pelo Brasil à Argentina e sujeitos a cotas. O governo Menem alegava ter havido expressiva ampliação dos embarques brasileiros no primeiro semestre. A questão é se era legal a aplicação de salvaguardas no comércio intrazona.

Em outra reportagem no mesmo dia 10 de agosto, "Contra qualquer restrição", escrevi:

Quando o governo Menem anunciou que aplicaria salvaguardas contra produtos brasileiros, o Brasil sentiu-se traído no *tradeoff* (toma lá dá cá) feito em dezembro de 1994, em Ouro Preto (MG). Na ocasião, o País defendeu a formação de uma união aduaneira com tarifa externa comum, passo mais avançado do que uma simples zona de livre-comércio, em troca de oferecer o seu mercado, com alíquota zero de importação, à Argentina, ao Uruguai e ao Paraguai. Também fez parte do acerto dar tempo para que os três países se preparassem para competir.

Na visão de Brasília, os setores argentinos que pedem salvaguardas e medidas antidumping contra calçados, papel e celulose, siderúrgicos e têxteis não se adequaram, nos últimos oito anos, a uma situação de livre-comércio. O Brasil defende os compromissos assumidos nos dois documentos mais importantes do Mercosul – o Tratado de Assunção de 1991, que criou o bloco, e o Protocolo de Ouro Preto de 1994, que institucionalizou a união aduaneira. Ambos se transformaram em lei e foram ratificados pelos congressos dos quatro países.

HÁBITOS MUDAM NO MERCOSUL

Os leitores notarão, pelo volume de notícias sobre o Mercosul nos anos 1990, quão importante o bloco era para a política externa e para o setor privado.

A *Gazeta Mercantil* cobriu exaustivamente essa realidade. Na matéria "Hábitos mudam no Mercosul", de 5, 6 e 7 de novembro de 1999, destaco o aspecto do marketing relacionado à cultura de consumo das sociedades do Brasil, do Chile e da Argentina:.

> Os brasileiros cultivam pouco o hábito de checar a data de vencimento de remédios, margarinas, maionese, derivados de tomate, queijos e carnes semipreparadas. Apenas 12% dão importância à validade de medicamentos, 31% ficam atentos a esse aspecto no caso de queijos, e 24% em relação a carnes. Argentinos e chilenos, ao contrário, são mais conscientes das datas de fabricação e validade dos produtos.

Depois de anos dessa constatação, o que mudou? Deixo essa investigação para os pesquisadores interessados em marketing comercial cultural.

"CONEXÃO ARGENTINA, EUA, BRASIL"

Esse é o título de outra coluna "Minha Vez", publicada em 9 de novembro de 1999. Os leitores constatarão as dificuldades do Brasil no relacionamento com a Argentina na gestão de Carlos Menem:

> Depois do pedido argentino de ingresso na Otan, que provocou mal-estar ao governo brasileiro, Buenos Aires volta a surpreender seu parceiro. Desta vez a Argentina, sem informar o Brasil, da mesma forma como agiu no episódio da Otan, posicionou-se contra a revisão dos Acordos Antidumping e de Subsídios na Rodada do Milênio, cujo lançamento é aguardado para dezembro, em Seattle.
>
> A Argentina foi o segundo país, ao lado dos EUA, a adotar essa posição, que se choca com a reivindicação brasileira e de outros países em desenvolvimento.
>
> Não é a primeira vez que o governo Menem vota com os EUA, país que não mede consequências ao colocar os dois sócios do Mercosul em confronto. Há poucos dias, a representante de Comércio dos EUA (USTR), Charlene Barshefsky, declarou que as exportações argentinas para o mercado americano são mais competitivas do que as brasileiras. Segundo ela, não são as restrições americanas que atrapalham as vendas do Brasil aos EUA, mas a falta de competitividade.
>
> Um estudo da embaixada americana em Brasília revela crescimento das exportações brasileiras para os EUA e uma queda no déficit bilateral do Brasil de 73% nos últimos nove meses, em relação a igual período do ano passado.
>
> Os embarques do Brasil para o mercado americano cresceram 7% – enquanto as exportações totais do País caíram 11% – e as importações originárias dos EUA diminuíram 14% – em relação a uma queda de 17% nas compras provenientes do mundo todo.
>
> O que é passível de análise é se o País aumentou suas exportações em setores em que não incidiram barreiras. Ou se o crescimento do volume compensou a queda de preços. A última hipótese parece mais verdadeira. O Brasil vendeu mais aviões (46%), autopeças (19%), café em grão (43%), ferro e aço (12%).

OMC E A "BATALHA DE SEATTLE"

No apagar das luzes de 1999, a *Gazeta Mercantil* registrou o maior acontecimento do ano em matéria de comércio internacional: o fracasso do lançamento da nova rodada de negociações da OMC, em Seattle, apelidada de Rodada do Milênio. O fracasso se deu por:

> [...] muitas falhas, a começar da logística. Os protestos nas ruas amparados pelo governo norte-americano impediram as delegações de chegar na hora certa do início da conferência, o que não contribuiu para uma atmosfera amigável entre os negociadores. "Faltou liderança dos EUA e autoridade do diretor-geral da OMC, Mike Moore, para conduzir o processo", diz um diplomata brasileiro.

Esse é um trecho da matéria "Desorganização contribuiu para fracasso", de 6 de dezembro de 1999, assinada pelo colega da *Gazeta Mercantil* Assis Moreira, correspondente em Genebra, e por mim. Passamos uma semana em Seattle cobrindo os acontecimentos.

A OMC foi demonizada por seu papel emblemático na globalização, uma vez que estava lidando com temas que afetam a vida da população mundial: agricultura, meio ambiente, direitos dos trabalhadores, comércio entre blocos econômicos, numa perspectiva, segundo as ONGs que estavam ativas em Seattle, de ditar regras para os Estados nacionais, como se houvesse um poder mundial ameaçando a vida das pessoas em todas as partes. Havia, na década de 1990, uma demonstração de cansaço com a nova ordem mundial após a Guerra Fria, e cresceram os movimentos antiglobalização.

Como centenas de jornalistas, sofri o impacto do gás lacrimogênio lançado pela polícia contra os manifestantes. Estava fora do Washington State Convention & Trade Center, onde se realizou a III Conferência Ministerial da OMC, e não conseguia entrar no prédio por causa da confusão nas ruas. Além disso, houve ameaça de bomba na véspera do início da reunião. "Centenas de representantes de governos, de ONGs, e jornalistas aguardaram no meio-fio da rua pelo fim de uma varredura de segurança iniciada na noite anterior", escreveu Assis Moreira na matéria "Ameaça de bomba tumultua a cidade", de 30 de novembro de 1999.

No dia 6 de dezembro de 1999, já terminada a III Conferência Ministerial, a reportagem assinada por nós dois, "Conferência de Seattle exige reformas na OMC", abordou a agenda que deveria ter continuidade em Genebra, sede da organização:

> [...] as atenções se voltam agora para Genebra, onde em janeiro de 2000 os 135 países-membros se concentrarão em uma agenda restrita sobre redução de subsídios à agricultura e normas liberalizantes para serviços, que já tinham mandato negociador estabelecido em 1994, em Marrakesh.
>
> Mas o que realmente vai marcar a agenda da OMC nos próximos meses, por pressão dos países-membros e de organizações não governamentais, é a busca de caminhos para dar eficiência e transparência às negociações comerciais.
>
> "Precisamos livrar a OMC dessa imagem de demônio da globalização e dar-lhe uma dimensão humana", destacou um dirigente da entidade. [...] É a volta à estaca zero e nova tentativa de consenso não só para agricultura e serviços, mas outros temas, como cláusulas trabalhistas e de meio ambiente, revisão do acordo antidumping, melhoria de acesso a mercados de produtos industrializados, biotecnologia e tarifa zero para a importação proveniente de países de menor desenvolvimento relativo, notadamente da África e Ásia.
>
> Uma coisa é certa: a OMC nunca mais será a mesma. Essa foi a avaliação de negociadores cansados e frustrados após quatro dias de confusão e da coalizão internacional de grupos sindicais, religiosos, ambientalistas, de consumidores e de produtores rurais.

Importante ressaltar o que foi previsto antes da III Conferência Ministerial pelo Itamaraty e por empresários. Na reportagem "Enfraquecimento da OMC prejudicará o Brasil", de 16 de novembro de 1999, revelo vários atores que estavam ativos nos debates sobre o rumo das negociações:

> "O Brasil ainda é uma economia com pouca força em discussões bilaterais", diz Ademerval Garcia, presidente da Associação Brasileira dos Exportadores de Cítricos (Abecitrus). Ele imagina "um grande show em Seattle", mas acha que a negociação vai demorar e não será concluída no governo de Fernando Henrique Cardoso.

O assunto foi discutido a portas fechadas, na Fiesp, por Lampreia, o ministro do Desenvolvimento, Indústria e Comércio, Alcides Tápias, e 30 empresários. Foi a última reunião de coordenação com o setor privado antes da conferência da OMC.

O presidente da Embraer, Maurício Botelho, que definiu sua empresa como a mais globalizada do Brasil, pois exporta 92% do que produz e importa 55% dos insumos, está pessimista. "Identifico nessas discussões preliminares a mesma estrutura protecionista de países desenvolvidos, que tentam assegurar sua participação no comércio."

O empresário acha que o grande desafio das negociações futuras é analisar a essência e não a forma dos fatos. "Na forma somos sempre prejudicados. Como país emergente estamos sujeitos a uma percepção de risco país, não importa quão bem a minha empresa esteja sendo administrada, se eu cumpro meus compromissos. O que importa é a percepção externa, envolvida em fatores econômicos, sociais e políticos que afetam o País. Isso nos leva a um prejuízo imediato no contexto das formas adotadas pelos países desenvolvidos", desabafa.

"Seattle pode ser um divisor de águas", na visão de Roberto Teixeira da Costa, copresidente do Fórum Empresarial Mercosul/União Europeia. "Dependendo do encaminhamento, as discussões podem precipitar uma situação que queríamos: ganhar tempo, porque o Brasil não está conseguindo acompanhar a velocidade das transformações mundiais." Para Teixeira da Costa, a importância da Rodada do Milênio é a queda de barreiras para o País exportar mais.

Luiz Fernando Furlan, presidente do Conselho de Administração da Sadia e vice-presidente da Fiesp, conta que sua expectativa "é dividida. É tamanho o barulho que se está fazendo sobre o agronegócio, que o fato é extraordinariamente positivo. O ponto negativo é que existe o risco de a rodada não andar".

Para Mário Mugnaini Junior, vice-presidente da Fiesp e diretor da Ecosan Equipamentos para Saneamento, a rodada será lançada, "mas não vai avançar muito porque os ministros estão com dificuldade de chegar a um consenso". O próprio ministro Lampreia achava possível que os países desenvolvidos deixassem as negociações fracassarem porque a 20 dias da reunião não conseguiam se entender.

Se havia cansaço da globalização, havia também outra fadiga. Escrevi a coluna "Minha Vez", "Fadiga na luta antiprotecionismo", na edição de 21 de dezembro de 1999. Ela retrata aquele momento conturbado do comércio internacional:

Ninguém mais fala em fadiga do ajuste. A expressão esteve em voga até há pouco tempo e é conhecida de países que fizeram as reformas prescritas pelo Consenso de Washington. Apesar disso, não ganharam o céu.

Hoje, os países latino-americanos que privatizaram, eliminaram subsídios, reduziram tarifas de importação e encolheram a presença do Estado na economia estão mais cansados ainda. Há uma fadiga acumulada neste final de século, a fadiga da luta contra o velho protecionismo que sempre aparece de cara nova e substitui expressões surradas por eufemismos.

Outro dia, conversando com um executivo da Companhia Siderúrgica Nacional, soube que as investigações americanas antidumping contra o Brasil não falam mais em *best information available* (BIA), a melhor informação disponível, quase sempre a informação que o americano fornecia ao seu governo, alegando que a empresa brasileira não providenciava a tempo os dados necessários para o processo. Agora, a expressão usada pelos EUA é *facts available* (fatos disponíveis). Na essência, nada mudou. Também caiu em desuso o Voluntary Restraint Agreement (VRA) dos idos dos anos 80. Hoje é politicamente correta a expressão "acordo de suspensão". Isto é, os países continuam a renunciar "voluntariamente" às suas exportações de aço em troca da suspensão de processos antidumping nos EUA. Entra ano sai ano, e exportadores brasileiros de aço, frango, têxteis, açúcar, café solúvel e carne não se livram de investigações antidumping e de direitos compensatórios, cotas, picos e escaladas tarifárias. Para complicar, fracassou o lançamento da rodada global de comércio, em Seattle. A bem da verdade, vive-se uma fadiga de acordos fracassados, como o Multilateral Steel Agreement (MSA) do final da década de 80, que não prosperou por diferenças entre EUA, Japão e União Europeia. Se esse acordo tivesse vingado, haveria menos contenciosos no comércio internacional de produtos siderúrgicos.

O protecionismo floresceu a partir de meados da década de 70, depois de um período de liberalização comercial no pós-guerra. Já são trinta e cinco anos de combate. E muito cansaço.

COMO FICA O PÓS-SEATTLE?

Outra coluna "Minha Vez" que assinei em dezembro de 1999, intitulada "Como fica o pós-Seattle", mostra a perplexidade com os acontecimentos antiglobalização. Reproduzo-a na íntegra:

> Juridicamente, não ficou claro se a III Conferência Ministerial da Organização Mundial do Comércio foi suspensa e os seus trabalhos congelados. O melancólico encerramento, na quase madrugada de sábado, não veio acompanhado de uma declaração definindo o *status* da reunião em Seattle, lembra o embaixador Celso Amorim, representante do Brasil na OMC. Dependendo da situação, a moratória para o comércio eletrônico (isenção de tarifas), que deveria vigorar até a conferência e ser estendida até a quarta ministerial, será afetada. Mas, como os maiores interessados na moratória são os EUA, eles devem ter cuidado disso. Muita coisa continua obscura no pós-Seattle, a começar pela rebelião que tomou conta das ruas e atrasou a abertura da conferência. Voltarão ao ataque grupos radicais envolvendo anarquistas, sindicalistas, ativistas de meio ambiente, direitos humanos, cidadania e consumismo, que pela primeira vez se reuniram para protestar contra a globalização?
>
> Uma coisa é certa: a militância com bandeiras difusas – pela proteção das tartarugas marinhas e florestas, pelos direitos humanos no Tibete, pela abolição do trabalho infantil –, que escolheu a OMC como alvo, é bem diferente da dos anos 60, contra a guerra do Vietnã e pelo pacifismo. Sociólogos americanos estão buscando as causas da "batalha de Seattle". Uma das raízes pode ser a afinidade com o pensamento do unabomber, que detesta o avanço tecnológico e vitimou americanos com suas cartas-bomba. Outros veem nas manifestações uma forma de protesto contra o "big business", as grandes corporações que dominam os negócios mundiais e provocam na sociedade uma sensação de perda de controle. Numa época de prosperidade econômica sem precedentes nos EUA, os rebeldes que depredaram lojas da Nike e do Starbucks Coffee, em Seattle, argumentam que o livre-comércio beneficia as maiores corporações mundiais, mas faz muito pouco pelas nações mais pobres, pelos trabalhadores explorados e pela preservação do meio ambiente. A mesma globalização que eles criticam ajuda-os, com o poder da internet, a espalhar suas bandeiras e convocar simpatizantes para as ruas do mundo. O que virá em seguida?

PARTE IV
Década de 2000

PRIVATIZAÇÕES. NEGOCIAÇÕES DA ALCA. MAIS CRISES NO MERCOSUL

O ano 2000 começou no Brasil com a disputa entre os Estados Unidos e a União Europeia por fatias do mercado abertas com o Programa Nacional de Desestatização (PND). Naquele ano, a principal privatização foi a do Banespa, comprado pelo Banco Santander, da Espanha. Segundo o Banco Nacional de Desenvolvimento Econômico e Social (BNDES), em 2000, o PND atingiu a cifra de US$ 14,4 bilhões, a maior receita anual auferida com as vendas de estatais desde o início do programa. Havia interesse, naquele ano, nas concessões para exploração de novos aproveitamentos hidrelétricos e de novas linhas de transmissão, licitadas pela Agência Nacional de Energia Elétrica (Aneel).

Na reportagem "Norte-americanos criticam nova forma de venda", de 11, 12 e 13 de fevereiro de 2000, escrevi sobre a visita ao Brasil do secretário de Comércio dos Estados Unidos, William Daley, acompanhado de uma delegação de empresários:

Daley assumiu o posto em janeiro de 1997, ano em que esteve em Belo Horizonte para participar da reunião ministerial da Área de Livre-Comércio das Américas. Desta vez, além de discutir temas referentes ao comércio bilateral, defenderá interesses de empresas americanas de telecomunicações e energia, setores claramente prioritários na agenda dos investidores. Daley se mostra preocupado com "procedimentos para as privatizações futuras". Afirma: "Entendo que o governo brasileiro está interessado em expandir a participação nas privatizações. O processo envolve vender a maioria das ações de uma empresa por meio da Bolsa de Valores, reservando um interesse estratégico minoritário para um único comprador. Os investidores estão céticos de que o governo brasileiro possa vender essa ideia. Em primeiro lugar, porque os problemas experimentados pela Southern Energy Incorporated, com sua participação minoritária na Cemig, mostram os riscos de adquirir menos do que a maioria das ações numa empresa pública. Em segundo lugar, o Brasil tem uma taxa baixa de poupança doméstica e, além disso, uma necessidade urgente de moeda estrangeira". O secretário diz esperar que o Brasil "repense essa estratégia".

A Universal Wireless Communications (Consórcio de Comunicações Universais sem Fio) – organização de comércio global com mais de cem concessionárias de telecomunicações e vendedores de serviços e produtos sem fio – tinha interesse em vender equipamentos e tecnologia para telefonia celular (PCS 1.9 GHz). O Brasil planeja abrir a área de "personal communications services" (PCS). O problema é que as empresas americanas estão preocupadas com a concorrência europeia. Essas companhias acham que o governo brasileiro está seriamente "considerando um plano de alocação do espectro na área de PCS que favoreça os fornecedores europeus", relata Daley. Esse é um dos assuntos que ele deverá tratar em Brasília. Os EUA, diz, estão encorajando o Brasil a formular um plano de acordo com as recomendações já consensuadas, que se baseie em forças de mercado e concorrência entre tecnologias. Isso maximizaria oportunidades regionais e internacionais de "roaming" e permitiria uma transição para tecnologias de terceira geração (3G). Daley assegura que fabricantes americanos e operadores brasileiros já estabelecidos também defendem "fortemente" essa posição.

As declarações de Daley com críticas ao PND causaram polêmica entre os empresários, e repercutiram negativamente no Congresso e no governo.

Jorio Dauster, presidente da Companhia Vale do Rio Doce (VCRD), a maior exportadora de minério de ferro do mundo, considerou as declarações uma ingerência nos assuntos internos brasileiros. A mesma opinião foi expressa pelo ministro de Minas e Energia, Rodolpho Tourinho.

A crítica de Daley[126] ao modelo de privatização (venda pulverizada) irritou liberais e nacionalistas no Congresso. Segundo a reportagem:

> "Não devemos satisfações a ele sobre nosso modelo de privatização", reagiu, furioso, o senador Antônio Carlos Magalhães, presidente do Congresso. O líder do PPS no Senado, Paulo Hartung, não gostou da posição americana por princípio: não admite interferência externa em assuntos estratégicos de interesse nacional.

Depois do mal-estar, Daley[126] passou a falar dos problemas que interessavam ao governo brasileiro, como o acordo suspensivo de processos antidumping que atingiam as siderúrgicas Cosipa, CSN e Usiminas.

O Itamaraty reclamava que o Departamento de Comércio não havia detalhado o acordo. Em troca da suspensão dos processos antidumping, as três siderúrgicas se submeteram a um regime de cotas e preço mínimo.

Estados Unidos e União Europeia se alfinetavam mutuamente e buscavam tirar proveito das divergências, aproximando-se das queixas do Brasil naquilo que lhes convinha. Por exemplo, na matéria "Estados Unidos destacam parceria com Brasil na Alca", de 16 de fevereiro de 2000, Richard Fischer, representante adjunto de comércio norte-americano, que veio ao Brasil com uma delegação de 19 grandes empresas americanas, declarou: "O Brasil e os EUA têm interesse forte compartilhado em abrir mercados agrícolas na rodada da OMC e na Alca. A União Europeia é nosso inimigo comum."

O ministro das Relações Exteriores, Luiz Felipe Lampreia, na mesma reportagem, disse: "Em 30 anos de carreira nunca tinha visto, na questão siderúrgica, uso de barreiras tão flagrante e discriminatório como nos últimos dois anos."

"ALCA DESAFIA VELOCIDADE DO MERCOSUL"

Esse é o título da reportagem de 25 de fevereiro de 2000. Para quem não acompanhou de perto a negociação da área hemisférica de livre-comércio, que deveria ter sido concluída em 2005, no primeiro governo do presidente Lula, minha matéria mostra as grandes dificuldades que cercavam o empreendimento.

Enquanto os Estados Unidos tinham pressa para abrir o enorme mercado da América do Sul, em especial o do Mercosul, esse bloco vivia um dia a dia de pendências comerciais difíceis de serem solucionadas.

Sobre esse assunto, informei:

> "Não podemos permanecer numa agenda-armadilha", disse um diplomata, referindo-se a pendências comerciais que pipocam diariamente e que encobrem uma agenda política, estratégica e econômica incapaz de frutificar por causa dos contenciosos. Frango, calçados, têxteis, alho, siderúrgicos e uma outra relação de temas espinhosos, como o êxodo de empresas para o Brasil, dominam o debate e impedem uma abordagem mais construtiva no relacionamento.[127]

Segue a reportagem "Alca desafia velocidade do Mercosul":

> À lista de desafios do Mercosul, empresários e diplomatas acrescentam agora mais um, depois da visita do secretário de Comércio dos EUA, William Daley, ao Brasil e à Argentina. O Mercosul terá de andar mais rapidamente do que a Área de Livre-Comércio das Américas, caso contrário será ultrapassado por ela. Daley deixou claro, pela primeira vez, que, não importando qual seja a próxima administração americana, a Alca será uma prioridade. O apoio à construção de uma zona comercial hemisférica tornou-se política suprapartidária nos EUA.
>
> Prova disso é que o virtual candidato republicano à presidência, George W. Bush, em sua primeira abordagem sobre política externa na campanha, além da China priorizou a Alca. O que vem por aí é um rolo compressor e o Mercosul precisa, urgentemente, fazer seu dever de casa: aprofundar a integração.
>
> No caso dos serviços, o acordo já foi assinado pelos quatro sócios, mas ainda não ratificado pelos congressos. Enquanto isso, a Alca persevera na discussão de um acordo sobre serviços que os EUA exigem que seja mais profundo que o do Mercosul. Tio Sam quer aplicar a arquitetura do Nafta (associação entre EUA, Canadá e México) ao setor de serviços na Alca. Faz isso porque, além de tudo, será mais fácil vender esse modelo para o Congresso

americano, que aprovará ou rejeitará o tratado da zona hemisférica. Já o Mercosul adotou procedimentos sobre serviços baseados no General Agreement on Trade in Services (GATS), aprovados na Rodada Uruguai. Os críticos consideram que esse acordo permite uma liberalização mais tímida, pois só inclui os serviços expressamente citados. Já o do Nafta abrange todos os serviços, mas tem uma lista de exceção.

Que linha vencerá na Alca? O acordo que for mais profundo. Isso está claro no artigo "5b" da declaração ministerial de Belo Horizonte, assinada em maio de 1997. Trata-se de um desafio constante. Vale tanto para o Mercosul como para o Nafta. Exemplo atual: o Brasil está negociando um acordo automotivo com o México. Se ele resultar mais profundo do que o existente no Mercosul, este ficará superado.

Os americanos não escondem que querem corrigir as imperfeições do Nafta na área de livre-comércio continental. E o Mercosul, será que está mesmo disposto a corrigir as distorções de uma união aduaneira imperfeita? O Mercosul ainda está negociando regras para compras governamentais, mas será pressionado porque neste ano a Alca vai preparar um esboço de acordo nesse setor.

Washington tem mais a ganhar do que a perder com a união comercial de 34 países. Os EUA cobiçam o mercado que se abrirá na região com a redução de barreiras para investimentos, serviços e compras governamentais. Em troca terão de garantir acesso a seu mercado de um punhado de produtos agrícolas e industrializados dos parceiros, mas, contas feitas, as concessões compensam.

O outro recado forte de Daley, em Brasília e Buenos Aires, é que Washington não quer discutir barreiras fora da Alca. É nessa arena que o Brasil lutará para melhorar o acesso de seus produtos ao mercado americano. Os EUA dizem que o jogo é para valer e que pretendem abrir espaço para tabaco, açúcar, carne, aço e frutas. Para terem credibilidade na condução da Alca, os EUA deverão provar suas intenções com atitudes. "O Brasil só vai entrar na negociação se tiver coisas concretas a ganhar", costuma repetir o chanceler Luiz Felipe Lampreia.

Por que interessa a Washington uma parceria com o Brasil na Alca, conforme destacou Richard Fischer, número dois no Escritório da Representante de Comércio da Casa Branca? Porque os americanos querem o Brasil ajudando a empurrar o empreendimento. Eles precisarão dos brasileiros a partir de 2003, quando os dois países copresidirão as negociações previstas para terminar em 2005.

O Mercosul precisa acelerar um pouco agora e manter a velocidade constante como a Alca. "É necessário que a agricultura avance mais e não perca ritmo", diz o embaixador Francisco Thompson Flores, que presidirá até 2001 o grupo negociador de agricultura, um dos mais importantes para o Mercosul. Essas negociações serão difíceis porque não se acaba com a proteção agrícola nos países da noite para o dia. Mas serão também cruciais. Motivo: há uma inter-relação entre a Alca e o que ocorre na Organização Mundial do Comércio e no Grupo de Cairns, que reúne os principais países exportadores agrícolas contra o protecionismo na Europa, nos EUA e no Japão. À medida que se avançar na Alca, haverá estímulos para a derrubada de barreiras em outros mercados. Os europeus, por exemplo, poderão se sentir pressionados a eliminar subsídios. Esse é o discurso oficial. Mas uma dose de realismo não faz mal a ninguém. Cá entre nós, como avançar em matéria agrícola no continente sem ter a União Europeia participando das negociações? Desafios como esse só fortalecem o papel do grupo de agricultura na Alca. Ele "tem uma massa de manobra importantíssima", observa Thompson Flores. E o Mercosul, por ser potência agrícola, é um ator de primeira grandeza.

"O tempo corre contra nós e temos de acelerar para ganhar a batalha. Quem não faz poeira come poeira", afirma o presidente do Conselho de Empresários da América Latina (Ceal), Roberto Teixeira da Costa, preocupado com a diferença de velocidade entre o Mercosul e a Alca e com os acordos comerciais que o México vem negociando: com UE, Japão, Coreia, Malásia e Singapura.

CHINA: BRASIL TENTA RECUPERAR O TEMPO PERDIDO

A reportagem "O Brasil volta seus interesses para a China", de 9 de março de 2000, publicada no caderno especial da *Gazeta Mercantil* intitulado "O Mercado Chinês", dá uma ideia de como estava o relacionamento diplomático e comercial com o gigante asiático. Reproduzo-a na íntegra, até porque a OMC estava em vésperas de decidir sobre o ingresso da China na organização:

Na década de 80, quando o Brasil começava a descobrir a China e empresários desembarcavam na terra do dragão para sondar oportunidades de negócio, era comum ouvir o bordão: se todo chinês tomasse diariamente uma xícara de café, um copo de suco de laranja ou comesse um bife, o País poderia fazer a América naquele mercado de 1,2 bilhão de habitantes.

O Brasil não conseguiu fazer "negócios da China" com os chineses. Agora tenta recuperar o tempo perdido. Com a iminente adesão do país à Organização Mundial de Comércio, aumenta a expectativa dos brasileiros de vender mais àquele mercado. Nas negociações bilaterais recentes, na OMC, Brasília obteve vantagens relativas em quatro produtos – café solúvel, óleo de soja, açúcar e suco de laranja – em troca do apoio à entrada de Pequim na entidade, depois de 14 anos de duras tratativas.

O impressionante crescimento da economia chinesa – taxas anuais em torno de 7% – e sua abertura ao exterior têm gerado proporcionalmente menos dividendos para empresários brasileiros do que para asiáticos, americanos e europeus.

O intercâmbio comercial dos chineses com os EUA é de quase US$ 100 bilhões, o do Brasil com a China soma menos de US$ 2 bilhões. "Isso é nada", diz Charles Andrew Tang, presidente da Câmara de Comércio e Indústria Brasil/China. Para ele, "houve um certo abandono do esforço brasileiro na China".

Tang lembra que a última feira comercial do Brasil em Pequim aconteceu há 18 anos. A última missão da Federação das Indústrias do Estado de São Paulo (Fiesp) foi há cerca de seis anos. Enquanto isso, centenas de delegações comerciais chinesas desembarcam todos os anos no Brasil, muitas com intenção de sondar terreno para investir em produção industrial.

Uma contrapartida começa a se esboçar. Segundo Tang, a Câmara de Comércio e o Departamento de Promoção Comercial do Itamaraty, com o apoio da Agência de Promoção de Exportações (Apex), deverão organizar, em abril de 2001, a primeira feira de negócios e produtos brasileiros em Xangai, a São Paulo da China.

"Está na hora de acordar. O Brasil não pode continuar ignorando o tamanho do mercado chinês, que tem crescido 10% ao ano", sustenta o presidente do Conselho de Administração da Sadia, Luiz Furlan, defensor da criação de um comitê bilateral permanente para acompanhar a evolução das decisões políticas até que sejam implementadas.

A Sadia é um exemplo de empresa que vem procurando marcar posição no mercado chinês. Como ela, há pelo menos três outros casos de persistência em ganhar fatias importantes nas importações chinesas.

A Companhia Brasileira de Mineração e Metalurgia (CBMM) desde 1978 está presente na China, num trabalho de vendas de seu principal produto, o nióbio, usado na indústria siderúrgica. A Vale do Rio Doce e a MBR, do grupo Caemi, vêm ano a ano ampliando os embarques de minério de ferro para as usinas de aço chinesas.

O Brasil tornou-se um fornecedor de produtos primários, minério de ferro e soja, para a China. Mas a venda de aviões da Embraer para Pequim poderá equilibrar a composição da pauta de comércio exterior entre os dois países, já que os chineses vendem para cá itens de maior valor agregado: eletroeletrônicos e aparelhos em geral.

De olho no potencial do mercado brasileiro, duas grandes companhias da China deverão começar a produzir brevemente no Brasil: a Gree, uma das maiores fabricantes mundiais de aparelhos de ar-condicionado, e a Huawei, especializada em equipamentos de telecomunicações. Uma quinzena de empresas brasileiras está presente na China, entre elas a Embraco, fabricante de compressores.

No ano passado, os dois países comemoraram 25 anos do estabelecimento de relações diplomáticas. O Brasil reconheceu Pequim como o governo único e legítimo da República Popular da China (RPC). Neste período houve duas missões em nível presidencial: a liderada pelo presidente João Figueiredo, em 1982, e a do presidente Fernando Henrique Cardoso, em 1995. "O resultado prático das missões não foi muito grande. É preciso um trabalho antes e depois, para fazer acontecer o que se aprova nas discussões", diz o presidente da Sadia.

As exportações da empresa para a China decolariam se os dois países assinassem um acordo fitossanitário. Furlan abriu em Pequim a churrascaria "Beijing Brasil", em 1994. Seu sócio é uma empresa do Ministério da Agricultura da China. Mesmo assim, não conseguiu a aprovação do acordo. "A carne era importada do Brasil. Havia uma concessão especial. Hoje trabalhamos com fornecedores locais. Alguns cortes são importados da Nova

Zelândia", diz ele. O presidente da Sadia acredita que a dificuldade na negociação de um acordo fitossanitário se deve à falta de interesse da China, que não exporta produtos agrícolas para o Brasil. Mas os chineses também se queixam de barreira para vender remédios no mercado brasileiro. "A China exporta matéria-prima para a indústria farmacêutica de excelente qualidade e a preços razoáveis. O problema é a falta de informação e a dificuldade de conseguir aprovação da vigilância sanitária", comenta o presidente da Câmara de Comércio e Indústria Brasil/China, que tem 200 associados, quatro escritórios na China e oito no Brasil.

A diplomacia brasileira chama o relacionamento bilateral de parceria estratégica, que já existe no plano político e de cooperação tecnológica, mas avançou pouco na área comercial. Em matéria política, os dois países têm posições semelhantes na agenda internacional e visão comum sobre multipolaridade. Há outra semelhança: ambos são os maiores receptores de capital estrangeiro entre as nações emergentes. No campo tecnológico, desenvolveram o projeto CBERS – China-Brazil Earth Resources Satellite (satélite de sensoriamento remoto). O primeiro já foi lançado e o segundo está em fase de montagem.

Na área comercial, existe um reconhecimento dos dois lados de que o intercâmbio está muito aquém das potencialidades. Pior que isso, vem regredindo. O Brasil exportou para o mercado chinês, no ano passado, US$ 676 milhões, e importou US$ 865 milhões. Houve uma queda em relação a 1998: vendas brasileiras de US$ 904 milhões e compras de produtos chineses de US$ 1,03 bilhão. Em 1997, o comércio bilateral era ainda maior: o Brasil exportou US$ US$ 1,08 bilhão e importou US$ 1,16 bilhão.

O governo brasileiro mantém-se fiel ao passo que deu em 1974 ao estabelecer relações com a China. Politicamente, a convivência não poderia ser melhor, como atestam as missões de alto nível. A última, em dezembro do ano passado, foi conduzida pelo vice-presidente Marco Maciel. Ele foi recebido pelo presidente chinês e participou da solenidade de transferência de Macau de Portugal para a China. "O Brasil tem um relacionamento estratégico com a China e reconhece apenas Pequim como autoridade legítima do país, embora mantenha vínculo comercial com Taiwan", observa Edmundo Fujita, diretor-geral do Departamento de Ásia e Oceania do Itamaraty.

OS SUBSÍDIOS AGRÍCOLAS DA UNIÃO EUROPEIA

Os dois gigantes – Estados Unidos e União Europeia – disputavam setores do mercado brasileiro que pretendiam abocanhar com a negociação de acordos comerciais bilaterais, mas, ao mesmo tempo, acumulavam queixas do Brasil relacionadas a persistentes medidas protecionistas. Por isso, quando autoridades de ambos vinham ao país, evitavam falar sobre esse assunto. No caso da União Europeia, o principal problema eram os subsídios agrícolas. Na matéria "Lamy evitará temas bilaterais", de 15 de março de 2000, escrevi:

> "Lamy vem relançar a ideia de uma rodada comercial ampla e isso é bom. Nessa agenda multilateral existem convergências importantes entre o Brasil e a UE, como o apoio à revisão das regras antidumping da OMC, assunto que separa brasileiros e europeus dos americanos", observa Pedro Motta Veiga, consultor da Fundação Centro de Estudos de Comércio Exterior (Funcex) e da Confederação Nacional da Indústria (CNI).
>
> "Os europeus viram o que lhes custou o Nafta (área de livre-comércio entre os EUA, México e Canadá) porque o intercâmbio da Europa com o México diminuiu", comenta Motta Veiga. Segundo ele, "a hipótese da Alca preocupa, sim, a UE e pode até ajudar a flexibilizar alguma coisa na área de agricultura" nas negociações entre Bruxelas e o Mercosul.
>
> O avanço da Alca, nota Motta Veiga, é muito mais que burocrático. Os países estão discutindo a essência dos principais documentos que serão assinados. E essa percepção preocupa os europeus. Como potência média com interesses em todos os temas de uma nova rodada da OMC, o Brasil vem sendo procurado pela UE e pelos EUA para fazer alianças táticas. Washington se alinha com o Brasil contra os subsídios agrícolas europeus e Bruxelas busca parceria contra a indisposição americana de rever o acordo antidumping da OMC. Parece haver convergência entre os EUA e a UE para o lançamento da rodada ainda neste ano, apesar das eleições presidenciais americanas.
>
> Em Washington, acredita-se que se as negociações não começarem em 2000, as condições nos EUA podem ser menos funcionais. Isso porque há incertezas políticas. Se vencer o candidato republicano George W. Bush, pode prevalecer uma visão empresarial

pró-livre-comércio, mas à qual certamente haverá oposição dos sindicatos, que postulam uma vinculação entre acordos da OMC e padrões trabalhistas. Se ganhar o democrata Al Gore, a bancada na Câmara deve ser liderada por Dick Gephardt, considerado protecionista. Outros fatores apressariam o lançamento da rodada. Há notícias de que o "quad" (grupo *ad hoc* formado por EUA, UE, Canadá e Japão) se reunirá para debater o assunto antes do encontro do G-8 em Okinawa, em junho. O lançamento da rodada poderá se converter num movimento entre os grandes, teme a diplomacia brasileira, para quem é inviável "uma combinação desse tipo para multilateralizar uma pré-decisão".

Outra reportagem, de 14 de março de 2000, "UE quer aproximação, mas não menciona barreiras", confirma a indisposição dos europeus para tratar de assuntos espinhosos com o Brasil. Reproduzo-a na íntegra, porque mostra também como estava o intercâmbio comercial bilateral. O Brasil comprava mais da Europa do que conseguia vender.

As últimas notícias de que a Política Agrícola Comum (PAC) será estendida aos futuros novos membros da União Europeia (UE) tendem a complicar a visita ao Brasil, de 19 a 26 de março, do comissário para o comércio exterior, Pascal Lamy. "O fato contraria a expectativa de redução e eliminação de subsídios na UE", diz o embaixador José Alfredo Graça Lima, subsecretário de Integração, Assuntos Econômicos e de Comércio Exterior do Itamaraty. Mas o encontro com Lamy será também uma oportunidade para o Brasil saber o que ele tem conversado, ultimamente, com negociadores dos EUA, da Índia e do Japão sobre o lançamento de uma rodada comercial, depois do fracasso de Seattle.

A UE, que propôs o lançamento da Rodada do Milênio, continua interessada em negociações amplas e não apenas sobre novos temas (comércio e meio ambiente, políticas de concorrência e investimentos) como querem os EUA. A visita é organizada de modo a ele ter visão completa da economia brasileira. Em São Paulo estará com empresários, representantes de Organizações Não Governamentais, com a Central Única dos Trabalhadores (CUT) e professores na Universidade de São Paulo. Na segunda-feira, o chanceler Luiz Felipe Lampreia virá jantar com Lamy e um seleto grupo, no tradicional Clube São Paulo, em Higienópolis. Kjeld Jakobsen, secretário de Relações Internacionais da CUT

(5 milhões de trabalhadores), reforçará a preocupação da entidade com a dimensão social do futuro acordo de livre-comércio entre o Mercosul e a UE. Tal dimensão, comenta ele, não consta do acordo entre a Europa e o México, recentemente concluído. A CUT é favorável à vinculação entre comércio e padrões trabalhistas numa nova rodada da Organização Mundial do Comércio (OMC), desde que haja salvaguardas contra o protecionismo.

A grande preocupação a ser expressa a Lamy é com o protecionismo agrícola, que não dá sinais de retroceder. Ao contrário, tende a prosseguir com a adesão de novos membros do Leste Europeu. Em Uberlândia, Lamy visitará a Granja Rezende, fazenda modelo de suínos e frangos, acompanhado do ministro da Agricultura, Pratini de Moraes, que quer lhe mostrar o potencial do agronegócio brasileiro (saldo positivo ao País de US$ 13 bilhões em 1999 e expectativa de US$ 15 bilhões este ano). O setor, diz Pratini, é o que tem maior capacidade de gerar saldos comerciais, mas também o que enfrenta uma boa dose de dificuldades no mercado europeu. A agricultura chega a ser o principal obstáculo à negociação de um acordo de livre-comércio entre a UE e o Mercosul.

[...] Em Brasília, Lamy ouvirá queixas sobre assimetrias no intercâmbio comercial do Brasil com a Europa. De 1993 a 1998, enquanto as importações do Brasil procedentes da UE cresceram 181% (de US$ 6 bilhões a US$ 17 bilhões), as vendas brasileiras para esse mercado aumentaram 53% (de US$ 9,6 bilhões a US$ 14,7 bilhões). "Temos interesse em corrigir isso", destaca. De seu lado, Lamy também trará queixas, como a de que o Brasil ainda usa a palavra conhaque, prejudicando interesses europeus. Bruxelas também investiga restrições brasileiras pelo sistema de licenciamento não automático aplicado a têxteis, aço e sorbitol. O Brasil, por sua vez, enfrenta três processos antidumping na UE: conexões de ferro fundido, glutamato monossódico e ferrosilício.

FERNANDO HENRIQUE, HUGO CHÁVEZ E 300 EMPRESÁRIOS: OS BONS NEGÓCIOS COM A VENEZUELA

Quando Hugo Chávez era presidente da Venezuela, o relacionamento com o Brasil encontrava-se no apogeu. No ano 2000, Chávez, em seu primeiro ano no poder, que ocupou por 14 anos até sua morte, em 2013, recebeu o presidente Fernando Henrique Cardoso e uma delegação de 30 empresários filiados ao Conselho Empresarial Brasil/Venezuela. A visita, em retribuição à que ele fez ao Brasil em 1999, coincidiu com o crescimento de 563% nas vendas de automóveis e de 71% nas exportações de calçados brasileiros, em janeiro e fevereiro daquele ano. Os negócios tinham prosperado: a construtora Norberto Odebrecht assinara dois contratos para ampliar a linha 4 do metrô de Caracas e construir uma ponte sobre o rio Orinoco.

No primeiro dia da visita, FHC e Chávez encerraram um encontro de 300 empresários. As principais empresas com interesse na Venezuela eram Petrobras, Odebrecht, Brahma, Silex, IAT Trading, White Martins e Usiminas, que tinha participação na Sidor. Do lado venezuelano, faziam parte do Conselho empresas como a Petroleos de Venezuela (PDVSA), os bancos Caroni e Unión, a Vencemos (Cimentos de Venezuela) e a Guardian (fabricante de vidros).

Essas informações constam da reportagem de 1º e 2 de abril de 2000, "FHC leva empresários à Venezuela". Reproduzo alguns trechos:

> "O produto brasileiro é competitivo no mercado venezuelano em qualidade e preço", diz José Francisco Marcondes Neto, presidente da Câmara Venezuelano-Brasileira de Comércio e Indústria. "A Venezuela é o terceiro país em população da América do Sul e seu mercado é muito disputado pelos EUA e pela Colômbia, mas há sinalização de interesse do governo venezuelano em uma maior aproximação com o Brasil, que deve se transformar em um de seus principais parceiros", comenta Marcondes Neto.
>
> A Venezuela oscila entre o segundo e o terceiro fornecedor de petróleo ao Brasil. A mudança na política externa do país vizinho com o intuito de priorizar o relacionamento com o Brasil aconteceu no governo de Rafael Caldera, em 1994. Na ocasião, houve o encontro de La Guzmania com o presidente Itamar Franco. Antes dessa fase, o país era tradicionalmente voltado para os EUA.
>
> Os dois países criaram uma Comissão Binacional de Alto Nível (Coban) presidida pelos chanceleres e com grupos de trabalho setoriais em meio ambiente, mineração ilegal, energia, transportes e comunicações, desenvolvimento fronteiriço, ciência e tecnologia.
>
> Em fevereiro, o chanceler Luiz Felipe Lampreia participou da sétima reunião da Coban, que discutiu a interconexão elétrica

com Roraima, aumento do intercâmbio comercial e da presença empresarial brasileira na Venezuela e desenvolvimento de projetos no Tratado de Cooperação Amazônica. O problema dos garimpos ilegais na fronteira, que provocou desgaste nas relações, já foi solucionado.

ESTADOS UNIDOS QUERIAM BRASIL INFLUENTE NA REGIÃO, SEGUNDO FHC

Por volta do ano 2000, o Brasil tinha uma presença forte nos Estados Unidos, seja pelas privatizações no governo FHC, seja pela influência e pelo peso nas relações com os vizinhos sul-americanos. Escrevi na *Gazeta Mercantil Latino-Americana*, edição de 13 a 19 de março de 2000, a reportagem "EUA querem Brasil influente na região". Segue a íntegra:

> A convocação pelo presidente Fernando Henrique Cardoso de uma cúpula sul-americana para refletir sobre o futuro econômico e político da região, no segundo semestre deste ano, é um ponto de inflexão na política externa de seu governo. A América do Sul é uma área privilegiada de influência do Brasil, maior sócio do Mercosul, propulsor da adesão efetiva do Chile ao bloco e parceiro estratégico da Venezuela e da Bolívia em matéria de energia.
>
> Anos atrás, na ótica do realismo "kissingeriano", a iniciativa da cúpula sul-americana seria vista com desconfiança pelos EUA, que temiam o Brasil como um *regional balancer* (fator de equilíbrio regional). Nessa concepção, o País atentava contra os interesses norte-americanos. Os tempos são outros e hoje Washington e os investidores americanos reconhecem no Brasil um fator de estabilidade política e geoeconômica na América do Sul. Os investimentos diretos americanos fluem para o Cone Sul sem os medos do passado: de nacionalização e confisco.
>
> A diferença no relacionamento dos EUA com a América do Sul é mais fruto de uma mudança nossa. Os países se democratizaram e aceitam, por isso mesmo, tratar de uma agenda que antes causava repulsão, como o tema da droga. A CPI do narcotráfico no Brasil, por exemplo, seria impensável anos atrás. Assim como era *gauche* uma autoridade americana propor a análise do assunto em Brasília. Com um ministério civil da Defesa, o tema faz parte da

agenda de um país democrático. "Não se pode ter reação epidérmica contra os EUA em matéria de droga. O assunto faz parte do interesse nacional", pondera uma fonte diplomática.

Demétrio Magnoli, Luís Fernando Panelli César e Philip Yang, em estudo intitulado "Em Busca do Interesse Nacional", argumentam que "a autonomia, como valor, foi substancialmente transformada nas décadas recentes. Entendida, em termos clássicos, como a capacidade de definir 'unilateralmente' os interesses nacionais, a autonomia é hoje encarada como a capacidade de definir 'coletivamente' esses interesses. Essa mudança de percepção, que permitiu o avanço do processo de integração regional, possibilitará a extensão desse processo a áreas antes vistas como monopólios de Estados soberanos, como a defesa e segurança, o desenvolvimento de tecnologias sensíveis, o combate ao narcotráfico". Essa percepção ajuda os países a aprofundarem certos temas que se estendem além das fronteiras. Isso é positivo à medida que se evita ter a agenda ditada pelos EUA.

Um outro elemento que denota "mudança nossa" é a constituição do Mercosul. Inicialmente, a reação americana foi negativa. Os EUA viam a iniciativa com desconfiança, novamente achavam que iria contra seus interesses. Hoje em dia reconhecem que a união aduaneira beneficia as exportações americanas.

Houve um amadurecimento nas relações. Por isso, a cúpula sul-americana convocada pelo Brasil, que provavelmente incluirá temas como as "novas ameaças", que figuram também na agenda americana, não assusta os EUA. O raciocínio é que se o Brasil e seus vizinhos cuidarem de manter a estabilidade, os norte-americanos poderão ficar tranquilos e queimar cartuchos em áreas mais problemáticas do globo.

Chamou a atenção a viagem do subsecretário de Estado para assuntos políticos, Thomas Pickering, em meados de fevereiro. De acordo com o Departamento de Estado, na Colômbia ele discutiu narcotráfico, processo de paz, direitos humanos, administração da justiça, desenvolvimento econômico e social. Na Venezuela, falou sobre temas bilaterais e esforços para reconstruir áreas devastadas pelas enchentes. No Equador, a missão de Pickering foi ouvir explicações sobre os planos econômicos do novo governo e falar da importância que os EUA dão à democracia, aos processos constitucionais e ao progresso na resolução de problemas sociais e econômicos do país.

"A visita de Pickering ao Brasil", disse o Departamento de Estado, "foi para continuar nosso diálogo com os brasileiros em assuntos bilaterais, regionais e internacionais". É significativo esse esclarecimento: os EUA consideram o País um interlocutor válido para tratar de temas do continente e mundiais.

Em entrevista recente à revista *Época*, Fernando Henrique demonstra estar à vontade com o novo papel de potência regional do Brasil, finalmente reconhecido por Washington. Ele diz que o País "criou um eixo definitivo de poder e de influência" na América do Sul.

"O Bill Clinton sempre me pede para aumentar a influência regional do Brasil – aqui e no Oriente Médio", confessa o presidente brasileiro.

A agenda dos EUA não mudou. Comércio, narcotráfico, fronteiras, imigração, estabilidade regional são temas permanentes no discurso dos formuladores da política externa americana. A Área de Livre-Comércio das Américas, por exemplo, nada mais é do que a continuação da "Enterprise for the Americas Initiative" (Iniciativa Bush). Só que na época, no começo dos anos 90, a ideia republicana era construir uma zona de livre-comércio do Alasca à Patagônia para enfrentar a "fortaleza Europa". No governo Clinton, a principal motivação para levar adiante a Alca é o reconhecimento de que há vários processos de integração sub-regional ocorrendo, entre eles o Mercosul. Além disso, o Canadá, que é membro do Nafta, está ativamente negociando pactos de livre-comércio bilaterais com os países sul-americanos.

O México, também integrante do Nafta, estabeleceu uma rede de acordos comerciais na América do Sul, na América Central e no Caribe. Se os EUA não fizerem nada, vão perder o bonde do livre-comércio e, por conseguinte, uma fatia importante de poder. Sem a Alca, a influência americana na região diminuiria consideravelmente.

A ideologia que levou à formulação da Área de Livre-Comércio das Américas está calcada no quadro pós-Guerra Fria, que prioriza as noções de democracia e livre mercado, os dois pilares que dão sentido ao empreendimento. A Alca se tornou política bipartidária nos EUA. Os dois candidatos à presidência, o democrata Al Gore e o republicano George W. Bush, já declararam prioritária a área hemisférica de livre-comércio.

MÉXICO, O PREDILETO DOS ESTADOS UNIDOS E DA UNIÃO EUROPEIA

O México era o país predileto dos Estados Unidos e da União Europeia. Essa percepção estava presente nas declarações de autoridades americanas e europeias que visitavam o Brasil no ano 2000, seis anos após a adesão do país ao Nafta. Conforme escrevi na reportagem "UE prevê negociação complicada com o Mercosul", de 22 de março de 2000:

> Numa clara indicação de que resta dever de casa a ser feito pelo Mercosul, Lamy disse que "as condições básicas e justas (*the level playing field*) para a concorrência no bloco estão apenas começando a se materializar". O contraponto é o México, que pertence ao Nafta, acordo comercial que envolve também os EUA e o Canadá.
>
> Os mexicanos tiveram de "rever totalmente seu regime comercial" para se ajustar nas relações com seus parceiros e isso facilitou a negociação de um acordo de livre-comércio com a União Europeia.

Foi o que afirmou o comissário europeu de Comércio, Pascal Lamy, segundo a mesma reportagem. Prossegui:

> Ao contrário do México – que vende mais mercadorias semiacabadas para a Europa –, o Mercosul exporta grande volume de produtos agrícolas e matérias-primas. Segundo Lamy, como as negociações com o Mercosul ainda nem começaram, não está definido se haverá lista de produtos sensíveis no acordo. No tratado da UE com o México e a África do Sul certos produtos sensíveis, que não representam muito da pauta de comércio, foram deixados de lado, observou. Indagado se o Brasil e o Mercosul podem ficar discriminados na União Europeia depois do acordo fechado com aqueles dois países, Lamy foi assertivo: "Claro, abertura de comércio é abertura de comércio, isso cria oportunidades."
>
> O governo brasileiro está preocupado também com a ampliação da União Europeia. Por volta de 2003, 2004, países do Leste Europeu vão aderir ao bloco e gozarão de benefícios especiais para exportar seus produtos.
>
> O comissário europeu negou que a UE esteja priorizando o Mercosul por temer a perda de mercados para os EUA, que participam da Alca.

"O acordo com a UE, além de ser político, de cooperação econômica, de assistência ao desenvolvimento aos países do Mercosul, é de comércio também. Nossa relação é global, enquanto a Alca é somente comércio. Nosso mandato para negociar com o Mercosul tem um conteúdo econômico, político e de cooperação. É mais uma visão de parceria do que de puro livre-comércio", argumentou o comissário europeu. Mas existe também a pressão da Alca? Diante da insistência, Lamy desconversou: "Não sobre nós. Talvez sobre o Mercosul, o Brasil."

Negando haver uma competição de acordos de livre-comércio, o alto funcionário explicou que o comportamento da UE na negociação com o Mercosul não será de "superpotência".

"É algo que o Brasil e o Mercosul querem, não alguma coisa que estamos impondo." A prioridade ao Mercosul, reforçou ele, "é porque somos os maiores investidores no bloco e porque existe proximidade cultural e histórica, o que torna mais natural um acordo nessa direção do que com países asiáticos".

Há poucos dias, Lamy reuniu-se em Portugal com ministros de Comércio dos 15 membros da UE para falar sobre suas consultas com os países em desenvolvimento. O comissário ainda não tem um quadro claro sobre as condições de lançamento da Rodada do Milênio e ressalvou que o mandato recebido não lhe permite "flexibilidade unilateral" na negociação. A visita ao Brasil, até sábado, está sendo uma boa oportunidade para explicar a questão dos subsídios agrícolas na UE.

"Os brasileiros não estão a par do progresso que fizemos. Quando digo que dois terços das exportações agrícolas brasileiras para a UE entram livre de impostos, eles ficam surpresos. A grande impressão é que a agricultura é uma espécie de fortaleza. Mas olhe para os números. O Brasil é a nossa segunda fonte de suprimento agrícola. Claro que temos problema em carne, frango, mas apenas um terço do comércio relacionado com a agricultura tem problemas", disse.

Lamy explicou que desde 1992 a UE vem reduzindo os subsídios à exportação agrícola, que agora respondem por menos de 9% do orçamento total em agricultura, em relação a 30% há dez anos.

"O subsídio à exportação é a diferença entre o preço interno (alto) e o preço de mercado internacional (baixo). A Europa subsidia seus fazendeiros como forma de compensar os dois preços e para que eles possam vender no mercado mundial. Quando a UE baixa o preço interno, automaticamente reduz a necessidade de subsidiar a exportação", disse Lamy. Segundo ele, é impossível decidir o ritmo de queda dos subsídios, porque 'não somos nós quem definimos os preços internacionais'. Quanto ao apoio doméstico, Lamy afirmou: "Nos comprometemos com a redução na Rodada Uruguai e estamos executando o programa, ano após ano."

CRISES NO MERCOSUL PREOCUPAVAM INVESTIDORES

As sucessivas crises no Mercosul preocupavam os investidores e os negociadores, tanto nos Estados Unidos como na União Europeia. A percepção das dificuldades entre os quatro sócios foi destacada no seminário organizado pela Câmara Americana de Comércio de São Paulo, da qual participaram membros da American Bar Association (ABA), órgão equivalente à Ordem dos Advogados do Brasil.

Na reportagem "Crise no Mercosul preocupa investidor", de 28 de março de 2000, colhi opiniões de várias fontes presentes no evento:

> "Há uma grande preocupação com as tensões entre o Brasil e a Argentina. A questão é o que isso significa para o sucesso do Mercosul e para a sua habilidade de negociar, de forma coerente e racional, os acordos da Alca", resumiu Rona Mears, presidente da seção internacional da ABA.
>
> "As empresas americanas fizeram planejamento estratégico ao investir no Brasil e na Argentina e agora querem saber o que vai acontecer", acrescenta Isabel Franco, da filial nova-iorquina do escritório Demarest & Almeida Advogados. O representante no Brasil da GE Capital, Pedro Paulo de Campos, diz que o bloco tem um grande desafio pela frente, porque o Brasil se tornou mais competitivo que a Argentina. Ele acredita que os governos possam minimizar os desequilíbrios, mas não os eliminar. "Quando os parceiros de um acordo comercial começam a discordar muito entre eles e não são capazes de resolver seus conflitos, a questão natural é o que acontecerá com o bloco. Vai continuar funcionando e crescendo ou diminuirá?", inquieta-se Rona Mears.
>
> Neste ano, o Brasil foi escolhido como prioritário pela seção internacional da ABA. O departamento tem 14 mil filiados, sendo

3 mil estrangeiros. A delegação de 24 advogados estará hoje em Brasília, no Conselho Administrativo de Direito Econômico (Cade) e na Agência Nacional de Telecomunicações.

Escritórios de advocacia dos EUA precisam conhecer as condições sociais, políticas, econômicas e legais no Brasil para informar seus clientes: grandes, médias e pequenas empresas que querem investir no mercado brasileiro. "Tecnologia é a área onde vejo maior interesse", diz Rona Mears, que advoga no Haynes and Boone, LLP, no Texas. A avaliação coincide com o resultado da pesquisa do FleetBoston Financial, divulgada domingo na reunião do Banco Interamericano de Desenvolvimento (BID), em Nova Orleans. Os investidores americanos disseram que os seus negócios on-line na América Latina mais do que dobrarão nos próximos cinco anos e que o sucesso da economia latino-americana dependerá da capacidade da região de lidar com novas tecnologias.

De acordo com a pesquisa, o Brasil pulou para o primeiro lugar na preferência dos investidores americanos. "Este é o mais alto percentual de confiança no Brasil que as nossas pesquisas registraram nos últimos cinco anos", nota Henrique de Campos Meirelles, presidente do FleetBoston Global Bank e presidente mundial do BankBoston.

A pesquisa ouviu 200 executivos americanos de multinacionais e de administradoras de ativos de terceiros, mas não aferiu a expectativa dos empresários em relação ao Mercosul. Após Brasil e México (30% e 31%), os países preferidos para investir são Argentina (7%), Chile e Panamá (4% cada), Venezuela e Colômbia (3%), Equador e Peru (menos de 1%). Há um ano, apenas 13% dos investidores escolheriam o Brasil como sua primeira alternativa de investimento na América Latina.

Na avaliação de Campos, da GE Capital, os principais desafios para investir no Brasil, Argentina e Chile são a volatilidade macroeconômica, as mudanças nas regras, as novas agências reguladoras dos setores privatizados e o sistema tributário. Mas ao lado disso, mencionou, há três aspectos positivos: tradição de investimentos diretos estrangeiros na região, orientação para negócios (das 500 maiores empresas americanas 400 têm interesses nos três países sul-americanos) e transparência no processo democrático.

Entre os problemas citados, Roberto Pasqualin, do Tess, Pasqualin Advogados, destacou "o Judiciário muito lento".

Por isso, crescem os centros de arbitragem como alternativa para as empresas. Um deles funciona na Câmara Americana de Comércio de São Paulo desde o ano passado.

A lei sobre arbitragem, de 1996, prevê que a sentença do árbitro, escolhido pelas empresas em conflito, tenha validade como se fosse judicial. "A Câmara Canadense de Comércio já reúne 30 casos de arbitragem", informa Pasqualin.

Sobre o interesse pelos negócios on-line revelado na pesquisa do FleetBoston, Meirelles diz que "por muitos anos o crescimento do setor de manufaturas foi considerado a chave para o futuro da América Latina, mas está claro que os investidores norte-americanos agora acreditam que é muito mais importante que a região abrace totalmente a nova economia".

Para 39% dos investidores, o México é o país mais habilitado a explorar a internet para atividades de negócios, seguido pelo Brasil (30%). Só 6% citaram a Argentina e 5% o Chile. Meirelles acredita que os entrevistados estão "subestimando o potencial tecnológico e da internet da Argentina e esquecendo que ela já é uma grande usuária de televisão a cabo".

O escritório Siqueira Castro Advogados estima que neste ano os investimentos diretos estrangeiros no Brasil ficarão acima de US$ 25 bilhões e chegarão a US$ 80 bilhões em quatro anos. Esse capital externo investido na produção, entre 1998 e 2004, algo em torno de US$ 160 bilhões, é maior do que o volume que ingressou no Brasil nos últimos 50 anos, "o que significará um impacto definitivo no sistema produtivo", diz Carlos Roberto Siqueira Castro.

ANO 2000: SEMINÁRIOS E DISCUSSÕES SOBRE ACORDOS COMERCIAIS. PARTICIPAÇÃO DA SOCIEDADE CIVIL

Pela cronologia utilizada no livro, é possível verificar, no primeiro semestre do ano 2000, o grande interesse da sociedade civil nas negociações dos acordos comerciais. Muitos seminários se realizaram em março daquele ano, entre eles o da Sociedade Brasileira de Estudos de Empresas Transnacionais e da Globalização Econômica (Sobeet), em São Paulo.

Iniciei a reportagem "Brasil negocia a Alca em situação de fragilidade", de 30 de março de 2000, escrevendo que a política comercial externa do país foi criticada por especialistas:

> "O Brasil continua jogando na defensiva e colocando o pé no freio em relação à Área de Livre-Comércio das Américas e à Organização Mundial do Comércio, numa atitude de quem não está entendendo as transformações da economia e o debate multilateral", disse José Augusto Guilhon de Albuquerque, coordenador do Núcleo de Relações Internacionais da Universidade de São Paulo (USP).
>
> Mostra disso, de acordo com ele, foi a ênfase brasileira excessiva no acesso a mercados na área agrícola em detrimento de outros temas, revelada na reunião ministerial da OMC, em Seattle. "A agenda está cada vez mais voltada para regras de investimento, de proteção à concorrência e ao consumidor", comenta Guilhon, cujo raciocínio foi seguido por Pedro da Motta Veiga, consultor da Confederação Nacional da Indústria (CNI).
>
> "Goste ou não o Brasil, a vinculação entre meio ambiente e comércio e padrões trabalhistas e comércio já está entrando na agenda", reforçou o economista. Em sua opinião, isso pode ser ou não uma nova arma protecionista, mas para o governo brasileiro não há dúvida de que se os dois temas entrarem na OMC servirão a interesses protecionistas de países ricos.
>
> Motta Veiga disse que o País está em "situação de fragilidade para abordar a aceleração da Alca" e não deveria se colocar na defensiva porque é nessa iniciativa e no Mercosul que estão os principais interesses brasileiros. "Nossa agenda é essencialmente continental", destacou, criticando a "inércia impressionante do paradigma da política externa", que mudou pouco nos últimos 40 anos e ainda contém uma visão de polarização com os EUA. "Só isso explica a aparente simpatia política por um acordo comercial com a União Europeia, contrastando com a antipatia em relação à Alca", afirmou.
>
> A Área de Livre-Comércio das Américas "englobará os países com os quais temos acordos preferenciais e, se não estivermos nela, perderemos todas as preferências. Isso não é verdade em relação à União Europeia. Por isso é bom despolitizar a discussão".

O Brasil subestimou o impacto do Nafta (acordo de livre-comércio entre EUA, Canadá e México) nas exportações brasileiras para os EUA, quando o que se verifica hoje "é que o México e a China cresceram no mercado americano em cima do Brasil, o que deve servir de lição para o País não menosprezar a Alca e seu impacto no comércio brasileiro com a América Latina", pondera Motta Veiga.

Ricardo Markwald, diretor-geral da Fundação Centro de Estudos de Comércio Exterior (Funcex), diz que "o Brasil ainda não digeriu a opção estratégica pelo Mercosul e não resolveu seu problema de identidade a poucos anos do início efetivo da Alca".

O País, segundo ele, "não definiu ainda sequer ser um ator importante no cenário mundial sozinho ou acompanhado e se vai partilhar a sua soberania com um conjunto de vizinhos". Argentino e radicado há muitos anos no Brasil, Markwald acredita que o relançamento do Mercosul é viável "dependendo do Brasil e das imposições de sua política externa". Ele não vê solução para o problema cambial porque não imagina o Brasil se comprometendo com uma determinada política para agradar à Argentina, mas acha necessárias políticas industriais setoriais, como o regime automotivo que acaba de ser negociado, mesmo que sejam por um período de transição.

Markwald e Motta Veiga notam que o grau de "estridência" entre o Brasil e a Argentina baixou, mas ainda persistem diferenças "e aí estão os nós relacionados ao relançamento do Mercosul". O diretor da Funcex diz que não imagina essa agenda sem mecanismos para resolver desequilíbrios comerciais.

Guilhon não esconde seu ceticismo: lembra que o Mercosul só avançou quando havia risco ou ameaça de pressão americana, como a Iniciativa para as Américas lançada pelo governo Bush, e a Cúpula de Miami, que propôs a criação da Alca.

Na avaliação de Guilhon, os dois principais parceiros têm uma visão de "second best" em relação ao Mercosul: "Para a Argentina, é uma alternativa à integração com os EUA; para o Brasil, uma alternativa para não se integrar com os EUA".

DISCRIMINAÇÃO NA ASCENSÃO DE MULHERES AOS POSTOS MAIS ELEVADOS DO ITAMARATY

Escrevi duas reportagens sobre mulheres na diplomacia, em 2002 e 2003. "Mulheres diplomatas", de 18 de janeiro de 2002, mostra a difícil ascensão das mulheres na carreira e a desigualdade em relação aos homens no preenchimento de cargos mais elevados:

> Em 2001, o Ministério das Relações Exteriores tinha 876 diplomatas homens e 191 mulheres. Essa abissal diferença no número de homens e mulheres diplomatas também é notada em relação aos que chegam ao topo. No ano passado, havia 105 embaixadores brasileiros e apenas cinco mulheres na posição mais elevada da carreira. Com a promoção, em dezembro último, de Vitória Alice Cleaver, que trabalha no Ministério da Educação, a casa de Rio Branco contabiliza, hoje, seis embaixadoras na ativa. Thereza Quintella, que já chefiou as embaixadas do Brasil em Viena e Moscou, atualmente dirige a Fundação Alexandre de Gusmão (Funag), do Itamaraty; Maria Celina de Azevedo Rodrigues é chefe do Departamento Cultural da chancelaria; Heloísa Vilhena de Araújo assessora o ministro da Educação; Celina Maria Pereira é embaixadora alterna em Genebra; e Gilda Guimarães é a titular da embaixada brasileira na Guatemala. A embaixadora Vera Pedrosa aposentou-se recentemente.
>
> O Brasil nunca teve uma ministra das Relações Exteriores, como em outros países da América Latina e da África, nem as mulheres chegaram a outros dois postos mais elevados da carreira, abaixo do cargo de chanceler: secretário-geral e subsecretário-geral. A função máxima desempenhada por elas na burocracia do Itamaraty, dentro do País, tem sido a chefia de departamentos. Outro dado relevante: no ano passado, enquanto 35 homens chefiavam consulados brasileiros, apenas uma diplomata tinha essa tarefa. O pequeno número de mulheres em postos elevados no Itamaraty guarda relação com a reduzida participação do sexo feminino na diplomacia – de 1994 até o ano passado houve um aumento de 120 homens na carreira, enquanto a ampliação feminina, no período, foi de apenas 34.
>
> Mas não seria justo reduzir tudo a uma questão de proporcionalidade. Pesam também as dificuldades inerentes à condição de ser mulher. Para ser promovido, o diplomata brasileiro precisa passar

períodos fora do País (em geral, a cada três anos muda de posto), acompanhando os degraus da carreira. Ele começa como terceiro secretário (título que recebe quando já está cursando o Instituto Rio Branco, de formação de diplomatas), sobe em seguida a segundo secretário, evolui para conselheiro, ministro de segunda classe e de primeira classe, quando é considerado embaixador.

Até meados da década de 1990, a diplomata não podia ser removida para o posto de destino do marido, também diplomata, no exterior. Isso dificultava a ascensão da mulher, que geralmente seguia o marido e perdia anos na carreira porque se licenciava. "Houve uma evolução em termos jurídico-administrativos", diz Maria Celina Rodrigues, que cursou o Rio Branco em 1968 e foi promovida a embaixadora há dois anos, depois de ter chefiado a Divisão de Produtos de Base do Itamaraty e ter servido na embaixada do Brasil em Bruxelas. Ela aponta outra mudança: hoje, os maridos que não pertencem à carreira são considerados dependentes de suas mulheres diplomatas, quando, no passado, a situação era discriminatória porque só os homens diplomatas podiam levar suas esposas como dependentes.

"Não há dúvida de que a mulher precisa fazer uma escolha em termos pessoais", diz Maria Celina, referindo-se às diplomatas cujos maridos não são da carreira. No momento de sair para o exterior, nem sempre o cônjuge poderá acompanhá-la, sobretudo se for médico ou advogado, profissões nas quais se levam anos formando a clientela. No caso de Maria Celina, casada com francês, tem sido possível conciliar a vida afetiva e profissional. Mas ela confessa que poderia ter chegado ao topo da carreira quatro ou cinco anos mais cedo se tivesse sido mais "institucional".

"Hoje em dia, as dificuldades para as mulheres estão presentes também em outras profissões", diz a primeira secretária Irene Vida Gala, há dois anos na chefia da Divisão de África II do Itamaraty, que cuida da África Austral e dos países africanos de língua portuguesa. Em sua opinião, uma executiva de comércio exterior também precisa viajar muito. "Sempre que é necessário sair para o exterior a negociação no casal é difícil", observa. Irene garante, porém, que não foi a carreira que a fez terminar seu casamento com um estrangeiro. Ela diz que consegue conciliar sua vida familiar com a profissional e ainda arruma tempo para fazer mestrado.

Maria Celina, que além de cuidar das atividades culturais externas do Brasil está preparando a reunião anual do Banco

Interamericano de Desenvolvimento (BID), em Fortaleza, da qual participarão 5 mil pessoas, entre elas 46 ministros da Fazenda, em março, é uma *expert* em harmonizar tarefas domésticas e profissionais, mas sempre conta com o apoio do marido.

Uma mudança começa-se a perceber entre os jovens diplomatas brasileiros: eles estão se casando mais entre si, nota a chefe do Departamento Cultural. Sua colega Irene, que entrou para o Rio Branco com 23 anos, tem 15 de carreira e espera tornar-se embaixadora aos 55, acha que é preciso acabar com o estigma de que a mulher diplomata não pode ter vida afetiva ou familiar, que a diplomacia não convém às mulheres por causa das viagens e dos postos no exterior. "A diplomacia é uma atividade política, e, como a presença das mulheres na política ainda é pequena, explica-se, em parte, por que não cresce tanto a inclusão feminina no Itamaraty", conclui Irene. Maria Celina acredita que as dificuldades que as mulheres diplomatas enfrentam se originam da própria estrutura social do País, que ainda é machista.

EM 2001, POLÍTICA EXTERNA SE ATUALIZOU PARA ACOMPANHAR A GLOBALIZAÇÃO

Na reportagem "Lafer reforça a área de negociação", de 10, 11 e 12 de agosto de 2001, escrevi que a política externa estava passando por um *aggiornamento* para acompanhar a globalização.

> O desafio é dar competitividade às exportações e isso implica maior dinamismo e preparo técnico da diplomacia nas negociações internacionais. No Itamaraty está sendo implantado um modelo de trabalho mais compatível com o existente em outras burocracias, entre elas a Comissão Europeia e a Organização Mundial do Comércio.
>
> A secretaria-geral de assuntos econômicos, de comércio exterior e de integração terá coordenações para a Área de Livre-Comércio das Américas, para as negociações Mercosul/União Europeia e para contenciosos. E a antiga divisão de política comercial, ligada ao Departamento Econômico, se transformará em três outras divisões: de acesso a mercados, de propriedade intelectual e novos temas e de defesa comercial e salvaguardas.

Com esse novo organograma, submetido à aprovação pelo ministério do Planejamento, haverá mais interface com a Câmara de Comércio Exterior (Camex) e a Secretaria de Comércio Exterior (Secex).

Uma primeira mudança é que os diplomatas que cuidarem de acesso a mercados serão os mesmos que participarão de todas as negociações ligadas ao tema. "Vamos ter um *pool* de pessoas formado de modo matricial porque são temas que se repetem nas negociações", explica o ministro das Relações Exteriores, Celso Lafer, que direcionou a última turma de 18 diplomatas recém-formados para as três novas divisões, com direito a estágios em Genebra, sede da OMC, e Bruxelas, na Comissão Europeia.

Em sua segunda gestão como chanceler, Lafer, que já representou o Brasil na OMC entre 1995 e 1998, e foi ministro do Desenvolvimento, Indústria e Comércio, de janeiro a junho de 1999, acumula experiência que agora lhe é útil na reforma da burocracia comercial. Lafer presidiu o órgão de solução de controvérsias da OMC e o conselho geral da entidade. Participou também dos encontros para implementação dos acordos da Rodada Uruguai do antigo Gatt (Acordo Geral de Tarifas e Comércio) e conduziu a negociação em torno do regime automotivo brasileiro.

As inovações no Itamaraty têm a ver com a demanda da sociedade, o que ficou claro quando o chanceler foi chamado ao plenário do Senado, em meados de março, para falar sobre a doença da "vaca louca", Alca e outros temas comerciais. "Desde a guerra das Malvinas, em 1982, um ministro das Relações Exteriores não era convocado pela mais alta instância do Congresso", diz um assessor de Lafer. E o assunto foram as negociações econômicas internacionais. "É importante que o Brasil negocie acordos, mas também que os países nos garantam acesso a mercados." Daí a preocupação com o fortalecimento da área que cuida de barreiras tarifárias e não tarifárias.

O Itamaraty contratará estudos de consultores sobre os principais temas que afetam diretamente a política comercial brasileira, como medidas antidumping, controles zoofitossanitários, regras de origem e normas técnicas.

Ao mesmo tempo que reforça a área de defesa comercial e acesso a mercados, Lafer intensifica contatos com a sociedade por meio da Senalca e da Seneuropa – reuniões que tratam da Alca e das negociações Mercosul/União Europeia –, das quais participam

> empresários, parlamentares, sindicatos e universidades. A ideia, afirma o ministro, é trabalhar com transparência. Nessa linha de ação o Brasil defendeu a divulgação para o público de todos os textos da Alca, o que foi aprovado na reunião ministerial de Buenos Aires. A participação mais articulada na Senalca e na Seneuropa é a da Coalizão Empresarial, formada por representantes das confederações nacionais da indústria (a CNI) e da agricultura (a CNA) e por federações de São Paulo. "Para negociar acordos internacionais temos de contar com sustentação interna", afirma o ministro.
>
> O próximo desafio será manter uma participação ativa do Brasil na rodada que 142 países da OMC deverão lançar em novembro, no Catar. Além dos temas tradicionais que interessam ao País – mudança nas regras antidumping e fim dos subsídios agrícolas –, o governo brasileiro quer modificação na política multilateral de juros e créditos à exportação e revisão nos critérios da Organização para Cooperação e Desenvolvimento Econômico (OCDE). Celso Lafer diz que o Itamaraty "está tratando de temas globais de modo diferente e trabalha com a ideia de mudança na continuidade". Isto, segundo o ministro, "significa credibilidade. O Brasil não é um país ziguezagueante".
>
> Ao mesmo tempo, as negociações internacionais provocam fissuras na soberania dos países. O desafio, então, é "criar e manter um espaço para nossa autonomia, o que requer participar da elaboração de normas internacionais". O Brasil vai se acostumando a aceitar uma transição importante em sua política externa: a passagem das normas de mútua abstenção (princípio de não intervenção) para normas de mútua colaboração. "Isto não limita o País em temas que não lhe são apropriados."

O final dessa matéria reforça o primeiro enfoque do livro, sobre princípios da política externa, como expliquei na "Introdução".

O artigo que reproduzo a seguir se relaciona com o anterior. "Soberanias limitadas", de 17 de agosto de 2001, explica que a adesão a acordos internacionais impõe condicionalidades:

> A Constituição de 1988 definiu como princípios da política externa brasileira, entre outros, a independência nacional e a não intervenção. Mas a rede crescente de acordos internacionais leva o Brasil a perder soberania e a se submeter a ingerências externas.

O governo está às voltas, no momento, com dois problemas no Legislativo: o acordo sobre salvaguardas tecnológicas assinado em maio do ano passado com os EUA, permitindo o lançamento de satélites da Base de Alcântara, no Maranhão; e os acordos para proteção recíproca de investimentos, firmados nas duas últimas décadas com Alemanha, Reino Unido, Chile, França, Portugal e Suíça. O acordo sobre Alcântara pode ser rejeitado e os de proteção recíproca estão emperrados.

O deputado Waldir Pires (PT-BA), relator do parecer sobre o acordo envolvendo Alcântara, argumenta que a perda de soberania se daria de várias formas: uma delas, por meio das remessas de contêineres fechados com equipamentos para a base, sem a possibilidade de serem revistados por funcionários brasileiros. "Os crachás para a entrada na base também seriam fornecidos por autoridades norte-americanas", diz um assessor do deputado. Para o ministro de Ciência e Tecnologia, Ronaldo Sardenberg, porém, não é verdade que o acordo com os EUA agride a soberania nacional.

O ministério enviou aos parlamentares uma espécie de cartilha com perguntas e respostas sobre o acordo. Lê-se no documento: "O controle do Centro (Centro de Lançamento de Alcântara) é do governo brasileiro. E a esse controle terão de se submeter as regras dos organismos multilaterais, aceitas pelos países-membros. O acordo da Organização Mundial do Comércio sobre medidas de investimento relacionadas ao comércio (TRIMs, na sigla em inglês) é um deles. Ele amarra os países em suas políticas de atração de investimentos. O Brasil teve problemas com o reconhecimento de seu regime automotivo, na década passada, por causa do TRIMs, que estabelece duas restrições centrais: impede que os países exijam dos investidores equilíbrio entre exportações e importações e veda que eles determinem aos investidores a compra de componentes nacionais, para evitar discriminação aos estrangeiros".

No campo financeiro, a adesão dos países a artigos restritivos dos estatutos do Fundo Monetário Internacional (FMI) também lhes limita a soberania. O Brasil aderiu a uma norma do Fundo pela qual é obrigado a tornar livres as remessas de fluxos financeiros, sem poder invocar problemas de balanço de pagamentos. A China, que negocia sua entrada na OMC, perderá autonomia, principalmente por ter de sujeitar-se a regras antidumping.

Em matéria de direitos humanos e meio ambiente, são cada vez maiores as possibilidades de ingerência externa se os países desrespeitarem códigos internacionais. O Brasil assinou vários acordos nessas áreas e, frequentemente, é denunciado à Comissão Interamericana de Direitos Humanos. No campo ambiental, como lembra o embaixador do Brasil em Washington, Rubens Barbosa, um problema sério que não vem sendo tratado como perda de soberania é a "pirataria com espécies da flora", na Amazônia.

TRAVESSIA DO MERCOSUL NA GLOBALIZAÇÃO

O artigo "A travessia do Mercosul na globalização", de 2, 3 e 4 de março de 2001, mostra como a união aduaneira do Cone Sul navegava, 10 anos depois do Tratado de Assunção:

> O Mercosul, instituído em 26 de março de 1991 pelo Tratado de Assunção, atravessou uma década efervescente do comércio mundial. Quando o bloco formado por Argentina, Brasil, Paraguai e Uruguai tinha quatro anos, nasceram dois gigantes: a Organização Mundial do Comércio, que substituiu o Gatt, e o Nafta (Acordo de Livre-Comércio da América do Norte), ao qual pertencem Canadá, Estados Unidos e México.
>
> Primo distante da União Europeia (UE) – com a qual caminha lentamente rumo a uma área de livre-comércio com poucos contornos definidos até agora –, o Mercosul tem crescido em ambiente de fortalecimento das Organizações Não Governamentais – responsáveis por manifestações de protestos contra a globalização –, concorrência acirrada, protecionismo e muitos conflitos comerciais.
>
> Quem não se lembra da guerra entre EUA e México envolvendo a proteção dos golfinhos? E a guerra das bananas entre europeus e americanos? O contencioso mais recente foi o embargo canadense à carne bovina brasileira sob suspeita de contaminação pela doença da vaca louca. O episódio, já encerrado, veio no rastro da disputa entre a brasileira Embraer e a canadense Bombardier, concorrentes e fabricantes de jatos regionais que enfrentam acusações mútuas na OMC por práticas desleais de comércio.

O Mercosul nasceu numa época em que os EUA temiam a invasão de investimentos e produtos japoneses, principalmente dos automóveis, cuja entrada no mercado americano foi limitada por cotas. A década também viu crescer o movimento ecológico mundial e o embate sobre os gases de efeito estufa responsáveis pelo aquecimento da Terra.

Os anos 90 foram marcados pela globalização, decorrente do avanço das telecomunicações, e pela formação de blocos econômicos que exercem em relação a seus parceiros comerciais dois tipos de força – a centrípeta, que atrai negócios para o mercado ampliado, e a centrífuga, que afasta a entrada de produtos por meio de barreiras protecionistas.

Neste jogo de interesses, o Mercosul vivencia a trajetória de um bloco bem-sucedido do ponto de vista do aumento do intercâmbio e dos investimentos, embora não tenham faltado vaticínios sobre a sua morte, como se pendências comerciais não fossem comuns em ambientes marcados por concorrência e forças antagônicas.

As cifras são emblemáticas do avanço do Mercosul: só nos dois últimos anos, empresas brasileiras e argentinas investiram cerca de US$ 3,5 bilhões em negócios do outro lado da fronteira. De acordo com a embaixada do Brasil em Buenos Aires, os investimentos argentinos somaram US$ 2,1 bilhões e geraram 13 mil empregos no País.

As empresas brasileiras investiram, no período, US$ 1,4 bilhão e criaram 6,4 mil postos de trabalho na Argentina. As 190 companhias do Grupo Brasil radicadas na Argentina aplicaram US$ 8 bilhões no país vizinho desde 1995. Cerca de 120 delas são do setor industrial.

Outros dados atestam a evolução do Mercosul: o comércio entre os quatro sócios aumentou de US$ 4,1 bilhões, em 1991, para cerca de US$ 20 bilhões, em 1998. A participação do Mercosul no total das importações mundiais triplicou, saltando de US$ 29,2 bilhões, em 1990, para US$ 98,7 bilhões, em 1998.

Internamente, o Mercosul tem muitos desafios a superar, entre eles incorporar o açúcar ao regime aduaneiro, avançar na coordenação de políticas macroeconômicas, estabelecer solução para os regimes aduaneiros especiais de importação, definir como ficará a dupla cobrança da TEC e a distribuição correlata da renda aduaneira.

Em sua agenda externa, o bloco enfrentará, até 2005, as negociações para a formação da Área de Livre-Comércio das Américas e para a constituição de um espaço comercial com a União Europeia.

"Lamentavelmente", diz o ex-secretário de Comércio Exterior da Argentina Félix Peña, "o Mercosul continua sofrendo de falta de credibilidade".

Apesar dos muitos resultados positivos e da enorme distância percorrida desde 1986 e 1991, na relação bilateral Argentina/Brasil e no próprio Mercosul, o certo é que subsiste um profundo ceticismo. Cada vez mais o Mercosul tende a ser visto por muitos empresários como uma Aladi (associação regional de integração instituída em 1980, que perdeu força com a formação de blocos sub-regionais) de quatro, em que se faz o que é possível, no qual as regras são um pouco "a la criolla" e em que tudo é incerto. Para Félix Peña, é preciso aperfeiçoar as instituições e melhorar os mecanismos de solução de controvérsia, dando mais previsibilidade e transparência às regras do jogo.

OS NOVOS "DIPLOMATAS DO MERCADO"

Deixei para o final do livro minhas reportagens sobre a área de Relações Internacionais – situação dos cursos e das discussões a respeito do mercado de trabalho para os internacionalistas, no início da década de 2000.

Os anos 1990, das negociações da Alca, do acordo Mercosul-União Europeia e das privatizações, impulsionaram a nova carreira profissional.

Em "Os novos 'diplomatas do mercado'", de 5, 6 e 7 de maio de 2000, escrevi:

> Participantes contumazes de reuniões internacionais, os diplomatas brasileiros terão cada vez mais de dividir seu tempo com plateias qualificadas e numerosas, como a que surpreendeu altos funcionários do Itamaraty, na semana passada, em São Paulo. Mil e duzentos estudantes de Relações Internacionais, entre 17 e 23 anos, reuniram-se no Memorial da América Latina, em pleno feriado de 1º de maio, para discutir integração hemisférica, segurança e conflitos internacionais e Mercosul.

O 5º Encontro Nacional de Estudantes de Relações Internacionais, organizado por alunos da PUC de São Paulo, mostrou "uma explosão de interesse pelo assunto entre jovens brasileiros", avalia Marcos Galvão, assessor do ministro das Relações Exteriores, Luiz Felipe Lampreia. "Sou professor do Instituto Rio Branco (de formação de diplomatas) e não sabia que já são 30 os cursos de Relações Internacionais, alguns mais ancorados em ciências políticas e outros mais em economia. A proliferação foi rápida", nota Galvão. Diplomatas, empresários, dirigentes de partidos políticos e membros de organizações não governamentais, que falaram durante o encontro dos estudantes, de 28 de abril a 1º de maio, ficaram boquiabertos com o interesse.

"Hoje já são 8 mil os alunos de graduação em cursos de Relações Internacionais. No máximo, apenas 800 optarão pela carreira diplomática", calcula Juliano Seabra, 21 anos, recém-formado pelo curso da PUC-SP. "O restante aproveitará as novas oportunidades que se abrem no mercado", diz ele.

A globalização e a privatização da economia brasileira levam a um casamento conveniente entre empresas e profissionais de Relações Internacionais. Eles são admitidos, por exemplo, para elaborar cenários de comércio exterior e planejamento estratégico levando em conta a integração regional. Mas já existem outros campos de trabalho. Há poucos dias, conta Reginaldo Mattar Nasser, coordenador do curso de Relações Internacionais da PUC-SP, o consulado dos EUA demonstrou interesse em recrutar estudantes do curso para acompanhar uma comitiva empresarial americana que virá, em julho, com o governador da Flórida, Jeb Bush. A razão, comenta Nasser, é que os americanos "não querem mais intérpretes convencionais". Em sintonia com a proliferação de cursos de Relações Internacionais, empresas e federações de indústrias criam departamentos especializados nessa área, que aos poucos substituem os de comércio exterior. As frentes de trabalho também estão em bancos, câmaras de comércio estrangeiras, ministérios e secretarias estaduais e municipais, partidos políticos e ONGs. Os cursos de Relações Internacionais também fornecem candidatos para a carreira diplomática, mas em menor escala. "O profissional de Relações Internacionais vai ocupar um nicho de mercado que o diplomata não pode ocupar. Certos setores, como o empresarial, precisam de assessoria que o diplomata não pode fornecer", diz Seabra.

O primeiro curso de Relações Internacionais, na Universidade de Brasília (UnB), criado em 1975, foi incentivado pelo Itamaraty. Mas a explosão de cursos aconteceu nos últimos cinco anos. O da PUC-SP nasceu em 1995, o da PUC-Minas Gerais, em 1996, e outros 20 surgiram depois. Na Argentina, a primeira escola de Relações Internacionais data dos anos 20.

Marcos Galvão discorda de que a política externa sempre foi monopólio do Itamaraty, porque interessa à diplomacia construir posições fortes no exterior embasadas em posições da sociedade civil brasileira. O fato é que o Itamaraty "teve menos interlocutores do que tem hoje". Galvão reconhece que a difusão de atores que lidam com temas de política externa dará mais trabalho aos diplomatas, que terão "cada vez mais que falar dentro do Brasil".

A "privatização" dos temas diplomáticos "influirá na definição da política externa", que cabe ao presidente da República. O Itamaraty executa, embora outros ministérios também tenham suas "faces externas".

Para o embaixador José Alfredo Graça Lima, subsecretário-geral de Integração, Assuntos Econômicos e de Comércio Exterior do Itamaraty, à medida que cresce o interesse por relações internacionais, aumenta a possibilidade de a diplomacia acertar nas tomadas de decisões. A iniciativa privada está constituindo o fundo que financiará o Centro Brasileiro de Relações Internacionais (Cebri), no Rio de Janeiro.

BRASIL COLHE OS FRUTOS DA LENTA CAMINHADA NOS NEGÓCIOS COM A ÁSIA

No artigo "Paciência e bons negócios", de 1º e 2 de dezembro de 2001, faço um balanço das relações econômicas e comerciais com a Ásia, assunto sobre o qual escrevo ao longo do livro.

A verdade é que a aposta no mercado asiático, feita nos anos 1980, frutificava 20 anos depois.

> Na década de 1980, quase todo negócio de comércio exterior envolvia a Interbras (trading da Petrobras), programas de incentivo fiscal e equalização de taxas de juro, como o Befiex e o Proex. A temida Cacex controlava as compras externas por meio

de sua famosa gaveta, onde as guias de importação aguardavam liberação na fila para não prejudicar os superávits comerciais. O Brasil se movia para conquistar fatias do mercado oriental. Dizia-se, na ocasião, que se todo chinês bebesse uma xícara de café os produtores brasileiros fariam um verdadeiro negócio da China. Empreiteiras nacionais olhavam para o continente asiático ávidas por obras em grandes hidrelétricas, como a de Três Gargantas, em território chinês. Com o Japão, criou-se o modelo tripartite de investimentos entre o governo, empresas japonesas e brasileiras.

Em 1981, o presidente Figueiredo resolveu enviar a primeira missão comercial do Brasil à Ásia. Conduzida pelo diplomata Paulo Tarso Flecha de Lima, que chefiava o Departamento de Promoção Comercial do Itamaraty, a delegação empresarial visitou Malásia, Filipinas, Hong Kong, Tailândia, Indonésia e Singapura. Entre os integrantes da comitiva estavam o atual secretário-executivo da Câmara de Comércio Exterior (Camex), Roberto Giannetti da Fonseca, e outros *traders* representativos do Brasil exportador daquela década.

Leopoldo Teixeira, que explorava o mercado externo para a Zanini, também participou da missão e chegou a assinar contrato para vender US$ 86 milhões em equipamentos para o programa de açúcar e álcool das Filipinas. Um ano mais tarde, turbulências políticas levaram à queda do presidente Ferdinando Marcos e a exportação não se concretizou. Hoje, vinte anos depois, Teixeira, que preside a Bancor Internacional, *trading* com escritório em Hong Kong e negócios na China e na Coreia, não se arrepende de ter investido boa parte de sua vida naqueles mercados.

Valeu a pena, segundo ele, acreditar no longo prazo, comer aos poucos um saco de sal, ditado que ele aprendeu de Luiz Lacerda Biagi, seu ex-chefe na Zanini.

As relações Brasil/Ásia foram plantadas há 20 anos e agora frutificam. Os países mais dinâmicos são a China, que compra atualmente mais produtos brasileiros do que o Japão, e a Coreia, que vende para cá de navios a usinas termelétricas.

O chaebol (conglomerado coreano) Hyundai está negociando o fornecimento de usinas termelétricas de 40 MW para empresas brasileiras no contexto do programa da Comercializadora Brasileira de Energia Emergencial (CBEE), criada em julho para aliviar, a curto prazo, a falta de energia no Brasil.

Teixeira, que representa a Hyundai na área de termelétricas, diz que o Eximbank coreano está financiando a venda de equipamentos a juros de 6,8% ao ano, abaixo das taxas de mercado.

"Uma explicação para o casamento entre o Brasil e os asiáticos é que terminou o desencontro dos ciclos econômicos", diz Edmundo Fujita, chefe do Departamento de Ásia e Oceania do Itamaraty. Na década perdida de 80, o Brasil vivia a crise da dívida, enquanto os tigres asiáticos desabrochavam. Nos anos 90, os mesmos tigres entraram em crise, como a Coreia, que recebeu em 1997 ajuda de US$ 58 bilhões do Fundo Monetário Internacional, Banco Mundial e Banco de Desenvolvimento da Ásia. Na época, apesar de vulnerável a choques externos, a economia brasileira tinha mais estabilidade aos olhos dos investidores do que nos anos 80.

"Hoje", diz Fujita, "ao voltar-se para a Ásia, o Brasil está procurando explorar a última fronteira". Da mesma forma, a China e a Coreia estão vendo na América Latina uma nova fronteira. O ministro do Desenvolvimento, Indústria e Comércio Exterior, Sérgio Amaral, que visitará a China e a Índia em 2002, está propondo a criação de uma empresa comercializadora de produtos brasileiros no mercado chinês, com recursos privados e participação institucional do governo. Luiz Hafers, presidente da Sociedade Rural Brasileira e um dos empresários consultados por Amaral, considera a iniciativa indispensável, principalmente agora que a China ingressou na Organização Mundial do Comércio e deve se pautar por regras claras. Mas Hafers, grande produtor de café, recomenda que a nova empresa seja conduzida por *traders* e não por funcionários do governo. "O Brasil precisa saber que produtos os chineses querem comprar para depois produzi-los", comenta o empresário, que vê na extinta Interbras um modelo semelhante ao da comercializadora. Só que a Interbras tinha como cacife exportador o grande volume de petróleo importado pelo País.

ATENTADOS TERRORISTAS NOS ESTADOS UNIDOS EM 2001

A entrada do Terceiro Milênio foi marcada pelos ataques suicidas nos Estados Unidos, coordenados pelo grupo terrorista Al-Qaeda, que jogou dois aviões contra as Torres Gêmeas, em Nova York, e um terceiro contra o Pentágono, na Virgínia.

Nesse dia, 11 de setembro de 2001, eu estava na sede da Fiesp para cobrir uma reunião com empresários e autoridades do México e do Brasil sobre temas comerciais. A TV, ligada durante o *coffee break*, mostrava as imagens aterradoras do dia que abalou o mundo.

Três dias depois, a *Gazeta Mercantil* publicou meu artigo "A interdependência dos EUA", na edição de 14, 15 e 16 de setembro de 2001, assinado como editora-executiva da *Gazeta Mercantil Latino-Americana*, função que assumi em 2000.

Reproduzo o texto, que dá uma ideia das interrogações dos formuladores de política externa em todo mundo, naquele momento:

Nas duas administrações do ex-presidente americano Bill Clinton, cunharam-se dois rótulos para países: os BEM (*Big Emerging Markets*) – dez grandes nações emergentes como o Brasil e a Índia, com grande potencial de mercado para produtos e investimentos dos EUA –, e os "*rogue states*" – classificação à qual pertencem alguns países do mundo islâmico considerados traiçoeiros por Washington.

Essas duas categorias mostram bem o dualismo vivido pelos EUA com o fim da Guerra Fria: não mais o confronto Leste/Oeste e a doutrina do *containment*, mas um programa vigoroso de promoção da democracia e do livre mercado; não mais a União Soviética e a República Popular da China como os inimigos comunistas. No lugar deles, adversários ou *rogues*, notadamente Iraque, Líbia e Afeganistão.

Tratava-se de trazer a Rússia e outros ex-socialistas para o campo do capitalismo, tirá-los do Pacto de Varsóvia e integrá-los à aliança militar ocidental, a Otan. Os EUA passaram a construir uma nova aliança baseada na implementação da paz depois do "fim da história". Era como se o poder em Washington estivesse imbuído de uma missão moral. Com Clinton na Casa Branca, o governo americano acreditava e investia mais tempo e capital político na transformação do mundo e das sociedades pela força do livre mercado e da democracia, empenhando-se na resolução de conflitos comerciais com a China e o Japão e na construção de acordos de livre-comércio. Essa política parecia ter prioridade sobre as ações de inteligência capazes de lidar com as novas formas de terrorismo.

CRÍTICAS AO FBI E À CIA

Prossegui:

Depois dos atentados de terça-feira ao World Trade Center e ao Pentágono, uma das críticas ao sistema de inteligência americano (FBI e CIA) é que com um gasto anual de US$ 30 bilhões as três agências deveriam saber mais sobre redes de terror suicida e ter evitado a tragédia. Os atentados foram um divisor de águas, e as reações no *establishment* americano serão bem diferentes daquelas da década de Clinton, em que predominaram apoio a forças de paz, sob o manto das Nações Unidas, e conversações na Casa Branca e no Oriente Médio, para aproximar árabes e judeus.

Vem agora uma nova fase na política externa dos EUA, provavelmente de maior interdependência dos aliados, sobretudo da Inglaterra, e de montagem de uma grande rede de proteção contra o terrorismo em escala mundial. "O que aconteceu vai limitar a capacidade interna americana de fazer grandes mudanças na política externa. Não vejo tendência de deterioração do relacionamento dos EUA com seus parceiros", analisa José Augusto Guilhon Albuquerque, coordenador do Núcleo de Pesquisas em Relações Internacionais (Nupri), ligado à Universidade de São Paulo (USP). Dentro dessa ótica, os EUA deverão buscar apoio dos aliados e empreender ações militares no contexto da Otan e do Conselho de Segurança, buscando a legitimidade para o uso da força.

[...] As incógnitas são muitas. E ainda não se sabe qual será o grau de mudança na política externa de países da América Latina em face do combate ao terrorismo e da prioridade à segurança internacional. Mas a simples declaração do chanceler Celso Lafer de que o Brasil poderá reavaliar sua política de aproximação comercial e diplomática com países do Oriente Médio, notadamente Irã, Iraque e Líbia, desperta preocupação no empresariado nacional.

O presidente da Sadia, Luiz Fernando Furlan, que acabou de voltar de uma missão comercial a Teerã, organizada pelo Itamaraty e da qual participaram 40 empresários, criticou ontem a postura de Lafer.

NEGOCIAÇÕES COMERCIAIS PÓS-ATENTADOS

Em outro artigo, "Cenários para a Alca", de 22 de outubro de 2001, havia pouco mais de um mês dos atentados, escrevi:

A postura dos EUA em temas comerciais continua como antes dos atentados de 11 de setembro. O governo Bush está pouco disposto a fazer concessões para tornar possível o lançamento da rodada da OMC. Isso a despeito da necessidade de levar adiante a coalizão internacional contra o terrorismo e de manter alianças. Mas, como se sabe, os EUA separam os caminhos: o da política não se confunde com o dos interesses econômicos. Podemos vislumbrar dois cenários. No primeiro, o patriotismo/protecionismo norte-americano ou aliança bipartidária impulsionaria a aprovação da Trade Promotion Authority (TPA), o que aceleraria o processo de formação da Alca e obrigaria os países latino-americanos a apressar sua própria agenda interna de liberalização comercial. Seria a realização do desejo de Robert Zoellick, representante de Comércio dos EUA. "O Congresso, trabalhando com o presidente Bush, tem uma oportunidade de moldar a história erguendo a bandeira da liderança econômica americana", disse ele.

Nisso há uma contradição: para liderar, os EUA teriam de se mostrar flexíveis e aceitar alterações na legislação antidumping, como as que sugerem os países em desenvolvimento. A prioridade numa nova rodada mundial de comércio deveria ser a construção de uma agenda palatável aos países pobres, elaborada com o peso dos EUA e de seus parceiros desenvolvidos.

Recente editorial do *Financial Times* diz que os países ricos devem mostrar um compromisso mais forte de ajudar os pobres a cumprirem as obrigações da OMC e abrir, eles mesmos, seus próprios mercados. O governo Bush, segundo o artigo, também deveria, ao pressionar a Europa e o Japão, liberalizar sua agricultura, mostrar prontidão na redução de barreiras têxteis e mudanças na legislação antidumping.

Um cenário alternativo na Alca e na OMC seria o de instabilidade e insegurança mundiais provocadas pela campanha contra o terrorismo e, em decorrência disso, maior antagonismo no relacionamento entre os EUA e seus parceiros. A rodada é fundamental como parâmetro para os EUA negociarem a formação da Área de Livre-Comércio das Américas. Caso venha a ocorrer um atraso nas negociações da OMC e da Alca, provavelmente devido às tensões típicas de um período semelhante ao da Guerra Fria, ganhariam os setores que desejam adiar os acordos, tanto os protecionistas, nos EUA, quanto os críticos do bloco hemisférico.

A agenda do Mercosul pós-eleições na Argentina ainda é uma incógnita, mas há indícios de que os peronistas, fortalecidos no governo de Fernando de la Rúa, tendam a favorecer as relações bilaterais e não o Mercosul. A prova de fogo do bloco é não se deixar diluir na Alca, mas, com a fragilidade do relacionamento entre os quatro sócios, esse é um risco.

Na avaliação de Roberto Bouzas, da Faculdade Latino-Americana de Ciências Sociais (Flacso), em Buenos Aires, "embora o Mercosul tenha sido capaz de manter uma posição unificada nas negociações preliminares da Alca ou com a União Europeia, a base para tal cooperação parece frágil".

"QUEM DESAFIARÁ WASHINGTON?"

Esse é o título da minha coluna na *Gazeta Mercantil*, de 12 de abril de 2002. Fazia apenas sete meses dos atentados terroristas, e estava sendo gestada na capital dos Estados Unidos a "Doutrina Bush".

Reproduzo o texto:

> Uma das melhores definições sobre a política externa americana foi dada pelo colunista do *Financial Times* Martin Wolf, no artigo "Gender and America's Agenda". Ele diz que a administração George W. Bush não é nem unilateralista nem multilateralista. É um governo que adota o seguinte lema: "Fazer o que nós pensamos que é necessário e certo". Para Wolf, o mundo está presenciando um estilo de administração derivado da mudança de um presidente "feminino", Bill Clinton, do Partido Democrata, para um presidente "masculino", George W. Bush, do Partido Republicano, mais apegado ao poder militar. E isso altera dramaticamente o rumo da política externa dos EUA.
>
> O governo Bush está convencido de que Bill Clinton perdeu o mais valoroso ativo de um país: o respeito, que o presidente quer recuperar, sobretudo depois dos atentados de 11 de setembro.
>
> Bush vem utilizando um arsenal de medidas que deixa as diplomacias, em geral, principalmente a brasileira, desconcertadas. Isso talvez explique o mal-estar reinante, hoje, no eixo Brasília-Washington, principalmente depois da famosa frase do presidente Fernando Henrique Cardoso – "Barbárie não é somente a covardia do terrorismo, mas também a intolerância ou a imposição de políticas unilaterais em escala planetária" – proferida em discurso na Assembleia Nacional da França, em outubro, poucas semanas após os atentados terroristas contra os EUA. Em vez de palavras críticas, Washington esperava que o Brasil fosse mais solidário à dor dos americanos. Seis meses depois dos ataques ao World Trade Center e ao Pentágono, Bush disse que "todos os países devem saber que, para a América, a guerra ao terror não é somente uma política, é um compromisso".
>
> No campo do comércio, ao impor aumento de até 30% nas tarifas de importação de aço dos principais fornecedores, isentando apenas Canadá e México, aliados no Nafta, Bush passou o seguinte recado: deve ser do interesse de um país ser parceiro de livre-comércio dos EUA. É o que repete o representante de comércio

norte-americano, Robert Zoellick, que está negociando a Área de Livre-Comércio das Américas e os vários acordos bilaterais nos quais a Casa Branca está interessada, com Chile e Singapura, por exemplo, previstos para serem assinados neste ano.

Em 2001, os EUA firmaram acordos comerciais com a Jordânia e o Vietnã. Ainda neste ano, Bush pensa lançar as bases de novas iniciativas, inclusive com a América Central.

O protecionismo no aço e qualquer outra medida comercial restritiva que Bush venha a tomar têm um alvo: o Congresso, onde tramita o pedido de concessão do "*fast-track*", que dá ao presidente a prerrogativa de assinar acordos comerciais sem que estes sofram emendas. Bush quer agradar aos parlamentares com suas medidas protecionistas porque eles votarão o *fast-track*, hoje conhecido como TPA – autorização para a promoção do comércio. Deputados e senadores representam estados produtores de suco de laranja, aço, têxteis, frutas e outras mercadorias, e precisam de votos.

Mas, dada a avalanche de medidas que Bush vem tomando, em nome de um respeito que ele diz ter sido perdido na administração Clinton, restariam algumas saídas para limitar a ação do rolo compressor?

Felizmente, a história nos mostra que grandes impérios viveram períodos de ascensão e queda. Os britânicos tiveram de limitar seus poderes no século XIX. E mesmo que os EUA queiram impor sua maneira de encarar a economia, o comércio, o desenvolvimento, o meio ambiente e a segurança, o mundo é formado de nações diferentes entre si. O historiador britânico Eric Hobsbawm acredita que "a duração do império americano vai depender de eles conseguirem estados satélites para apoiá-los". Um deles, em potencial, cita Hobsbawm, é o Reino Unido. "O fato de haver alguém que fará o que os americanos fazem é uma real fraqueza na Europa", observa o historiador.

Enquanto se engendra em Washington uma nova política externa, a "doutrina Bush", segundo a qual cada país deve ser responsável pelo que acontecer dentro de suas fronteiras, sobretudo ações terroristas, existe uma China que pode surpreender, especialmente no campo do comércio. Os chineses, que acabam de entrar na Organização Mundial do Comércio e que eram conhecidos por desrespeitar as regras do jogo nas trocas mundiais, estão sendo vistos como candidatos a ocupar o lugar dos americanos na liderança da bandeira do livre-comércio, hipótese levantada por Hugo Restall, do *The Wall Street Journal*. A China pretende liderar os países em desenvolvimento na briga para fortalecer as medidas antidumping e de salvaguardas na OMC. Os ministros de Comércio do Brasil e da China se reuniram em Pequim, na semana passada, para discutir posições conjuntas. A China e a Índia também começaram a cooperar na mesma direção.

Depois do 11 de setembro, os Estados Unidos intensificaram atitudes punitivas. Abordei o tema na coluna "Kennan, Keynes e a punição", de 10 de maio de 2002. Segue um trecho do artigo:

> A atitude punitiva dos EUA exacerbou-se no governo de George W. Bush, especialmente após os atentados terroristas de 11 de setembro. Depois da guerra no Afeganistão, o arsenal americano está-se voltando para o Iraque, um dos países que Washington inclui no "eixo do mal". A política externa americana deu uma guinada radical em direção ao fortalecimento da área de segurança, o que ficou claro nos discursos do secretário de Estado, Colin Powell, e do secretário-assistente para assuntos do Hemisfério Ocidental, Otto Reich, na 32ª Conferência de Washington, do Conselho das Américas, na última segunda-feira. Ambos acentuaram a necessidade de solidariedade do hemisfério na questão da segurança e da luta contra o terrorismo.
>
> Os interesses dos EUA devem sempre estar acima dos interesses dos países. É a visão de supremacia mundial. O ex-presidente Woodrow Wilson afirmou, num discurso por ocasião da independência do país, em 1914: "Meu sonho é que, à medida que os anos passem e o mundo conheça cada vez mais a América, ele [...] se volte para a América, devido às inspirações morais que servem como base de toda a liberdade [...], e que a América se sobressaia quando todos souberem que ela coloca os direitos humanos acima de quaisquer outros direitos e que sua bandeira não é apenas a bandeira da América, mas, sim, da humanidade inteira".
>
> Depois da Primeira Guerra Mundial, acabou prevalecendo a ideia de punição à Alemanha, defendida por Clemenceau e Lloyd George. Keynes, com grande visão, achava perigoso punir a Alemanha, porque o equilíbrio da Europa dependia dela. Criticou o Tratado de Versalhes, por ter exigido dos alemães reparações gigantescas de guerra acima da capacidade de pagamento do país.

Karl Deutsch adverte que atitudes punitivas em relações internacionais são um perigo: geram um círculo vicioso que leva a mais violência e revanchismo. Foi o que aconteceu na Alemanha, onde se desenvolveu um sentimento de orgulho ferido e de necessidade de superar a humilhação, que acabou desembocando no nazismo.

A UNIÃO EUROPEIA QUERIA UM MERCOSUL À SUA IMAGEM E SEMELHANÇA

Os países não têm amigos, têm interesses. A frase lapidar é sempre lembrada em negociações internacionais. Com o comissário de Comércio da União Europeia, Pascal Lamy, que no início dos anos 2000 era o negociador europeu com o Mercosul, não foi diferente. Em entrevista em São Paulo, para o artigo "Mercosul e o 'euromorfismo'", de 1º de março de 2002, ele disse: "Nossa ambição nessa negociação deve ser traduzida em preço, no lado europeu, em termos de acesso a mercados ou concessões comerciais. É a função direta da atratividade do Mercosul."

Outra colocação de Lamy, que registrei no mesmo artigo – quando eu era editora de assuntos internacionais da *Gazeta Mercantil* –, relaciona-se com a frase anterior: "O Mercosul pode ser uma integração comercial, uma integração econômica e uma integração mais profunda. Quanto mais profunda for a integração, mais importante será para nós, mais prontos estaremos a pagar para ter acesso a esse mercado."

A explicação está no início do artigo: "Toda vez que o Mercosul dá um passo para se fortalecer institucionalmente, a União Europeia aplaude. Traduzindo isso para modelos de integração econômica, os europeus gostariam de ver o Mercosul caminhando, mesmo que a trancos e barrancos, para algo similar ao que foi feito por lá".

"É gratificante para a União Europeia a eventual existência de um bloco construído à sua imagem e semelhança", escrevi. Pascal Lamy afirmou:

> "Registrei com interesse, e devo confessar talvez com algum 'euromorfismo', a recente decisão dos chefes de Estado do Mercosul de criar um tribunal permanente para resolver conflitos. Essa decisão virá, indubitavelmente, reforçar a eficácia das instituições do Mercosul."

"Quanto mais institucional for a integração no Mercosul, mais os países passarão a se comprometer com o casamento de interesses comuns. Ocorre que, dada a instabilidade das economias, sujeitas a choques externos cada vez mais frequentes em razão da globalização, o Mercosul tem se afastado do modelo de mercado comum, estágio ao qual a União Europeia demorou a chegar. Portanto, o fato de o Mercosul ter dado um passo a mais em seu processo de fortalecimento institucional, com a criação de um tribunal permanente para resolver conflitos, recoloca o bloco na trilha do aprofundamento da integração."

Obviamente, isso pode significar limitação de soberania, mas é o que tem acontecido no modelo europeu.

Segundo Lamy, "a recente decisão da Europa de criar um mandado de prisão comum constitui uma nova etapa. Até então, os países da União Europeia não estavam preparados para compartilhar competências judiciais em matéria penal. Em resposta a determinadas necessidades prementes, reconheceram que a sua vontade de compartir a segurança jurídica é superior ao seu apego à soberania no domínio dos procedimentos judiciais".

O Brasil sempre foi refratário à ideia de burocratizar o bloco com a criação de instituições permanentes, preferindo que os problemas do Mercosul fossem resolvidos entre os governos. Mas ultimamente essa percepção tem mudado.

Os empresários já pedem maior institucionalização do bloco e o governo brasileiro está mais sensível a essa demanda, até porque ajuda a dar mais previsibilidade e confiabilidade às regras do jogo. Estão ganhando importância no Mercosul as sentenças dos seus árbitros. Uma delas, adotada em janeiro, relacionada ao veto brasileiro à importação de pneus recauchutados do Uruguai e Paraguai, dá ao governo duas semanas para revogar uma portaria da Secretaria de Comércio Exterior (Secex). Tal portaria, diz o laudo arbitral, é incompatível com a normativa Mercosul. Os árbitros entendem que o pneu recauchutado não é um pneu usado, é novo. O Brasil proíbe a importação de bens usados para fins comerciais. O Itamaraty espera do Ministério do Desenvolvimento, Indústria e Comércio Exterior a revogação da portaria da Secex. De fato, vem se tornando tradição no Mercosul o cumprimento dos laudos arbitrais. Agora, com a criação do tribunal permanente, os países poderão recorrer das sentenças, o que dará aos governos, aos empresários e à sociedade civil como um todo, garantias de que seus direitos serão respeitados e as obrigações cumpridas.

A União Europeia já se encontra em estágio elevadíssimo de integração entre seus 15 membros. A moeda única, em vigor desde janeiro, é prova de que os países colocam a Europa acima de suas individualidades.

Pascal Lamy vê uma vantagem do Mercosul em relação à União Europeia: a relativa homogeneidade cultural da região. "Vejamos o nosso passado e olhemos para a União Europeia de amanhã. Dentro de alguns anos, ela será uma família de 25 nações, com uma população de mais de 500 milhões de pessoas, e, simultaneamente, teremos aumentado a nossa diversidade acrescentando novas culturas, novas línguas e novos pontos de vista."

O modelo de regionalismo da UE, batizado de "modelo da família feliz", de acordo com Lamy, é aquele em que os países "compartem a vontade política de construir uma comunidade e de colocar em comum a sua soberania. Esse tipo de regionalismo tende para a integração política – criação de um mercado comum, harmonização de normas e regulamentos, políticas de redistribuição, especialmente quando existem diferenças de desenvolvimento que devem ser atenuadas, ou políticas comuns em determinadas áreas, como a da defesa".

2002: CRISE ARGENTINA. RESPOSTAS DE PEDRO MALAN

O ano de 2002, o último do governo de Fernando Henrique Cardoso, foi muito difícil para a diplomacia brasileira, que tinha de lidar com a crise argentina e a moratória do país vizinho em 23 de dezembro de 2001.

A dívida externa à época era de cerca de US$ 100 bilhões, e o governo argentino enfrentava dificuldades para obter empréstimos internacionais. O ministro da Economia, Pedro Malan, defendia outra abordagem para lidar com o problema. Escrevi sobre esse assunto na manchete da *Gazeta Mercantil* de 26 de março de 2002, "Malan defende crédito imediato para a Argentina":

O ministro da Fazenda, Pedro Malan, defendeu ontem uma nova abordagem das instituições financeiras multilaterais para lidar com o período de transição na crise argentina. "Agora a prioridade é destravar o sistema de crédito, pois não existe economia moderna que funcione sem crédito. Crédito precisa de banco, de um sistema de pagamentos funcionando. Essa prioridade é urgente no momento", afirmou Malan aos participantes do seminário "O Euro e o Brasil", organizado por este jornal. O ministro disse que "não têm sentido as demandas para que tudo seja feito em uma ou duas semanas" na Argentina.

Dado o grau de incerteza que prevalece sobre taxa de inflação, câmbio, juros e sobre o PIB real da economia argentina, neste ano, a abordagem deve ser diferente da tradicional, sugere. A posição de Malan em relação à Argentina difere da apresentada pelo presidente do banco central da Espanha, Jaime Caruana. Para o banqueiro espanhol, a Argentina tem que "criar um programa amplo que gere estabilidade interna e externa e discuti-lo com o FMI". Caruana não detalhou como a Argentina deve ampliar seu programa.

Em defesa da Argentina, Malan diz que o país "tem procurado definir com clareza as questões fundamentais dos seus regimes básicos – cambial, monetário e fiscal".

O ministro diz que os argentinos pretendem, depois desta fase de transição, definir seu sistema de metas inflacionárias, como aconteceu e foi importante para a Espanha entre 1995 e 1998.

Malan defende a moeda única no Mercosul, embora a considere remota. O ministro se diz radicalmente contra a ideia de uma dolarização da economia brasileira.

ASSEMBLEIA DO BID: COMO ESTABILIZAR ECONOMIAS DOS PAÍSES EMERGENTES

Em 2002, as dificuldades financeiras de países emergentes preocupavam os organismos multilaterais de crédito. Esse tema dominou os debates da 43ª Reunião Anual das Assembleias de Governadores do Banco Interamericano de Desenvolvimento (BID), em Fortaleza. Participei da cobertura e enviei as seguintes reportagens: "Novo mecanismo para prevenir crise", "Efeito incerteza na AL" e "'Contágio político' da Argentina preocupa FMI", de 13 de março de 2002; "BID: novas paisagens, assuntos recorrentes" e "Chile aguarda respostas dos EUA", de 14 de março daquele ano.

> O economista-chefe do Banco Interamericano de Desenvolvimento (BID), Guillermo Calvo, propôs ontem a criação de um fundo para mercados de países emergentes como uma das saídas para prevenir crises financeiras internacionais que assolaram México, Ásia, Rússia, Brasil e agora a Argentina. Para isso, explica Calvo, "'é importante que se desenvolva um mercado de bônus que permita aos empresários locais obterem fundos no resto do mundo".
>
> A ideia é ter um fundo que tenda a estabilizar um índice de bônus de países emergentes, o que Calvo chama de "Embi" (Emerging Markets Bond Index). O fundo deveria evitar flutuações como as que se seguiram à crise russa e evitar também o contágio do mercado.
>
> A sugestão de Calvo foi feita ontem em seminário promovido pelo banco espanhol BBVA, sobre prevenção e solução de crises – o papel dos organismos multilaterais e dos investidores privados. O BBVA reuniu especialistas no tema, como Adam Lerrick, da Universidade Carnegie Mellon, e Nouriel Roubini, da Universidade de Nova York, que apresentaram propostas para a nova arquitetura do sistema financeiro internacional, que serão discutidas em Monterrey (México), de 18 a 22 deste mês, com a participação de dezenas de chefes de Estado, entre eles os presidentes George W. Bush e Fernando Henrique Cardoso.[128]

Escrevi também:[129]

> O novo risco associado à crise argentina, que começa a causar inquietação nos meios financeiros, é o de contágio político. Segundo o banco BBVA, esse risco potencial tem a ver com dois temas: o efeito incerteza, ligado ao impacto de uma hipotética resolução da crise por parte das autoridades argentinas, e um "efeito espelho", relacionado ao mau uso que políticos de outros países poderiam fazer da experiência do sócio brasileiro no Mercosul, como exemplo de fracasso das políticas do Consenso de Washington.
>
> No primeiro caso, uma forma equivocada de lidar com políticas econômicas e com o quadro institucional poderia reduzir a segurança jurídica e o respeito às regras do jogo. Isso prejudicaria a confiança dos investidores na região. No segundo caso, o risco é de experiências de caráter populista. Se isso ocorresse, os efeitos seriam mais intensos e de maior duração do que qualquer outro dos canais habituais do contágio, analisa o banco.
>
> Para o BBVA, é vital que a gestão da crise argentina mantenha as linhas empreendidas pelas autoridades do país nas últimas semanas.

CRISE ARGENTINA:
ENSINAMENTOS PARA A AMÉRICA LATINA

> Há dois ensinamentos e um sinal de alerta da crise argentina para a América Latina: a ausência de contágio financeiro e a ratificação do México como economia ex-emergente. O alerta é a possibilidade de um hipotético contágio político.
>
> Isso ficou claro na entrevista com Claudio Loser, chefe do Departamento do Hemisfério Ocidental do FMI. Os ativos financeiros mexicanos, longe de deteriorar-se com a crise argentina, funcionaram como "ativo refúgio". Sua evolução esteve vinculada mais a fatores domésticos, como a concessão de *investment grade* pela S&P, que afetou os "spreads" da dívida do México.[130]

Em "Chile aguarda respostas dos EUA", escrevi, de Fortaleza, que o Chile estava se preparando:

> [...] para mais duas rodadas de negociações com os EUA, talvez conclusivas para a assinatura do acordo comercial prevista para o final deste semestre. O atraso nas negociações, iniciadas em 2000, se deve à falta de propostas prometidas há tempos pelos EUA, sobre acesso a mercados, investimentos, solução de controvérsias, temas trabalhistas e ambientais, informou a este jornal uma fonte oficial chilena.
>
> "Os EUA não fizeram oferta séria de acesso a mercados por produtos agroindustriais." A décima-primeira rodada será no dia 8 de abril, em Santiago. "Vamos tratar dos temas atrasados porque os EUA não têm propostas", disse.
>
> A outra rodada, de duas semanas, começa dia 6 de maio em Atlanta. O acordo poderá ser assinado sem que a Trade Promotion Authority (TPA), antigo *fast-track* (via rápida de aprovação de tratados comerciais pelo Congresso) tenha passado pelo Senado norte-americano. Aliás, o governo chileno espera que o voto do Senado, relacionado à TPA, não inclua a discussão do acordo entre EUA e Chile. O Congresso norte-americano é imprevisível e o Chile não tem a menor ideia se os senadores aprovarão a TPA e quando.

De fato, o Tratado de Livre-Comércio entre o Chile e os Estados Unidos ainda demorou a ser assinado. Isso só aconteceu em junho de 2005, três anos depois da reportagem de 14 de março de 2002.

2002: O BID E AS PREOCUPAÇÕES COM POBREZA E POUPANÇA INTERNA

> A placidez do oceano, observada pelos banqueiros em seu vaivém de um hotel a outro na avenida Beira Mar, em Fortaleza, combinava com o clima ameno nas salas de reuniões dos bancos, acostumados a contatos com clientes e concorrentes durante as reuniões anuais do Banco Interamericano de Desenvolvimento (BID). Com seus lucros ascendentes, os bancos têm menos motivos de queixa do que governos e certos setores empresariais que enfrentam o recrudescimento do protecionismo no comércio internacional e problemas domésticos, como violência, desemprego, pobreza, epidemias, narcotráfico.
>
> Os bons ventos prenunciam a recuperação da economia dos EUA. Mas o céu da globalização não é de brigadeiro.

Iniciei assim minha reportagem "BID: novas paisagens, assuntos recorrentes", de 14 de março de 2002, sobre a 43ª reunião anual do BID, com a participação de 1.192 inscritos, representando 51 países. Prossegui:

> Apesar de um modesto crescimento da América Latina para um patamar de 2%, previsto pelo FMI, a reunião do Banco Interamericano de Desenvolvimento, que terminou ontem, foi marcada pelo temor de contágio político da crise argentina, protecionismo nos EUA em relação às importações de aço, instabilidade e receio de populismo em alguns países da região.
>
> O que aconteceu de um ano para cá não foi pouco: aprofundamento da recessão, atentados terroristas de 11 de setembro nos EUA, queda dos preços do petróleo e de outras *commodities*, agravamento da situação argentina e deterioração política na Venezuela.
>
> Todas as reuniões de cúpula são marcadas por eventos que dão o tom das discussões. Na reunião do BID que esta repórter cobriu, em 1998, a bola da vez na crise financeira era o Brasil.
>
> Naquele ano, ainda não haviam surgido as grandes manifestações de protesto contra a globalização, iniciadas em dezembro de 1999, em Seattle, quando fracassou o lançamento da rodada de negociações da Organização Mundial do Comércio.

O MUNDO EM PÉ DE GUERRA
CONTRA OS ESTADOS UNIDOS

A rodada só veio a ser lançada no final do ano passado, em Doha (Qatar), mas, mal ela começou, o mundo está em pé de guerra contra os EUA, que decretaram salvaguardas contra importações de aço por três anos.

"O cenário não é o mesmo de 1930, quando entrou em vigor a legislação Smooth-Halley, que elevou todas as tarifas para proteger o mercado norte-americano", compara o brasilianista Albert Fishlow, professor da Universidade de Columbia e ex-pesquisador do Council on Foreign Relations.

Mas as reações contra os EUA no Brasil, Japão, Rússia, Coreia e União Europeia preocupam. O protecionismo também prejudica bancos que financiam o comércio exterior, pois o fechamento de mercados limita suas operações. Esse é um tema que continua a assombrar as reuniões de cúpula, sejam elas da OMC, do BID, do G-8 ou da Cúpula Ibero-Americana.

Uma questão recorrente na agenda do BID é a pobreza; por mais que a instituição torne disponível quase 50% de seus recursos para projetos sociais, a situação não melhora, o que leva as populações a pensarem que há algo errado no modelo econômico receitado pelo FMI e outras agências multilaterais.

Outro assunto na pauta é a necessidade de aumentar a poupança interna como forma de os países latino-americanos ficarem menos vulneráveis a choques externos. Todo o descontentamento das pessoas com os problemas que parecem não ter solução desemboca na ação de organizações não governamentais. Elas foram a Fortaleza protestar contra o BID e a prefeitura por não ter consultado a população sobre a reunião anual, onde não houve espaço para a discussão de políticas sociais, mas apenas para negócios. Em Fortaleza, o número de manifestantes foi bem menor do que na capital gaúcha e em outras conferências multilaterais. Não faltaram, porém, gás lacrimogêneo e cordão de proteção para a assembleia não ser perturbada.

CLIMA PESADO EM WASHINGTON DEPOIS DO 11 DE SETEMBRO

Fazia quase quatro anos que eu tinha deixado a correspondência em Washington. Voltei para a capital americana para cobrir a reunião de primavera entre o FMI e o Banco Mundial, e revisitei lugares que costumava frequentar.

Em 26 de abril de 2002, escrevi a coluna "*Revival* em Washington" sobre mudanças que notei: o clima nas ruas e nos cafés na era de George W. Bush estava pesado depois dos atentados terroristas de 11 de setembro de 2001 e das mudanças na política externa americana:

> No final da semana passada, protestos de organizações não governamentais em Washington chamaram a atenção para o que está acontecendo na política externa americana.
>
> As palavras de ordem eram contra a intervenção dos EUA na Colômbia, a Escola das Américas e a guerra ao terrorismo. Os manifestantes, em geral jovens, também gritavam *slogans* contra a ocupação de territórios palestinos por Israel e as políticas do Fundo Monetário Internacional (FMI) e do Banco Mundial, que concluíram sua reunião de primavera no domingo.
>
> Washington parecia estar respirando um ar das décadas de 60 e 70, quando a capital dos EUA conviveu com mobilizações contra a Guerra do Vietnã, o racismo e o regime do apartheid na África do Sul.
>
> A Kramerbooks & Afterwords, a primeira livraria-café dos EUA, uma verdadeira instituição criada em 1976, com seu clima alternativo, bar, restaurante e ponto de encontro consagrado, estava mais agitada do que o habitual. Manifestantes ruidosos no Dupont Circle enfrentavam a polícia. Alguns entravam no café, com aparência *hippie*. Veteranos de guerras em cadeiras de roda, cabelos compridos, barba, do lado de fora do café.

JOVENS FILHOS DA GLOBALIZAÇÃO, REVOLTADOS COM A NOVA ORDEM

De acordo com a mesma reportagem:

> Os jovens filhos da globalização estão revoltados com a nova ordem que vem prevalecendo no mundo desde os atentados de 11

de setembro, quando o presidente George W. Bush anunciou que usaria a força para eliminar ameaças de países que se enquadram em critérios conhecidos: hostilidade institucional aos EUA, à liberdade e à lei, apoio aos terroristas antiamericanos e demonstração de apego às armas de destruição em massa. Esses pontos constituem o centro da doutrina Bush de combate ao "eixo do mal'.

Na Kramers & Afterwords até os banheiros respiravam um ar de politização com grafites contra Bush. O presidente americano – que sucedeu a Clinton, em cuja administração a economia dos EUA cresceu de forma sustentada –, por suas posições radicais, inspira mais o debate político do que o econômico. Definitivamente, esta década é a da globalização política, marcada agora pela guerra ao terrorismo.

Nem mesmo os primeiros sinais de recuperação da economia americana – em Washington, algumas lojas já exibem cartazes com oferta de emprego – detêm a supremacia da agenda política. No final de semana, a ameaça era de atentados terroristas contra bancos da Costa Leste dos EUA. Para completar o *revival* dos anos 60, a primavera em Washington, mais quente do que o habitual, traz uma exposição sobre Jacqueline Kennedy — the White House Years — na Galeria de Arte Corcoran, que selecionou fotos e outros documentos da biblioteca e museu do ex-presidente.

No Dupont Circle, onde geralmente se concentram as manifestações, camelôs vendiam lenços como o usado pelo líder da Organização para Libertação da Palestina (OLP), Yasser Arafat. Na mobilização contra a guerra, no último dia 20 – em anos recentes os EUA se envolveram em aventuras militares no golfo Pérsico, na Bósnia, em Kosovo e no Afeganistão –, a deputada negra Cynthia McKinney, democrata da Geórgia, disse que o presidente Bush ocupa a Casa Branca com questionável legitimidade. Sua administração, afirmou ela, agora "é livre para gastar entre US$ 1 bilhão e US$ 4 bilhões ao mês na guerra do Afeganistão, livre para cortar as horas adicionais de trabalho de jovens que lutam na guerra, livre para impedir investigações contra a Enron, livre para revogar as regras que mantêm nossa água potável sem arsênico e livre para ficar do lado errado na Venezuela".

Cynthia McKinney resumiu temas que produzem uma percepção de falta de credibilidade da política externa de Bush.

Quem vai hoje aos EUA percebe claramente os efeitos dos atentados de 11 de setembro. Nos carros do metrô, em Washington, aumentaram os decalques de bandeiras americanas e os símbolos do país são vendidos mais do que nunca nas ruas e lojas. Não é para menos: enquanto no exterior os EUA são percebidos com antipatia por muitas sociedades, internamente os americanos têm respaldado as ações de Bush contra o terrorismo.

Pesquisa da ABC News, feita seis meses depois dos atentados, revela que 82% da população aprova o desempenho de Bush, dez pontos abaixo do resultado aferido no começo de outubro de 2001, mas assim mesmo um patamar elevado de popularidade, mais do que qualquer outro presidente dos EUA obteve desde 1938. Oitenta por cento aprovam a maneira como Bush vem conduzido a guerra, enquanto 64% a aprovam fortemente.

2003: O BRASIL NAS MANCHETES INTERNACIONAIS NO PRIMEIRO MANDATO DE LULA

Logo após o segundo turno das eleições, que deram vitória a Luiz Inácio Lula da Silva em 2002, a *Gazeta Mercantil* publicou na primeira página minha matéria "As elites não veem avanço na área social", de 5 de novembro daquele ano. Trago-a para o livro porque trata de uma pesquisa segundo a qual, de todos os temas, o social era o que menos tinha evoluído positivamente desde 1989, quando a Bolívar Lamounier & Amaury de Souza fez o primeiro levantamento.

Os outros assuntos abordados foram as privatizações, a proteção à propriedade intelectual e o Mercosul. Para as elites, a situação social do país era ruim e precisaria ir além.

Segundo a reportagem de 2002:

> em 1989, 60% dos entrevistados percebiam que haveria risco de o País chegar a uma situação de "apartheid" social dentro de dez anos, enquanto 57% deram a mesma resposta à consulta deste ano. A pesquisa revela, também, que há mais acordo do que desacordo sobre a agenda de reformas nos anos 90 – privatização, abertura comercial e abertura ao capital estrangeiro, liberalização do câmbio, proteção à propriedade industrial e autonomia do Banco Central. Dezoito por cento disseram que houve "algum, muito ou completo sucesso" do governo Fernando Henrique Cardoso no combate à pobreza.

Prossegue a reportagem:

> Mas 78% veem algum ou muito sucesso no prestígio internacional do País. Para o estudo foram entrevistadas 500 pessoas – 71 empresários, 40 lideranças dos segmentos da pequena e média empresa, 37 sindicalistas, 46 representantes do Congresso Nacional, 53 do Executivo, 44 do Judiciário, 60 da imprensa, 33 religiosos e organizações não governamentais (ONGs) e 116 intelectuais. Oitenta e seis por cento afirmaram que o Brasil deve participar ativamente de questões internacionais.

A reportagem informa que, de acordo com Bolívar Lamounier, "existe mais consenso no Brasil do que as pessoas imaginam. As eleições foram tranquilas e ordeiras e houve uma assimilação facílima do PT como interlocutor, o que em 1989 era impensável".

Logo que assumiu o governo, Lula anunciou a criação do Bolsa Família, do Fome Zero e de programas de distribuição de renda. Essas realizações, principalmente o programa para acabar com a fome, tiveram impacto na mídia internacional. Na coluna "O Brasil repercute na mídia externa", de 12 de março de 2003, escrevi:

> O fato de termos governo novo, com posições mais enfáticas sobre alguns temas latino-americanos e um programa para acabar com a fome, parece explicar o interesse pelo Brasil. Além disso, chama a atenção que um presidente tido como "esquerdista" (*leftist*) mantenha uma política econômica que agrada ao Fundo Monetário Internacional.
>
> "Tem havido grande demanda por entrevistas com autoridades brasileiras", diz uma fonte do Itamaraty. Nos dois primeiros meses do ano, o chanceler Celso Amorim foi entrevistado pelos principais jornais, revistas e emissoras de TV dos EUA, da Europa e da Argentina.
>
> O presidente Luiz Inácio Lula da Silva teve um artigo seu sobre política externa publicado no chileno *El Mercurio*, no *Daily Yomiuri*, do Japão, e no francês *Le Monde*.
>
> No dia 27 de fevereiro, o Itamaraty registrou notícias do Brasil em 14 publicações estrangeiras, entre elas *The Wall Street Journal* e *Miami Herald* (EUA), *El Tiempo* (Colômbia), *El Nacional* (Venezuela), *Le Monde* e *La Croix* (França), *El Mercurio* (Chile) e *La Nación* (Argentina).

Em janeiro e fevereiro, cerca de 430 reportagens sobre o Brasil apareceram na imprensa uruguaia, 490 na portuguesa, 330 na britânica, 180 na norte-americana e perto de 250 na chilena, de acordo com o clipping do Ministério das Relações Exteriores. Os postos diplomáticos do Brasil no exterior classificam as notícias sobre o País em positivas, neutras e negativas.

Em janeiro, posse do governo Lula, a maior parte das 136 reportagens e/ou artigos publicados na imprensa dos EUA foi positiva. Em fevereiro, o tom foi mais neutro, na avaliação do Itamaraty. No Reino Unido, a maior parte dos textos foi também classificada como neutra. Em janeiro, a embaixada do Brasil em Londres avaliou 43 reportagens como positivas e 13 negativas. No mesmo período, 78 publicadas nos EUA foram consideradas positivas pela embaixada em Washington e 19 negativas.

GOVERNO
LULA DA SILVA

AS ÊNFASES NA POLÍTICA EXTERNA DO PRESIDENTE LUIZ INÁCIO LULA DA SILVA

A edição da *Gazeta Mercantil* de 26 de dezembro de 2002 trouxe a reportagem "O novo governo mudará o eixo da política externa", com declarações daquele que seria o secretário de Assuntos Internacionais do Palácio do Planalto, Marco Aurélio Garcia. Na entrevista que me concedeu, ele anunciou que o foco passaria a ser "muito fortemente a América Latina, em particular a América do Sul", e que haveria pragmatismo e menos viés ideológico na relação com os Estados Unidos.

Segundo Garcia, Washington considerou "uma coisa positiva" o fato de Lula ter enviado um assessor para conversar com o presidente venezuelano, Hugo Chávez, e com a oposição a seu governo. "Se nós ajudamos na obtenção de uma solução democrática para a Venezuela, isso para os EUA é bom", afirmou.

Lula tomaria posse em 1º de janeiro de 2003, e seu governo dividiria a condução da política externa entre o chanceler Celso Amorim e Marco Aurélio Garcia, sendo que esse assessor cuidaria especialmente de assuntos latino-americanos.

Garcia concordou com a análise do ex-economista-chefe para a América Latina e o Caribe do Banco Mundial, Sebastián Edwards, de que havia indícios de semelhanças com a chamada "síndrome de Nixon na China", ou seja, somente um presidente tão conservador, tão de direita, tão anticomunista e tão pró-armamentismo como Richard Nixon poderia liderar uma aproximação acima de qualquer suspeita com a China. Escrevi:

> Para Edwards, há indícios de que Lula vai ter esse papel, que ele será um presidente que conseguirá "uma aproximação genuína entre o Brasil e os EUA". Se isso acontecer, diz ele, haverá uma mudança na geografia do hemisfério.
>
> Indagado se há no continente uma nova visão mais positiva com a eleição de Lula, Garcia diz que "nos encontros que nós tivemos até agora, todos foram muito enfáticos nisso. O Batlle (Jorge Batlle, presidente do Uruguai), que é um homem muito franco, foi muito incisivo nisso". Para Garcia, "eles estão convencidos de que o Lula tem condições de fazer coisas que os outros presidentes não conseguiram fazer. Além do que ele vem legitimado por uma brutal vitória".
>
> Sobre a "síndrome de Nixon na China", Marco Aurélio Garcia diz que "ao que tudo indica é isso que está acontecendo. Não sei qual a razão, mas nós nos beneficiamos do fato de que a América Latina não é uma prioridade dos EUA. Então ela pode ter uma liberdade de experimentalismo um pouco maior. Em segundo lugar, a América Latina não tem dado boas notícias para os EUA nos últimos anos. Então, por que não tentar, nessa margem de manobra do experimentalismo, uma coisa mais flexível, até certo ponto mais pragmática?"

COLÔMBIA E VENEZUELA

A política externa para a América Latina, no início do mandato de Lula, teve forte ênfase nas relações com a Venezuela e a Colômbia. Tratei desse tema na coluna "Uma iniciativa para a Colômbia", de 19 de fevereiro de 2003:

"As relações com a Colômbia e a Venezuela ganharão outro *status*", disse a esta colunista o assessor especial do presidente Luiz Inácio Lula da Silva para a América Latina, Marco Aurélio Garcia, uma semana antes da posse do novo governo. De fato, tudo o que Garcia prenunciou está sendo cumprido.

A diplomacia brasileira, sob orientação do presidente petista, liderou o processo de formação do Grupo de Amigos da Venezuela, ideia que surgiu em jantar, em dezembro, do qual participaram, em Caracas, o presidente venezuelano, Hugo Chávez, Garcia e o embaixador brasileiro Ruy Nogueira.

Agora, tal como anunciado, o governo Lula se empenha para atuar em outro conflito, de dimensões maiores e com uma complexidade que desafia a capacidade negociadora tradicionalmente elogiada do País.

O Brasil vai apresentar uma iniciativa para a Colômbia. "Precisamos ver do que os colombianos gostariam", diz uma fonte diplomática, destacando que a atuação brasileira no caso colombiano será "muito mais complicada" do que tem sido na Venezuela, este um caso clássico de oposição entre dois grupos que não se transformou em conflito armado. No caso venezuelano, o que o Grupo de Amigos tenta é evitar que a situação se degenere.

"Até agora o processo andou bem na Venezuela", observa um diplomata.

A greve geral terminou, já houve reunião do Grupo de Amigos em Washington e se fala em novo encontro no final deste mês ou início do próximo. O chanceler venezuelano, Roy Chaderton, esteve em Brasília e revelou que o governo Chávez continua interessado no papel do grupo, cuja função é criar um clima de confiança entre as partes.

Já no caso colombiano, os grupos envolvidos no conflito são as Forças Armadas Revolucionárias da Colômbia (Farc), que têm uma ligação forte com o narcotráfico. Marco Aurélio Garcia afirmou, há poucos dias, que haverá novidades a respeito da nova atuação do Brasil dentro de semanas.

O assessor especial de Lula disse que o governo brasileiro não vê com simpatia o Plano Colômbia, iniciativa lançada em 2000 para combater o narcotráfico e a guerrilha com a ajuda financeira e militar dos EUA.

Como professor, Garcia pode criticar franca e claramente o Plano Colômbia, o que o Itamaraty faz de forma velada. O governo Lula teme um transbordamento do conflito para dentro do território brasileiro e uma ampliação da presença militar americana na região, no futuro. Hoje, o Brasil tem mais soldados na fronteira com a Colômbia do que há um ano, quando houve um exercício conjunto entre as Forças Armadas dos dois países. Segundo fonte do Itamaraty, neste ano provavelmente haverá outro exercício. Além de aumentar seus efetivos militares na fronteira, o Brasil vai transmitir informações ao governo de Álvaro Uribe, colhidas pelo Sistema de Vigilância da Amazônia (Sivam), sobre atividades ilegais na Colômbia.

"A situação na Colômbia está muito complicada. Passou da situação de mera oposição entre um lado e outro para o conflito armado. Nosso embaixador não sai de Bogotá sem guarda-costas", comenta um diplomata brasileiro.

O Brasil passará a atuar no caso colombiano, tentando ajudar na negociação entre governo e guerrilha, se assim as partes desejarem. Na semana passada, as Farc foram definidas, pela primeira vez, como grupo terrorista pela Organização dos Estados Americanos (OEA). "É uma mudança de tom", nota o diplomata. O conselho permanente da OEA repudiou e condenou os atos cometidos pelos guerrilheiros, entre eles o que matou 35 pessoas e feriu outras 160 em um clube social exclusivo de Bogotá. O atentado, ocorrido no último dia 7, põe o presidente Uribe diante do desafio de atender o clamor da população, que quer o fim do terrorismo das Farc.

O presidente colombiano está pedindo ajuda de seus vizinhos. Seis presidentes da América Central já se encontraram com Uribe no Panamá e ofereceram-lhe cooperação contra a violência terrorista. Agora é a vez do Brasil.

Como diz Marco Aurélio Garcia, "o que nos interessa concretamente é que a Colômbia entre numa rota democrática e resolva seus problemas".

O assessor de Lula destacou que "a nossa relação bilateral com a Colômbia é muito fraca, fraquíssima. A Colômbia é um grande país, é quase uma Argentina, com uma população muito maior".

Refere-se, sobretudo, ao intercâmbio comercial. Bogotá, cuja tradição de negócios tem sido a rota que inclui EUA, México e

Venezuela, principalmente, poderá aproximar-se mais do mercado brasileiro, se não for pelo acordo entre o Mercosul e os países andinos, que ainda não saiu do papel, ao menos pela vontade política, que deve aproximar Brasil e Colômbia.

A inclinação a um envolvimento maior nas questões da América do Sul coincide com a demanda do momento. Depois dos últimos dois atentados na Colômbia, o governo Uribe quer que o Brasil e outros países da região ajudem a encontrar uma solução para os conflitos no país. O chanceler Celso Amorim diz que o Brasil não pode se ausentar dos conflitos internacionais, porque todos nos afetam.

NÃO SÓ O GOVERNO LULA ESTAVA RETICENTE EM RELAÇÃO À ALCA. OS ESTADOS UNIDOS TAMBÉM DAVAM SINAIS DE DESINTERESSE

Embora a retórica norte-americana fosse a de defender a concretização da Alca, os sinais já eram contraditórios em 2002, antes mesmo de o presidente Lula assumir o poder.

Nesse sentido, trago a reportagem "Brasil-EUA. Ex-negociador sugere acordo bilateral", de 9, 10 e 11 de agosto de 2002. Richard Fischer, número dois do USTR (United States Trade Representative) no governo Clinton, disse que a Alca não sairia do papel:

> Faltando 83 dias para o Brasil presidir com os EUA as negociações para a Área de Livre-Comércio das Américas (Alca), o que acontecerá a partir de 1º de novembro, uma opinião norte-americana divergente sobre o rumo do processo chamou atenção, ontem. O ex-número dois do escritório de representação comercial dos EUA (USTR), Richard Fischer, atualmente sócio-gerente da Kissinger McLarty Associates, defendeu um acordo de comércio entre os dois países.
>
> "Espero que o presidente Bush convide o próximo presidente brasileiro, seja ele quem for, para negociar um acordo bilateral", disse Fischer, no seminário Brasil e Wall Street: face a face, promovido pelos jornais *O Estado de S. Paulo*, *The Wall Street Journal Americas* e Conselho das Américas. Para Fischer, que negociou

a criação da Alca no governo Clinton, quando era o principal assessor da representante de Comércio, Charlene Barshefsky, dificilmente a iniciativa hemisférica se concretizará no contexto atual: crise argentina, guerra civil na Colômbia, incertezas sobre a Venezuela. O Brasil desponta, segundo ele, além do Chile, como um dos países mais estáveis na América Latina e com peso para negociar um acordo bilateral.

"O próximo presidente do Brasil deveria ter a mesma coragem de (Carlos) Salinas de Gortari (presidente do México entre 1988 e 1994), que propôs aos EUA e ao Canadá entrar na negociação para formar o Acordo de Livre-Comércio da América do Norte", disse Fischer. "O Salinas também estava na defensiva", observou Susan Kaufman Purcell, vice-presidente do Conselho das Américas e da Americas Society, com sede em Nova York.

Digamos que citar o México como exemplo para o Brasil não era o que a diplomacia brasileira gostava de ouvir.

NO BRASIL E NOS ESTADOS UNIDOS, PREOCUPAÇÃO COM O DESEMPREGO

A edição de 25 de novembro de 2003 trouxe a reportagem "Desemprego pressiona Bush a adiar a Alca". Portanto, as dificuldades pesavam tanto no governo Bush quanto no governo Lula. E, no Brasil, ainda havia o resultado do plebiscito de setembro de 2002, que sinalizou negativamente para a Alca, resultado que o Itamaraty levou em conta para querer menos pressa na negociação.

"A Casa Branca não quer uma Área de Livre-Comércio das Américas forte antes de 2005 e provavelmente a sua conclusão será postergada", afirmou ontem, em São Paulo, Arturo Valenzuela, ex-assessor para a América Latina do presidente americano, Bill Clinton, e atual professor da Universidade Georgetown, em Washington. Valenzuela diz que a decisão do representante de Comércio dos EUA, Robert Zoellick, de entrar em acordo com o Brasil para salvar a reunião de Miami e não passar a impressão de que a Alca fracassou, é parte de um jogo, cuja explicação principal tem a ver com a perda de empregos industriais nos EUA, fator de pressão dos sindicatos sobre o governo em um período eleitoral.

A análise de Valenzuela, feita três dias depois de concluída a reunião ministerial da Alca, em Miami, revela a verdadeira preocupação da Casa Branca: o presidente George W. Bush é o primeiro desde Herbert Hoover, em 1929, antes da Grande Depressão, a passar para a história como aquele em cujo governo houve a maior perda de empregos industriais – 2,6 milhões.

"Todos os presidentes tiveram períodos difíceis, como (Ronald) Reagan, no princípio dos anos 80, mas no final de seu período ganhou empregos. São todos empregos industriais, por isso Bush se preocupa com os estados industriais. Por exemplo, o tema do aço tem a ver com Pensilvânia, Ohio, West Virginia, estados em que Bush ganhou por pouco. No caso de West Virginia, ganhou por 40 mil votos. Os estados industriais do Meio Oeste preocupam a Casa Branca." A informação de Valenzuela é reforçada pelo relato do empresário Roberto Teixeira da Costa, que esteve em Washington na quinta e sexta-feira da semana passada:

"Há uma forte pressão dos sindicatos contra o Cafta – Acordo de Livre-Comércio da América Central –, que o governo Bush está negociando", diz.

Teixeira da Costa, ex-presidente do Conselho de Empresários da América Latina (Ceal) e vice-presidente do Banco Sul América, voltou convencido de que a solução a que chegaram EUA e Brasil, em Miami, foi a melhor, em função das pressões para a geração de empregos.

"No governo Lula e no governo Bush o desafio é o emprego", acrescentou.

EMPRESÁRIOS AMERICANOS TEMIAM A CONCORRÊNCIA DO BRASIL EM AÇO, TÊXTEIS, CALÇADOS E SOJA

A manchete da *Gazeta Mercantil* de 5 de dezembro de 2001, "Maior inimigo da Alca está dentro dos EUA", já mencionava as dificuldades americanas para concluir a Alca. Resumidamente, os empresários americanos temiam a concorrência brasileira em aço, têxteis, calçados e soja:

A criação da Alca, prevista para 2005, não é encarada com cautela ou apreensão apenas por setores empresariais, políticos e acadêmicos do Brasil. É nos Estados Unidos que a ideia de unir as Américas num acordo de livre-comércio poderá encontrar seus mais estridentes e poderosos adversários. Trata-se de setores industriais e agrícolas pouco eficientes e não competitivos e que até agora não passaram pela experiência de uma completa abertura de mercado. É o caso de aço, têxteis, vestuário, calçados e soja.

A queda de barreiras protecionistas para estes produtos foi incluída no Nafta, mas a produção do México, integrante do bloco, é incapaz de oferecer concorrência séria, em volume, preço ou qualidade, à produção dos Estados Unidos. A verdadeira concorrência vem do Brasil.

Por isso, a negociação da Alca será a mais difícil para os EUA desde a implantação do Nafta, em 1995, na opinião de Jon Huenemann, vice-presidente da Fleishman-Hillard/GPC, uma empresa de *lobbying* que atua na área de intrincadas relações com o governo e o Congresso dos Estados Unidos.

Fazendo *lobbying* nos Estados Unidos, o Japão conseguiu manter seus automóveis no mercado americano. E o México gastou entre US$ 7 bilhões e US$ 10 bilhões na negociação do Nafta.

Especialista em Nafta e comércio exterior, com 15 anos de serviços prestados à representação comercial dos EUA (USTR), Huenemann diz que "está ultrapassado o modelo de negociações somente entre governos. As decisões são tomadas em pacotes", comenta.

Em Washington, há 18 agências federais, quatro níveis de tomada de decisões e mais de mil assessores a órgãos do governo por onde tramitam questões de comércio exterior. Além das muitas comissões especializadas do Congresso. Nesse universo é que se travará a verdadeira batalha da Alca.

Sobre o processo de tomada de decisão em política externa comercial dos EUA, escrevi em páginas anteriores.

CELSO AMORIM:
"HÁ UM ANSEIO POR LIDERANÇA NO MUNDO. LULA CORRESPONDE UM POUCO A UMA IMAGEM DE ALGO QUE ESTÁ FALTANDO"

Fui de São Paulo a Brasília para minha primeira entrevista com Celso Amorim, ministro das Relações Exteriores do governo Lula, e escrevi duas reportagens publicadas na edição de 7, 8 e 9 de fevereiro de 2003 – "Amorim estreia na CUT o debate doméstico"; "Brasil ampara os pequenos para lidar com a Alca" (manchete da *Gazeta Mercantil*).

Cito trechos em que Amorim fala da "liderança do Brasil":[131]

> O ministro, conhecido defensor da ampliação do Conselho de Segurança da ONU e de uma vaga permanente para o Brasil, destaca: "Há um sentimento de que o País pode contribuir para encontrar solução a conflitos".
>
> Ele lembra que em 1998, quando era embaixador na ONU, e o Kofi Annan (secretário-geral da entidade) voltou do Iraque, "houve lá um memorando de entendimento e a gente tinha de absorvê-lo numa normativa do Conselho. Havia divergências, mais ou menos um quadro parecido com o de hoje, mas menos dramático porque não havia ameaça tão imediata. No final, Bill Richardson, embaixador americano na ONU, que depois foi secretário de Energia, me disse: vocês me chatearam à beça, mas se não fosse o Brasil, não iria haver resolução. Pelo fato de termos independência, isso ajudou atrair os mais céticos. O Brasil tem um peso não só pelas posições que assume – e eu acho que neste governo mais ainda. Vejo que os jornais sempre falam: o Brasil sempre tomou cuidado de evitar a questão de liderança. Liderança não se impõe. Mas que há um anseio por liderança no mundo, isso há. E o presidente Lula corresponde um pouco a uma imagem de algo que está faltando".
>
> Perguntado se não interessaria aos EUA que o Brasil ocupasse uma posição de liderança na América do Sul, Celso Amorim respondeu com diplomacia, mas de forma assertiva:
>
> "Estamos no nível de especulação e de análises, nunca ninguém me disse isso com essas palavras, mas a própria reação deles (EUA) à criação do Grupo de Amigos da Venezuela foi nessa linha. No começo eles não queriam o Grupo de Amigos porque

não entenderam bem, achavam que poderia retardar (o processo). Depois, não só aceitaram, como pediram para que o Brasil coordenasse. Agora, isso não significa que vamos estar metidos em tudo o que é conflito. Atender a um pedido, a um convite, a um chamado, esse é um papel a que não podemos renunciar. Queremos paz e democracia a nossa volta, mas nunca impondo. Nossa preocupação na questão da Venezuela é evitar que haja soluções impostas. A solução tem que ser dos venezuelanos. O Brasil e outros países podem ajudar a fazer uma ponte, mas não se pode ajudar quem não quer ser ajudado".

DEPOIS DE 11 DE SETEMBRO DE 2001 E ANTES DA INVASÃO AMERICANA NO IRAQUE EM 2003

O caderno "Fim de Semana" da *Gazeta Mercantil* de 14, 15 e 16 de fevereiro de 2003, estampou a manchete "A guerra e a nova ordem". Reproduzo trechos da reportagem que escrevi:

> "Nós estamos vivendo uma situação nova no cenário internacional, semelhante ao período de 1945 a 48", observa o diplomata Carlos Henrique Cardim, diretor do Instituto de Pesquisa de Relações Internacionais (IPRI), ligado ao Itamaraty, e professor de Relações Internacionais na Universidade de Brasília (UnB). "Em 1945", diz ele, "começa a Guerra Fria. De 1945 a 1948, o período é de formação de um novo cenário internacional. A mudança não estava clara, havia situações novas que precisavam ser estudadas". No período pré-Guerra Fria, estava em gestação "um novo ordenamento internacional, semelhante ao que estamos vivendo", comenta Cardim. Neste momento em que o mundo passa por uma pré-reacomodação, fase de prenúncio de uma nova ordem que não se sabe qual será, parece de grande utilidade a leitura de um clássico das Relações Internacionais, que acaba de ser lançado em português – *A grande ilusão* – do inglês Norman Angell, publicado originalmente em 1910.
>
> "O trabalho dele foi colocar em termos compreensíveis a problemática das Relações Internacionais, chamar atenção para a gravidade dos fatos e como havia percepção equivocada. A Primeira Guerra Mundial foi recebida com festa na França e na

Alemanha. As pessoas comemoraram que ia haver uma guerra, uma das maiores tragédias do século XX", diz Cardim.

A tese principal de Angell é a obsolescência do recurso à via militar, à força, para resolver questões em uma sociedade industrial e democrática. A sua segunda tese, sem qualquer ingenuidade, é que poderia haver guerras, embora ele as considerasse uma futilidade. Quando surgiu o problema do nazismo, Angell não era simplesmente como E. H. Carr (*Vinte anos de crise 1919-1939. Uma introdução ao estudo das Relações Internacionais*) dizia. Carr rotulou Norman Angell de "idealista", sonhador. "Norman Angell achava que deveria haver uma coordenação entre as potências que estavam sendo agredidas pelos nazistas, para derrotar o nazismo; então ele não tinha essa posição ingênua ou pacifista à outrance", destaca Carlos Henrique Cardim.

O que Angell pregava era o esclarecimento das elites, da opinião pública. Ele dizia ser necessário um trabalho de informação sobre a problemática das relações internacionais.

"Quando os fatos sobre os quais se apoiam minhas teses forem plenamente conhecidos pela opinião pública europeia – da qual depende absolutamente a subsistência ou o desaparecimento do regime militarista –, os movimentos agressivos não mais terão razão de ser... É chegado o momento de promover uma campanha de educação na Europa; de fazer com que os sessenta e cinco milhões de indivíduos que ganham a vida laboriosamente, e cujo dinheiro serve de combustível para sustentar essas rivalidades, percebam a realidade das coisas", escreveu Angell em *A grande ilusão*. A obra foi traduzida para o português por Sérgio Bath e editada em conjunto pela Imprensa Oficial do Estado de São Paulo, Editora da UnB e IPRI.

No prefácio à edição brasileira, o especialista argentino em Relações Internacionais, José Paradiso, diz que Angell "não desprezava a influência sobre os governantes, mas considerava muito mais importante educar aqueles que com seu voto consagravam, impondo-lhes seus pontos de vista. Por isso, o principal destinatário da sua mensagem fundamentalmente pedagógica era o homem comum, esse John Citizen ou John Smith de que fala extensamente nos seus escritos – que quer ver identificando seus verdadeiros interesses, libertando-se dos erros e paixões, procurando apresentar e responder a suas perguntas, dúvidas e temores a respeito da guerra, suas causas, origens e resultados".

"Angell é um homem de valores, mas não um ingênuo acerca das relações internacionais. O que ele apontava era justamente a obsolescência do recurso à solução violenta numa sociedade industrial. Mostrou que havia uma incompatibilidade crescente entre a sociedade democrática industrial e o recurso à força ou à conquista territorial. Esta era anterior à sociedade industrial. O que ele disse é que havia cada vez mais, no mundo contemporâneo, este tipo de paradoxo, de contradição. E achava que isso não ia chegar naturalmente às pessoas. Ao contrário, achava que poderia haver guerras e que deveria haver um grande trabalho junto à opinião pública, primeiro, para ver as opções, e depois para esclarecer a problemática contemporânea das relações internacionais", diz Cardim.

Por isso, Norman Angell, que influenciou o jurista baiano Rui Barbosa, e personalidades como o ex-presidente americano Woodrow Wilson – que acreditava na construção de um mundo mais pacífico e mais estável – e o filósofo inglês Bertrand Russell, se dedicou a publicar livros voltados para o esclarecimento da opinião pública, da sociedade democrática, porque muitas vezes havia uma ilusão de que se poderia ter benefícios com a guerra.

Angell foi considerado um dos precursores da teoria da interdependência. Nas sociedades industriais avançadas ou nas sociedades democráticas industriais, há uma crescente interdependência, que deve ser incentivada. Ele dizia isso nos anos 1920-1930.

"Você, como homem político, pode incentivar tendências belicosas ou tendências integracionistas. Ele achava que havia um potencial maior da interdependência a ser explorado nas soluções violentas e conflitivas. Tudo o que ele escreveu hoje é da maior atualidade", ressalta Cardim, que selecionou Angell para a coleção Clássicos IPRI.

Rui Barbosa citou o livro de Angell quando fez aquele discurso em Buenos Aires, em 1916, criticando o militarismo alemão. Angell foi uma das leituras permanentes de Rui Barbosa, cuja maturidade em relações internacionais foi adquirida por meio da leitura do jornalista e historiador inglês, destaca o diretor do IPRI (Instituto de Pesquisa de Relações Internacionais).

Editor da revista *Foreign Affairs* em seu início, de 1922 a 1930, Angell foi Prêmio Nobel da Paz por indicações como as de Bertrand Russell e Harold Lasky, um dos grandes líderes do trabalhismo inglês.

A principal mensagem de *A grande ilusão* para o contexto mundial é que para a política internacional não basta ter um desejo de participação. É importante o esclarecimento, o conhecimento. "Como dizia Karl Deutch, a única diferença entre um erro médico e um erro em relações internacionais é que para o erro em relações internacionais é preciso um cemitério muito maior", lembra Cardim.

Por isso, Angell dizia que era importante conhecer o cenário internacional e não tomar atitudes baseadas em preconceitos ou percepções equivocadas. Daí a ideia de ilusão. Há imagens que não correspondem à realidade.

"Jornalistas devem debater o cenário internacional para aumentar o conhecimento sobre a realidade. Conhecer mais para poder participar melhor. E evitar percepções apressadas e equivocadas", acrescenta o diplomata. Neste sentido, um dos temas que merecem estudo é o terrorismo. Há novas formas de terrorismo que precisam ser mais bem estudadas. Como enfrentar novas ameaças internacionais? Como conciliar a agenda internacional com a desigualdade? O cenário atual é de transição séria, não é simplesmente o final da Guerra Fria, com a queda do muro de Berlim. "Depois do muro de Berlim, o principal acontecimento foi o 11 de setembro. Há uma situação gerada depois disso e outras tensões internacionais, como a ampliação dos conflitos intraestatais – problema da Iugoslávia, por exemplo."

BRASIL CONTRA A GUERRA NO IRAQUE. GOVERNO LULA SEGUIU RÚSSIA, ALEMANHA E FRANÇA

Em conformidade com os princípios tradicionais da política externa brasileira, o governo Lula era a favor da paz no Oriente Médio e contra a invasão norte-americana no Iraque. Escrevi a coluna "Paz, divisões e comércio exterior", de 26 de fevereiro de 2003, sobre relações internacionais e a posição do Brasil:

Passou despercebida no noticiário a parte final da Carta de Brasília, divulgada na reunião dos governadores com o presidente Luiz Inácio Lula da Silva, no último sábado. A manifestação dos governadores em defesa da paz endossa a posição que vem sendo adotada pelo governo, contra uma provável guerra ao Iraque. Diz o documento:

"A defesa da paz e de uma política de não-agressão, com as devidas inspeções da ONU, cujas recomendações devem ser integralmente respeitadas, é a política mais adequada para que a humanidade se previna contra os armamentismos de qualquer natureza, que geram insegurança e instabilidade na comunidade internacional". Continuam os governadores: "O Brasil é um país maduro, soberano e respeitado internacionalmente. Uma posição clara do nosso governo, como Vossa Excelência vem conduzindo, é fundamental para a reversão dos riscos iminentes de guerra, que vem ganhando corpo em escala mundial. O Brasil defende a paz, a democracia, a soberania e a legitimidade das decisões da ONU".

"Há uma percepção externa de que o Brasil está apoiando um dos eixos envolvidos no conflito – o eixo Moscou-Berlim-Paris", diz um diplomata brasileiro.

"Nossa preocupação é a manutenção da paz. Se esses países – Rússia, Alemanha e França – acreditam que isso é possível, vamos trabalhar com eles para manter a paz. O *mainstream* (a tendência mundial) está com a paz. As manifestações no mundo refletem algo genuíno – tentar preservar a paz", reforça o diplomata.

Contou ponto em Paris o fato de o Brasil ser o único país na América Latina a ter anunciado uma posição semelhante à da França e Alemanha em relação à guerra.

Em alguns círculos acadêmicos, a diplomacia brasileira vem sendo criticada, a propósito da reunião de chanceleres da América do Sul, que está sendo vista como um foro para firmar posição contra a guerra. A reunião, ainda sem data para acontecer, poderia parecer uma manifestação de antagonismo aos EUA.

"O encontro de chanceleres será para discutir assuntos do cenário internacional. A guerra não será o único tema", rebate a fonte do Itamaraty.

"A ideia é realizar um encontro como os que acontecem na Europa, onde os chanceleres se reúnem periodicamente. E se o Brasil teve a ideia da reunião, por que não a realizar no país?"

Além do que, diz a fonte do Itamaraty, "não se trata de uma inovação, porque o Brasil já sediou uma reunião de presidentes da América do Sul, que já teve a sua segunda edição, acompanhada de projetos na área de infraestrutura".

A atitude norte-americana de partir para a guerra, mesmo que ao custo de rachar a aliança internacional contra o terror, que se formou depois do 11 de setembro, em solidariedade aos EUA, provocou uma contraposição entre os dois lados do Atlântico, separando Washington de seus aliados tradicionais.

Há várias ideias em torno do descolamento: a de que haveria uma incompatibilidade entre a Europa e os EUA; a de que o problema é tópico, de ordem conjuntural; e a de que existe um caráter concreto de segurança indispensável para Washington e que os demais países, que se contrapõem à política de Bush, estariam se omitindo no apoio solicitado pela Casa Branca.

Há outra interpretação para a ira de Bush: em sua política contra o Iraque, ele estaria dividindo a Europa num momento em que a União Europeia se renova, com a decisão de admitir outros dez membros em 2004 e escreve sua nova Constituição, que substituirá o Tratado de Roma, de 1957. O problema não é econômico, porque as potências dos dois lados do Atlântico mantêm uma posição de equilíbrio em seus PIBs.

O problema seria militar: a oposição dos europeus a um aumento no orçamento de defesa, tão caro ao governo Bush, que empenha algo como US$ 360 bilhões para essa finalidade, pouco menos do que o PIB da Rússia. Ocorre que a Europa está preocupada com outros valores e defende um mundo multipolar, o que contraria o projeto norte-americano de poder, que prevê a manutenção da supremacia dos EUA. Um projeto que passa pelo controle do petróleo do golfo Pérsico. A dependência de petróleo importado dos EUA é de 55% e deve subir para 60% em 2020. A menos que o golfo Pérsico fique sob controle dos EUA, a habilidade norte-americana de permanecer como superpotência mundial será colocada em xeque.

Invasão do Iraque e as exportações brasileiras de frango

Prossegui:

> Enquanto a guerra não acontece, as apostas comerciais estão sobre a mesa. O Brasil pode ser favorecido com uma intervenção militar no Iraque, na avaliação do ministro do Desenvolvimento, Indústria e Comércio Exterior, Luiz Fernando Furlan. Para ele, o frango brasileiro, já exportado para o Oriente Médio, poderá abocanhar o mercado do produto norte-americano, tendo em vista o boicote aos EUA, que se prevê, da parte dos países muçulmanos. O presidente da Associação Brasileira dos Produtores e Exportadores de Frango (Abef), Claudio Martins, também está otimista. Ele lembra que em 1991, na guerra do Golfo, o Brasil aumentou em 30% seus embarques de frango para o golfo Pérsico.

Lula, Alca e a sociedade civil

Antes da posse do presidente Lula, o seu assessor especial, Marco Aurélio Garcia, informou-me que o governo pretendia "redefinir a mesa de interlocução" sobre assuntos relacionados à política externa brasileira e envolveria no debate a sociedade civil, principalmente sindicatos, universidades e centros de pesquisa. Essa posição tornava-se mais importante à medida que um plebiscito, em setembro de 2002, mostrou que 10 milhões de pessoas disseram "não" ao engajamento do Brasil na Área de Livre-Comércio das Américas.

Na reportagem "Sociedade civil e funções na Alca", de 19 de março de 2003, escrevi:

> Quanto à Alca, avalia-se no Itamaraty que "o plebiscito enviou um sinal de que há preocupação com o tema e isso deve ser levado em consideração para aumentar o grau de transparência das negociações", diz uma fonte diplomática.
>
> No Itamaraty, considera-se a necessidade de um mecanismo mais eficiente do que o atual grupo de representantes governamentais, que foi uma primeira tentativa.

Com o novo governo vai se processar um esforço adicional, segundo a chancelaria. "Há uma ideia de proposta para dar nova função ao grupo no contexto das negociações da Alca. Mas os 34 países precisam estar de acordo em mudar." O atual grupo de representantes "funciona como um anteparo governamental dentro do processo negociador da Alca". A intenção é que as conclusões do grupo sejam submetidas a um nível negociador mais alto. "Há uma ideia de aumentar o perfil e permitir ao grupo maior interação e participação das ONGs no tratamento de novos temas de interesse do governo e da sociedade", explica a fonte diplomática.

Outra ideia em gestação é que todos os grupos ligados às negociações comerciais – Senalca (Secretaria Nacional de Coordenação dos Assuntos Relativos à Alca), Seneuropa e Girce (grupo interministerial que trata de temas da Organização Mundial do Comércio) – tenham reuniões em conjunto. Isso porque as negociações da Rodada de Doha, do acordo Mercosul-União Europeia e da própria Alca têm um lado comum.

O processo de aproximação entre o governo e a sociedade civil não é novo, mas na administração Lula tende a ganhar peso. Desde os anos 90, as ONGs vêm participando de delegações brasileiras às conferências promovidas pela ONU, sobretudo após a Rio-92. O interesse das ONGs em participar do sistema das Nações Unidas aumentou, desde então. Por outro lado, a Agência Brasileira de Cooperação (ABC), ligada ao Itamaraty, esteve presente no primeiro encontro internacional de ONGs e o sistema de agências da ONU, em 1991.

Na prática, quando há uma reunião multilateral, cria-se um comitê nacional para preparar a posição brasileira. Isso aconteceu em relação a vários eventos: 2ª Conferência Mundial sobre Direitos Humanos, em Viena, em 1993; Cúpula Mundial para o Desenvolvimento Social, em 1995; 4ª Conferência Mundial sobre a Mulher, também em 1995; Cúpula Mundial da Alimentação, em 1996, em Roma; 2º Conferência sobre os Assentamentos Humanos (Habitat II), em 1996, em Istambul. A WWF no Brasil enviou um representante à conferência das partes da Convenção sobre Diversidade Biológica, em 1996, em Buenos Aires.

Na parte comercial, em 1996 foi criada a Senalca, que já se reuniu 34 vezes. A ideia era estabelecer um foro de coordenação do governo com a sociedade civil sobre negociações da Alca. A Senalca reúne representantes dos ministérios de Relações Exteriores, Justiça, Fazenda, Agricultura, Saúde, Desenvolvimento, Indústria e Comércio Exterior, Planejamento e Banco Central. Da sociedade civil participam o setor privado, acadêmico, sindicatos, confederações da indústria, do comércio e da agricultura, associações de classe e o Instituto de Defesa do Consumidor (Idec), entre outros.

ALCA "ABRIU A CABEÇA" DO EMPRESARIADO

Como se vê, a Alca mobilizou o país, mas no primeiro semestre de 2003, no início do governo Lula, já se prenunciava o que queria dizer o atraso nas negociações: não havia intenção de o Brasil se inserir na área hemisférica de livre-comércio.

Entretanto, não se podia negar o benefício para a sociedade civil, sobretudo para os empresários, de tantas discussões sobre o tema. Em outros termos: a Alca "abriu a cabeça" do empresariado.

A coluna que escrevi, "Inserção externa, mesmo sem Alca", de 30 de abril e 1º maio de 2003, revela que o setor privado estava disposto a ganhar mercados e exportar mais, independentemente daquelas negociações:

> Tem sido possível perceber que está havendo matizes diferentes nos discursos das autoridades brasileiras e dos empresários e consultores de negócios sobre a Área de Livre-Comércio das Américas. Em outros tempos, o fato de o governo declarar que pretende propor um adiamento dos prazos de conclusão da Alca teria arrancado aplausos de segmentos da classe empresarial, sobretudo os mais vulneráveis à concorrência dos produtos e serviços norte-americanos. Nos últimos dias, o registro que fica é que o País parece motivado a uma inserção externa, independentemente de acordos como os que vêm sendo negociados na Alca e entre o Mercosul e a União Europeia.
>
> Note-se o que vem repetindo o embaixador brasileiro em Washington, Rubens Barbosa: "Com ou sem a Alca, o comércio Brasil-EUA vai dobrar ou triplicar em uma década, fruto, em grande parte, dos investimentos norte-americanos no mercado brasileiro."

Em 2002, a corrente de comércio bilateral foi de US$ 25,6 bilhões, sendo US$ 15,3 bilhões de exportações brasileiras (um aumento de 8,2% em relação a 2001) e US$ 10,2 bilhões de importações (uma queda de 20,2%).

Renard Aron, da Shear Communications, consultor de comércio internacional, declara: "Acho que a ideia de exportar mais está entrando cada vez mais no dia a dia dos empresários brasileiros, independentemente da Alca. E exportar mais vai desde entender os mercados, desenvolver logística, ter bons produtos, até acompanhar/influenciar os fóruns internacionais onde são discutidas as regras de comércio exterior e a abertura de mercados, seja em Washington, seja em Genebra ou Bruxelas".

Aron registra desde o início do ano "maior interesse em desenvolver trabalhos em Washington e, principalmente, maior compreensão da importância de estar na capital dos EUA atuando de maneira constante".

Do professor Renato Flôres, diretor de pesquisa da Escola de Pós-Graduação em Economia da Fundação Getúlio Vargas e especialista em temas da Organização Mundial do Comércio: "Independentemente da posição do Brasil – aderindo à Alca ou ficando de fora, mas assumindo uma postura comercial agressiva, com acordos internacionais isolados e em bloco –, o setor que mais apresenta ganhos no mercado internacional é o coureiro-calçadista". A avaliação de Flôres é baseada em estudo de mercado que considera 12 segmentos diferentes, entre eles o agribusiness e o químico. Completando, o presidente da Assintecal, Eduardo Kunst, declarou que o estudo demonstra "quanto o setor está preparado para o mercado externo".

"Os segmentos mais vulneráveis da economia brasileira, como os serviços, não deveriam se acomodar diante da perspectiva de atraso na conclusão dos acordos da Alca." É o que sugere Ricardo Sennes, diretor executivo da Prospectiva – Consultoria Brasileira de Assuntos Internacionais.

"Temos reforçado a comunicação com nossos clientes atuais e prospectivos, no sentido de aproveitarem essa oportunidade (mais tempo para a liberalização comercial) a fim de melhorar suas agendas frente a essas negociações."

Segundo Sennes, "o atraso das negociações da Alca deve servir para efetivamente os agentes públicos e privados amadurecerem suas propostas nas áreas de serviços, investimentos e compras governamentais". Ele considera que "não é factível um atraso como estratégia de evitar a negociação, pois exemplos históricos recentes, como a dinâmica da Rodada Uruguai, mostraram que essa estratégia não se sustenta no médio prazo. Portanto, é melhor se preparar para as negociações desses temas complicados do que apostar na possibilidade de elas não ocorrerem".

"Alguns subsetores na área de serviços", diz o diretor da consultoria, "têm demandado estudos e assessoramento em temas como a Alca e outras negociações com potencial impacto no mercado nacional".

Para Sennes, "isso tem ocorrido também porque a percepção crescente nesse meio é que a Alca é uma espécie de catalisador para um processo de liberalização e reforma que está em movimento".

O diretor executivo do Centro Brasileiro de Relações Internacionais (Cebri), Mário Marconini, avalia que uma das virtudes da Alca, como da própria OMC, "é forçar o País a pensar em sua inserção internacional de forma urgente. O Brasil tem fama de elefante lento na área internacional".

Por ser um país com características de mercado grande, o Brasil tende a olhar para o seu próprio umbigo (leia-se mercado interno) e a protelar sua inserção internacional. Marconini destaca, entretanto, que, fruto das negociações da Alca, a Confederação Nacional da Indústria, por exemplo, teve de se aparelhar e formou a Coalizão Empresarial, que participa do Fórum das Américas. Esse é um organismo consultivo, que se reúne em paralelo às reuniões ministeriais da Alca.

A NOVA ARQUITETURA INTERNACIONAL E O CONSELHO DE SEGURANÇA DA ONU

Fazia quase dois anos dos episódios do 11 de setembro que abalaram o mundo. O tema nas relações internacionais, em 2003, era a guerra no Iraque. O Conselho de Segurança da ONU foi pressionado pelos Estados Unidos a aprovar resolução autorizando ação militar contra o Iraque, sob o argumento de que o país estava violando resoluções anteriores com seu suposto programa de armas de destruição em massa. Conforme se soube posteriormente, não foi encontrado esse armamento em território iraquiano. Esse foi mais um motivo para aumentarem as críticas ao Conselho de Segurança da ONU e seu poder de veto.

Escrevi sobre esse assunto:

> Com relação à nova arquitetura internacional, Valladão (Alfredo Valladão, diretor de um curso sobre o Mercosul na Escola de Ciências Políticas em Paris), que participou ontem, em Buenos Aires, de um seminário sobre a visão brasileira das negociações na Alca e entre o Mercosul e a União Europeia, prevê que irá demorar a recuperação do Conselho de Segurança da ONU.
> "O tipo de CS [Conselho de Segurança] que tivemos até hoje terá de ser revisto. O poder de veto torna-se obsoleto na situação internacional. A questão é de que maneira recuperar a ONU."
> Segundo o especialista, "por enquanto, em Washington, há a ideia de que a ONU continuaria servindo ao trabalho humanitário e de desenvolvimento. Mas a segurança ficaria a cargo de coalizões *ad hoc*. É o que diz o velho ditado da administração Bush: é a missão que faz a coalizão, não é a coalizão que faz a missão".
> Essa é a tendência por parte dos EUA. Os demais países tendem a dizer não a essa visão e querem rever a questão da segurança no quadro da ONU, para salvar o multilateralismo. "Aí entra uma pergunta dos americanos que é certa, embora a resposta possa não ser correta: hoje em dia, existe a possibilidade de atores não governamentais, terroristas, fazerem atos com armas de destruição em massa. O que se faz com isso? Ou há uma resposta multilateral ou então um país, como os EUA, que está se achando em guerra, vai ter respostas unilaterais. A questão de como responder a essa ameaça é fundamental para definir qual será o papel da ONU nos próximos anos e o papel do multilateralismo."[132]

A LUTA DOS ESTADOS UNIDOS CONTRA O "EIXO DO MAL"

Uma pequena matéria que escrevi – "Coreia do Norte: país pode ser centro do futuro conflito", de 28, 29 e 30 de março de 2003 – estava em sintonia com aqueles tempos pós-atentados terroristas de 11 de setembro e pós-Guerra Fria.

Reproduzo-a, porque mostra as preocupações de Washington à época:

> A guerra contra o Iraque é uma ação preventiva, como reza a doutrina Bush, elaborada depois dos atentados terroristas de 11 de setembro. Com o fim da Guerra Fria, houve proliferação de armas nucleares e fortalecimento do terrorismo.
>
> Os países que Washington catalogou como pertencentes ao "eixo do mal", entre eles Iraque, Coreia do Norte e Irã, serão passíveis de ações preventivas. "Fight now or fight later" (lute contra "os inimigos" agora ou mais tarde), esse é o lema que está sendo adotado pela administração de George W. Bush.
>
> A Coreia do Norte, sobretudo, preocupa profundamente o governo norte-americano. O país, segundo o Pentágono, poderá ter mísseis intercontinentais em 2010-2015. Essa constatação é suficiente para os Estados Unidos enxergarem quanto a Ásia está vulnerável e prever que será outro centro de conflitos, assim como é hoje o Oriente Médio.
>
> Até agora, a grande estratégia dos Estados Unidos era cooptar a Coreia do Norte de forma diplomática, mas, na opinião de muitos especialistas, a vulnerabilidade do regime de Kim Jong-il, com uma mudança de valores na política interna, leva a uma atitude norte-americana mais belicista.
>
> Isso tudo porque quem está perto da Coreia do Norte é o Japão. Já há notícias, diz uma fonte da área de defesa, em Washington, de que o sucesso do sistema de mísseis Patriot causa furor entre os japoneses.
>
> "Como em muitos momentos, a tecnologia muda as capacidades disponíveis. Eu não consigo ver o Japão continuar com o comportamento pós-Segunda Guerra, se os americanos não garantirem a estabilidade na região", afirma a fonte em Washington. A Coreia do Norte chocou o mundo, em 1988, quando testou o míssil Taepodong, de vários estágios, que cruzou o território do Japão.

O FATOR GUERRA NO IRAQUE E AS NEGOCIAÇÕES COMERCIAIS

Minha reportagem assinada de Buenos Aires, "A guerra pode adiar a Alca para o ano 2007", de 3 de abril de 2003, informava:

Junto com a segurança, a questão do comércio está entre as que mais preocupam os países. Até que ponto a guerra no Iraque e o "pós-Saddam" vão afetar a Rodada de Doha, da Organização Mundial do Comércio? Como ficará o calendário da Área de Livre-Comércio das Américas? Em círculos brasileiros em Washington já se fala em conclusão da Alca apenas em 2007, porque as negociações na OMC deverão atrasar em razão da guerra. É a OMC que balizará os termos de negociação da zona comercial hemisférica, especialmente em agricultura, assunto sob impasse. Além disso, o Brasil, um dos principais atores da Alca, não fez suas ofertas em compras governamentais, serviços e investimentos.

Na avaliação do brasileiro Alfredo Valladão, "do ponto de vista do comércio, tudo vai depender de como a guerra terminar. Se for rapidamente, é possível que os EUA queiram mostrar que não são tão unilateralistas assim. Eles podem tentar uma abertura no quadro da OMC".

Valladão acredita na "possibilidade de um novo impulso na OMC depois da guerra. Isso será necessário", argumenta, "porque a maioria dos países precisa disso, de acabar com as incertezas que estão impedindo os investimentos".

CELSO AMORIM, MARCO AURÉLIO GARCIA E SAMUEL PINHEIRO GUIMARÃES: QUEM CONDUZIA A POLÍTICA EXTERNA?

Negociadores dos países do Mercosul diziam não saber quais temas tratar com o chanceler Celso Amorim, com o assessor especial do Planalto, Marco Aurélio Garcia, e com o secretário-geral do Itamaraty, Samuel Pinheiro Guimarães. Esse assunto transpareceu nos bastidores da cobertura do seminário sobre a participação da sociedade civil na integração econômica – experiências da França e do Brasil.

Na reportagem "Crítica à falta de interlocutor único para o Brasil", de 3 de abril de 2003, assinada de Buenos Aires, escrevi:

> Em círculos que analisam questões diplomáticas relacionadas ao Brasil, uma crítica é recorrente: a alegada falta de clareza a respeito de quem conduz a política externa do País.

"Dá a impressão de que há muitos protagonistas e não necessariamente se observa uma forte articulação entre os atores", disse a este jornal o argentino Félix Peña, ex-subsecretário de Comércio Exterior do governo Menem.

Os "protagonistas" são Celso Amorim, ministro das Relações Exteriores, Marco Aurélio Garcia, assessor especial do presidente Luiz Inácio Lula da Silva, e Samuel Pinheiro Guimarães, secretário-geral do Itamaraty. Seus nomes não foram citados publicamente no seminário, mas em conversas informais tornaram-se o centro das atenções.

"O seminário que tivemos assinalou a importância para os setores privado e sindical de que nas negociações comerciais internacionais esteja claro o interlocutor. E o que a sociedade civil pede é que haja um só interlocutor. O contrário pode semear confusão", disse Peña. E acrescentou:

"Eu tenho a sensação de que há um pouco de confusão sobre a quem se deve telefonar para tratar de determinados temas. Suponho que isso seja natural e que vá decantando. Está claro que no governo do Brasil há toda uma tradição da importância do Itamaraty na condução das relações internacionais e das negociações comerciais, sempre dentro das pautas fixadas pelo presidente da República".

Dentro desse raciocínio, Peña aproveitou para dizer "que os argentinos foram aprendendo sobre a grande qualidade dos negociadores brasileiros, entre eles o principal responsável pelas negociações comerciais internacionais do Brasil, o embaixador Clodoaldo Hugueney. Ele é um profissional de altíssimo prestígio, muito respeitado em todo o mundo".

Hugueney teria sido, segundo a percepção de fora do Itamaraty, a opção de Amorim para ocupar a secretaria-geral, que foi confiada a Samuel Guimarães, crítico feroz da Área de Livre-Comércio das Américas, por desejo da cúpula do PT. Guimarães foi demitido do cargo de diretor do Instituto de Pesquisa de Relações Internacionais (IPRI) na gestão de Celso Lafer.

Alejandro Mayoral, outro ex-alto funcionário da administração Menem e atual consultor da União Industrial Argentina (UIA), fez observação semelhante à de Félix Peña: "Para o setor privado, dá no mesmo quem conduz o processo de integração. Mas os empresários querem saber quem é".

AINDA A QUESTÃO DAS MULHERES NO ITAMARATY

Outra reportagem sobre as mulheres diplomatas foi publicada no caderno "Fim de Semana" da *Gazeta Mercantil*, com grande destaque. "As mulheres querem poder no Itamaraty", de 6, 7 e 8 de junho de 2003, que eu republiquei em minhas redes sociais em 6 de fevereiro de 2023, teve boa repercussão: "Escrevi essa reportagem na *Gazeta Mercantil* há quase 20 anos. O assunto continua mais vivo do que nunca, embora ainda não tenha chegado a vez das mulheres na chefia do Ministério das Relações Exteriores. Quando isso acontecerá?"

A embaixadora Thereza Quintella, em comentário no Instagram, reagiu: "A chocante atualidade recomenda a reportagem para os anais da Associação das Mulheres Diplomatas do Brasil, criada em janeiro último."

Segue a reportagem de 2003:

> O Brasil nunca teve uma mulher nos altos postos de comando do Ministério das Relações Exteriores, ao contrário do que ocorre em países africanos, sul-americanos, europeus, asiáticos, árabes e nos Estados Unidos, onde Madeleine Albright foi secretária de Estado na gestão de Bill Clinton.
>
> Embora do ponto de vista legal a igualdade tenha sido alcançada, existe na prática uma barreira que impede a mulher brasileira de ocupar altas funções na Secretaria de Estado, acima das chefias de divisão e assessorias, ou chefiar uma das grandes embaixadas do Brasil.
>
> "É preconceito", constata a embaixadora Thereza Quintella, presidente da Fundação Alexandre de Gusmão (Funag), ligada ao Itamaraty.
>
> A diplomata, que comandou as embaixadas em Viena e Moscou – postos que na carreira não estão entre os mais importantes e de maior visibilidade –, vem se empenhando para "provocar uma conscientização de que existe a discriminação" e que é preciso "sensibilizar para a necessidade de uma mudança de atitudes da parte de ambos os sexos".
>
> Para a embaixadora, "as principais beneficiárias serão as diplomatas que se encontram no começo de suas carreiras".
>
> Com esse objetivo, Thereza Quintella tem escrito artigos e pesquisado a evolução da presença feminina no Itamaraty. Em

março, em comemoração ao Dia da Mulher, o ministro das Relações Exteriores, Celso Amorim, sugeriu uma mesa-redonda sobre o assunto, realizada no Instituto Rio Branco, de formação de diplomatas. Foram discutidas as experiências nacionais – do Brasil, México, Egito e Portugal – quanto às questões de acesso, ascensão e atuação. A ministra Ellen Gracie Northfleet, primeira mulher a chegar à função de juiz do Supremo Tribunal Federal, deu seu depoimento sobre a presença feminina na magistratura. Representantes da sociedade civil (universidade, sindicalismo, jornalismo e Poder Legislativo) apresentaram sua visão da mulher na diplomacia. Foi o primeiro seminário público no Brasil para debater o tema. As conclusões são pouco animadoras. Em comparação com os ministérios das Relações Exteriores do México, de Portugal e do Egito, conclui Thereza Quintella, o Itamaraty está em desvantagem: só tem 18,08% de mulheres entre os seus diplomatas e oito embaixadoras. No México, as mulheres são 20% do quadro e há 23 embaixadoras, sendo 15 de carreira e oito políticas. No Egito, na chefia de posto (embaixada ou consulado-geral) existem 30 mulheres, todas de carreira. E em Portugal, onde as mulheres só puderam ingressar na profissão em 1975, elas já são 30% do quadro de pessoal diplomático.

Celso Amorim reconhece que na prática existem o preconceito e a discriminação. "Aliás", disse o ministro, "uma das características do preconceito é que ele é sempre negado. As pessoas sempre dizem que não têm, e só na prática é que ele se revela."

Falta também visibilidade às mulheres diplomatas. Elas não aparecem na imprensa porque não ocupam posições de evidência. "A Casa continua refratária ao poder feminino", diz Thereza Quintella.

Apesar de ter havido evolução, ela mostra que o preconceito continua. Em 1964, quando pela primeira vez se candidatou a uma transferência para o exterior e era "uma jovem terceira-secretária", pediu um posto no Prata. Ouviu, porém, da administração do Itamaraty, que isso não seria possível porque havia uma mulher em Buenos Aires e outra em Montevidéu. "Isso muito embora houvesse, nas duas capitais, um total de cinco postos, isto é, repartições do Ministério das Relações Exteriores." Hoje há mais mulheres em todos os postos diplomáticos do Brasil no exterior, mas não em posições elevadas nas embaixadas importantes e na

Secretaria de Estado. Embora a participação feminina tenha crescido – de 12,87% em 1981 para 18,08% em meados de 2002 –, os porcentuais mais elevados de mulheres ocorrem nas classes de primeiro-secretário (24,34%) e conselheiro (23,53%) e não na de terceiro-secretário.

"O acúmulo de mulheres nessas classes prova que, embora tenham acesso à carreira de diplomata em condições de igualdade com os homens, elas encontram bem mais dificuldades que seus colegas para obter as promoções que lhes permitiriam ultrapassar as duas citadas classes intermediárias e alcançar posições de mais poder", comenta Thereza Quintella.

"As mulheres entram numa proporção que é variável, de 20% a 30%, e creio que mais ou menos até o nível de conselheiro conseguem manter essa proporção. Mas quando começam as promoções, que têm uma natureza inevitavelmente política, essa proporção tende a cair. Evidentemente, não adianta querer mudar essas coisas só no papel, ou mesmo na lei. É preciso mudar na prática, nos atos", diz Celso Amorim.

As mulheres, segundo a embaixadora Quintella, se preocupam em mostrar bons serviços, cumprir bem suas responsabilidades, "até porque sabem que a cobrança é maior em relação a elas", mas "descuidam-se de um outro elemento importante para o sucesso, o fator político".

"A partir do ponto em que apenas o mérito e a antiguidade não são mais os critérios de ascensão é que começam as dificuldades femininas", diz a ministra Ellen Gracie.

"Quando já entra necessariamente um componente político, que não deve ser compreendido como algo negativo, as mulheres entram em desvantagem. Por quê? Por força de toda essa bagagem cultural, por força da própria forma de socialização que nós recebemos... as meninas são incentivadas a se manterem em território seguro e protegido. Isso faz com que elas deixem de formar redes de relações mais extensas, deixem de se expor mais, inclusive à crítica e à reprovação, mas também, e por que não, ao reconhecimento e ao aplauso. Isso faz uma diferença muito grande quando chegamos na fase final das carreiras", acrescenta.

Ellen Gracie já cogitou ser diplomata e contou, na mesa-redonda, uma reminiscência a respeito.

"Quando eu era menininha, ouvia muito frequentemente no círculo familiar, entre os amigos, uma expressão que era a seguinte: a Ellen está talhada para se casar com um diplomata. Eu, que já era uma menina muito feminista, pensava cá comigo – mas por que se casar com um diplomata, e não ser eu mesma diplomata?"

Além de cuidar do "fator político", o que as diplomatas deveriam fazer para ascender na carreira? As mulheres deveriam abandonar a lógica da competição entre elas e se apoiar mutuamente, além de sair do isolamento e buscar o apoio de outros grupos de mulheres. Essas foram algumas das conclusões da mesa-redonda.

Se um dia o Brasil tiver uma ministra das Relações Exteriores, as diplomatas terão mais oportunidades de ocupar postos elevados na carreira. Foi o que aconteceu no México. Quando a embaixadora Rosario Green foi chanceler – a primeira do país –, "colocou em marcha um programa de melhoramento da mulher na diplomacia mexicana que mudou algumas coisas interessantes", conta a embaixadora do México no Brasil, Cecilia Soto González. Rosário Green nomeou várias mulheres embaixadoras e tentou identificar as causas que impedem que as mulheres, sendo maioria nos cargos médios e inferiores, não ascendessem.

"Muitas vezes", diz Cecilia Soto, "os júris de avaliação dos diplomatas eram formados apenas por homens. Então, há um problema de invisibilidade. Mesmo se o diplomata não for um machista convencido, há o problema de ter mais amigos homens, de conhecer mais homens, de sua turma ser de homens e, portanto, não conhecer os talentos das mulheres embaixadoras. Nós temos esse problema".

PRAGMATISMO COM OS ESTADOS UNIDOS

Na coluna de 23 de abril de 2003, "Pragmatismo entre o Brasil e os EUA", analisei as atitudes dos dois países em busca de um relacionamento mais pragmático e menos ideológico:

Parece estar havendo coincidência na linha pragmática desejada pelo governo de Luiz Inácio Lula da Silva e pela administração de George W. Bush no relacionamento entre o Brasil e os EUA. Mais pragmatismo da parte dos dois países pode ser o fator de equilíbrio fundamental, num momento em que as ideologias tendem a exacerbar-se diante do unilateralismo da superpotência norte-americana. O assessor especial do presidente Lula, Marco Aurélio Garcia, em entrevista a esta colunista, no final de dezembro, formulou o que seria desejável na relação com Washington: o Brasil se beneficia "do fato de que a América Latina não é uma prioridade dos EUA. Então, ela pode ter uma liberdade de experimentalismo um pouco maior. Em segundo lugar, a América Latina não tem dado boas notícias para os EUA nos últimos anos. Então, por que não tentar, nessa margem de manobra do experimentalismo, uma coisa mais flexível, até certo ponto mais pragmática?".

Quase quatro meses depois dessas declarações, os ventos são favoráveis ao Brasil e animam as autoridades brasileiras a uma certa dose de experimentalismo, sobretudo em relação à Área de Livre-Comércio das Américas.

O País vem recebendo elogios de autoridades americanas pelo desempenho de sua economia e, "no momento, é o único da região que está indo bem e produzindo boas notícias", disse ao jornal *O Estado de S. Paulo* Peter Hakim, presidente do Diálogo Interamericano.

Para Hakim, a intensificação dos contatos entre os governos dos dois países confirma a opção conservadora de Bush por um relacionamento pragmático com a administração Lula. A pergunta, do lado de cá, é se o governo brasileiro jogará, de fato, com a "liberdade de experimentalismo" numa das principais vertentes – e a mais espinhosa – do diálogo bilateral: a construção da Alca.

Conforme informou este jornal, o Brasil deve manifestar-se a favor de um atraso de pelo menos dois anos na conclusão dos acordos da Alca – seja porque, em razão da nova ordem internacional e das dificuldades no campo da agricultura, é provável um atraso na Rodada de Doha, da Organização Mundial do Comércio, que balizará os termos da rodada hemisférica, seja porque a administração Lula quer avaliar melhor, com a sociedade civil, o que está em jogo nas negociações.

O assunto do adiamento deverá ser abordado com o representante de Comércio dos EUA, Robert Zoellick, no final de maio, em Brasília. O governo acredita que será bem-sucedido nessa empreitada e que não vai despertar reação antagônica da superpotência.

RELAÇÃO ENTRE GEOPOLÍTICA E COMÉRCIO

De acordo com a mesma reportagem:

> É preciso esperar um pouco mais para ver o que os EUA farão em matéria de comércio nesta nova ordem internacional, que se iniciou pós-invasão do Iraque. Mas os analistas já dão como certo que, conforme deseja Washington, geopolítica e comércio deverão caminhar juntos de ora em diante, o que levaria a um realinhamento das relações comerciais dos EUA, podendo favorecer acordos bilaterais em detrimento do multilateralismo.
>
> Se isso acontecer, Washington estaria adotando um rumo diferente daquele do pós-11 de setembro de 2001, quando, em novembro, apenas dois meses depois dos atentados terroristas, os norte-americanos ajudaram no lançamento da Rodada de Doha. Eles achavam que, numa economia mundial que dava sinais de patinar, sem crescimento, tinha-se mesmo que impulsionar o comércio. Mas a economia mundial de hoje não é muito diferente da de 2001. A guerra contra o Iraque arrefeceu ainda mais o ânimo dos consumidores norte-americanos. Na Europa, persiste a fraqueza da economia.
>
> Na Ásia, a epidemia Síndrome Respiratória Aguda Severa (Sars) ameaça o desempenho econômico da região. A China, um dos países mais afetados pela doença e o segundo maior exportador para os EUA, vinha sendo alardeado até agora como o grande concorrente do México na captação de investimentos estrangeiros. A China, segundo pesquisa do *The Wall Street Journal*, deve amargar perdas de US$ 2,2 bilhões em sua produção econômica, neste ano, devido à Sars.
>
> A relação entre geopolítica e comércio parece ter vindo para ficar.
>
> O México, que é membro não permanente do Conselho de Segurança da ONU, foi contrário à intervenção norte-americana no Iraque e sente um esfriamento na relação com Washington.
>
> Com o Chile acontece o mesmo: o país, também no Conselho de Segurança, foi contrário à invasão sem o aval da ONU e agora vê o seu acordo de livre-comércio com os EUA ter a data de assinatura adiada *sine die*.
>
> O Brasil, que não é membro do Conselho de Segurança e, portanto, não tem uma posição de poder num órgão que foi chave na discussão sobre a guerra, também se manifestou contra Washington na crise iraquiana.

Mas o governo Bush encapsulou essa reação e não a deixou contaminar o relacionamento, numa atitude pragmática. Uma densa agenda de contatos entre autoridades dos dois países está em pleno curso. Hoje mesmo, está no Brasil o secretário do Tesouro dos EUA, John Snow.

DA ESTRATÉGIA DE DISSUASÃO À DOUTRINA DE SEGURANÇA PREVENTIVA

"Os atentados terroristas e a invasão do Iraque mudaram as premissas de como pensar o mundo, pois o 11 de setembro produziu um grau de incerteza magnífico sobre a estrutura do sistema mundial", escrevi na coluna "Cenários em um tempo de rupturas", de 14 de maio de 2003. Os Estados Unidos decretaram guerra total ao terrorismo e passaram de uma estratégia de dissuasão para a nova doutrina americana de segurança preventiva.

Nos Estados Unidos, o trauma foi um freio a novos investimentos, a processos e serviços pelas vulnerabilidades imaginadas com novos ataques, e no imaginário com a noção de terrorismo no seio da sociedade. Daí a resposta, como uma mola comprimida, do sistema *homeland security*. Ponderou Thomaz Guedes da Costa, cientista político brasileiro baseado em Washington, de acordo com a reportagem:

> No exterior, o espanto inicial do ataque agora é substituído pelas incertezas de como agirão os EUA e quais serão suas preferências em tratar com o resto do mundo – daí toda a discussão sobre as ideias de império e hegemonia, quase como um consolo para enfrentar a dissonância cognitiva de um novo mundo pós-11/9, quando a política externa dos EUA passaria a ser diferente.

LULA E O CONSELHO DE SEGURANÇA DA ONU

É recorrente na política externa brasileira a discussão sobre a pretensão do país a uma vaga permanente no Conselho de Segurança da ONU. No início do primeiro mandato do presidente Lula, o chanceler Celso Amorim disse que era um fato inédito Peru, Bolívia e Venezuela endossarem uma eventual candidatura do Brasil em caso de reforma do poderoso órgão das Nações Unidas. A reportagem "Brasil é apoiado por vizinhos na ONU", de 30 de abril e 1º de maio de 2003, conta essa história:

> O Brasil já contabiliza o apoio de três vizinhos (Bolívia, Peru e Venezuela) para ocupar uma cadeira permanente no Conselho de Segurança (CS) da Organização das Nações Unidas, caso o órgão seja reformado e ampliado. Desde o final da Segunda Guerra e a criação da ONU, em 1945, são apenas cinco os membros permanentes – França, EUA, China, Grã-Bretanha e Rússia.
>
> O chanceler Celso Amorim tem dito que "é preciso rever a barganha que permitiu a criação da ONU". Pela primeira vez, destacam fontes diplomáticas, o Brasil recebe o apoio explícito de vizinhos, "o que é uma demonstração de confiança". No passado, o Brasil era visto com certa desconfiança pelos países da região, motivada pela percepção de que haveria intenção de hegemonia brasileira. Daí a cautela que sempre guiou a diplomacia no relacionamento com os vizinhos.
>
> Mais tarde, na década de 90, quando o tema da ampliação do CS voltou ao debate, os vizinhos evitavam pronunciar-se a respeito porque havia uma situação embaraçosa entre o Brasil e a Argentina sobre qual dos dois eventualmente deveria ocupar uma vaga permanente no CS. O presidente Lula disse recentemente que a importância do apoio se deve à confiança demonstrada pelos países e ao fato de que eles aceitam o Brasil como o seu representante. Celso Amorim tem dito que o Brasil quer exercer liderança regional "por inspiração e não por hegemonia", diz assessor diplomático.
>
> O Brasil também recebeu oficialmente o apoio da França e uma "manifestação privada da Rússia". Em contatos em Moscou, o ministro Celso Amorim ouviu a expressão de apoio duas vezes de altas autoridades russas, no sentido de que poderia vir a ser membro do CS, relata a fonte. Um dos cardeais da Santa Sé, Estado que é membro observador da ONU, também revelou ao chanceler brasileiro que o Vaticano veria com bons olhos a ampliação do Conselho.
>
> Com a crise do Iraque, criou-se momento nas Nações Unidas para o debate sobre a ampliação do CS. "É possível que o assunto ganhe mais dimensão na sessão deste ano da Assembleia Geral da ONU, em setembro", diz a fonte do Itamaraty.

CASA BRANCA, CENTRO DE *LOBBYING* NO GOVERNO GEORGE W. BUSH

Assinei a manchete da *Gazeta Mercantil* de 14 de maio de 2003: "A Casa Branca é agora o centro do *lobby* nos EUA". Informei que a Casa Branca com George W. Bush tinha aumentado a força gravitacional do Poder Executivo, em detrimento da tradicional engrenagem do Capitólio, a sede do Congresso. O novo mapa do *lobbying* na Washington do grupo republicano, neoconservador e fundamentalista tinha como ponto de partida a Casa Branca.

Havia uma controvérsia sobre o que parecia ser a prioridade do governo Bush – negócios ou segurança nacional. De acordo com a reportagem, Norman Anderson, que era presidente da CG-LA Infrastructure, dizia que a prioridade era a segurança nacional:

> Você vê isso em virtualmente todas as decisões e nas questões que as envolvem – Iraque e terrorismo. A América Latina recebe pouca atenção porque não é nem tem sido uma ameaça à segurança nacional americana. No sentido da "ameaça", os países que recebem todas as atenções são os que têm problemas – Cuba, Colômbia e Venezuela –, provavelmente nessa ordem.

Contudo, para o brasileiro Renard Aron, presidente da Shear Communications, empresa de consultoria na área de relações com o governo e o Congresso, a prioridade de Bush eram os negócios (*business is king*). Segundo a mesma matéria:

> Setores econômicos acossados pela administração Clinton estão festejando. O *lobby* das armas de fogo está conseguindo aprovar no Congresso projeto de lei que limitaria o poder de fogo das ações judiciais contra as empresas e distribuidoras de armas. Por trás do esforço está a poderosíssima Associação Nacional de Rifles (NRA), que, além de contribuir maciçamente para campanhas políticas em nível estadual e federal, consegue mobilizar seus membros. Além de escreverem cartas pressionando deputados e senadores, os votos de membros da NRA foram cruciais para dar a Bush a vitória presidencial. O custo político para democratas se oporem ao *lobby* das armas voltou a ser muito alto.

O *lobby* do meio ambiente, que tinha em Bill Clinton e Al Gore (ex-presidente e vice-presidente dos EUA) fortes aliados, também saiu perdendo com a virada de governo.

"Numa recente sexta-feira, depois de o Congresso ter entrado em recesso", conta Renard Aron, "o Departamento do Interior, que controla os parques nacionais e as terras do governo, anunciou que estava revogando o processo de revisão de proteção do meio ambiente destas terras no Oeste dos EUA, num total de 200 milhões de hectares. Com a revogação, tais áreas estarão abertas para a mineração, perfuração, exploração de madeira e construção de estradas".

MULTILATERALISMO E REGIONALISMO

Na coluna "Multilateralismo e regionalismo", de 27 de junho de 2003, trato de temas que estavam na ordem do dia, porque havia dificuldade na negociação da Rodada de Doha, muito em função do pouco apoio dos Estados Unidos e da União Europeia, e da preferência de ambos por acordos regionais.

Escrevi:

> O multilateralismo comercial está perdendo ímpeto. Uma das provas é a dificuldade na negociação da Rodada de Doha da Organização Mundial do Comércio. Os EUA são, em parte, responsáveis pelo enfraquecimento do enfoque multilateral, mas a União Europeia não fica atrás, interessada que está em ampliar o seu mercado com a inclusão de dez novos membros em 2004. Washington, que até o final dos anos 80 privilegiava o multilateralismo do antigo Acordo Geral de Tarifas e Comércio para a abertura de mercados mundiais, a partir de 1988 passou a adotar acordos de livre-comércio como instrumento de sua política externa e comercial, devido ao crescente descontentamento com o regime multilateral. Essa evolução também se explica pelas reformas estruturais e pela liberalização comercial feitas pelos países da América Latina e do Caribe, instados pelo Consenso de Washington, na década de 90, quando houve um grande movimento em favor do regionalismo.
>
> "Os EUA se tornaram um país regionalista", diz Mário Marconini, diretor-executivo do Centro Brasileiro de Relações Internacionais (Cebri).

A América Latina, ao contrário, depois da Segunda Guerra viveu inúmeras experiências de regionalismo e continua nessa trilha, apesar das dificuldades enfrentadas pelo Mercosul e pela Comunidade Andina de Nações (CAN). Ambos os blocos, entretanto, estão se acertando para, finalmente, dar uma notícia que faça avançar a história da integração regional: a negociação de um acordo de livre-comércio. Depois do pacto comercial assinado nesta semana entre o Peru e o Mercosul, existe mais possibilidade de se concretizar uma área comercial livre de barreiras entre os andinos e os quatro países do Cone Sul.

Em seu estudo "A integração latino-americana: uma nova síntese?", de dezembro de 2002, Marconini lembra que o debate sobre regionalismo na região data dos anos 50, quando se falava na criação de um mercado comum latino-americano. A partir desse debate surgiram, nos anos 60, a Associação Latino-Americana de Livre-Comércio (Alalc), reunindo a América do Sul e o México, o Mercado Comum Centro-Americano e o Grupo Andino, que mais tarde se transformou na CAN.

Os esforços dos anos 60 tiveram "graves problemas nos anos 70", observa Marconini.

Uma das razões para o fracasso era que o chamado "regionalismo antigo" se baseava na substituição de importações e não conseguiu criar um espaço econômico verdadeiramente ampliado, "tendo sucumbido ao próprio protecionismo e ao protecionismo econômico que se propunha a combater". Já o novo regionalismo dos anos 80 teve uma cara diferente: a Alalc foi substituída pela Associação Latino-Americana de Integração (Aladi), que impulsionou os acordos de alcance parcial ou total, empregando medidas de salvaguarda, regras de origem e outros mecanismos de liberalização e disciplinamento do comércio. Nos anos 90, o Mercosul agregou um novo elemento ao ativismo integracionista da América Latina: o projeto da união aduaneira.

Em meados da década passada, o Acordo de Livre-Comércio da América do Norte trouxe mais notícias: pela primeira vez, um país em desenvolvimento aderia a um tratado com países desenvolvidos – EUA e Canadá.

Fracassos e experiências bem-sucedidas têm a ver com contexto internacional e modelos econômicos adotados.

Nos anos 1970-1980, destaca Marconini, a Ásia, por exemplo, não estava interessada em regionalismo, como agora. "Eles se inseriram em cadeias produtivas e não substituíram importações. Deram um salto enorme. A Ásia foi integrando, dessa forma, suas economias."

A Coreia do Sul, por exemplo, começou a produzir componentes para computadores e exportava para o Japão. "Foi um trabalho de se inserir na cadeia que já existia. Hoje, a Ásia é bastante integrada e a América Latina, pouco", conclui Marconini.

O início do Mercosul era mais parecido com o que aconteceu na Ásia – houve um esforço de políticas setoriais no sentido de cadeias produtivas.

Debate que começa a esquentar agora, no governo Lula. Estaria existindo, na atualidade, uma nova onda de regionalismo no mundo, principalmente na nossa região, porque muitos países não querem perder suas preferências e a economia mundial está tão integrada em alguns pontos do mundo que ninguém quer ficar de fora.

Além disso, o governo Bush perdeu o apoio dos exportadores para impulsionar o multilateralismo – acham que o mundo já se abriu – e começa a ceder para os setores protecionistas, por razões eleitorais.

A Europa, que não lidera em matéria de multilateralismo comercial, continua protecionista.

O ativismo regionalista dos EUA cresce. O país fez acordo com o México no Nafta, fechou outro com o Chile e deve iniciar negociações com a Colômbia, além das que estão em andamento com centro-americanos e caribenhos. A OMC estima que até o final de 2005, se os acordos regionais planejados ou em negociação forem concluídos, o seu número total será ao redor de 300, em nível global. Félix Peña, diretor do Instituto Comércio Internacional da Fundação BankBoston, diz que o vínculo entre as preferências regionais e o sistema comercial multilateral é uma das questões relevantes da Rodada de Doha.

ANTES DO BRICS, A TRILATERAL DO SUL

Muito antes da formação do Brics (junho de 2009) – grupo de países que reúne Brasil, Rússia, Índia, China e África do Sul –, o governo Lula realizou um encontro pioneiro, no dia 6 de junho de 2003, em Brasília, entre o Brasil, a Índia e a África do Sul. "'Há um potencial grande de cooperação econômica – o comércio entre os três tem crescido', disse a este jornal uma fonte do Itamaraty."

Assim começa a reportagem "Trilateral do Sul reúne-se no Brasil", de 22 de maio de 2003, ilustrada com um mapa dos continentes e sinalizando com traços as três capitais unidas – Brasília, Pretória e Nova Delhi.

> A ideia cresceu em fevereiro, na conferência miniministerial da Organização Mundial do Comércio, em Tóquio. Os três países – Brasil, África do Sul e Índia –, com interesses semelhantes na vinculação entre patentes farmacêuticas e saúde pública – um dos principais temas daquela reunião –, têm posições comuns também em outros pontos da agenda internacional. Os três são potenciais membros permanentes de um eventual Conselho de Segurança da Organização das Nações Unidas ampliado; defendem o multilateralismo e o fortalecimento da ONU e são países importantes em suas respectivas regiões.
>
> "Há um potencial grande de cooperação econômica – o comércio entre os três tem crescido", disse a este jornal uma fonte do Itamaraty. "O chanceler Celso Amorim já tinha ideia de reunir os três países e até chegou a batizar esse formato de encontro diplomático de Sul-Sul-Sul", conta o assessor. Finalmente, a reunião foi marcada para 6 de junho, em Brasília, com a participação de Celso Amorim, da chanceler sul-africana, Nkosazana Zuma, e do ministro das Relações Exteriores da Índia, Jaswanth Sinha.
>
> É a primeira vez que um chanceler indiano visitará o Brasil, apesar de os dois países terem coordenação diplomática em vários foros multilaterais, como a OMC. Na Rodada Uruguai do antigo Gatt, a Índia e o Brasil tinham uma forte aliança e lideravam as posições do mundo em desenvolvimento. A Índia e a África do Sul têm elos históricos: há uma comunidade indiana importante no país africano.
>
> O intercâmbio entre Brasil e África do Sul somou US$ 660 milhões no ano passado, sendo US$ 477 milhões de exportações brasileiras. No acumulado em 12 meses até abril, as vendas

brasileiras para os sul-africanos foram de US$ 518 milhões. As importações ficaram em US$ 175 milhões.

Os principais produtos enviados à África do Sul de janeiro a abril deste ano foram: partes e peças para tratores e automóveis, carrocerias, carne de frango, óleo de soja, minério de ferro, automóveis, fumo, bombons e papel.

Entre Brasil e Índia o comércio foi de US$ 1,2 bilhão em 2002, quase US$ 400 milhões mais do que em 2001 (USS 827 milhões). No acumulado em 12 meses até abril o intercâmbio somou USS 1,34 bilhão. As principais exportações brasileiras para a Índia, de janeiro a abril, foram óleo bruto de petróleo, óleo de soja, acrilonitrila, minério de ferro, amianto, álcool etílico, autopeças, automóveis, pedras preciosas, açúcar, refrigeradores e fios de seda. O comércio entre a África do Sul e a Índia somou US$ 1,4 bilhão no ano passado. As importações indianas da África do Sul cresceram 38%.

O processo de integração comercial, com o protagonismo da Alca, dos acordos dos Estados Unidos e das negociações do Mercosul intrabloco e com a União Europeia, marcou o ano de 2003. Na *Gazeta Mercantil*, aprofundamos esses temas em coberturas de debates e em entrevistas com especialistas.

DOUTRINA BUSH E RISCOS À LIDERANÇA DO BRASIL NA AMÉRICA DO SUL

No artigo "Doutrina Bush, risco e liderança", de 24 de setembro de 2003, trato dos efeitos da aplicação de princípios da política externa do governo Bush após os atentados de 11 de setembro de 2001:

> A América do Sul, prioritária na política externa do governo Lula, é um espaço onde o Brasil, ao que tudo indica, enfrentará mais obstáculos da parte dos EUA do que cooperação, haja vista as consequências da Doutrina Bush, que conecta as questões da guerrilha e do narcotráfico ao conceito de terror. A Colômbia, foco principal da preocupação norte-americana, não é um problema apenas dos colombianos, mas de seus vizinhos, e pode se transformar em ameaça à segurança nacional dos EUA.

É também na América do Sul que a política externa de Lula tende a correr mais riscos, porque qualquer atitude no relacionamento com os vizinhos nem sempre agradará às várias vertentes das sociedades. Além do fator dialético, há a atração que os EUA representam em matéria de comércio e de ajuda militar, principalmente essa última, no caso da Colômbia. De todo modo, um país que aspira à liderança deve enfrentar riscos, sobretudo na concretização de prioridades estabelecidas, como a de preparar o Mercosul, até 2005, para entrar na etapa de mercado comum.

A capacidade de liderança do Brasil na América do Sul também deve ser testada no desenvolvimento da vocação para mediar.

"O Brasil tem um papel a cumprir importante, sem custo financeiro e econômico, apenas utilizando a arte da diplomacia e da confiabilidade. Esta, na diplomacia, pode ser uma credencial para as negociações comerciais", observa Reginaldo Mattar Nasser, coordenador do curso de Relações Internacionais da PUC-SP.

O governo Lula demonstrou capacidade de mediação no caso da Venezuela, liderando a criação do Grupo de Amigos. Agora, o novo teste será a Colômbia. De acordo com a Doutrina Bush, que começou a ser traçada logo após os atentados de 11 de setembro, guerrilha e narcotráfico se conectam com o terrorismo e, nesse sentido, convertem-se em um problema de segurança nacional para os EUA, exigindo, portanto, intensidade de combate às Farc, o que gera apreensão para os outros países latino-americanos. Portanto, é muito mais difícil para o Brasil lidar com o caso da Colômbia do que foi, no começo do governo Lula, ter atuado como mediador na crise entre o governo de Hugo Chávez, na Venezuela, e a oposição.

ITAMARATY QUERIA A ONU DIALOGANDO COM AS FARC NO BRASIL

De acordo com a mesma reportagem:

"Talvez seja por isso que o Itamaraty esteja se esforçando para que a ONU – entidade que o Brasil quer ver fortalecida – dialogue com as Farc em território brasileiro. Isso foge do padrão norte-americano, porque na América Latina os EUA agem, principalmente, de forma unilateral ou, quando optam por um tipo de ação coletiva, convocam a Organização dos Estados Americanos (OEA), porque sabem que nela podem contar com o apoio do Caribe e da América Central", lembra Nasser.

Já a ONU é um terreno onde os EUA enfrentam vozes de peso, como a França e a Alemanha, que já se declararam a favor de um assento permanente para o Brasil em um eventual novo Conselho de Segurança.

Sobre a possibilidade de o Brasil sediar uma reunião entre as Forças Revolucionárias Armadas (Farc) e a ONU, Amorim disse que o País "tem sempre dito que não se furtará a cooperar com qualquer coisa que contribua para uma solução pacífica, negociada, respeitando sempre que a Colômbia tem um governo legitimamente eleito, e o presidente Uribe é o chefe desse governo. Então, não tomaremos nenhuma iniciativa fora daquilo que nos seja pedido".

BRASIL E O PAPEL DE MEDIADOR

Prossegui:

> O Brasil tem consciência de que não pode bancar sozinho uma solução para a Colômbia, mas pode, com o endosso da ONU, atuar como catalisador na formação de um grupo de amigos do país amazônico.
>
> Das ações diplomáticas em pauta, talvez seja essa, relacionada com a Colômbia, a que menos encontre críticas entre os opositores do governo Lula. Isso porque o problema do narcotráfico e da guerrilha é transfronteiriço e a apreensão do Brasil não pode se traduzir em passividade e muito menos em submissão.
>
> Em uma região conturbada como é a América do Sul, dependendo do acerto das políticas brasileiras e do grau de confiabilidade que o País possa inspirar, a atividade de mediador é um papel que cai bem ao Brasil e foi destacado pelo Barão do Rio Branco, patrono da diplomacia.
>
> Não basta apenas dizer que somente pelo fato de o Brasil ser um país pacífico, sem conflitos com seus dez vizinhos, que está credenciado a uma vaga permanente no Conselho de Segurança, como representante da região. É preciso que o País

se credencie a esse *status*, demonstrando capacidade de mediar e de formar coalizões que tragam benefícios à segurança e ao equilíbrio regionais.

"Embora a Doutrina Bush esteja em pleno desenvolvimento, o Brasil deve apostar em eventuais mudanças na política interna norte-americana e em uma reorientação dos EUA para a América Latina", entende Nasser. Há quem veja no discurso atual de Bush, proclamando o Iraque, no 11 de setembro deste ano, como a nova frente central na guerra global contra o terrorismo, um sinal de que os EUA estariam separando as Américas de sua agenda antiterrorista.

RELACIONAMENTO COM OS PAÍSES ÁRABES

No primeiro ano do primeiro governo do presidente Lula, a *Gazeta Mercantil* estampou a manchete: "Relação com árabes será mais objetiva" (6 de maio de 2003) na capa do jornal. A matéria mostrou o tom com que o governo Lula trataria o mundo árabe:

> O ministro das Relações Exteriores, Celso Amorim, está formulando uma nova política para o relacionamento entre o Brasil e os 22 países árabes.
>
> "O presidente Luiz Inácio Lula da Silva quer transformar a relação com o mundo árabe em eixo permanente da política externa brasileira, assim como a América Latina", disse a este jornal o embaixador Mario Vilalva, diretor-geral do Departamento de Promoção Comercial (DPR) do Itamaraty.
>
> A visita que Lula fará a dois ou três países, no segundo semestre, provavelmente em outubro, deverá marcar a nova orientação. Estão sendo considerados Arábia Saudita, Emirados Árabes Unidos, Líbano e Egito. O presidente irá com uma delegação de empresários e um grupo que se encarregará de manifestações culturais. "O comércio entre o Brasil e as 22 nações da Liga Árabe somou, em 2002, US$ 5,4 bilhões", diz Vilalva.
>
> O intercâmbio é equilibrado, segundo o diretor-geral do DPR. E é expressivo também, levando-se em conta a "distância e os problemas de logística".

A avaliação do governo, entretanto, é que até hoje a política comercial acabou sendo formulada com base nas necessidades da balança comercial. A relação sempre foi "baseada em soluços". Mas há uma percepção de que existem as condições para mudar isso com base nos interesses culturais, de negócios e nas próprias características empresariais dos países árabes, que hoje têm, mais do que nunca, necessidade de diversificar seu relacionamento comercial e a cooperação técnica.

"A relação deles com a Europa tem um custo político alto, com o Brasil não tem esse custo", compara Vilalva.

Manter o Brasil como praça para os investimentos árabes também é importante, segundo o diretor-geral do DPR.

"Dado o novo contexto geopolítico pós-guerra do Iraque, alguns representantes da comunidade árabe estão vendendo suas casas de veraneio nos Estados Unidos e comprando imóveis em praias de Angra dos Reis (RJ)", comenta uma fonte diplomática.

Os árabes não têm tradição de investir em indústria; eles são mais comerciantes e gostam de aplicar em fundos de pensão e bolsas de valores. Têm tradição de fazer investimento em portfólio.

De acordo com Vilalva, as empresas brasileiras poderão participar da reconstrução do Iraque, que deverá durar entre dez e quinze anos, como subcontratadas de empreiteiras norte-americanas, ou em associação com firmas locais, no Golfo, como as kuwaitianas. A Odebrecht, que já tem investimentos na Flórida, poderá participar da reconstrução diretamente, sem precisar ser subcontratada por grupos dos EUA.

Uma outra forma de o Brasil tirar proveito da reconstrução é por meio das agências da Organização das Nações Unidas (ONU), se a entidade vier a ter um papel importante naquele processo.

Relatei também que, nas relações com a Ásia, o Itamaraty preparava viagem do presidente Lula para a China em maio de 2004, quando seriam comemorados 30 anos de relações diplomáticas entre os dois países.

"ALIANÇA SUL-SUL PARA NÃO PERDER"

Este é o título da coluna que escrevi em 20 de agosto de 2003. A ideia por trás dos discursos diplomáticos brasileiros era que, para enfrentar os

Estados Unidos e a União Europeia, o Brasil precisava de uma aliança forte com a Índia e a China.

Selecionei alguns trechos:

> Vem em boa hora a anunciada aliança entre o Brasil e a Índia para apresentar uma proposta alternativa ao acordo sobre agricultura entre a União Europeia e os Estados Unidos, divulgado na semana passada. Se já é fruto da nova política diplomática brasileira de privilegiar as relações Sul-Sul, tanto mais animador, já que a primeira reunião entre os chanceleres do Brasil, da Índia e da África do Sul ocorreu em Brasília, há apenas dois meses.
>
> O chanceler Celso Amorim, que classificou a reunião como histórica, disse que "são três países em desenvolvimento, três democracias, que têm papéis importantes a desempenhar em suas regiões e que têm visões muito semelhantes em temas multilaterais. Era preciso transformar essa coincidência virtual numa cooperação real".
>
> Surgiu agora uma primeira e grande oportunidade de enfrentarem juntos, Brasil e Índia, o tema multilateral do momento. O embaixador brasileiro na Organização Mundial do Comércio, Luiz Felipe de Seixas Corrêa, está coordenando posições com os indianos, na tentativa de amarrar uma proposta que contemple amplo corte no apoio às exportações e uma fórmula flexível de acesso a mercados. Isso porque Brasil e Índia têm interesses distintos em matéria de acesso a mercados. O Brasil, como uma potência exportadora agrícola, preocupa-se com a queda de barreiras tarifárias e não tarifárias nos principais centros consumidores mundiais – EUA, UE e Japão. Mas a Índia, país reconhecidamente protecionista, não está disposta a abrir a qualquer preço seu mercado para produtos agrícolas e industrializados.
>
> A aliança com a Índia, no entender de Pedro de Camargo Neto, ex-secretário de produção e comercialização do Ministério da Agricultura e consultor da Sociedade Rural Brasileira, pode significar enfraquecimento no pilar de acesso a mercados e fortalecimento dos outros dois pilares que o Brasil considera fundamentais – a eliminação dos subsídios às exportações e do apoio doméstico aos agricultores. "Para enfrentar os EUA e a UE o Brasil precisa de uma aliança com a Índia e a China. Caso contrário, sairemos perdendo", avalia Camargo Neto.

> "Mas o que os outros aliados do Brasil no Grupo de Cairns, de países exportadores agrícolas, estariam achando da aliança Brasil-Índia, que provavelmente se estenderá também à China? Como o Canadá, a Austrália e a Tailândia, por exemplo, membros do Grupo de Cairns, reagiriam ao fato de o Brasil e seus sócios do Mercosul sinalizarem flexibilidade no pilar do acesso a mercados e maior ênfase no fim dos subsídios à exportação e apoio interno? Espero que fiquem conosco", diz Camargo Neto.
>
> A estratégia de fortalecer o relacionamento Sul-Sul está sendo jogada agora no plano da cooperação real, como disse o chanceler Celso Amorim. A China, que também pode aderir ao G-3 (Brasil, Índia e África do Sul), é outro parceiro de peso na tentativa de se conseguir um equilíbrio nas negociações agrícolas da Rodada de Doha. Afinal, essa rodada foi lançada em novembro de 2001, no Catar, com o nobre objetivo de atender aos anseios dos países em desenvolvimento.

Fortalecer o Brasil e outros países em desenvolvimento nas negociações agrícolas na OMC, para enfrentar as pressões americanas e europeias, era um mote importante em 2003. O governo brasileiro recebeu assessoramento do Instituto de Estudos do Comércio e Negociações Internacionais (Icone), que forneceu estudos técnicos sobre subsídios domésticos e à exportação, tarifas e barreiras não tarifárias. O presidente do Icone, Marcos Jank, disse, segundo a reportagem "Há espaço para Cairns avançar, diz Jank", de 15, 16 e 17 de agosto de 2003:

> "Há espaço para cortes mais profundos nos subsídios da União Europeia porque a Política Agrícola Comum (PAC) precisa ser reformada com a entrada de novos membros, independentemente do que acontecer na OMC. Só que queremos que a reforma seja mais rápida."
>
> Quanto aos EUA, Jank diz que a Lei Agrícola (Farm Bill) de 2002 é "um desastre", isto é, muito protecionista, e rompe com o processo de liberalização agrícola mundial, um dos principais pilares da Rodada de Doha, que foi iniciada para tentar um maior equilíbrio nos resultados para os países desenvolvidos e os em desenvolvimento.
>
> "Precisamos ganhar algo na Rodada de Doha, que existe por causa da agricultura. É preciso usar esse espaço. A agricultura tem que pedir muito mais", defende Jank.

EMPRESÁRIOS PEDIAM AVANÇOS
NAS NEGOCIAÇÕES INTERNACIONAIS

Como afirmei anteriormente, o empresariado queria que o Brasil avançasse nas negociações internacionais, entre elas a da Alca. A reportagem "Lula: Brasil não deixará mesa da Alca", de 21 de outubro de 2003, menciona:

> Boa parte do empresariado brasileiro quer que o Brasil não só se mantenha à mesa de negociações da Alca como mantenha todos os grandes assuntos na agenda. A Coalizão Empresarial Brasileira (CEB) sugere ao governo estratégias que permitam acomodar cautela necessária em algumas áreas sensíveis. A Câmara Americana de Comércio de São Paulo, por sua vez, defende as mesmas posições da CEB. Para o diretor do Centro de Estudos Latino-Americanos da Universidade da Califórnia em Berkeley, Harley Shaiken, o governo Bush não tem interesse em concluir o acordo da Alca até 2005, devido às eleições presidenciais de novembro de 2004.

O AGRONEGÓCIO, COMPETITIVO, QUERIA A ALCA

O agronegócio era um dos setores mais críticos quanto ao ceticismo do Brasil na Alca. O setor era bastante competitivo, apesar dos subsídios aplicados pelos Estados Unidos e pela União Europeia. De fato, o Brasil já era uma potência agrícola: ocupava o primeiro lugar na produção e na exportação de café, suco de laranja e açúcar; era o segundo em produção de carnes bovina e de frango, e o terceiro em milho e frutas. Na reportagem "Agricultura quer o Brasil na Alca", de 24 e 25 de maio de 2003, escrevi:

> "A melhor maneira de ser contra a Alca é estar na Alca. O que os andinos esperam do Brasil é liderança e quem tem liderança não sai da mesa." A declaração, de Pedro de Camargo Neto, responsável pela área internacional da Sociedade Rural Brasileira (SRB), é uma resposta às reticências do governo na negociação com os Estados Unidos e os outros 32 parceiros na Alca.
>
> A posição brasileira de ceticismo quanto ao futuro da área hemisférica foi explicitada na quarta-feira, no Rio de Janeiro, no XV Fórum Nacional, em discurso do chanceler Celso Amorim lido pelo secretário-geral do Itamaraty, Samuel Pinheiro Guimarães.

SETOR INDUSTRIAL TAMBÉM QUERIA A ALCA

O setor industrial também queria a Alca. A Federação das Indústrias do Estado de São Paulo (Fiesp) chegou a divulgar um manual com 65 perguntas formuladas e respondidas pela área de Relações Internacionais, explicando, por exemplo, o que eram tarifas consolidadas e aplicadas, como eram regulamentados os serviços e os investimentos, como a Alca poderia afetar as empresas, e quais os principais riscos e oportunidades para o Brasil.

Sobre os riscos, a Fiesp mencionava que não se poderia esquecer que um eventual afastamento do país da negociação poderia provocar seu isolamento, isto é, poderia acarretar sucessivos desvios de comércio, como resultado dos acordos fechados entre os outros países do bloco.

O diretor-executivo do departamento de Comércio Exterior e Relações Internacionais da Fiesp, Maurice Costin, dizia: "Quem tem medo (da Alca) são eles (os EUA), não nós. Eles têm medo dos nossos têxteis, aço, sapatos, *agribusiness*. Nós temos tudo para competir no mundo". E acrescentou: "Há setores, entretanto, que não estão preparados, mas para os produtos sensíveis existe um prazo de dez anos", de acordo com a reportagem "Fiesp quer discutir a Alca sem 'assembleísmo'", de 20, 21 e 22 de junho de 2003.

FIESP APOIAVA NEGOCIAÇÃO EM TRÊS TRILHOS

A Fiesp estava de acordo com a negociação da Alca em três trilhos, como anunciou o ministro das Relações Exteriores, Celso Amorim.

O tema do acesso a mercados seria conduzido dentro do mecanismo "quatro mais um", entre o Mercosul e os Estados Unidos; na Rodada de Doha da Organização Mundial do Comércio seriam tratados os temas que cada lado considerava sistêmicos – subsídios agrícolas e políticas de defesa comercial, como regras antidumping, no caso dos Estados Unidos; propriedade intelectual e investimentos, no caso do Brasil. E na Alca seriam tratadas as regras de política comercial. "Estamos socializando as perdas", disse, na ocasião, o presidente da Fiesp, Horácio Lafer Piva, sobre a necessidade de haver vários trilhos de negociação.

LEGISLATIVO BRASILEIRO
E AS NEGOCIAÇÕES INTERNACIONAIS

O Legislativo brasileiro também estava ativo no tema negociações internacionais. O Projeto de Lei n. 89, do presidente da Comissão de Relações Exteriores do Senado, Eduardo Suplicy (PT-SP), definia objetivos, métodos e modalidades da participação do governo brasileiro em negociações comerciais multilaterais, regionais ou bilaterais. Escrevi sobre esse assunto na reportagem "Brasil terá TPA como a dos EUA", de 8, 9 e 10 de agosto de 2003.

> O projeto de lei que define o mandato negociador do governo nas tratativas para a formação da Área de Livre-Comércio das Américas, no âmbito da Organização Mundial do Comércio e nas negociações entre o Mercosul e a União Europeia, será votado na Comissão de Relações Exteriores do Senado e irá em seguida ao plenário. Ontem, em audiência pública na Comissão de Relações Exteriores do Senado, o chanceler Celso Amorim considerou "extremamente útil e um instrumento de reforço da nossa posição negociadora contar com parâmetros e diretrizes da mesma maneira que agora o governo americano tem". Amorim se refere à TPA (Trade Promotion Authority), "que é justamente isso, uma diretriz de negociação".

AMORIM E AS OPÇÕES DIFERENCIADAS
PARA A INTEGRAÇÃO

O chanceler Celso Amorim posicionou-se diante da questão crítica se o Brasil poderia ficar isolado se não negociasse a Alca, enquanto a Colômbia e o Peru ensaiavam uma negociação bilateral com os Estados Unidos, o Chile continuava negociando mais tratados e o México já contava 34 acordos. Ele falou sobre o assunto na reportagem "Brasil tem opções diferenciadas para a integração", de 3 de setembro de 2003.

> "Isolado de quê? Na América do Sul estamos com um processo de fortalecimento do Mercosul, de integração sul-americana, temos negociado com a Índia, com a África do Sul. Nesta sexta-feira, vem o ministro sul-africano do Comércio e Indústria, Alec

> Erwin, para nos coordenarmos com relação a Cancún (reunião ministerial da Organização Mundial do Comércio de 10 a 14 deste mês) e para discutir integração. Continuamos negociando com os EUA, com a UE e estamos dispostos a um acordo quatro mais um com o Canadá."
>
> "Há países que, por sua dimensão ou sua situação geográfica, podem pagar um preço que nós não podemos pagar", disse Amorim. Ele acrescentou que haverá "um quatro mais um aladiano (nos termos da Associação Latino-Americana de Integração – Aladi) com o Peru, coisas que a Alca não vai permitir".
>
> Sobre o Nafta, Celso Amorim diz que recebe pessoas que criticam o Acordo de Livre-Comércio da América do Norte.
>
> "Eu quero trocar experiências com o México até para evitar... em toda negociação se incorre em erros."

O chanceler continuou:

> "No início da década de 90, a palavra de ordem era liberalização unilateral, e nesse contexto qualquer coisa que se obtém em troca é lucro. Agora, temos que ver efetivamente o que negociar. Não vejo que necessariamente (o Nafta ou o acordo EUA-Chile) seja uma grande vantagem para países do porte do Brasil. Se você aceitar uma certa lei de propriedade intelectual como eu entendo que foi colocada para o Chile, o Brasil não poderia ter a política de saúde que tem hoje. Nem sei qual é a do México, mas provavelmente está na mesma situação. São essas coisas que temos de tomar em conta seriamente. O fato de um país (México) ter 34 acordos de comércio não é necessariamente uma vantagem. Pode ser e pode não ser. O que vai acontecer com a Colômbia (que pretende um acordo com os EUA), com os outros? Não sei, vamos ver."

Segundo o chanceler, o que o Brasil não podia aceitar é que as regras, desde a Rodada Uruguai, fossem desfavoráveis para os países em desenvolvimento e impostas pelos desenvolvidos: "Eles querem impor aos países em desenvolvimento, no âmbito regional, o que não conseguem fazer na OMC."

De acordo com a reportagem, "Amorim se diz fã do economista indiano Jagdish Bhagwati [já citado na seção "Bhagwati e o *spaghetti bowl*"], cuja crítica é na linha explicitada pelo ministro". Continuou Amorim:

"A configuração de forças também é outra. Na questão de investimento, (os EUA) estavam querendo incluir temas como investidor-Estado, coisas que não aceitamos. Na OMC sabemos que isso vai ter um certo tipo de tratamento."

O ministro diz que é preferível, na Alca, caminhar para o possível e de maneira benéfica para os vários lados do que chegar no final e ter um impasse, ter um acordo que não possa ser ratificado pelo Congresso.

Celso Amorim entende que este é o momento de resgatar a ideia de complementariedade entre as economias do Mercosul com vistas a exportar para terceiros mercados. Ele apoia "essa ideia, modernizada, dentro do conceito de cadeias produtivas entre o Brasil e a Argentina, mas também incluindo Uruguai e Paraguai e, no futuro, por que não incluir o Peru, ou até outros países? Eles podem fazer parte de um nicho dentro da cadeia. Isso é perfeitamente viável. Isso nunca foi abandonado de todo na indústria automotiva e em outras áreas. Mas é uma vertente a se explorar com maior profundidade".

DEPOIS DE CRÍTICAS, ITAMARATY ACELEROU EXPLICAÇÃO SOBRE "MODELO" NA ALCA

A posição oficial com relação à Alca precisava ser mais bem compreendida, na visão do Itamaraty, principalmente depois que as críticas à atuação diplomática aumentaram, com os dois ministros do governo endossando-as: Roberto Rodrigues, da Agricultura, e Luiz Fernando Furlan, do Desenvolvimento. Segundo a reportagem "Amorim: Brasil não quer impor modelo na Alca", de 9 de outubro de 2003, o ministro das Relações Exteriores previa um modelo com duas e até três velocidades. "Nos dois assuntos em que nos interessa velocidade máxima – subsídios agrícolas e antidumping – os EUA disseram que não estavam preparados para negociar", afirmou.

Prossegui: "Na visão de Amorim, os países poderão negociar mais ou menos temas, de acordo com a sua conveniência, como no antigo Acordo Geral de Tarifas e Comércio, em que os membros aderiam ou não aos acordos específicos. O Brasil, por exemplo, nunca subscreveu o acordo de compras governamentais da entidade". Amorim disse que era preferível que, quando isso ocorresse, que fosse por meio de um acordo multilateral, na Organização Mundial do Comércio e não na Alca. A OMC, com sede em Genebra, é um dos três trilhos que o Mercosul considerou em sua proposta para a negociação de regras sobre investimentos, serviços e compras governamentais.

Segundo a reportagem:

> Amorim deu um exemplo de como os países na Alca deveriam ter liberdade para negociar ou não certos temas, e referiu-se às posições defendidas por outros parceiros, como a Argentina, que quer incluir temas na Alca que o documento conjunto do Mercosul prevê que sejam negociados na OMC.
>
> Os emissários do governo partirão em viagens para explicar a posição do Brasil o mais rápido possível.
>
> "É a maneira de termos resultados positivos. Não se pode repetir na Alca o que aconteceu na OMC com os temas de Singapura", diz Amorim.

CANCUN FOI UM MARCO NA OMC: MIL ONGS PARTICIPARAM DA REUNIÃO

De acordo com a reportagem "Mil ONGs em Cancún, um recorde para a OMC", de 13 de agosto de 2003:

> Em Cancún, na reunião da OMC, em meados de setembro, as negociações entraram em colapso devido à ambição da União Europeia e do Japão em querer discutir investimentos, regras para facilitação de comércio, políticas de concorrência e compras governamentais, temas rejeitados pela Índia e por países africanos.
>
> Cancún foi um marco na história da OMC: pela primeira vez, desde a criação da entidade em 1995, mil ONGs participaram da 5ª reunião ministerial, em 2003: 40% de caráter empresarial, 25% representando *think tanks* e centros de pesquisa e 35% integradas por movimentos sociais e relacionados com o tema do desenvolvimento. A participação dessas entidades foi três vezes maior à registrada em Doha, Catar, em novembro de 2001.

AGRICULTURA, O NÓ NAS NEGOCIAÇÕES DO GATT E DA OMC, NAS DÉCADAS DE 1990 E 2000

Em todo o tempo que cobri política externa, escrevi que as questões agrícolas estavam entre as mais difíceis na OMC, por isso mesmo se condicionou o toma lá dá cá nas negociações das rodadas Uruguai e de Doha. Para ilustrar o que se debatia à época, trago a reportagem "Se a agricultura não avançar, os outros temas não avançarão", de 5, 6 e 7 de setembro de 2003.

Selecionei esse texto porque revela a continuidade da participação do Brasil entre os países em desenvolvimento exportadores agrícolas, bem como a posição do governo Lula de defender o multilateralismo.

> Para o chanceler Celso Amorim, a posição dos países em desenvolvimento, hoje, é diferente da que foi na Rodada Uruguai do antigo Gatt. Naquela ocasião, esses países aceitaram a liberalização em várias áreas à espera de que o compromisso de uma abertura em agricultura nos países desenvolvidos fosse respeitado, mas não foi o que aconteceu.
>
> "Tínhamos negociação mandatada em agricultura e não aconteceu nada. Se você novamente entrar na mesma conversa... Não faz sentido abrirmos os nossos trunfos em troca de nada, em troca de promessas. No passado já vimos qual foi o resultado", destacou o chanceler em entrevista a este jornal.

O chanceler disse que não se surpreenderia se a reunião de Cancún terminasse sem resultados concretos e que um novo encontro fosse marcado para Genebra, sede da OMC, em março de 2004. Encaminhamentos desse tipo ocorreram na Rodada Uruguai, como o *mid-term review*, em Montreal, que continuou em Genebra, e a Rodada Uruguai só foi resolvida com o acordo de Blair House entre Estados Unidos e União Europeia. "Resolveu mal, mas desbloqueou a agricultura", lembra Amorim. Ele destacou a importância do G-20, que queria o fim das barreiras:

> "O que nós conseguimos foi desfazer o mito de que a maioria dos países em desenvolvimento, no fundo, estava próxima das posições mais protecionistas (a Índia, por exemplo, que está no G-20, tinha uma aliança tácita om a UE). O documento que

nós fizemos juntos é positivo, reformista, avançado. Apenas reconhece as diferenças entre países em desenvolvimento", os mais intensivos em agricultura exportadora e os mais dedicados à agricultura de natureza familiar. "Eles querem manter apoio interno às suas agriculturas de natureza familiar, uma coisa totalmente diferente daquilo que fazem os desenvolvidos em matéria de apoio às suas empresas de agronegócio."

SERVIÇOS FINANCEIROS EXIGIAM CAUTELA NA OMC E NA ALCA

Reúno aqui algumas matérias que mostram o grau de interesse de setores da economia brasileira na Alca, como os bancos, e a redução da ambição da iniciativa com o passar do tempo. Na reportagem "Banqueiros preparam-se para a Alca e a OMC", de 9 de setembro de 2003, escrevi:

> As negociações de serviços financeiros – na Área de Livre-Comércio das Américas e na Organização Mundial do Comércio – exigem muita cautela dos países, principalmente do Brasil, onde o setor é formado por grandes conglomerados bancários, que oferecem desde seguros até previdência privada. Essa é a avaliação de banqueiros nacionais e de Mário Marconini, diretor-executivo do Centro Brasileiro de Relações Internacionais (Cebri) e autor do recém-publicado livro OMC: acordos regionais e o comércio de serviços.
>
> "Não dá para abrir de repente. É preciso ter grande cautela e adotar medidas prudenciais", diz Marconini. "No setor de serviços, ao contrário do de bens, não existem salvaguardas, exceto na área financeira. Nesse caso, as salvaguardas são medidas prudenciais, restritivas, reconhecidas pela OMC. Mesmo quando você abre o seu mercado e o consolida, você pode tomar medidas prudenciais se houver um problema sistêmico. Na OMC ninguém quis definir o que são medidas prudenciais. Não há definição, cada país define como quiser", acrescenta.

"ALCA LIGHT"

Exemplos de que as ambições foram reduzidas em relação ao acordo original: segundo a matéria "Alca 'light' pode tornar reunião um sucesso", de 18 de novembro de 2003, esse modelo flexível foi oficializado na 8ª reunião ministerial do bloco hemisférico, do qual participavam 34 países. Na verdade, para salvar a face de Brasil e Estados Unidos, os dois governos resolveram que era preciso sair de Miami com um resultado positivo, depois do fracasso da reunião ministerial da OMC em Cancún, em meados de setembro. A proposta era a de uma Área de Livre-Comércio das Américas *à la carte* ou flexível.

> A "nova visão da Alca", conforme definição de um diplomata brasileiro, é a de uma área hemisférica onde os países não teriam mais a imposição de regras comuns para todos os temas em negociação. Cada país poderá negociar os temas que mais atendam às suas necessidades específicas.
>
> Assim, por exemplo, o Brasil, que não queria negociar na Alca regras para investimentos, compras governamentais, serviços e propriedade intelectual, terá esse direito. Da mesma forma, os EUA poderão discutir regras antidumping e subsídios agrícolas na Organização Mundial do Comércio e não na Alca.
>
> "A notícia hoje (ontem) é que começa a ser aceita a ideia de que para a reunião de Miami ser bem-sucedida é preciso apostar na proposta (do Brasil e dos EUA)", disse a este jornal, por telefone, o diplomata Antonio Simões, assessor econômico do chanceler Celso Amorim, principal negociador brasileiro. "Os dois países entendem que esse é um meio de viabilizar o processo."
>
> Para os EUA, sair de Miami com um resultado positivo é o que mais importa neste momento, depois do fracasso da reunião ministerial da OMC em Cancún, em meados de setembro, e tendo em vista o calendário eleitoral em 2004, quando as pressões protecionistas tendem a recrudescer em oposição às ideias de livre-comércio.

A reportagem "Amorim: limites do Brasil na Alca flexível", de 21, 22 e 23 de novembro de 2003, detalha até onde o país iria nas negociações.

> "Os limites do Brasil em matéria de regras deverão se pautar pelo estágio em que se encontram os vários temas na Organização Mundial do Comércio. Em compras governamentais, propriedade intelectual, serviços e investimentos, por exemplo, o governo Lula não aceitará nenhuma situação que coloque o País diante de retaliações comerciais", disse Amorim.
>
> "Há limites marcados até onde se pode ir."
>
> "Em questões como a transparência", nota o ministro, "a OMC ainda não conseguiu discutir um acordo relacionado com compras governamentais. Na parte referente à aplicação e observância em propriedade intelectual, o Brasil está disposto a trabalhar em consulta e cooperação com seus parceiros, mas não aceitará retaliações em caso de acusação de pirataria, por exemplo. O governo brasileiro não negociará uma extensão do prazo dos direitos de patentes", informou Amorim.

A intenção dos Estados Unidos era acelerar a celebração de acordos bilaterais e regionais. A *Gazeta Mercantil* informou, na manchete "EUA manobram e propõem acordos a países andinos", de 19 de novembro de 2003, que o representante de Comércio dos Estados Unidos (USTR), Robert Zoellick, havia avisado formalmente o Congresso americano da abertura das negociações para estabelecer um tratado de livre-comércio, de forma bilateral, com Colômbia, Peru, Equador e Bolívia, os países andinos com os quais o Mercosul pretendia assinar uma área de livre-comércio no âmbito da Comunidade Andina de Nações.

Segundo a reportagem, o chanceler Celso Amorim reagiu ao anúncio de Zoellick: "Os países andinos 'estão no direito deles' ao negociarem acordos bilaterais mais ambiciosos com os Estados Unidos." E chegou a ironizar: "Quem sabe as indústrias brasileiras não investem nestes países para poder exportar para eles (os americanos)."

Analistas avaliavam que a ampliação da ofensiva de negociações bilaterais na América Latina poderia pressionar o Brasil e outros países, que prefeririam negociações menos abrangentes, a aceitar acordos mais amplos. Tais negociações mais amplas incluiriam pontos polêmicos, como regras para a propriedade intelectual.

Uma semana se passou e escrevi a coluna "Andinos e corrida contra o tempo", em 26 de novembro de 2003. É um retrato das dificuldades que o Mercosul enfrentava nas negociações. Seguem trechos da matéria:

> A decisão americana de negociar acordos bilaterais com países da região em termos rígidos e abrangentes, como os existentes entre os EUA, o Chile e a Jordânia, sem dúvida pressiona o Mercosul para chegar a entendimentos com os andinos o mais breve possível. O objetivo da corrida tem um nome: não perder margens de preferência. É tarefa urgente também reduzir os níveis da Tarifa Externa Comum (TEC) do Mercosul para facilitar as negociações com os vizinhos. Espera-se que a vontade política funcione mais uma vez, como funcionou no acordo entre o Peru e o Mercosul, firmado em agosto passado durante a visita do presidente Luiz Inácio Lula da Silva a Lima, apesar das dificuldades de lado a lado. Não se deve esquecer que as preferências vigentes nos acordos da Associação Latino-Americana de Integração (Aladi) expiram em 31 de dezembro para os países que pertencem aos dois blocos. Esse é mais um elemento de pressão.
>
> Uma vez firmado o acordo Mercosul-CAN, este terá que ser protocolado na Aladi, que tratará de multilateralizá-lo, uma vez que Cuba, Chile e México são membros da entidade, mas não pertencem aos dois blocos. Com o Chile, não se antecipam problemas. O México, por causa do Acordo de Livre-Comércio da América do Norte, pode ser um complicador, pois a parte normativa desse bloco-salvaguardas, regras de origem, solução de controvérsias – segue um modelo mais rígido do que o da CAN e do Mercosul.

Segundo a reportagem "CAN-Mercosul: cautela e realismo", de 27 de novembro de 2003:

> Em outubro, os chanceleres do Mercosul e da CAN definiram os critérios que deveriam ser seguidos pelos negociadores no acordo: cronograma de redução de tarifas, prazos diferenciados conforme a categoria dos países, tratamento dos produtos do patrimônio histórico negociados nos acordos da Aladi, produtos sensíveis e regras de origem, entre outros temas.
>
> O acordo Mercosul-Peru, assinado em agosto passado, foi difícil de ser fechado e pode ser uma mostra das dificuldades na negociação entre o Mercosul e a CAN. De um lado, existem diferenças entre

os blocos em matéria de critérios e normas para o funcionamento de uma área de livre-comércio; de outra parte, não é fácil chegar a um programa de liberalização comercial devido às diferenças entre os países. O Uruguai resistiu muito a um acordo com o Peru.

Os andinos têm pressa em fechar um acordo com os EUA, porque, se a Alca atrasar em relação ao prazo previsto de 1º de janeiro de 2005, eles não ficariam sem o respaldo de preferências no mercado americano, pois o programa Andean Trade Preferences Act expira em 2006. Por meio desse sistema, os andinos têm preferência para exportar muitos produtos ao mercado americano.

ANTIAMERICANISMO NOS PAÍSES ÁRABES E MAIOR DEMANDA POR PRODUTOS BRASILEIROS

Assim começa a reportagem "Os países árabes demandam mais produtos do Brasil", de 21 de julho de 2003:

> Os atentados terroristas de 11 de setembro e a guerra do Iraque, que aumentaram o sentimento antiamericanista no mundo árabe, já estão beneficiando o Brasil.
>
> Como em poucas ocasiões, o País está se envolvendo em uma série de iniciativas para aproveitar uma conjuntura que lhe é favorável. O Egito se tornou uma espécie de plataforma de exportação de carros CKD modelos Corsa e Astra da General Motors do Brasil (GM) para países árabes, com os quais o governo egípcio mantém acordos de livre-comércio.

Prossegui:

> Na Arábia Saudita, a Saudi Arabia Basic Industries Company (Sabic) está estudando uma proposta de *joint-venture* da Associação Brasileira da Indústria do Plástico (Abiplast) para fabricar plástico voltado à exportação, utilizando a matéria-prima da petroquímica saudita e a tecnologia brasileira.
>
> Em Dubai, o Brasil inaugurou há duas semanas um centro de distribuição de móveis e instalará em breve um *showroom* na cidade. Supermercados e lojas de vários países árabes vendem carne de frango e carne bovina *in natura*, roupa de cama e papel

de fabricação brasileira. Houve uma ampliação de 1.052% nas exportações de veículos de passeio, inclusive chassis e carrocerias, de janeiro a junho deste ano (US$ 18 milhões), em relação ao mesmo período de 2002. Os embarques de ônibus cresceram 302% no período (US$ 23,6 milhões).

Em entrevista a este jornal, o presidente da Câmara de Comércio Árabe-Brasileira (CCAB), Paulo Sérgio Atallah, disse que "o grande diferencial não foi a guerra do Iraque, mas o 11 de setembro. Desde aquela data, existe um grande sentimento antiamericano nos países árabes e uma simpatia pelo Brasil, que sempre existiu. Eles tinham até 11 de setembro uma relação muito próxima com os EUA e a Europa. Mas eu sinto que a cada dia o Brasil é visto como um país que pode ser um grande parceiro. O Brasil começou exportando produtos do agronegócio (frango, carne bovina, açúcar, soja) e agora exporta ônibus e carros de passeio. Na próxima etapa, o Brasil exportará aviões", prevê Atallah.

Manter presença e vínculo comercial permanente com os países árabes faz parte da nova política brasileira para aquela região. Nessa direção, o presidente Luiz Inácio Lula da Silva, que irá ao Líbano, Síria, Arábia Saudita, Egito e Emirados Árabes Unidos, em dezembro, pretende estabelecer um diálogo entre o mundo árabe e a América do Sul.

"O presidente tem feito uma sondagem, uma análise dessa possibilidade. Ele gostaria de convidar os presidentes dos países árabes para um grande encontro, em 2004, entre presidentes da América do Sul e dos países árabes", diz Atallah, que voltou recentemente de uma viagem àquela região acompanhando o ministro do Desenvolvimento, Indústria e Comércio Exterior, Luiz Fernando Furlan, e do presidente da Agência de Promoção de Exportações do Brasil (Apex), Juan Quiroz.

A CCAB e o governo estão envolvidos em uma série de iniciativas para aumentar o intercâmbio entre o Brasil e os 22 países da Liga Árabe, dos quais 13 têm representação diplomática no País.

"Temos um compromisso com este governo de lutar para atingir US$ 7 bilhões de exportações do Brasil para os países árabes até o final do governo Lula", lembra Atallah.

Em fevereiro, quando o estudo com esse compromisso foi apresentado ao governo, as vendas do Brasil para aquela região somavam US$ 2,6 bilhões.

O que anima o governo e os empresários é o aumento das exportações para aquela região. A Argélia é o principal parceiro comercial do Brasil – exportou, principalmente em nafta, US$ 1,16 bilhão entre julho de 2002 e junho de 2003. O segundo maior exportador para o Brasil é a Arábia Saudita (petróleo) – US$ 803,3 milhões. O terceiro é o Iraque – US$ 407,5 milhões, no mesmo período. As exportações brasileiras para os Emirados Árabes somaram US$ 657 milhões, de julho de 2002 a junho deste ano. É o maior mercado para o Brasil, seguido da Arábia Saudita (US$ 635,3 milhões) e do Egito (USS 430 milhões). Outros mercados importantes: Marrocos (USS 251,6 milhões de importações brasileiras), Argélia (US$ 121, 4 milhões), Síria (US$ 76,2 milhões), Iêmen (US$ 100 milhões), Kuwait (USS 71 milhões), Iraque (US$ 70 milhões). Os produtos em destaque na pauta exportadora do Brasil para a Liga Árabe são calçados, caminhões, madeira, móveis, óleo de soja, ônibus e veículos de passeio.

Em outubro, a Feira Index, de Dubai, especializada em móveis, a maior da região, terá a participação de 30 empresas do setor, coordenadas pela Associação Brasileira das Indústrias do Mobiliário (Abimóvel), Apex e CCAB. O estande terá 350 metros quadrados e levará a marca Brazilian Furniture.

Os países árabes representam um novo mercado em expansão para o Brasil: em 2002, comprou US$ 1 milhão em móveis. No primeiro semestre deste ano, as vendas brasileiras subiram para US$ 1,3 milhão. "É uma escala geométrica", anima-se Marco Aurélio Lobo Jr., consultor da área internacional da Abimóvel.

O País é o 9º fornecedor de móveis para os EUA, e neste ano prevê exportações globais de US$ 600 milhões, ante USS 560 milhões em 2002. Há duas semanas, o Brasil inaugurou um centro de distribuição de móveis brasileiros em uma das ruas comerciais de Dubai, informa o consultor da Abimóvel.

Apesar de falarem árabe, o elemento comum a todos, os membros da Liga Árabe possuem características diferentes, o que recomenda cautela na abordagem comercial. "Cada país está em estágio diferente de desenvolvimento e tem prioridades diferentes em relação ao outro. Existem alguns produtos de que todos precisam: açúcar e carne bovina, que importam do Brasil. Alguns países querem exportar para nós porque têm déficit na balança de comércio bilateral, outros têm uma veia turística, Jordânia, Marrocos, Egito, Líbano, Síria, Emirados Árabes, Tunísia...".

"Por sua vez, o Brasil quer receber turistas. Então, existe um conflito ou uma possibilidade de parceria", observa o presidente da CCAB, entidade que acaba de completar 51 anos de existência.

A Câmara Árabe "é quase uma mini-Apex para aquela região, porque cuidamos do programa árabe da agência", acrescenta Atallah.

Outro setor de exportação potencial, em sua opinião, é o aeronáutico. A Embraer entregou o seu primeiro jato Legacy para a Arábia Saudita e há negócios em andamento com outros países árabes.

MERCOSUL, LONGE DOS ANOS DOURADOS

"Difícil recuperar a 'magia' dos anos 1994-98", diz a reportagem "Mercosul, longe dos anos dourados", de 22, 23 e 24 de agosto de 2003. De fato, o bloco passava por uma de suas crises naquele ano, principalmente por causa da queda expressiva das exportações argentinas ao Brasil, o que elevou o déficit comercial do vizinho:

> O bloco está distante da realidade do período 1994-98.
>
> "Foram anos dourados, quase mágicos da integração, em que havia estabilidade cambial e monetária, os ciclos econômicos dos países eram comuns, o fluxo de capitais permitia financiar desequilíbrios e tínhamos comércio intersetorial equilibrado, como na indústria química e têxtil", lembra Ricardo Rozemberg, diretor do Centro de Estudos para a Produção do Ministério da Economia e Produção da Argentina. Ele preparou o informe 2001-2002 sobre o Mercosul, publicado pelo BID e Instituto para a Integração da América Latina e Caribe (Intal), que foi apresentado em São Paulo.
>
> A partir de 1999, começa a crise nos países do Mercosul – Brasil e Argentina têm ciclos produtivos negativos, o mercado regional perde dinamismo, os fluxos de capitais retornam ao nível do início dos anos 90 e ocorre uma série de retrocessos. Começa-se a duvidar de um processo de economia de desenvolvimento.

2003: INSTITUTO RIO BRANCO ATUALIZA FORMAÇÃO DE DIPLOMATAS

A reportagem "*Aggiornamento* na diplomacia", de 8 de outubro de 2003, a segunda de maior destaque na primeira página da *Gazeta Mercantil*, menciona as mudanças no currículo do Instituto Rio Branco, para se adequar às novas diretrizes do governo Lula:

> As orientações de política externa do governo Lula já se refletem no curso do Instituto Rio Branco, a segunda academia diplomática mais antiga do mundo, com sede em Brasília. O *aggiornamento* do Rio Branco inclui um programa de estágio dos novos diplomatas em países sul-americanos. A última turma, no primeiro semestre, já estagiou em países da região. Essa atividade está em sintonia com a prioridade brasileira de fortalecer o Mercosul e o relacionamento com os demais vizinhos. O Rio Branco enviou um estagiário, também recentemente, à academia diplomática da Índia, em Nova Delhi.
>
> A Índia forma com o Brasil e a África do Sul o G-3, embrião do G-20 +, o grupo de países em desenvolvimento que combate os subsídios agrícolas e teve atuação destacada na última reunião ministerial da Organização Mundial do Comércio, em Cancún. "Fizemos um convite para que a África do Sul nos envie um diplomata para seguir nosso curso básico, de cerca de um ano", acrescenta o embaixador João Almino, diretor do Instituto Rio Branco.
>
> Outra novidade é a criação de um curso de América do Sul de seis semanas, inaugurado pelo professor Marco Aurélio Garcia, assessor para assuntos internacionais do presidente Luiz Inácio Lula da Silva. Além disso, as dissertações do curso do Rio Branco – que desde julho do ano passado funciona como mestrado – são orientadas para temas contemporâneos de política externa, como a Área de Livre-Comércio das Américas, relações Brasil-Cuba, mudanças climáticas, integração sul-americana e integração física na América do Sul.
>
> O Instituto Rio Branco, fundado em 1945, também está se abrindo a outros órgãos da administração em relação a temas internacionais, informa João Almino. O instituto tem 30 alunos da Esplanada dos Ministérios estudando negociações internacionais. Esse curso tem a duração de seis semanas e serve para aperfeiçoar os conhecimentos dos funcionários.

No início de 2002, ainda no governo FHC, foi criada bolsa de estudos para negros, preparatória ao exame de seleção do Rio Branco.

Escrevi na coluna "Ações afirmativas e políticas", de 11, 12 e 13 de janeiro de 2002:

> Precisamos ter um conjunto de diplomatas que seja reflexo de nossa sociedade, que é multicolorida. Não tem cabimento que ela se apresente pelo mundo afora como se fosse uma sociedade branca, porque não é', disse o presidente. O Instituto Rio Branco selecionará, até julho, 20 candidatos negros para a bolsa de dez meses de duração. Em seguida, eles estarão aptos para prestar o rigoroso concurso de ingresso na carreira diplomática, em março de 2003.

De acordo com a mesma reportagem:

> Os negros não chegam às universidades porque estudam em escolas públicas, onde o nível de ensino é discutível, e porque são forçados a abandonar os estudos para trabalhar. É por isso que os afrodescendentes não têm conseguido acesso ao Instituto Rio Branco, que recruta diplomatas entre as pessoas que possuem diploma universitário. Pesquisa realizada pelo Datafolha em 27 de setembro de 2001 detectou que, no primeiro ano do curso do Rio Branco, com 30 alunos, 90% eram brancos, 10% pardos e nenhum era negro. No segundo ano, com 24 alunos, 71% se definiram como brancos, 8% como negros e 17% como pardos. O número de negros na carreira diplomática é extremamente baixo. O Brasil, com uma população asiática menor do que a negra, tem mais representantes orientais no Itamaraty do que os afrodescendentes, proporcionalmente. Os indicadores comprovam o abismo que separa a população brasileira branca da negra.

BIOTERRORISMO PRESSIONOU EXPORTAÇÕES PARA OS ESTADOS UNIDOS

Mais um efeito colateral da política externa dos Estados Unidos pós-atentados terroristas: o governo americano promulgou em 2002 a Lei do Bioterrorismo.

De acordo com a reportagem "Bioterrorismo pressiona exportador para os EUA", de 6 de outubro de 2003, "as empresas exportadoras de produtos alimentícios têm somente dois meses para registrar-se no Departamento de Administração de Alimentos e Medicamentos (FDA) dos EUA e estabelecer um agente em território americano".

Prossegui:

> Esta é a exigência da Lei do Bioterrorismo, cujas regras serão definidas até o próximo dia 10 pelo FDA. A partir de 12 de dezembro, todas as exportações de produtos alimentícios processados para os EUA devem ser notificadas previamente ao FDA. Se o exportador não tiver registrado seu estabelecimento nem possuir um agente para emitir a comunicação prévia, não poderá exportar para os EUA.
>
> A Lei do Bioterrorismo pode se transformar em barreira não tarifária, segundo o Instituto Nacional de Metrologia, Normalização e Qualidade Industrial (Inmetro). Outra exigência americana em matéria de segurança que afeta o Brasil é o Container Security Initiative (CSI).

AMÉRICA DO SUL CONVULSIONADA: DESAFIO PARA A POLÍTICA EXTERNA DE LULA

Aos dez meses de governo, o presidente Lula enfrentou crises na vizinhança do Brasil. No Paraguai, o presidente Nicanor Duarte afirmava que queria seu país sem corrupção e pirataria. Por isso aceitou a renúncia de seu ministro do Interior, envolvido em pirataria de CDs. Na Bolívia, o presidente Sánchez de Lozada estava com a popularidade em queda livre. No Peru, essa também era a situação do presidente Alejandro Toledo. Escrevi o artigo "A difícil opção da política externa", de 14 de outubro de 2003:

> A concretização dos planos do governo Lula de priorizar a integração da América do Sul e de fortalecer o Mercosul enfrenta dificuldades que não têm a ver somente com a política externa dos países vizinhos, como a relacionada às negociações para criar a Área de Livre-Comércio das Américas. As crises políticas internas de um membro efetivo do Mercosul (Paraguai) e de um país associado (Bolívia), neste momento, criam mais dificuldades para a integração.

No caso do Paraguai, o presidente Nicanor Duarte, que hoje visita Brasília, aceitou, ontem, a renúncia de um ministro, superando o primeiro escândalo de seu governo recém-inaugurado. No caso da Bolívia, a situação é gravíssima e coloca em risco a democracia. A Bolívia é um dos países mais pobres da América do Sul, e uma das causas do conflito é a rejeição da política do governo de exportar gás natural para os EUA, enquanto uma parcela da população não recebe o combustível.

Ontem, enquanto o chanceler Celso Amorim preparava com seus assessores a visita do presidente paraguaio, a chancelaria emitia uma nota à imprensa sobre a situação boliviana, na qual revela a expectativa do governo de que "as fórmulas para solucionar a crise sejam perfeitamente consentâneas com os compromissos com a ordem democrática assumidos no âmbito do Mercosul, do qual a Bolívia é um Estado associado".

No Paraguai, o presidente aceitou a renúncia do ministro do Interior, Roberto González, envolvido na liberação de um milionário contrabando de CDs piratas. Duarte ordenou a demissão do diretor-geral da Alfândega, Gustavo Volpe, e destituiu o comandante e o subcomandante da Polícia Nacional, todos implicados na entrada ilegal da mercadoria no país.

No Peru, país com o qual o Mercosul acaba de firmar um acordo de livre-comércio, a rejeição de 80% ao presidente Alejandro Toledo é preocupante. A aprovação do chefe de Estado peruano está em um patamar muito baixo – 16% – para quem tem mandato a cumprir até 2006. Um dos problemas mais graves indicados pela população, em consulta feita pela Companhia Peruana de Pesquisa de Mercados, divulgada na quarta-feira da semana passada, é a falta de empregos. Em segundo lugar, no ranking dos problemas, estão a pobreza e a delinquência.

Entretanto, o Peru se destacou como o país latino-americano de maior crescimento econômico em 2002, 5,2%, e rompeu um longo período recessivo iniciado em 1998. Toledo, há pouco mais de dois anos no poder, declarou recentemente que não é fácil governar um país em transição como o Peru, com suas instituições democráticas frágeis, dominado pela desilusão e por uma baixa autoestima coletiva.

Toledo qualificou de "compreensível" o dramático perfil do Peru e disse que uma das grandes tarefas de seu mandato é fazer com que seus compatriotas "recuperem a fé" no país.

Na Venezuela, um dos principais aliados do Brasil, que liderou a formação do grupo de amigos da nação vizinha, cujo papel foi fundamental para evitar uma deterioração do quadro político venezuelano, a crise continua, com uma disputa sem trégua entre o governo Chávez e a oposição.

Na Colômbia, prossegue a guerra entre o governo Uribe, os guerrilheiros e os narcotraficantes.

A convulsionada América do Sul é um desafio e tanto para a política externa do governo Lula, que nesta semana se reúne com o colega argentino, Néstor Kirchner, para proclamar um novo consenso social e econômico na região. O remédio será suficiente para tanta crise?

ESTRATÉGIA DE LIBERALIZAÇÃO COMERCIAL DOS ESTADOS UNIDOS: GLOBAL, REGIONAL E BILATERAL

Na coluna "EUA, na corrida por novos acordos", de 19 de novembro de 2003, escrevi:

> [...] Zoellick [Robert Zoellick, USTR] acredita em uma estratégia de liberalização comercial em várias frentes – global, regional e bilateral – para aumentar a chance de promover a abertura de mercados. Ele é da opinião de que os acordos bilaterais ou sub-regionais podem estimular avanços nas rodadas multilaterais (conceito de *building blocks*).
>
> Zoellick defende, enfim, uma "concorrência em matéria de liberalização", com os EUA no centro da rede de acordos, dentro de uma estratégia de *hub-and-spokes* (centro e raios). Washington está se engajando em negociações para acordos de livre-comércio com os países andinos, com o Panamá, a República Dominicana e a Colômbia. Os EUA já têm tratados com o Canadá e o México (Nafta) e com o Chile. É verdade que os novos acordos serão negociados com países pequenos. O Brasil continua fora da rede de pactos bilaterais que giram na órbita americana.
>
> Uma demonstração da importância atribuída pelo presidente George W. Bush e Zoellick aos acordos bilaterais e sub-regionais é a visão que têm do Cafta — Acordo de Livre-Comércio

da América Central – que estará em negociação. A esse respeito, Bernard K. Gordon, professor emérito de ciências políticas da Universidade de New Hampshire, nos EUA, em artigo para a *Foreign Affairs* (edição de julho-agosto deste ano), diz que Bush anunciou solenemente que as exportações dos EUA para os centro-americanos são maiores do que as destinadas, em conjunto, para a Rússia, Indonésia e Índia.

TENDÊNCIA DE PROLIFERAÇÃO DE ACORDOS BILATERAIS

De acordo com a matéria anterior, "EUA, na corrida por novos acordos":

> As novas negociações bilaterais, além de salvar a face dos EUA por não estarem conseguindo uma Alca conforme a imaginada no governo Clinton, em 1994, abrangente e ambiciosa, mostrariam ao mundo que Washington está na competição mundial em torno dos arranjos bilaterais e regionais de comércio. Essa nova onda mundial, entretanto, coloca em risco o multilateralismo.
>
> O que acontecerá com a Rodada de Doha da OMC depois de Cancún (última reunião ministerial da entidade, que terminou em fracasso) e de Miami (onde se tenta buscar uma nova visão da Alca, mais *à la carte*)? A tendência, ao que parece, é a contínua proliferação de acordos bilaterais e do tipo "quatro mais um", como os que estão sendo negociados na Ásia.
>
> Aliás, os asiáticos surpreenderam os EUA com a sua voracidade em matéria de arranjos comerciais. Existe hoje uma competição entre Pequim e Tóquio na negociação de acordos com países daquele continente. E isso é algo que os EUA certamente não gostariam que acontecesse, porque a tendência é de desvio de mercado em favor das potências comerciais asiáticas.
>
> Pela primeira vez, desde 1961, o Japão importou mais da China do que dos EUA, em 2002. Taiwan e Coreia do Sul e os países da Associação das Nações do Sudeste Asiático (Asean) – Indonésia, Malásia, Filipinas, Singapura, Tailândia, Brunei, Vietnã, Laos, Myanmar e Camboja – aumentaram 50% suas exportações para a China, no ano passado, enquanto suas vendas para os EUA permaneceram estagnadas.

Não se trata de algo inesperado. Sinais de relativa redução da presença dos EUA no Leste asiático já eram notados desde meados dos anos 90. O estreitamento de vínculos comerciais e maior cooperação econômica entre os países daquela região aconteceram na esteira da crise financeira de 1977-78 e diante da fria resposta inicial de Washington.

LIVROS SOBRE A ALCA E O ACORDO MERCOSUL-UNIÃO EUROPEIA

O ano de 2003 foi de muitas manchetes citando a Alca e o acordo Mercosul-União Europeia. A sociedade discutiu os temas em seminários e livros, como *The Cost of Opting Out: the EU-Mercosur Agreement and the Free Trade Area of the Americas* (O custo da não participação: a Alca e o Acordo Mercosul-União Europeia), editado por Alfredo Valladão, professor da Cátedra Mercosul da Sciences Po, em Paris, e coordenador do Grupo de Acompanhamento das Negociações entre o Mercosul e a União Europeia.

Mencionei na coluna "O lado racional das negociações", de 22 de outubro de 2003:

> O livro reúne os resultados de dois seminários no começo do ano: em Bruxelas, na Comissão Europeia, e em Brasília, na Confederação Nacional da Indústria (CNI), e conta com a colaboração dos economistas Renato Flôres Jr., Hernán Lacunza e Antoine Bouët, que trabalharam o modelo Computable General Equilibrium (CGE) para estudar o acesso a mercados americano e europeu para produtos do Mercosul.

Prossegui:

> A Alca, porque se tornou um assunto passional no Brasil, devido à presença dos EUA na negociação, chama mais a atenção dos brasileiros do que as negociações entre o Mercosul e a União Europeia. Especialistas dizem, entretanto, que o acordo com a Europa só sairá se o Mercosul se engajar na Alca.
>
> Os dois acordos preferenciais – Alca e Mercosul-UE – preocupam os negociadores brasileiros porque será necessário

compatibilizá-los com o artigo 24 do antigo Gatt e o artigo 5 do GATS (acordo de serviços). As negociações preferenciais, portanto, precisam cobrir substancialmente todo o comércio de produtos e serviços. Isso limita muito o número de possíveis exceções e de provisões para tratamento especial, o que levanta temores de segmentos empresariais que se acham incapazes de competir num novo mercado, explicam Motta Veiga e Bouzas.

Além disso, acordos preferenciais só fazem sentido se apresentarem compromissos mais avançados dos que os já existentes na Organização Mundial do Comércio. Isso significa que as negociações terão de aprofundar os compromissos em áreas espinhosas, como comércio de serviços, regras para investimento, medidas antidumping e de direitos compensatórios, compras governamentais, entre outros temas. Outra complicação: os acordos preferenciais são baseados no princípio da reciprocidade, e o único tratamento diferenciado são períodos mais longos para a redução de tarifas (*phase-outs*). Preocupam também os negociadores do Mercosul as condições do jogo (*playing field*) entre o bloco e os seus parceiros na negociação, que são desiguais. Além disso, existe o fator discriminação, que está presente nas estratégias comerciais de países industrializados.

Os EUA, que foram os campeões do multilateralismo no período pós-1945, passaram a adotar a discriminação ou os arranjos preferenciais de comércio a partir de meados dos anos 80, quando a administração Reagan negociou um acordo de livre-comércio com o Canadá. Outro elemento de preocupação: o futuro do sistema multilateral de comércio está sob grandes incertezas.

Outro livro, publicado pela Aduaneiras em 2003, com 555 páginas, foi considerado uma verdadeira bíblia das negociações hemisféricas: *O Brasil e a Alca: os desafios da integração*, escrito por juristas, economistas, cientistas políticos e empresários, e tendo como organizadores Alberto do Amaral Junior e Michelle Ratton Sanchez, da Faculdade de Direito da USP.

O debate sobre esses acordos e as negociações na OMC, tudo ocorrendo ao mesmo tempo, despertaram o interesse da sociedade sobre a inserção internacional do Brasil. "Referido debate indica, na verdade, uma mudança sem precedentes na formação da política externa brasileira, iniciada com a restauração democrática e aprofundada com a globalização da economia", disse Amaral Júnior, segundo a reportagem "Interesse brasileiro na Alca é retratado em livro sobre integração", de 27 de agosto de 2003:

> O capítulo sobre negociações de acesso a mercados, escrito por Sandra Rios, coordenadora da Unidade de Integração Internacional da Confederação Nacional da Indústria, e Soraya Rosar, coordenadora adjunta, revela que EUA, Brasil e México, por diferentes razões, "demonstram maior hesitação em avançar no projeto".
>
> O México, porque construiu uma ampla rede de acordos preferenciais nas Américas, sendo o Nafta o mais abrangente.
>
> "A Alca significará a diluição das preferências já conquistadas em quase todos os mercados, em especial no norte-americano, pelas quais o México já pagou um preço elevado no Nafta." "Nos EUA, *lobbies* poderosos – sindicais, das ONGs e alguns poucos setores produtivos – atuam no Congresso contra a Alca. Para o Brasil, a Alca não estaria entre as prioridades, porque o País gostaria, antes, de consolidar o Mercosul, conformar uma Área de Livre-Comércio na América do Sul e estabelecer alguns esquemas preferenciais com o México e outros países latino-americanos" escrevem as autoras, no livro *O Brasil e a Alca: os desafios da integração*.

ALADI FOI MAIS FLEXÍVEL QUE A ALALC

Escrevi muitas reportagens sobre integração regional. Aproveito o gancho do acordo Mercosul-CAN (Comunidade Andina de Nações) para falar do papel da Aladi. Na coluna "Acordo coroa 43 anos de integração", de 17 de dezembro de 2003, mencionei:

> O acordo de livre-comércio concluído entre o Mercosul e três países andinos (Equador, Colômbia e Venezuela), justamente os que ainda não tinham um pacto de liberalização com o bloco formado por Brasil, Argentina, Uruguai e Paraguai, coroa os 43 anos do sistema Alalc-Aladi, as duas entidades que contam uma boa parte da história da integração regional.

A Associação Latino-Americana de Livre-Comércio (Alalc), criada em 1960 pelo primeiro Tratado de Montevidéu, antecedeu a Associação Latino-Americana de Integração (Aladi), que nasceu há 23 anos pelo TM80 (Tratado de Montevidéu 1980). À Aladi, constituída por 12 membros – Argentina, Bolívia, Brasil, Chile, Colômbia, Cuba, Equador, México, Paraguai, Peru, Uruguai e Venezuela –, pode-se atribuir razoável parcela de contribuição para os resultados colhidos no processo de integração, seja entre os países-membros da associação, entre estes e centro-americanos e caribenhos ou, ainda, com os Estados Unidos, Canadá e União Europeia. O Chile tem acordo com os EUA, Canadá e com a UE, o Mercosul negocia um tratado de liberalização com os europeus, o México pertence ao Acordo de Livre-Comércio da América do Norte.

O trunfo do TM80 foi a flexibilidade, ao contrário do que acontecia na Alalc. O TM80 trouxe princípios de flexibilidade e de tratamento diferenciado e convidou os seus membros a promoverem a convergência da rede de acordos de alcance parcial assinados.

Hoje, quando andinos e mercosulinos festejam a conclusão de um acordo de livre-comércio, ainda que ele seja considerado básico, deve-se lembrar do papel da Aladi.

REGIONALISMO NA ÁSIA

No início dos anos 2000, estava em voga o debate sobre regionalismos. Nas Américas, falava-se muito da Alca e, na Ásia, o assunto também era integração. Escrevi a coluna "Os caminhos da integração asiática" na edição da *Gazeta Mercantil* de 17 de setembro de 2003:

> Cooperação econômica e integração regional são expressões em voga na Ásia, região que na década de 80 era apresentada como modelo de crescimento a ser imitado pela América Latina.
>
> Agora, a experiência asiática volta aos comentários, mas no sentido de que ao Brasil interessaria conhecer os instrumentos lá utilizados, uma vez que os países daquela região se integraram na economia globalizada com relativo sucesso.
>
> "A Ásia tem boas experiências com processos de reforma no serviço público, tem um espírito de desenvolvimento que envolve

toda a sociedade e passou por um processo interessante de industrialização", diz Dieter Benecke, diretor do programa Política Econômica, da Fundação Konrad Adenauer, que na semana passada promoveu, em São Paulo e no Rio, um seminário sobre reformas e desenvolvimento na Ásia com a Fundação Getúlio Vargas (FGV).

"A globalização pode trazer riscos externos e a regionalização pode ajudar a reduzi-los. A crise financeira da Ásia mostra que há uma relação muito grande entre os países de uma região", diz He Fan, vice-diretor do Institute for World Economics and Politics, da China. Ele conta que "há um entusiasmo muito grande, agora, em impulsionar a cooperação econômica regional" e que existem "algumas razões fundamentais para isso, por causa da divisão internacional do trabalho". O Japão, por exemplo, transfere os seus setores de manufaturados para Taiwan, Singapura e Coreia do Sul. Esses países processam os produtos na China, Vietnã e Tailândia, devido ao custo inferior da mão de obra. "Isso é diferente dos padrões internacionais de comércio, em que um país produz avião e o outro calçado. Agora há mais comércio interindústria. Quase toda a indústria tira vantagem da mão de obra barata e do grande mercado regional. Esse novo padrão de comércio internacional é baseado em escala econômica. Países como Coreia do Sul, Japão e membros da Asean (Brunei, Camboja, Indonésia, Laos, Malásia, Myanmar, Filipinas, Singapura, Tailândia e Vietnã) pensam em estimular a cooperação econômica para se tornarem o centro da indústria de tecnologia de informação."

"Para impulsionar esse novo padrão de comércio internacional, os países vizinhos devem cooperar uns com os outros", diz He Fan.

"Agora, podemos ver que existe uma rede produtiva regional emergente" na Ásia. Um fator importante foi o crescimento da economia chinesa, em níveis de 8% a 10% ao ano. A ascensão da China (sua importância é grande também para o Brasil, porque o país já é o segundo maior comprador de produtos brasileiros) está dando impulso ao regionalismo na Ásia. O comércio da Asean com a China aumentou de US$ 925 milhões, em 1977, para cerca de USS 74 bilhões, em 2002. A moda na Ásia são os acordos "plus", como o Asean Plus Three (APT) ou Asean mais três, entre a Asean, a China, o Japão e a Coreia do Sul.

Apesar de ainda distante, a extensão natural desse arranjo conformaria, no futuro, um acordo de livre-comércio do leste asiático, embora, como diz He Fan, os países menores da Asean não gostem dessa ideia. Eles preferem arranjos do tipo Asean Plus One (Asean mais Japão) ou Asean mais China.

A China tem pressa e é o país de maior avanço em matéria comercial – no final de 2001, os chineses ingressaram na Organização Mundial do Comércio e fizeram um acordo separado, o Asean Plus One (Asean mais China). Analistas dizem que esse movimento pode ser considerado estratégico, no sentido de que a China teria a intenção de liderar, e não o Japão, uma grande zona de livre-comércio no Asean Plus Three. Um dos motivos que impedem o avanço do APT é a enorme sensibilidade agrícola existente na Coreia do Sul e no Japão.

"Agora, a China se tornou o maior parceiro na Asia, substituindo o Japão", nota Ho Khai Leong, pesquisador do Institute of Southeast Asian Studies. O aumento da cooperação econômica, comercial e financeira entre os países asiáticos tem outra explicação e não mostra como resultado apenas um novo padrão de comércio. Procura preencher um vácuo, já que na crise financeira asiática faltou uma instituição regional com credibilidade para lidar com a situação. Ministros de Finanças do Asean Plus Three se reuniram em maio de 2000, no âmbito do Asian Development Bank, e criaram a Chiang Mai Initiative (CMI) para aumentar a cooperação, que resultou em uma série de acordos bilaterais de *swap* de moedas entre os países-membros, no sentido de evitar futuras crises. A cooperação é crucial porque existe desconfiança da parte de pequenos países em relação à China. He Fan, entretanto, diz que a China não está liderando o processo de integração.

"O Japão é ainda a economia número um na região. Para qualquer cooperação regional bem-sucedida deve haver, primeiro, cooperação entre o Japão e a China", acrescenta.

O contraponto de Ho Khai Leong revela a preocupação de um país como Singapura em reação à China: "Eu sempre acredito que se deve suspeitar da China. Embora percebamos que desenvolvimento no Sudeste Asiático não pode acontecer sem participação da China, o poder político chinês faz com que os países não relaxem. Eles estão preocupados, pois se a China se tornar poderosa, será um problema para os regimes da região."

MEU ÚLTIMO ANO NA *GAZETA MERCANTIL*: COBERTURA DA CÚPULA DE NEGÓCIOS DA CHINA

Tive a oportunidade de visitar Pequim e Xangai antes de deixar a *Gazeta Mercantil* em 2003. Fui enviada pelo jornal para cobrir a Cúpula de Negócios da China, promovida pelo World Economic Forum (WEF).

Na edição de 6 de novembro de 2003, assinei de Pequim a manchete "Brasil disputa com os EUA mercados russo e chinês":

> Os Estados Unidos estão pressionando a Rússia e a China para que elas comprem mais carne de frango e soja americanas numa tentativa de reduzir a participação brasileira naqueles mercados. "É um jogo de poder" disse, em Xangai, o ministro da Agricultura, Pecuária e Abastecimento, Roberto Rodrigues.

A reportagem informa que:

> [...] "a pressão sobre os dois países, que o governo brasileiro vem detectando em seus encontros com autoridades chinesas e russas, ocorreu na sequência da reunião ministerial da Organização Mundial de Comércio em Cancún, no México, cujo colapso o representante de Comércio americano, Robert Zoellick, atribuiu ao Brasil por ter liderado o G-20, países em desenvolvimento que se opõem aos subsídios agrícolas concedidos pelos ricos.
>
> Ficou claro, porém, que o colapso da reunião de Cancún não foi provocado pela ação do G-20, mas pela proposta europeia de reintroduzir na negociação os chamados temas de Singapura, como investimentos e compras governamentais.

Prossegui:

> Roberto Rodrigues, que participa hoje, em Pequim, da Cúpula de Negócios da China, promovida pelo World Economic Forum,

disse que "a postura americana mais agressiva de ir em cima da Rússia e da China para tirar o Brasil (dos mercados de soja e de frango) foi depois de Cancún, porque o Brasil capitalizou o G-20". Para o ministro, esse "é um antijogo democrático".

"Faltando poucas semanas para terminar a Cláusula de Paz, que os países ricos querem prorrogar para não ficarem sujeitos a investigações na OMC, e com a ambição na Área de Livre-Comércio das Américas reduzida, as fichas acabam se concentrando na negociação União Europeia-Mercosul", diz Rodrigues.

Em seu raciocínio, seria preciso que os dois blocos, na reunião técnica de meados deste mês, na Europa, com a participação de ministros de comércio, ampliassem as negociações agrícolas como um sinal político para fazer avançar a convocação de uma ministerial da OMC antes de 15 de dezembro, quando a Rodada de Doha será retomada. "Não que seja mais fácil negociar com a Europa, é que sobrou essa negociação como uma chance de abrir e isso contaminar a OMC e a Alca", afirma o ministro.

De Xangai, enviei a reportagem "A China pede reciprocidade", de 5 de novembro de 2003:

> Brasil e China assinaram um protocolo sobre defesa sanitária que permitirá evitar conflitos comerciais na área mais importante do intercâmbio: o agronegócio. Pelo protocolo, firmado entre a AQSIQ (Administração Estatal para Inspeção, Qualidade e Quarentena da China) e o Ministério da Agricultura, o Brasil vai também estudar o pedido chinês de reciprocidade para reduzir o saldo bilateral negativo do país.
>
> A China quer exportar alho, tripa suína e milho, e reclama que a soja importada do Brasil contém ervas daninhas que podem prejudicar as lavouras chinesas. O secretário de Política Agrícola do Ministério da Agricultura, Ivan Wedekin, explicou que "ao Brasil interessa o jogo grande". Isto significa continuar exportando soja e outros produtos, como carne bovina e aves para a China, vendas que ainda não foram liberadas. O governo pretende flexibilizar sua posição em relação ao milho e à tripa suína, desde que cumpridas determinadas condições.

IMPORTÂNCIA DA CHINA
PARA AS EXPORTAÇÕES DE SOJA

Ainda de acordo com a mesma reportagem:

> A importância da China para as exportações brasileiras de soja é destacada pelo presidente da Associação Brasileira de Agribusiness (Abag), Carlo Lovatelli. A China, explica o dirigente, absorve 34% dos embarques de soja em grão do Brasil e 17% das vendas de óleo, o que representará, em 2003, 7 milhões de toneladas de soja em grão e 400 mil toneladas de óleo. Em 2004, estima, quantidades semelhantes deverão ser mantidas.
>
> A China é o segundo maior comprador da soja brasileira, depois do conjunto de países da União Europeia. Neste ano, o país asiático importou US$ 1,37 bilhão (6 milhões de toneladas), o dobro do volume adquirido no ano passado.
>
> O saldo negativo chinês no comércio agropecuário com o Brasil é significativo: de janeiro a setembro deste ano, o Brasil vendeu US$ 1,8 bilhão e comprou apenas US$ 51 milhões. Em 2002, o País exportou US$ 1,36 bilhão e importou não mais do que US$ 78 milhões.
>
> Diante do desequilíbrio na balança e da distância que a China vem acumulando entre a renda urbana e a rural, o governo chinês está tendo atitudes mais firmes com seus parceiros em matéria de contrapartida e por isso faz reivindicação ao Brasil.
>
> Segundo Carlo Lovatelli, "os chineses tendem a comprar mais de nós do que de outros. Eles sentem uma aproximação maior com o Brasil", acredita o presidente da Associação Brasileira de Agribusiness. "A China também está viabilizando nossa soja transgênica. Não importa se transgênico, o chinês quer garantir o suprimento."
>
> Na avaliação de Lovatelli, a China tem menos possibilidade de expansão de seu cultivo de soja do que o Brasil, que ainda pode incorporar 90 milhões de hectares para a produção da oleaginosa. Na China há falta de água, diz o empresário. Entretanto, o país asiático "dita o mercado de grão" e quer se tornar o grande fornecedor de farelo de soja para a Ásia.
>
> O interesse chinês é importar o grão de soja e processá-lo, enquanto o Brasil quer vender mais óleo, com valor agregado.

"As grandes multinacionais estão colocando fábricas de óleo na China", o quarto produtor mundial, comenta Lovatelli. A China produz 15 milhões de toneladas e consome 32 milhões de toneladas. Traz 17 milhões de toneladas do exterior, das quais 7 milhões do Brasil.

"GRANDE MURALHA E OBSTINAÇÃO CHINESA"

Esse é o título da coluna que escrevi em 12 de novembro de 2003, em Pequim. O texto, de certa forma, retrata a sociedade chinesa naquele início da década de 2000, com a economia da China crescendo a taxas de 8% a 14%:

> Uma das histórias que se ouve na China é que a melancia, fruta abundante no país, dita o preço da água mineral. Se esta custar centavos a mais do que os chineses se dispõem a pagar, quem ganha mercado é a melancia, usada para fazer suco. Assim, a melancia regula o preço da água. Poupar até centavos: essa é uma característica de quem vive no país mais populoso da Terra, com 1,3 bilhão de habitantes. Na China, garantir a sobrevivência é a primeira preocupação. O chinês está acostumado a poupar, até porque depende de seu dinheiro para despesas com tratamento médico, por exemplo.
>
> A poupança individual na China corresponde a 40% do Produto Interno Bruto (PIB) e é canalizada para os bancos estatais, que a empregam no financiamento da produção.
>
> Quem visita a China, bombardeado por informações sobre a extraordinária taxa de crescimento do país e o seu invejável desempenho no comércio exterior (cerca de US$ 800 bilhões neste ano) e na atração de investimentos estrangeiros diretos, tem uma explicação para tamanha efervescência: a tenacidade do povo. O chinês tem a exata noção de que tudo pode ser feito, tudo pode ser conseguido. Não há negócio que não possa ser realizado. A prova de que podem fazer o que querem é a grande muralha, uma das obras mais impressionantes executadas pelo homem, com 6,7 mil quilômetros de comprimento, que começou a ser construída entre os séculos 7° e 8° antes de Cristo por um exército de soldados, prisioneiros e habitantes locais das cinco províncias que atravessa.

Grandes obras continuam a ser construídas no país, que se tornou visita obrigatória para homens de negócio ávidos por lucros em um mercado em franca expansão. Os números são impressionantes: existem no país 397 milhões de linhas de telefone fixo, 69 milhões de pessoas têm acesso à internet por meio de seus computadores pessoais, em relação a 8,9 milhões em 2000, 200 milhões de lares contam com TV a cabo e há uma perspectiva de que essa cifra possa dobrar em 2005. Os telefones celulares já são 200 milhões, e a venda média mensal de aparelhos gira em torno de 2 milhões.

Xangai e Pequim estão passando por rápidas transformações. O distrito financeiro de Pudong, em Xangai, em pouco mais de uma década mudou a paisagem da cidade com seus prédios altíssimos e de estilos arquitetônicos arrojados. A cidade foi escolhida, em 2002, para ser sede da Exposição Mundial de 2010. Antes disso, em 2008, a China será sede dos jogos olímpicos. Pequim, a capital de largas avenidas que abriga a Cidade Proibida (antigo Palácio Imperial) prepara-se para os holofotes durante os jogos. Guindastes erguendo prédios, planos de despoluição: o esforço para construir uma nova infra-estrutura motivada pelas Olimpíadas deverá custar mais de US$ 20 bilhões.

Um executivo alemão, que há um ano e meio desenvolve negócios de *software* na China, diz que estar presente naquele mercado, hoje, é uma necessidade, mas as empresas devem estar preparadas para perder dinheiro por um certo período. É difícil operar na China, e os ocidentais necessitam entender as suas características. Uma dica que os estrangeiros aprendem antes de viajar para a China é que nas relações de negócios e sociais são importantes as conexões pessoais, conhecidas em chinês como *guanxi*.

Amigos em comum e recomendações costumam facilitar a abertura de portas. Os chineses não gostam de perguntas contundentes e preferem construções mais prudentes que perguntas e respostas muito diretas. O chinês não costuma dizer "não" de forma direta. O negociador chinês está mais interessado nos meios do que nos fins e só chega a isso por intermédio da barganha. Nas lojas e mercados, gosta de negociar até conseguir vender a mercadoria. A barganha está presente em todos os negócios. O preço é muito importante na China. O vendedor chinês sempre tem à mão uma calculadora, que o ajuda a se comunicar com o estrangeiro. Digita o preço inicial, em geral mais do dobro do que o cliente está disposto a pagar pelo produto. Negocia com disposição e repete em escasso inglês "cheaper for you" (para você deixo mais barato).

O momento de entrar na China é agora, dizem as consultorias e farejam os empreendedores. As décadas de 70 e 80 foram períodos em que a economia chinesa não decolou como se esperava. Muitas empresas perderam dinheiro naquela ocasião e saíram do mercado.

O sistema de governo na China é definido como "socialista com características chinesas", o que significa economia de mercado com manutenção do poder nas mãos do Partido Comunista.

As reformas econômicas têm sido implementadas desde 1978 com o dirigente Deng Xiaoping, que morreu em 1997. Mas foi a partir da década de 90 que houve a grande guinada, inclusive com a expansão dos relacionamentos bilaterais da China. Hoje, o país emerge como um grande ator no cenário internacional, expandindo sua influência e aceitando novas responsabilidades.

Conclusões

A Guerra Fria, um dos quatro eixos do livro, foi o conflito ideológico entre as duas potências nucleares – Estados Unidos e União Soviética. Foi a época dos debates sobre capitalismo *versus* socialismo e terceiro-mundismo. O mundo que caracteriza a década de 2020 é retratado por muitos como em estágio de uma nova "Guerra Fria", uma nova ordem mundial não mais bipolar, mas multipolar, com muitos conflitos regionais e tecnológicos entre as duas grandes potências econômicas – Estados Unidos e China. Tensões pipocam aqui e ali, em torno das quais se juntam os aliados, não necessariamente os do passado. De um lado, continua no cenário somente um grande protagonista da velha Guerra Fria, os Estados Unidos. De outro, brilham no tabuleiro global estrelas de várias grandezas: China – a mais reluzente –, Rússia, Irã, Índia, Turquia, Egito, Israel, grupos terroristas, Otan, Japão e as alianças entre asiáticos, Brics, G-20, o conjunto de países do Sul global, que inclui o Brasil e sua diplomacia no governo Lula III.

A Ucrânia, que pertenceu à União Soviética, hoje está em guerra com a Rússia, que invadiu sua antiga aliada socialista. No Oriente Médio, outra invasão: o Hamas entrou em território de Israel e fez reféns, o que provocou a guerra entre os dois inimigos, com posições tradicionais de apoio dos Estados Unidos e do Reino Unido a Israel menos favoráveis do que antes. Velhos e novos atores se mexem na geopolítica global. As alianças podem não ser as mesmas do passado. Na América do Sul, a Venezuela ameaça tomar grande parte do território da Guiana, antiga colônia britânica, que recebe apoio da ex-metrópole e dos norte-americanos. Isso já aconteceu no início da década de 1980, ainda na Guerra Fria, quando o Reino Unido, que lutou contra forças militares argentinas na Guerra das Malvinas, foi apoiado pelos Estados Unidos, enquanto a Argentina recebeu a solidariedade brasileira.

Outro enfoque do livro – princípios da política externa brasileira em reportagens – ocupa lugar de destaque, porque a diplomacia se posiciona no relacionamento com a comunidade internacional levando em conta fundamentos tradicionais, como soberania, autodeterminação, não intervenção, pragmatismo e realismo. A política externa brasileira é conhecida pela continuidade e pelas nuances ou ênfases. A esse respeito, cito a frase do ex-chanceler Celso Lafer em 2001. Ele dizia: "O Itamaraty está tratando de temas globais de modo diferente e trabalha com a ideia de mudança na continuidade." Isso, segundo o ministro, significava "credibilidade. O Brasil não é um país ziguezagueante".

Abordei também a questão da soberania, que sempre aparece como cláusula pétrea da política externa, mas que foi sofrendo "fissuras". Ainda nas palavras de Celso Lafer, as negociações internacionais provocam fissuras na soberania dos países. O desafio, então, é "criar e manter um espaço para nossa autonomia, o que requer participar da elaboração de normas internacionais". O Brasil vai se acostumando a aceitar uma transição importante em sua política externa: a passagem das normas de mútua abstenção (princípio de não intervenção) para normas de mútua colaboração. "Isto não limita o país em temas que não lhe são apropriados", segundo o ex-ministro. Em matéria de direitos humanos e meio ambiente, são cada vez maiores as possibilidades de ingerência externa se os países desrespeitarem códigos internacionais. Cito inúmeros exemplos no livro.

Como jornalista que fui de um veículo de informações econômicas e empresariais, cobri exaustivamente as grandes negociações comerciais – a formação e a consolidação do Mercosul, a Rodada Uruguai do Gatt, a Rodada Doha da OMC, o acordo Mercosul-União Europeia, as iniciativas da Alca, Alcsa e o acordo Mercosul-Comunidade Andina. Mostrei as posições tradicionais da diplomacia brasileira nas questões de propriedade intelectual, meio ambiente e sustentabilidade, energia nuclear, tecnologias sensíveis... A negociação da Alca (minhas matérias pareciam um diário das negociações), que fracassou, teve um papel educativo para o empresariado nacional. Como disse, abriu-lhes a cabeça.

Livros foram publicados sobre a Alca, seminários e debates proliferaram, até um plebiscito sobre a Área de Livre-Comércio das Américas aconteceu em 2002. A sociedade civil foi chamada a participar como corpo consultivo para a tomada de decisões. Em tempos democráticos, nunca houve um envolvimento tão forte por parte da sociedade em um tema comercial. Claro, pesou o viés político: o Brasil estava negociando com a superpotência americana, e isso despertava desconfianças e temores, mas também houve o desejo de setores do mercado – agronegócio, finanças e indústria – de entrar no acordo com Washington, reforçando a necessidade de maior abertura da economia brasileira.

O Mercosul evoluiu em relação aos anos de crises e expandiu-se com a inclusão da Venezuela em 2012 (em 2024, o país está suspenso). A Bolívia está em processo de adesão, e são seis os estados associados: Chile, Colômbia, Equador, Guiana, Peru e Suriname.

Ressalto, conforme observei, que a dívida externa do país, assunto que atravessou as décadas de 1980 e 1990, período de embate entre o governo brasileiro e seus credores privados internacionais e multilaterais, permeou a política externa brasileira, com a inclusão do tema na agenda do Itamaraty.

O outro eixo do livro é a globalização na década de 1990, que resultou em protestos de ONGs contra a Organização Mundial do Comércio e o lançamento da Rodada do Milênio em Seattle, no final de 1999. Parecia ser o prenúncio do que viria na sequência, na distopia do início do terceiro milênio: os atentados terroristas nos Estados Unidos em 2001, a invasão americana no Afeganistão e no Iraque, a Doutrina Bush e os seus efeitos na América Latina. Ainda na década de 2020, prossegue-se na desglobalização, como é chamado um conjunto de variáveis: protecionismo crescente de países com indústrias essenciais (tecnologia); tensões geopolíticas (guerra Israel-Hamas; Rússia-Ucrânia); aumento de preços, principalmente por causa da covid-19; escassez de produtos por conta da transformação das cadeias de produção ao redor do mundo e a desaceleração da economia chinesa.[133]

Por fim, alguns comentários sobre jornalismo, informação e o cenário das plataformas digitais nos anos 2020. Como mencionei na dissertação sobre o controle da informação na década de 1970, o mundo era movido pelo conflito Leste-Oeste e por críticas dos países em desenvolvimento àquela ordem global. A forma principal de controle da informação se dava por meio das agências internacionais de notícias, com sede nos Estados Unidos e na Europa, na visão de países do Terceiro Mundo. O embate era ideológico – capitalismo *versus* socialismo –, e havia um enorme agrupamento de países em diferentes estágios de desenvolvimento que queriam se expressar com voz própria. Em 2024, o controle da informação está em mãos de quem detém capital e tecnologia, como as cinco grandes da internet – Google, Facebook, Twitter (X), Instagram e WhatsApp –, conglomerados monopolísticos, assunto coberto neste livro pelo professor da USP Eugênio Bucci, um dos principais especialistas no assunto, que entrevistei em 2021. Ou seja, o controle da informação, que estudei na década de 1970, continua atual. Entretanto, não mais no contexto da Guerra Fria, mas na era da internet, das *fake news* e de seus desdobramentos na sociedade global, que precisa cada vez mais discernir entre a informação-verdade e as notícias fraudulentas. E a esses acontecimentos se somam a Inteligência Artificial e seus reflexos nas redações que produzem notícias, nesta terceira década do século XXI.

Como os leitores devem ter percebido, este livro é resultado de uma "paixão insaciável" pela "melhor profissão do mundo".

São Paulo, 19 de janeiro de 2024.

Índice de reportagens citadas

As reportagens, em ordem cronológica, foram publicadas na *Gazeta Mercantil*, à exceção de uma ou outra em publicações identificadas.

- "Do bebê espanhol à curiosidade pelo Carnaval brasileiro". *Diário do Povo*, 24 fev. 1974.

- "A mulher espanhola quer ser mais valorizada". *Diário do Povo*, 1974.

- "Em Paris, política e feminismo". *Folha de S.Paulo*, 9 mar. 1978.

- "Dom Avelar e Dom Eugênio em retiro. Para pensar no novo papa". *Jornal da Tarde*, 14 ago. 1978.

- "Os caminhos para vender na África", 26 a 28 jul. 1980.

- "Constrangimento nos negócios com a África", 30 jul. 1980.

- "A China como um bom parceiro", 3 set. 1980.

- "Brasil abre Assembleia Geral das Nações Unidas", 22 set. 1980.

- "Os desafios criados pelos países em desenvolvimento", 12 nov. 1980.

- "Negócios com os africanos", 15 a 17 nov. 1980.

- "O aperto nas importações em 1981", 31 dez. 1980.
- "De part et d'autre confiance dans le futur", jan. 1981.
- "Os resultados na Indonésia", 6 maio 1981.
- "As lições com a China", 11 set. 1981.
- "Missão negociará em junho contrato de US$ 500 milhões", 29 a 31 maio 1982.
- "Itamaraty vê mudanças na OEA", 18 jun. 1982.
- "A nova ofensiva dos Estados Unidos", jul. 1982.
- "Brasil pode substituir EUA e Europa na venda de microcomputadores", 17 ago. 1982.
- "O difícil teste dos feriados", 11 a 13 set. 1982.
- "Prêmio especial ao exportador", 24 set. 1982.
- "Reciprocidade ocupa espaço no comércio mundial". *Newsletter Valbras Análises Econômicas*, 8 dez. 1982.
- "Fiesp acha inviável fixação de reajustes trimestrais pelo CIP", 21 jun. 1983.
- "Brasil/EUA. Grupo de Trabalho define os principais pontos de atrito", 12 ago. 1983.
- "O fascínio de Reagan sobre o eleitorado", 2 a 5 nov. 1984.
- "Mais fácil com Reagan", 9 nov. 1984.
- "Cals inaugura Angra I e diz que sua energia agora 'é confiável'", 18 jan. 1985.
- "Goldemberg e o temor dos alemães", 8 mar. 1985.
- "Brasília inicia hoje diálogo com parceiro sobre reunião da ONU", 13 ago. 1985.

Índice de reportagens citadas

- "Latinos não pensam em criar uma força de paz", 27 ago. 1985.
- "País tem de se habituar a negociar, diz Setúbal", 29 ago. 1985.
- "Aposta em consenso no Gatt", 30 ago. 1985.
- "Asencio lamenta a reação 'injusta'", 11 set. 1985.
- "Brasil quer vender informática na primeira exposição em Moscou", 17 set. 1985.
- "Os objetivos de Furtado na CEE", 18 set. 1985.
- "O Terceiro Mundo não paga o Brasil", 20 set. 1985.
- "Brasil perde mercado no Leste, concorrendo com Índia e Coreia", 21-23 set. 1985.
- "O saldo da gestão Setúbal", 17 fev. 1986.
- "Prioridade, agora, para a Ásia", 21 fev. 1986.
- "'EUA poderão comprar armas do Brasil', diz o subsecretário da Defesa", 25 fev. 1986.
- "Quarenta empresas brasileiras na Feira de Pequim", 28 fev. 1986.
- "Reagan e o Brasil", 18 mar. 1986.
- "Responsáveis pela dívida da América Latina são os credores, diz Cuéllar", 2 abr. 1986.
- "A preparação para se chegar à Antártida", 5 jun. 1986.
- "Na base brasileira, 90% dos equipamentos já são nacionais". 9 jun. 1986.
- "As pesquisas feitas na base brasileira", 10 jun. 1986.
- "Países aderem à proposta de desmilitarização", 14 jul. 1986.
- "Otimismo de Zappa ao viajar para Cuba", 14 ago. 1986.
- "Em setembro, volta o intercâmbio com Cuba", 20 ago. 1986.

- "Amplo levantamento de comércio vai subsidiar Sarney nos EUA", 25 ago. 1986.

- "Empresários brasileiros não querem os serviços no Gatt", 12 set. 1986.

- "Por que o Brasil se opõe à inclusão de serviços no Gatt", 15 set. 1986.

- "'Queremos tratamento político', diz Caputo", 16 set. 1986.

- "Cresce protecionismo de países desenvolvidos, segundo Funaro", 22 set. 1986.

- "Presença de Cuba poderá facilitar negociação de novo acordo mundial", 7 out. 1986.

- "Primeira missão cubana em SP", 9 out. 1986.

- "Sarney vê atuação da Argélia como moderada", 14 out. 1986.

- "Uma opção contra protecionismo", 5 dez. 1986.

- "Castro quebra o protocolo", 18 mar. 1987.

- "Dificuldades de crédito podem postergar expansão do comércio", 18 mar. de 1987.

- "Fidel interessado em negócios com o Brasil", 19 mar. 1987.

- "Preferência à América Latina", 20 mar. 1987.

- "O embaixador da dívida", 8 abr. 1987.

- "As teses da soberania e relações internacionais", 12 maio 1987.

- "Supercomputadores poderão ser fornecidos pelo Japão", 31 jul. 1987.

- "Paz na América Central, o tema que deve dominar a 17ª Assembleia Geral", 9 nov. 1987.

- "OEA enfrenta a pior crise financeira", 16 nov. 1987.

- "Não podemos pagar com frustração e miséria", 17 dez. 1987.

- "Bruxelas mais próxima da AL", 18 fev. 1988.
- "Entre Brasil e o Pacífico", 19 fev. 1988.
- "Brasil negocia na Rodada Uruguai em situação desfavorável", 12 set. 1988
- "Brasil quer ampliar a influência", 28 set. 1988.
- "Cuéllar, gestor da paz em conflitos regionais", out. 1988.
- "Após cinco anos de negociações, Brasil e EUA fecham acordo aéreo", 17 jan. 1989.
- "Diplomacia brasileira usa 'jeitinho' para conseguir os recursos da AIEA", 9 fev. 1989.
- "CEE quer concessões para dar 'cota Hilton'", 13 fev. 1989.
- "Críticas sobre a ingerência política de órgãos como o Bird", 6 mar. 1989.
- "Brasil quer créditos externos a fundo perdido para ecologia", 28 mar. 1989.
- "Brasil negocia transferência de *know-how* com Estados Unidos", 11 abr. 1989.
- "Os presidentes de oito países vão discutir uma política para a Amazônia", 12 abr. 1989.
- "Zarattini denuncia Melton a Sodré", 1º jun. 1989.
- "Melton nega acusação", 2 jun. 1989.
- "Brasil quer tecnologia de míssil", 20 jun. 1989.
- "Itamaraty reage contra nota do cônsul dos EUA", 7 jul. 1989.
- "Itamaraty contesta entidade americana", 10 jul. 1989.
- "Embaixada nega ter pagado publicação em jornal", 10 jul. 1989.

- "Brasil compra energia boliviana", 28 jul. 1989.
- "Brasil pode negociar ofertas de garantias para comprar supercomputador", 25 ago. 1989.
- "Nos EUA, indústria defende a exportação de supercomputador", 18 set. 1989.
- "Brasil e Canadá firmam acordo em Genebra", 25 set. 1989.
- "Negocia-se o fim do Multifibras", 25 set. 1989.
- "Política ambiental do Brasil em livro branco", 2 out. 1989.
- "Produto com maior valor agregado irá para os EUA", 6 dez. 1989.
- "Destruição da camada de ozônio será o principal tema da reunião da ONU", 28 dez. 1989.
- "Integração maior com a Argentina e diálogo com América Latina", 2 jan. 1990.
- "O roteiro oficial da viagem", 11 jan. 1990.
- "Viagem oficial inclui escalas no Cone Sul neste fim de semana", 17 jan. 1990.
- "Empresários preparam carta a Collor de Mello", 30 jan. 1990.
- "Reestruturar o Exército Sandinista, um grande desafio para Chamorro", 2 mar. 1990.
- "Propriedade intelectual precisa ser reavaliada", 14 mar. 1990.
- "Fidel rebate crítica de González e ataca os países do Leste", 16 mar. 1990.
- "Na diplomacia, busca de justiça nas relações internacionais", 16 mar. 1990.
- "Uma política externa operacional", 16 mar. 1990.
- "As conclusões do Grupo do Rio para a política continental", 2 abr. 1990.

Índice de reportagens citadas

- "Bloqueio de remessas tem impacto negativo", 17 maio 1990.
- "Constituição não é suficiente", 24 maio 1990.
- "Rumos para a política externa", 28 maio 1990.
- "A OEA sem Guerra Fria", 5 jun. 1990.
- "Delegação dos EUA quer reavaliar a posição do Brasil nas cotas", 15 jun. 1990.
- "O fim das represálias", 27 jun. 1990.
- "Governo Bush prepara medidas para beneficiar produtos dos latinos", 31 jul. 1990.
- "Os pilares ideológicos em xeque", 14 set. 1990.
- "As mudanças na política externa brasileira", 14 set. 1990.
- "Brasil não quer negociar acordo igual ao do México", 17 set. 1990.
- "Guerra no Golfo – desembarcam os 174 brasileiros", 5 out. 1990.
- "SELA recomenda que se tenha maior realismo ao avaliar o Plano Bush", 11 out. 1990.
- "Presidente Collor é informado em Caracas", 15 out. 1990.
- "EUA comemoram dois séculos de proteção às patentes e premiam melhores inventos", 16 abr. 1991.
- "Investimentos brasileiros cresceram sensivelmente nos EUA na década de 80", 26 abr. 1991.
- "Mudança de fluxo de capital preocupa banqueiro", 12 maio 1991.
- "OEA busca novos rumos e formas para garantir as conquistas democráticas", 30 e 31 maio 1991.
- "Richard Melton, um 'funcionário meticuloso' e de atuação discreta", 25 jul. de 1991.

- "O vice-presidente Quayle, as patentes e as lições do passado", 13 ago. 1991.
- "Luanda, que vive cenas de pós-guerra civil, recebe Collor no próximo domingo", 6 set. 1991.
- "Presidente de Angola alega dificuldades para reatar relações com EUA", 9 set. 1991.
- "Irã pressiona o Brasil para que os preços dos contratos sejam reduzidos", 7 nov. 1991.
- "Para Lafer, modernização terá continuidade com Itamar", 30 set. 1992.
- "Itamaraty precisa ser criativo e se antecipar aos acontecimentos", 1º dez. 1992.
- "Um sociólogo na Fazenda", 21 maio 1993.
- "Protecionismo preocupa o Itamaraty", 7 jun. 1993.
- "A ausência de uma política externa", 26 ago. 1993.
- "O Brasil e a questão da soberania", 4 out. 1993.
- "A agenda do governo Itamar Franco com os EUA", 4 out. 1993.
- "Para o Brasil a prioridade é estimular a integração regional e não hemisférica", 19 out. 1993.
- "Brasil apoia o Nafta, mas está preocupado", 19 nov. 1993.
- "Argentina e Uruguai preveem aumentar as exportações com a implantação do real", 10 maio 1994.
- "Moderação nas importações", 1º jul. 1994.
- "O primeiro mercado da Argentina", 5 jul. 1994.
- "Gestões para contornar crise com Argentina", 8 jul. 1994.
- "Mecanismos diplomáticos não conseguem impedir conflitos de temperamento", 11 jul. 1994.

Índice de reportagens citadas

- "Itamar Franco encerra crise, mas ainda não confirmou viagem a Buenos Aires", 13 jul. 1994.

- "Um presidente que não gosta de viajar", 17 jul. 1994.

- "O tamanho do mundo, segundo os candidatos", 22 jul. 1994.

- "As cinco razões do Brasil para se abster na ONU", 2 ago. 1994.

- "Vaticano e Argentina *vs.* EUA e Brasil", 26 ago. 1994.

- "Países do Mercosul reúnem-se em Washington com o governo americano", out. 1994.

- "A diplomacia no governo Cardoso", 4 nov. 1994.

- "As principais propostas em debate", 5 dez. 1994.

- "Câmara dos Deputados aprova acordos da Rodada Uruguai", 8 dez. 1994.

- "Di Tella quer modificar Tratado de Assunção para ter o Chile como sócio", 19 dez. 1994.

- "O desafio para os próximos anos", 19 dez. 1994.

- "Mercosul e OMC na rota de Lampreia", 29 dez. 1994.

- "Itamaraty, o palácio das grandes festas", 30 dez. 1994.

- "O novo espaço econômico", 31 dez. 1994/2 jan. 1995.

- "Protagonista da nova realidade continental", 2 jan. 1995.

- "As consequências para o Mercosul", 11 jan. 1995.

- "Presidente da BM&F prevê estabilização das bolsas", 12 jan. 1995.

- "De olho no mundo e no Brasil que o mundo vê", 16 jan. 1995.

- "Começa a funcionar uma nova política para o tema dos direitos humanos", 7 fev. 1995.

- "Mais atenção ao FMI e Bird do que à ONU", 6 mar. 1995.

- "Instabilidade no Mercosul ameaça união com Chile", 3 abr. 1995.
- "O 'idealista prático' que negocia pelo Brasil", 17 abr. 1995.
- "Uma história de avanços e recuos", 18 abr. 1995.
- "Acordos de cooperação mostram avanço na relação entre países", 18 abr. 1995.
- "Implicações dialéticas", 4 jul. 1995.
- "Cooperação com a Venezuela", 5 jul. 1995.
- "Uma nova sociedade: Brasil e Venezuela", 5 jul. 1995.
- "O novo perfil da diplomacia brasileira", 11 jul. 1995.
- "Kissinger pede mais atenção ao Mercosul", 27 ago. 1996.
- "Consenso de Washington adota a banda", 4 set. 1996.
- "EUA querem salários mais altos", 10 set. 1996.
- "Brasil enfatiza o Mercosul na ONU", 23 set. 1996.
- "A nova lei de patentes já trouxe US$ 706 milhões ao País", set. 1996.
- "Concentração de renda se acentua", 27 a 29 set. 1996.
- "*Foreign Affairs*, em português, na *Gazeta Mercantil*", 8 out. 1996.
- "Pfizer traz 14 novos remédios", 9 out. 1996.
- "O século XXI na visão de Lester Thurow", 11 a 13 out. 1996.
- "O social sensibiliza Chicago", 21 out. 1996.
- "Há espaço para melhorar a produtividade", 27 jan. 1997.
- "Flecha de Lima reage às críticas dos EUA contra o Mercosul", 4 fev. 1997.
- "Governo tranquiliza investidores estrangeiros", 14 a 16 fev. 1997.

- "Brasil terá centro de estudos de política externa", 20 mar. 1997.
- "América Latina divide EUA e UE", 15 abr. 1997.
- "Mundo interativo do futuro", 16 abr. 1997.
- "México condiciona relações com AL", 5 maio 1997.
- "EUA consideram ilógico negociar Alca por fases", 19 maio 1997.
- "EUA têm posição imbatível no G-8", 13 a 15 jun. 1997.
- "Em Denver, EUA darão receita para o êxito", 14 e 15 jun. 1997.
- "Mercosul é um clube aberto, diz diretor do Bird", 17 jun. 1997.
- "Crise cambial asiática preocupa Malan, diz ministro argentino", 16 jul. 1997.
- "Malan acredita que efeito da crise na Ásia foi superado", 17 jul. 1997.
- "Receitas da privatização devem reduzir dívida", 17 jul. 1997.
- "Dificuldades de Clinton preocupam os mercados americanos", 1998.
- "Cosmos Club, um dos 'exclusivos'", 1998.
- "'Monica Beach' e a economia", ago. 1998.
- "Vou sentir saudades da Connecticut Avenue", 7 jan. 1999.
- "Muda o mapa dos negócios no Mercosul", 15 a 17 fev. 1999.
- "As estratégias imediatas para atuar no Mercosul", 15 a 17 fev. 1999.
- "União Europeia e Mercosul pedem livre-comércio", 24 fev. 1999.
- "Acordo com UE reforça política externa do país", 28 jun. 1999.
- "Modelo de negociação favorece indústria francesa", 29 jun. 1999.
- "Rumo ao terceiro milênio, 1999", 20 jul. 1999.

- "Grande jantar no melhor estilo do Mercosul", ago. 1999.
- "Dias de alta voltagem pela frente", 10 ago. 1999.
- "Contra qualquer restrição", 10 ago. 1999.
- "Dia a dia marca a vitalidade do bloco econômico", 10 ago. 1999.
- "Qual a solução para o Mercosul?", 13 a 15 ago. 1999.
- "Diferenças entre Brasil e Argentina dão lucro", 25 out. 1999.
- "Um apelo à união", 25 out. 1999.
- "Hábitos mudam no Mercosul", 5 a 7 nov. 1999.
- "Conexão Argentina, EUA, Brasil", 9 nov. 1999.
- "Enfraquecimento da OMC prejudicará o Brasil", 16 nov. 1999.
- "Brasil terá uma ONG para política externa", 22 nov. 1999.
- "Conferência de Seattle exige reformas na OMC", 6 dez. 1999.
- "Desorganização contribuiu para fracasso", 6 dez. 1999.
- "Fadiga na luta antiprotecionismo", 21 dez. 1999.
- "Como fica o pós-Seattle?", dez. 1999.
- "Norte-americanos criticam nova forma de venda", 11 a 13 fev. 2000.
- "Daley recua e admite tratar de barreiras", 14 fev. 2000.
- "Estados Unidos destacam parceria com Brasil na Alca", 16 fev. 2000.
- "Alca desafia velocidade do Mercosul", 25 fev. 2000.
- "O Brasil volta seus interesses para a China", 9 mar. 2000.
- "EUA querem Brasil influente na região", *Gazeta Mercantil Latino-Americana*, 13 a 19 mar. 2000.

Índice de reportagens citadas

- "UE quer aproximação, mas não menciona barreiras", 14 mar. 2000.
- "Lamy evitará temas bilaterais", 15 mar. 2000.
- "UE prevê negociação complicada com o Mercosul", 22 mar. 2000.
- "Crise no Mercosul preocupa investidor", 28 mar. 2000.
- "Relançamento do Mercosul na reta final", 29 mar. 2000.
- "Brasil negocia a Alca em situação de fragilidade", 30 mar. 2000.
- "FHC leva empresários à Venezuela", 1º e 2 abr. 2000.
- "Os novos 'diplomatas do mercado'", 5 a 7 maio 2000.
- "A travessia do Mercosul na globalização", 2 a 4 mar. 2001.
- "Lafer reforça a área de negociação", 10 a 12 ago. 2001.
- "Soberanias limitadas", 17 ago. 2001.
- "A interdependência dos EUA", 14 a 16 set. 2001.
- "Cenários para a Alca", 22 out. 2001.
- "Paciência e bons negócios", 1º e 2 dez. 2001.
- "Maior inimigo da Alca está dentro dos EUA", 5 dez. 2001.
- "Ações afirmativas e políticas", 11 a 13 jan. 2002.
- "Mulheres diplomatas", 18 jan. 2002.
- "Mercosul e o 'euromorfismo'", 1º mar. 2002.
- "Novo mecanismo para prevenir crise", 13 mar. 2002.
- "Efeito incerteza na América Latina", 13 mar. 2002.
- "'Contágio político' da Argentina preocupa FMI", 13 mar. 2002.
- "BID: novas paisagens, assuntos recorrentes", 14 mar. 2002.

- "Chile aguarda resposta dos EUA para fechar acordo", 14 mar. 2002.
- "Malan defende crédito imediato para a Argentina", 26 mar. 2002.
- "Quem desafiará Washington?", 12 abr. 2002.
- "*Revival* em Washington", 26 abr. 2002.
- "Relação com árabes será mais objetiva", 6 maio 2002.
- "Kennan, Keynes e a punição", 10 maio 2002.
- "OMC recruta negociador brasileiro", 15 jun. 2002.
- "Brasil-EUA. Ex-negociador sugere acordo bilateral", 9 a 11 ago. 2002.
- "As elites não veem avanço na área social", 5 nov. 2002.
- "O novo governo mudará o eixo da política externa", 26 dez. 2002.
- "Brasil ampara os pequenos para lidar com a Alca", 7 a 9 fev. 2003.
- "Amorim estreia na CUT o debate doméstico", 7 a 9 fev. 2003.
- "A guerra e a nova ordem", 14 a 16 fev. 2003.
- "Uma iniciativa para a Colômbia", 19 fev. 2003.
- "Paz, divisões e comércio exterior", 26 fev. 2003.
- "O Brasil repercute na mídia externa", 12 mar. 2003.
- "Sociedade civil e funções na Alca", 19 mar. 2003.
- "Coreia do Norte: país pode ser centro do futuro conflito", 28 a 30 mar. 2003.
- "A guerra pode adiar a Alca para o ano 2007", 3 abr. 2003.
- "Crítica à falta de interlocutor único para o Brasil", 3 abr. 2003.
- "Pragmatismo entre o Brasil e os EUA", 23 abr. 2003.

Índice de reportagens citadas

- "Inserção externa, mesmo sem Alca", 30 abr. – 1º maio 2003.
- "Brasil é apoiado por vizinhos na ONU", 30 abr. – 1º maio 2003.
- "A Casa Branca é agora o centro do *lobby* nos EUA", 14 maio 2003.
- "Cenários em um tempo de rupturas", 14 maio 2003.
- "O novo mapa do *lobby* em Washington", 14 maio 2003.
- "Trilateral do Sul reúne-se no Brasil", 22 maio 2003.
- "Agricultura quer o Brasil na Alca", 24 e 25 maio 2003.
- "As mulheres querem poder no Itamaraty", 6 a 8 jun. 2003.
- "Fiesp quer discutir a Alca sem 'assembleísmo'", 20 a 22 jun. 2003.
- "Multilateralismo e regionalismo", 27 jun. 2003.
- "Os países árabes demandam mais produtos do Brasil", 21 jul. 2003.
- "Brasil terá TPA como a dos EUA", de 8 a 10 ago. 2003.
- "Mil ONGs em Cancun, um recorde para a OMC", 13 ago. 2003.
- "Há espaço para Cairns avançar, diz Jank", 15 a 17 ago. 2003.
- "Aliança Sul-Sul para não perder", 20 ago. 2003.
- "Mercosul, longe dos anos dourados", 22 a 24 ago. 2003.
- "Interesse brasileiro na Alca é retratado em livro sobre integração", 27 ago. 2003.
- "Brasil tem opções diferenciadas para a integração", 3 set. 2003.
- "Se a agricultura não avançar, os outros temas não avançarão", 5 a 7 set. 2003.
- "Banqueiros preparam-se para a Alca e a OMC", 9 set. 2003.
- "Os caminhos da integração asiática", 17 set. 2003.

- "Doutrina Bush, risco e liderança", 24 set. 2003.
- "Bioterrorismo pressiona exportador para os EUA", 6 out. 2003.
- "*Aggiornamento* na diplomacia", 8 out. 2003.
- "Amorim: Brasil não quer impor modelo na Alca", 9 out. 2003.
- "A difícil opção da política externa", 14 out. 2003.
- "Lula: Brasil não deixará mesa da Alca", 21 out. 2003.
- "O lado racional das negociações", 22 out. 2003.
- "A China pede reciprocidade", 5 nov. 2003.
- "Brasil disputa com os EUA mercados russo e chinês", 6 nov. 2003.
- "Grande muralha e obstinação chinesa", 12 nov. 2003.
- "Alca 'light' pode tornar reunião um sucesso", 18 nov. 2003.
- "EUA, na corrida por novos acordos", 19 nov. 2003.
- "EUA manobram e propõem acordos a países andinos", 19 nov. 2003.
- "Amorim: limites do Brasil na Alca flexível", 21 a 23 de novembro de 2003.
- "Desemprego pressiona Bush a adiar a Alca", 25 nov. 2003.
- "Andinos e corrida contra o tempo", 26 nov. 2003.
- "CAN-Mercosul: cautela e realismo", 27 nov. 2003.
- "Acordo coroa 43 anos de integração", 17 dez. 2003.
- "O mundo perdeu valor", *Revista de Jornalismo ESPM*, ed. abr./maio/jun. 2015.

Notas

1. Disponível em: <https://historiadeindaiatuba.blogspot.com/2020/12/a-estacao-ferroviaria-de-itaici.html>. Acesso em: 7 dez. 2023.
2. As frases foram extraídas do discurso "A melhor profissão do mundo", proferido em 1996, na 52ª Assembleia Geral da Sociedade Interamericana de Imprensa (SIP). Disponível em: <https://www.observatoriodaimprensa.com.br/primeiras-edicoes/_ed8_a_melhor_profissao_do_mundo/>. Acesso em: 27 mar. 2022.
3. Maria Helena Tachinardi, *Roberto Müller Filho: intuição, política e jornalismo*, São Paulo, Imprensa Oficial do Estado de São Paulo, 2010, 201 p.
4. Disponível em: <https://books.scielo.org/id/2f3jk/pdf/mariano-9788568334638-02.pdf>. Acesso em: 3 set. 2023.
5. Rubens Ricupero, *A diplomacia na construção do Brasil: 1750-2016*, Rio de Janeiro, Versal Editores, 2017, p. 515.
6. Disponível em: <https://www.scielo.br/j/rbpi/a/QYSn8t6CDB9GKtmWFwJznTP/?lang=pt#>. Acesso em: 3 dez. 2021.
7. Maria Helena Tachinardi, *La Politique africaine du Brésil*, Paris, 1979, Mémoire dirigé par M. Christian Purtschet, Département de Sciences Poltiques, Université de Paris I – Panthéon-Sorbonne.
8. "O novo governo mudará o eixo da política externa", 26 dez. 2002.
9. As cinco razões do Brasil para se abster na ONU", 2 ago. 1994.
10. Disponível em: <https://www.bbc.com/portuguese/vert-tra-40777620>. Acesso em: 16 jun. 2021.
11. Disponível em: <https://www.coletiva.net/colunas/los-sanfermines,387965.jhtml>. Acesso em: 24 mar. 2022.
12. Disponível em: https://www.unav.edu/noticias/-/contents/26/10/2022/la-universidad-entre-las-250-mejores-del-mundo-en-economicas-derecho-artes-y-humanidades-y-salud-segun-el-times-higher-education/content/lovPblW1fC70/41513386. Acesso em: 29 fev. 2024.
13. Disponível em: <https://www.diariodenavarra.es/noticias/navarra/2022/10/15/pgla-50-anos-erasmus-latinoamericano-universidad-navarra-544767-300.html?fbclid=IwAR0cQwy4fxXu142wlxBIjYluvKCfYvWg-8mKXmnrEyu_y1s_RkfSLkbl521w>. Acesso em: 19 out. 2022.
14. Disponível em: <https://pt.wikipedia.org/wiki/Aborto_na_Espanha>. Acesso em: 14 mar. 2021.
15. Paulo Coelho, *Hippie*, São Paulo, Paralela, 2018.
16. Alain Rouquié, *O Estado militar na América Latina*, São Paulo, Alfa-Ômega, 1984.
17. Maria Helena Tachinardi, *Le Contrôle de l'information en Amérique Latine: étude du cas chilien et du cas brésilien*, Paris, 1979, Mémoire de maîtrise, dirigé par M. Alain Rouquié.
18. Durante as décadas de 1960 e 1970, o Movimento dos Países não Alinhados (MPNA), criado oficialmente em 1961, ganhou notoriedade. No contexto da Guerra Fria, o grupo tinha como projeto se distanciar das duas superpotências e criar um bloco de países de âmbito global com o interesse de encontrar caminhos para o desenvolvimento econômico, de forma a superar as imensas desigualdades sociais existentes entre ricos e

pobres. O MPNA teve papel importante na descolonização dos países africanos, pois com seu peso na ONU levou essa organização a exercer maior pressão sobre as antigas potências econômicas europeias e os Estados Unidos, para garantir o reconhecimento da autonomia dos países afro-asiáticos. A importância dos Não Alinhados diminuiu a partir da dissolução do bloco soviético.

[19] Wikipédia. Disponível em: <https://pt.wikipedia.org/wiki/Relat%C3%B3rio_MacBride>. Acesso em: 4 mar. 2021.

[20] Entrevistei Eugênio Bucci, por videochamada, em 3 de março de 2021.

[21] Disponível em: <https://brasil.elpais.com/tecnologia/2021-01-09/twitter-suspende-permanentemente-a--conta-de-trump.html>. Acesso em: 4 mar. 2021.

[22] "*Fake news* mata." Esse é o título da reportagem do jornal *El País*, de 11 de agosto de 2020. Cecília se debate, após a morte do pai por covid-19, com um sentimento de culpa por ter acreditado que a doença era só um "resfriadinho". Milhares de mortes no Brasil precisam entrar nos registros como "vítimas de desinformação". Disponível em: <https://brasil.elpais.com/opiniao/2020-08-11/fake-news-mata.html#?sma=newsletter_brasil_diaria20200812>. Acesso em: 12 agor. 2020.

[23] O Facebook já havia admitido que a Cambridge Analytica – uma assessoria política que dirigiu a campanha digital de Trump em 2016 – utilizou um aplicativo para coletar informações privadas de 87 milhões de usuários sem seu conhecimento. A empresa depois usou esses dados para mandar aos usuários publicidade política especialmente adaptada e elaborar informes detalhados para ajudar Trump a ganhar a eleição contra a candidata democrata, Hillary Clinton. Disponível em: <https://g1.globo.com/economia/tecnologia/noticia/2019/01/09/cambridge-analytica-se-declara-culpada-por-uso-de-dados-do-facebook.ghtml>. Acesso em: 10 mar. 2021.

[24] "*News* não são *fake* – e *fake news* não são *news*" – artigo de Eugênio Bucci, publicado no livro de Mariana Barbosa (org.), *Pós-verdade e fake news: reflexões sobre a guerra de narrativas*, Rio de Janeiro, Cobogó, 2019, p. 43.

[25] "A Inteligência Artificial mediando a comunicação: impactos da automação" – artigo de Dora Kaufman, publicado no livro de Mariana Barbosa (org.), *Pós-verdade e fake news: reflexões sobre a guerra de narrativas*, Rio de Janeiro, Cobogó, 2019, p. 51.

[26] A Lupa é a primeira agência de notícias do Brasil a se especializar na técnica jornalística mundialmente conhecida como *fact-checking* e foi fundada em 1º de novembro de 2015. A Lupa acompanha o noticiário de política, economia, cidade, cultura, educação, saúde e relações internacionais, buscando corrigir informações imprecisas e divulgar dados corretos. O resultado desse trabalho – ou seja, as checagens em si – é vendido a outros veículos de comunicação e publicado no próprio site da agência.

[27] "Desconstruindo as *fake news*: o trabalho das agências de *fact-checking*" – artigo de Gilberto Scofield Jr., publicado no livro de Mariana Barbosa (org.), *Pós-verdade e fake news: reflexões sobre a guerra de narrativas*, Rio de Janeiro, Cobogó, 2019, p. 61.

[28] Disponível em: <https://brasil.elpais.com/internacional/2020-09-17/qanon-a-nova-teoria-da-conspiracao--que-se-prepara-para-entrar-no-congresso-dos-eua.html>. Acesso em: 24 mar. 2022.

[29] A pesquisa também revelou que mais da metade dos usuários de internet acessaram a rede exclusivamente por meio dos celulares; a forma de acesso é diferente e a desigualdade é ainda maior na região metropolitana. Em tempos de pandemia, com mais gente estudando e trabalhando de casa, a situação se tornou mais grave. Disponível em: <https://g1.globo.com/sp/sao-paulo/noticia/2020/08/11/pesquisa-revela-que-75-milhoes--de-paulistas-nao-acessaram-a-internet-em-2019.ghtml>. Acesso em: 11 ago. 2020.

[30] Disponível em: <https://www.researchgate.net/publication/322155696_Castells_M_2002_A_Era_da_Informacao_Economia_Sociedade_e_Cultura_Vol_I_A_Sociedade_em_Rede_Lisboa_Fundacao_Calouste_Gulbenkian_Castells_M_2003_A_Era_da_Informacao_Economia_Sociedade_e_Cultura_Vol_II_O>. Acesso em: 11 ago. 2020.

[31] O aumento do número de aparelhos conectados por área possibilitará uma enorme ampliação da tendência mundial da "internet das coisas". Sistemas de iluminação pública e residencial, *smartphones*, *smartwatches*, eletrodomésticos, dispositivos de monitoramento, sensores de presença, frequencímetros cardíacos, centrais de segurança, guichês de supermercados ou estacionamentos, caixas de supermercados, sensores meteorológicos e muitos outros dispositivos poderão conectar-se mutuamente por meio do uso da quinta geração das redes móveis. Com isso, haverá inúmeras possibilidades, cada vez mais inteligentes e conectadas, para residências, ruas, hospitais, comércios e indústrias. Sua geladeira, por exemplo, poderá ser programada para avisar quando algum produto estiver acabando, já que sua conexão com a internet das coisas tornará possível programá-la para que ela compre remotamente o produto em falta, se assim você desejar. Disponível em: <https://mundoeducacao.uol.com.br/informatica/rede-5g.htm>. Acesso em: 10 ago. 2020.

32 A citação foi retirada da entrevista com Serge July.
33 Idem.
34 Disponível em: <https://aterraeredonda.com.br/liberation-50-anos/>. Acesso em: 9 mar. 2024.
35 O Ferragosto data do Império Romano, quando em 18 a.C. o imperador Augusto instituiu o feriado. Vindo do termo latino *Feriae Augusti* (descanso de agosto), a proposta era descansar nesse mês após as colheitas do mês de julho.
36 Disponível em: <https://www.bbc.com/portuguese/geral-48428452>. Acesso em: 24 mar. 2022.
37 Dedico este capítulo à amiga Mirian Faury (7/10/1948-8/1/2018), socióloga e feminista. Mirian foi feminista e pesquisadora da questão de gênero. Foi uma das fundadoras do SOS Ação Mulher e Família. Graduou-se em Serviço Social pela PUC-Campinas (1970); obteve o Diplôme de L'IHEAL – Université de Paris III (Sorbonne-Nouvelle) (1979); o Doctorat de 3ème Cycle – Université de Paris III (Sorbonne-Nouvelle) – em Sociologia (1984); o doutorado em Serviço Social pela Pontifícia Universidade Católica de São Paulo (1994); e o título de Especialista em Psiquiatria e Psicologia do adolescente pela Faculdade de Ciências Médicas da Universidade Estadual de Campinas (FCM/ Unicamp). Foi docente da Faculdade de Serviço Social da PUC-Campinas e coordenadora do núcleo de pesquisa e extensão do Centro de Ciências Humanas e Sociais Aplicadas da mesma instituição.
38 Maria Helena Tachinard, "Em Paris, política e feminismo", em *Folha de S.Paulo*, São Paulo, p. 49, 9 mar. 1978.
39 Para mais informações sobre os dois periódicos, indico o artigo de Joana Maria Pedro, "Narrativas fundadoras do feminismo: poderes e conflitos (1970-1978)". Disponível em: <https://www.scielo.br/scielo.php?pid=S0102-01882006000200011&script=sci_arttext>. Acesso em: 22 out. 2020.
40 Idem.
41 Disponível em: <https://www1.folha.uol.com.br/ilustrada/2019/12/juscelino-kubitschek-deu-apoio-a-salazar-na-manutencao-do-colonialismo-portugues-na-africa.shtml>. Acesso em: 7 mar. 2024.
42 Maria Helena Tachinardi, *La Politique africaine du Brésil*, Paris, 1979, Mémoire dirigé par M. Christian Purtschet, Diplôme d'Études Supérieures de l'Université de Paris (Desup), Departement de Sciences Politiques, Université de Paris I – Panthéon-Sorbonne, p. 61.
43 Idem, p. 8.
44 Idem, p. 50.
45 Jânio Quadros, "Nova política externa do Brasil", em *Foreign Affairs*, out. 1961, em *Política externa independente vol I*, Alvaro da Costa Franco (org.). Rio de Janeiro, Centro de História e Documentação Diplomática, Brasília, Fundação Alexandre de Gusmão, 2007, p. 145. Disponível em: <https://funag.gov.br/loja/download/410-Documentos_da_PolItica_Externa_Independente_-_Vol._1.pdf>. .Acesso em: 15 abr. 2024.
46 Entrevistei a embaixadora Irene Vida Gala por videoconferência no dia 8 de março de 2021. Ela trabalhou no Departamento da África e na Divisão de África II (África Austral e lusófona) do Itamaraty, em postos diplomáticos em Lisboa, Luanda, Pretória, Nova York (ONU), Roma, Acra, nas visitas em missão oficial a Moçambique, Namíbia, Suazilândia, Madagascar, Seychelles, Tanzânia, Quênia, Sudão, Uganda, Ruanda, Burundi, Lesoto, República Democrática do Congo, São Tomé e Príncipe, Gabão, Libéria, Serra Leoa, Côte D'Ivoire e Etiópia. O livro do qual é autora é uma adaptação da tese aprovada, com louvor, no curso de Altos Estudos do Instituto Rio Branco, intitulada *Relações Brasil-África no governo Lula. A política externa como instrumento de ação afirmativa. Ainda que não só*.
47 Irene Vida Gala, *Política externa como ação afirmativa: projeto e ação do governo Lula na África (2003-2006)*, Santo André, Editora UFABC, 2019.
48 Maria Helena Tachinardi, *La Politique africaine du Brésil*, Paris, 1979, Mémoire dirigé par M. Christian Purtschet, Diplôme d'Études Supérieures de l'Université de Paris (Desup), Departement de Sciences Politiques, Université de Paris I – Panthéon-Sorbonne, pp. 51-2.
49 Pedro Seabra participou, em março de 2021, do webinar da Fundação Fernando Henrique Cardoso, "Brasil e África no século 21: ascensão e queda de uma relação importante (e como recriá-la em novas bases)". Disponível em: <https://fundacaofhc.org.br/debates/brasil-e-africa-no-seculo-21-ascensao-e-queda-de-uma-relacao-importante>. Acesso em: 24 mar. 2022.
50 Natália Dias participou, em março de 2021, do webinar da Fundação Fernando Henrique Cardoso: "Brasil e África no século 21: ascensão e queda de uma relação importante (e como recriá-la em novas bases)", já citado na nota anterior, que marcou o lançamento do livro *Brazil-Africa Relations in the 21st Century: from Surge to Downturn and Beyond*, organizado pelo brasileiro Mathias Alencastro e pelo português Pedro Seabra, publicado pela Editora Springer (Inglaterra).

51 Mathias Alencastro participou, em março de 2021, do webinar da Fundação Fernando Henrique Cardoso "Brasil e África no século 21: ascensão e queda de uma relação importante (e como recriá-la em novas bases)". Disponível em: <https://fundacaofhc.org.br/debates/brasil-e-africa-no-seculo-21-ascensao-e-queda-de-uma-relacao-importante>. Acesso em: 24 mar. 2022.
52 Disponível em: <https://www.bbc.com/portuguese/brasil-56724695>. Acesso em: 10 jun. 2021.
53 "O fascínio de Reagan sobre o eleitorado". 2, 3 e 5 nov. 1984.
54 Hélio Jaguaribe, *O nacionalismo na atualidade brasileira*, Rio de Janeiro, Iseb, 1958.
55 "A teoria de Jaguaribe para o sistema internacional supõe a autonomia como uma condição/situação na qual um determinado Estado está encaixado, que reflete em parte sua posição na hierarquia internacional. É importante ressaltar o período histórico no qual Jaguaribe escreve sobre a teoria da autonomia (período da Guerra Fria), marcado pela bipolaridade sistêmica e, no hemisfério capitalista, pela presença hegemônica dos Estados Unidos. [...] Sobre a posição de autonomia, Jaguaribe propôs que ela se caracteriza por um importante poder de dissuasão em caso de ataque militar externo, e goza de autodeterminação de sua política interna, ou seja, tendo um baixo grau de vulnerabilidade em relação a mandos exógenos. De maneira distinta, a situação da periferia é aquela na qual o Estado não goza de tais margens de manobra, dependendo e sendo alvo das ingerências derivadas das políticas das grandes potências. Tais condições e espaços hierárquicos – principalmente a autonomia – não são permanentes, sendo instáveis e dependentes de transformações materiais. Para manter ou alcançar o estado de autonomia, um Estado depende de duas condicionantes importantes: a viabilidade nacional e a permissibilidade internacional." Disponível em: http://observatorio.repri.org/2018/09/18/helio-jaguaribe-e-a-integracao-como-encontrar-a-autonomia-do-brasil-no-mundo/. Acesso em: 7 jul. 2021.
56 "Missão negociará em junho contrato de US$ 500 milhões", 29-31 maio 1982.
57 Depoimento de Michel Alaby dado em 25 de maio de 2021.
58 "Negócios com os africanos", 15-17 nov. 1980.
59 *Gazeta Mercantil*. Documento dos Empresários. Fórum Gazeta Mercantil, 12 ago. 1983.
60 "País tem de se habituar a negociar, diz Setúbal", 29 ago. 1985.
61 Cals inaugura Angra I e diz que sua energia agora 'é confiável'", 18 jan. 1985.
62 "Goldemberg e o temor dos alemães", 8 mar. 1985.
63 "As pesquisas feitas na base brasileira", 10 jun. 1986.
64 "Castro quebra o protocolo", 18 mar. 1987.
65 "Preferência à América Latina", 20 mar. 1987.
66 Idem.
67 "Dificuldades de crédito podem postergar expansão do comércio", 18 mar. 1987.
68 Depoimento de Guillermo Piernes em junho de 2023, por ocasião do falecimento do ex-secretário-geral da OEA, embaixador João Clemente Baena Soares.
69 "Sarney repudia pressões externas", 31 mar. 1989.
70 Idem.
71 Idem.
72 Discurso citado na reportagem.
73 Disponível em: <https://www2.senado.leg.br/bdsf/bitstream/handle/id/63015/noticia.htm?sequence=1&isAllowed=y>. Acesso em: 26 ago. 2021.
74 Maria Helena Tachinardi, *A guerra das patentes: o conflito Brasil X EUA sobre propriedade intelectual*, São Paulo, Paz e Terra, 1993.
75 Idem, p. 108.
76 Idem, p. 109.
77 "Asencio lamenta a reação 'injusta'", 11 set. 1985.
78 Maria Helena Tachinard, *A guerra das patentes: o conflito Brasil X EUA sobre propriedade intelectual*, São Paulo, Paz e Terra, 1993, p. 113.
79 Idem, pp. 111-12.
80 "Após cinco anos de negociações, Brasil e EUA fecham acordo aéreo", 17 jan. 1989.
81 "Brasil compra energia boliviana", 28 jul. 1989.
82 "Críticas sobre a ingerência política de órgãos como o Bird", 6 mar. 1989.
83 "Zarattini denuncia Melton a Sodré", 1º jun. 1989.
84 "Brasil negocia transferência de know-how com Estados Unidos, de 11 de abril de 1989.
85 Idem.
86 "Brasil pode negociar ofertas de garantias para comprar supercomputador", 25 ago. 1989.

87 Idem.
88 "Brasil quer tecnologia de míssil", 20 jun. 1989.
89 Idem.
90 "Brasil e Canadá firmam acordo em Genebra", 25 set. 1989.
91 "Negocia-se o fim do Multifibras", 25 set. 1989.
92 "Viagem oficial inclui escalas no Cone Sul neste fim de semana", 17 jan. 1990.
93 Brasílio Sallum Jr., *O impeachment de Fernando Collor: sociologia de uma crise,* São Paulo: Editora 34, 2015, 424 p.
94 Idem.
95 "Proposta para política externa recebe elogios", 16 mar. 1990.
96 Idem.
97 Idem.
98 "Uma política externa operacional", de 16 de março de 1990.
99 Idem.
100 "Fidel rebate crítica de González e ataca os países do Leste", 16 mar. 1990.
101 Disponível em: <https://mediatalks.uol.com.br/2022/08/01/maior-jornal-da-nicaragua-tira-toda-a-equipe-do-pais-por-assedio-do-governo-ortega/?utm_source=C-se&utm_medium=email>. Acesso em: 5 ago. 2022.
102 "Investimentos brasileiros cresceram sensivelmente nos EUA na década de 80", 26 abr. 1991.
103 "EUA comemoram dois séculos de proteção às patentes e premiam melhores inventos", 16 abr. 1991.
104 Hedrick Smith, *The Power Game: How Washington Works,* New York, Ballantine Books, 1988, 793 p.
105 Idem, p. 13.
106 "Bloqueio de remessas tem impacto negativo", 17 maio 1990.
107 "SELA recomenda que se tenha maior realismo ao avaliar o Plano Bush", 11 out. 1990.
108 "Di Tella quer modificar Tratado de Assunção para ter o Chile como sócio", 19 dez. 1994.
109 "O desafio para os próximos anos", 19 dez. 1994.
110 "Di Tella quer modificar Tratado de Assunção para ter o Chile como sócio", 19 dez. 1994.
111 "Gestões para contornar crise com Argentina", 8 jul. 1994.
112 Disponível em: <https://www.bcb.gov.br/controleinflacao/planoreal>. Acesso em: 21 ago. 2022.
113 O Consenso de Washington tem esse nome porque a reunião convocada pelo Institute for International Economics, sob o título de "Latin American Adjustment: How Much Has Happened?", aconteceu na capital dos Estados Unidos, e envolveu instituições e economistas de perfil neoliberal, além de alguns pensadores e governos de países latino-americanos. Entre as premissas básicas estão disciplina fiscal, reforma fiscal e tributária, privatização de estatais, abertura econômica e comercial e desregulamentação progressiva.
114 Raymundo Magliano Filho, *Um caminho para o Brasil: a reciprocidade entre sociedade civil e instituições,* São Paulo, Contexto, 2017.
115 Idem, pp. 171-2.
116 "Cooperação com a Venezuela", 5 jul. 1995.
117 Lester Thurow, *O futuro do capitalismo,* Rio de Janeiro, Rocco, 1997.
118 A China é o maior produtor de semicondutores. É responsável por 24% da produção mundial de semicondutores, seguido por Taiwan, com 21%, e Coreia do Sul, com 19%, de acordo com o último relatório da Semiconductor Industry Association. Os Estados Unidos e a Europa respondem por 10% e 8%, respectivamente. Disponível em: <https://www.normasabnt.org/maiores-empresas-de-semicondutores/#:~:text-A%20China%20%C3%A9%20o%20maior,%25%20e%208%25%2C%20respectivamente>. Acesso em: 11 maio 2023.
119 Disponível em: <https://news.mit.edu/2016/prominent-mit-economist-and-dean-lester-thurow-dies-78-0329>. Acesso em: 11 jul. 2023.
120 "Mercosul é um clube aberto, diz diretor do Bird", 17 jun. 1997.
121 Idem.
122 "Receitas da privatização devem reduzir dívida", de 17 de julho de 1997.
123 O Kennedy-Warren é um histórico prédio de apartamentos de 11 andares em Washington, D.C. Ele está localizado na 3.131-3.133 Connecticut Avenue, N.W., entre os bairros de Cleveland Park e Woodley Park. O edifício *art déco* tem vista para o National Zoological Park e Klingle Valley Park, que fica perto da *Art Déco* Klingle Valley Bridge. O edifício principal original foi construído entre 1930 e 1931 com 210 apartamentos. Os planos de seu arquiteto, Joseph Younger, previam uma ala nordeste e uma ala sul também, mas a construção delas foi interrompida por causa do início da Grande Depressão. A ala nordeste foi construída

posteriormente em 1935 com 107 apartamentos adicionais, conforme as condições econômicas melhoraram em Washington. E a B. F. Saul Company, proprietária do prédio desde 1935, acrescentou a ala sul entre 2002 e 2004. O arquiteto da ala nordeste foi Alexander H. Sonneman, e da ala sul foi Hartman-Cox. O número atual de apartamentos é 425. O Kennedy-Warren é considerado o maior e melhor exemplo de edifício *art déco* em Washington. Em 1989, o edifício foi listado como um marco histórico do Distrito de Columbia e, em 1994, foi adicionado ao Registro Nacional de Lugares Históricos. A ala sul mais recente ganhou vários prêmios pela qualidade de sua arquitetura e pela atenção aos detalhes históricos, incluindo o Prêmio de Excelência para Recursos Históricos de 2005 do Instituto Americano de Arquitetos. Disponível em: <https://en.wikipedia.org/wiki/Kennedy%E2%80%93Warren_Apartment_Building#Notable_residents>. Acesso em: 4 fev. 2023.

[124] Lincoln Gordon é autor, entre outros, do livro *Brazil's Second Chance: en Route Toward the First World*, Washington, Brookings Institution Press, 2001.

[125] "Lincoln Gordon, embaixador dos Estados Unidos no Brasil, esteve no centro das operações norte-americanas que apoiaram o golpe de Estado de 1964, desde a coordenação das conexões entre Vernon Walters e os conspiradores militares, até o *lobby* por uma força-tarefa naval dos Estados Unidos que interviria no caso da explosão de uma guerra civil entre forças pró e anti-Goulart. Apesar disso, naquele momento, e nos anos seguintes, Gordon insistiu em que o golpe de Estado tinha sido '100% brasileiro'." Trecho extraído do trabalho "Reinventando a história: Lincoln Gordon e as suas múltiplas versões de 1964", de autoria de James N. Green e Abigail Jones, publicado na *Revista Brasileira de História*, v. 29, n. 57, jun. 2009. Disponível em: <https://www.scielo.br/j/rbh/a/5vTmVyS7TNZYP4Lj3PqntyS/?lang=pt>. Acesso em: 19 mar. 2023.

[126] "Daley recua e admite tratar de barreiras", 14 fev. 2000.

[127] "Relançamento do Mercosul na reta final", 29 mar. 2000.

[128] "Novo mecanismo para prevenir crise", *Gazeta Mercantil*, 13 mar. 2002.

[129] "Efeito incerteza", *Gazeta Mercantil*, 13 mar. 2002.

[130] Idem.

[131] "Amorim estreia na CUT o debate doméstico", 7 fev. 2003.

[132] "A guerra pode adiar a Alca para o ano 2007", 3 abr. 2003.

[133] Disponível em: <https://convexresearch.com.br/blog/economia/desglobalizacao-os-sinais-e-as-consequencias-deste-fenomeno/#:~:text=%C2%B7%20Protecionismo%20crescente%20de%20pa%C3%ADses%20com,a%20desacelera%C3%A7%C3%A3o%20da%20economia%20chinesa>. Acesso em: 19 jan. 2024.

A autora

Maria Helena Tachinardi trabalhou 23 anos na *Gazeta Mercantil* (1980-2003). Foi correspondente do jornal em Washington, DC (1996-1998). Estudou jornalismo na Espanha (Universidade de Navarra) e na França (Centre de Formation et Perfectionnement des Journalistes). Cursou Relações Internacionais na Universidade Paris I – Panthéon Sorbonne, no Institut des Hautes Études de l'Amérique Latine (Paris III) e na Universidade de Brasília (UnB). Na Universidade de Maryland (EUA) estudou processos de tomada de decisão na política externa norte-americana. É autora do livro *A Guerra das Patentes – o conflito entre o Brasil e os EUA sobre propriedade intelectual* (1993).

GRÁFICA PAYM
Tel. [11] 4392-3344
paym@graficapaym.com.br